应用型学前教育专业系列教材 | 丛书主编 蔡迎旗

幼儿生态文明教育活动设计与实施

主编 周学林 谢文英

WUHAN UNIVERSITY PRESS
武汉大学出版社

图书在版编目(CIP)数据

幼儿生态文明教育活动设计与实施/周学林,谢文英主编.—武汉:武汉大学出版社,2023.8

应用型学前教育专业系列教材/蔡迎旗主编

ISBN 978-7-307-23774-2

Ⅰ.幼… Ⅱ.①周… ②谢… Ⅲ.学前教育—生态环境—环境教育—高等职业教育—教材 Ⅳ.G613.3

中国国家版本馆 CIP 数据核字(2023)第 103446 号

责任编辑:李晶晶　　责任校对:李孟潇　　版式设计:韩闻锦

出版发行:**武汉大学出版社**　(430072　武昌　珞珈山)

(电子邮箱:cbs22@ whu.edu.cn 网址:www.wdp.com.cn)

印刷:湖北金海印务有限公司

开本:787×1092　1/16　印张:33.5　字数:754 千字　插页:1

版次:2023 年 8 月第 1 版　2023 年 8 月第 1 次印刷

ISBN 978-7-307-23774-2　定价:85.00 元

编写委员会名单

（按姓名音序排列）

本书编写委员会

专家指导

蔡迎旗

主编

周学林 谢文英

编委

周学林 谢文英 刘 霞 李 娟 余 艺 王 琳 张 媛 张 婷
许 姣

编写人员

周学林 谢文英 刘 霞 李 娟 余 艺 王 琳 张 媛 张 婷
许 姣 张宇欣 林梦妮 何 郡 邓 远 刘文靖 邓丹妮 熊婷婷
黄 丹 郝含慧 谢一曼 杨艺林 刘思宇 沈玉婵 乔 黎 柯迎迎

总　序

幼儿教师是幼儿学习与发展的支持者、促进者与引导者。幼儿教师的素质直接决定着我国幼教机构的办学水平，也是保障我国适龄儿童接受基本而有质量的学前教育的关键性因素。而高质量的幼教师资来源于高水平的学前教师教育。为顺应我国学前教育事业发展的迫切需求，2011 年至 2012 年，我国先后颁布了《教师教育课程标准（试行）》和《幼儿园教师专业标准（试行）》，幼儿园教师资格制度和聘任制度也随之进行了一系列急剧变革与转型。

我国教师职前教育倡导育人为本，要求准教师们树立正确的儿童观、学生观、教师观与教育观；奉行实践取向，引导未来教师主动建构教育知识，掌握必备的专业知识与技能，发展实践能力，学会发现和解决实际问题，形成个人的教学风格和实践智慧；要求他们终身学习，树立正确的专业理想，养成独立思考和自主学习的习惯，加深专业理解，形成终身学习和应对挑战的能力。

我国学前教师教育课程改革既具有一般教师教育所具有的共性，也具有鲜明的学前教育特色，这彰显了学前儿童的年龄特征和我国独树一帜的学前教师教育的传统与积淀。当前，我国学前教师教育课程已呈现如下五种趋势。

第一，生动多样的师德与理念教育。除必要的公共政治课程以外，国家要求各级各类幼师院校突出师德修养教育，采取多种生动活泼的教育教学方式，提升准幼儿教师的师德修养。如开设幼儿园教师专业特点与道德规范、中国名师风采录、幼儿教师生涯讲座、学前教育政策法规、现代幼儿园教师职业风范与专长成长等课程。

第二，保教相融的课程体系。依据幼儿园教师专业标准，遵循教师培养和发展规律，以加强专业理想、专业基础、实践能力、反思与研究能力为核心，构建保育与教育相融合、幼儿园与家庭和社区教育相结合、幼儿生活与游戏和学习于一体的课程体系，用以培养准幼儿教师的保教一体化的能力。

第三，全面平衡的课程结构。我国正通过幼儿园教师资格制度、聘任制度、评优评先制度等的改革，倒逼各级各类幼师院校与专业，促使其纠正以往过分偏重艺术技能而相对忽视人文科学类课程、教育素养类课程的倾向，注意课程结构中的师德理念、人文素养、科学素养、信息素养、教育素养、艺体素养、科研素养等的协调与平衡。

第四，实践取向的课程内容。为培养准幼儿教师的教育教学能力，许多幼师院校与专业开设了大量务实的实践取向课程。如幼儿园五大领域的活动设计和案例分析类课

程、幼儿园环境布置与玩教具制作、动漫画设计技术、音乐、美术、戏剧等方面的课程。

第五，模块式的课程设计。我国各类幼师院校与专业正竭力打破学前教育学、学前心理学、幼儿园各科教学法“老三门”的课程结构体系，开设模块化的、开放的、专题性的学前教育课程。基于学前教育专业各类人才培养目标，合理配置各课程模块，如音乐教育模块、美术教育模块、健康教育模块、特殊教育模块等。通过设先行课，将学生导入不同模块课程，引导学生多样化、有个性地发展。

以上学前教师教育课程改革已对我国原有的传统意义上的大中专学校的教材和教辅资料提出了严峻挑战，要求学前教育同仁务必更新教学资源观、教师教育观和学前教师观，依据我国幼儿园教师专业标准和教师教育课程标准，遴选课程并合理设计教材。

本套基于《教师教育课程标准（试行）》的应用型学前教育专业系列教材，正是应我国学前教师教育改革的时势而生，充分体现了以上提及的学前教师教育课程改革的五种发展趋势。适用于大中专学校的课程与教学，也可作为学前教育爱好者、相关工作人员的专业拓展学习。本丛书涵盖了学前教育大中专学校绝大多数专业课程；内容具有一定的理论性，更具有实践应用的特征；编写规范与设计务实活泼，知识点和案例穿插其中；丛书的编委遍及全国；作者主要来自华中和华南地区的本、专科院校，他们均具有丰富的教学经验和较好的研究基础。

在丛书的编写过程中，我们参阅、借鉴和引用了国内外许多同行的观点与成果。各位同仁的研究奠定了本丛书的学术基础，在此一并感谢。另外，受水平和时间所限，书中难免有疏漏和不当之处，敬请读者批评指正。

最后，我谨代表丛书的所有编委和作者，衷心感谢本丛书的策划者谢群英编辑和武汉大学出版社有关领导。他们对学前教育满腔热情，对丛书的未来充满信心，极度地敬业与审慎。出版丛书虽是一项浩大而艰苦的工作，但有谢群英编辑和武汉大学出版社相伴而行，相信梦想终会成真。

蔡迎旗

2015 年 5 月

武汉桂子山 · 华中师范大学教育学院

序

“生态文明”是人类文明发展的新方向和新理念，也是人类文明发展的新模式和新路径。这是人类基于已有实践经验，对人与人、人与自然、人与社会关系的深刻反思并对未来“生态关系”的憧憬与向往。我国高度重视儿童青少年的生态文明教育。国务院在《国家教育事业发展“十三五”规划》中明确提出要“强化生态文明教育”，《幼儿园教育指导纲要（试行）》也指出：“要在幼儿生活经验的基础上，帮助幼儿了解自然、环境与人类生活的关系，充分利用自然环境中的教育资源培养初步的环保意识和行为。”幼儿园生态文明教育有利于培养幼儿的生态文明素养，养成良好的生态意识和文明的行为习惯与态度。

十五年来，武汉市汉阳区钟家村幼儿园持续开展了幼儿园生态文明教育相关领域的研究，积淀了深厚独特的绿色生态文化，2017 年被授予“国际生态学校”的称号。在多年的探索中，钟家村幼儿园凝炼了“绿色生态”的精神、制度、环境和品质，目前生态教育已成为该幼儿园的文化品牌，形成了“家园”“学园”“乐园”的幼儿园生态教育文化，确立了“绿色钟幼、和谐钟幼”的特色发展思路。

在“以人为本，促和谐发展”办园理念的统摄下，衍生出来了“关注生态、崇尚文明、追求和谐”的生态文明课程理念。关注生态，强调不断激发幼儿关心生态环境的意识、丰富自然生态知识、培养生态环保行为习惯。崇尚文明，聚焦文明、绿色、现代的生活方式，多种途径、充分创设交往互动的机会，引导幼儿形成良好的文明礼仪和社会公德。追求和谐，通过建构和实施游戏化、生活化、多样化、生态化的课程，培育能够促进人与自我、人与自然、人与社会和谐共生的新型生态人格，促进幼儿德智体美全面和谐发展。

《幼儿生态文明教育活动设计与实施》力求站在学科发展的前沿，秉持理念先进、兼收并蓄、实践取向、稳扎实地的原则，以教育部颁布的《幼儿园教育规程》《幼儿园教育指导纲要（试行）》《3—6 岁儿童学习与发展指南》为依据，以《中小学环境教育实施指南》为基准，围绕《武汉市幼儿园一日活动指南》相关要求，关注幼儿的生态文明情感态度、生态文明行为习惯和生态文明知识技能，明确了幼儿园生态文明教育活动内容及目标，探索了开展幼儿园生态文明教育活动的可行路径，建构了幼儿园生态文明教育课程体系。

在本书即将出版之际，请允许我对武汉市汉阳区钟家村幼儿园的全体教师在生态文明教育活动中所表现出的科学探究精神和求实笃行的职业操守表示由衷的敬意，期待他们在幼儿生态文明教育的道路上继续求索，为儿童生态文明学习与发展奠基，为我国未来生态文明建设播下种子与希望。

华中师范大学　蔡迎旗

2022 年 6 月 14 日于武昌桂子山

前　　言

21 世纪，人类文明正由工业文明阔步迈向生态文明，建设生态文明是中华民族永续发展的千年大计。生态文明建设离不开教育，教育在生态文明建设中发挥着基础性和先导性作用。深入探讨教育的生态文明建设功能，全面分析教育推进生态文明建设的作用机制，是实践中释放教育的生态文明引领和促进作用的理论前提。为了实现生态文明建设的时代使命，仅在环境教育基础上增加一些生态文明知识是不够的，生态文明建设需要教育的整体转向，并在教育的生态化转向基础上开展系统、专门的生态文明教育。生态文明教育是教育促进生态文明建设最直接和最根本的方式。现实的生态文明教育实践存在浅层化问题，转换理论基础，从浅层走向深层，既是生态文明建设的教育使命，也是生态文明教育自我发展的必然选择。

十九大以来生态文明建设正式纳入中国特色社会主义事业建设的总体布局，从国家战略层面具有突出的指导意义。“五位一体”的总体布局表明，生态文明建设与国民经济、政治、文化和社会密不可分。它不仅是为了创造良好的生态环境，也是为建设其他方面奠定基础，同时也作为科学建设、经济、政治、文化和社会发展的概念指导。

从表面上看，生态文明建设反映了人与自然的关系。而事实上，人与自然的关系本质上取决于人与人之间的关系。只有通过调整人与人之间的关系，才能真正调整人与自然的关系。生态文明建设是我国正式将生态问题提升到国家层面的重要举措，也为我国生态问题治理指明了方向。生态文明建设作为一种必须依靠人来实现的建设，是要以提高人们的观念和意识为前提的一种建设，而这一点则需要依靠教育来实现。因此，国家的生态文明建设离不开教育的支持。而教育作为生态文明建设的必要手段，对我国的生态文明建设有着非常重大的意义。教育不仅可以扭转人们的人生观、价值观和世界观，而且还能从源头上改变人们“为了追求利益不惜以破坏大自然为代价”的错误理念，学校作为负责教育的重要场所，理应肩负起实施生态文明教育的重任。因此，学校作为落实生态文明教育的主要场所，是有计划、有目的、系统并持续地实施生态文明教育的关键。

国务院最新发布的《中国儿童发展纲要（2021—2030）》指出要创新开展面向儿童的生态文明宣传教育活动，把生态文明教育纳入国民教育体系。幼儿教育是我国学校教育体系的起点和基础教育的奠基，也是我国构建终身教育体系和学习型社会的重要一环。作为幼儿教育机构的主体——幼儿园必须将生态文明教育视作自己的责任，并通过在幼儿园实施的生态文明教育让幼儿掌握生态文明知识，产生生态文明情感，并获得生态文明技能，为幼儿日后自觉自愿的生态文明行为打下稳固的根基。

过去20余年，我园一直致力于生态文明教育，积累了比较丰富的幼儿园生态文明教育资源。从最早的“环境保护教育”发展到“生态保护教育”，继而开展“生态文明教育”，教育的理念、目标、内容、路径、策略等持续改进，积累了大量活动案例和资源，现汇集成册，供大家参考。本书由六章组成：

第一章针对现阶段幼儿教育与生态文明教育之间的联系展开了深入的分析，简要概述了国内外生态文明教育发展情况及现状，阐述了生态文明教育的理论依据，明确了生态文明教育的内涵，并进一步剖析了幼儿园开展生态文明教育所起到的关键意义。总领性地介绍了生态文明教育活动的原则及内容与目标，提出了幼儿园生态文明教育活动实施路径和展望；揭示开展生态文明活动要遵循整合性、兴趣性、适宜性、参与性的设计原则和实践性、发展性、渗透性的实施原则；阐明生态文明教育内容包括环境认知、生态理解、生态保护、绿色生活四个部分。

第二章主要介绍了在幼儿园内开展的生态文明教育活动，将生态文明教育活动与科学、健康、艺术、语言、社会五大领域的课程活动进行整合，将其有机地融合到五大领域中。本章节按小、中、大三个年龄阶段，从环境认知、生态理解、生态保护、绿色生活四大板块，设计了12个主题共96节活动，包括人与人、人与动物、人与植物、人与社会、人与地球、物种保护、资源保护、绿色消费等相关知识。这些知识的普及，将对幼儿生态文明意识的养成和生态文明素养的提升产生积极的影响。

第三章主要展现了幼儿生态文明教育游戏活动，强调把握幼儿学习特点，在区域游戏中渗透生态文明教育内容。将生态文明教育融入区域游戏，按小、中、大三个年龄阶段，从环境认知、生态理解、生态保护、绿色生活四大板块，形成了阅读区、科学区、角色区、建构区、表演区等各区域共96个游戏活动，丰富了幼儿的生态知识体验，又激起和满足了幼儿的求知愿景，培养了幼儿对生态科学求解的态度及积极的探究精神。

第四章包含了环境与一日活动中的幼儿生态文明教育，将幼儿园环境与幼儿的一日生活相结合。本章节呈现丰富的生态环境照片与生活活动案例，根据环境认知、生态理解、生态保护、绿色生活这四个维度进行目标设定，再围绕故事缘起、多元活动、分析反思这三个环节逐步进行。以萌发幼儿生态文明意识，培养幼儿生态文明情感，促进幼儿生态文明行为为出发点，通过“捕捉幼儿生态文明教育契机”“观察分析幼儿生态文明行为”“实施相关生态文明教育”“评价生态文明教育效果”等途径，让幼儿自主参与、充分体验、协作探索、分享交流，逐渐发现人类的文明行为与生态的健康发展息息相关，从而形成良好的生态文明意识，并将这种意识转化为生态文明情感，从而促使幼儿不断地产生生态文明行为。

第五章介绍了幼儿生态文明教育家庭活动，强调家庭教育对激发幼儿的生态文明意识、塑造生态人具有十分重要的意义，提出在家庭中开展生态文明教育的主要宗旨就是使得幼儿能够从点滴的生活实践当中学习更多关于生态文明的知识，进而逐步地培养他们的自我意识与生态文明意识，提高生态文明素质。本章节主张生态文明教育家庭活动的形式以体验式为主，多种活动形式有机结合，从节约资源、爱护动植物、绿色生活、生命教育等内容出发设计了 32 种家庭活动，以观察、记录、手工制作、游戏等方式为载体，展现了亲子体验活动给幼儿和家长所带来的无穷乐趣。

第六章展现了丰富的幼儿生态文明教育实践活动，强调挖掘更多好的社会实践活动，随时填补课堂上幼儿无法达到的感受，巩固幼儿在园所学知识，并通过五感体验，启动幼儿各感官发展。基于有趣、多元化、符合幼儿年龄特点、贴近幼儿生活的四个原则设计了 18 次社会实践活动，给孩子们一片实践天地，让孩子们在实践中开拓视野。

为了帮助读者更好地吸收每一章节的内容，本书在每一章的开头都扼要介绍了本章的内容；在每一节的开头都提出了本节的操作要点。为了帮助读者更好地理解与运用，本书呈现了大量生动的教育实践案例，图文并茂地展示了近 300 节活动内容；在写作上，本书扎根一线，力求简明扼要，通俗易懂。

目　录

第一章　幼儿生态文明教育概述 …… 1

第一节　生态文明教育的内涵及意义 …… 1

第二节　生态文明教育的发展历程与研究现状 …… 4

第三节　生态文明教育的理论基础 …… 9

第四节　幼儿生态文明教育的目标 …… 13

第五节　幼儿生态文明教育的原则 …… 19

第六节　幼儿生态文明教育的内容、实施路径与方法 …… 21

第二章　幼儿生态文明教育活动 …… 31

第一节　小班（3—4 岁）生态文明教育活动 …… 32

第二节　中班（4—5 岁）生态文明教育活动 …… 95

第三节　大班（5—6 岁）生态文明教育活动 …… 172

第三章　幼儿生态文明教育区域游戏 …… 239

第一节　小班（3—4 岁）生态文明教育区域游戏 …… 240

第二节　中班（4—5 岁）生态文明教育区域游戏 …… 281

第三节　大班（5—6 岁）生态文明教育区域游戏 …… 323

第四章　幼儿生态文明教育环境与一日活动 …… 364

第一节　环境认知 …… 365

第二节　生态理解 …… 375

第三节　生态保护 …… 385

第四节　绿色生活 …… 398

第五章　幼儿生态文明教育家庭活动 …… 409

第一节　环境认知 …… 410

第二节　生态理解 …… 421
第三节　生态保护 …… 436
第四节　绿色生活 …… 448

第六章　幼儿生态文明教育社会实践活动 …… 463
第一节　环境认知 …… 464
第二节　生态理解 …… 477
第三节　生态保护 …… 490
第四节　绿色生活 …… 503

参考文献 …… 518

后记 …… 521

第一章　幼儿生态文明教育概述

生态文明建设是关系中华民族永续发展的根本大计。在水土流失严重、森林资源面临危机、生物多样性减少等生态问题日益严重的现状下，党和国家提出了生态文明建设的重要战略方针。从党的十七大把生态文明作为全面建设小康社会的新要求之一到生态文明被正式写入宪法，不难发现，生态文明建设俨然已成为一种不可动摇的国家意志。在这样一个时代背景下，教育学作为一门研究人与社会发展问题的学科，理应参与到生态文明的研究与讨论中，为生态文明建设贡献智慧和力量。实施系统的生态文明教育对培养人的生态文明意识和价值观念，转变人的思维方式和行为习惯都有着独特和重要的意义。学前阶段作为基础教育的重要组成部分，对人的终身发展起着奠基作用，在这一时期实施系统的幼儿生态文明教育，不仅可以让幼儿从小养成良好的生态文明习惯，更能使其萌发生态文明意识，从而形成正确的生态文明价值观。

第一节　生态文明教育的内涵及意义

生态文明教育是人类社会可持续发展的根本力量，推进生态文明建设离不开生态文明教育的全面参与，要想发挥生态文明教育在生态文明建设中的战略作用，建构符合生态文明建设的教育范式，继而形成新的教育实践样态，必须系统、深入地探究生态文明教育。当然，研究生态文明教育首先要从生态文明教育的内涵及意义开始。

一、生态文明教育的内涵

生态文明教育的提出并非一蹴而就，为了准确理解与界定生态文明教育，我们必须抽丝剥茧，首先厘清什么是生态和文明，什么是生态文明，然后剖析什么是生态文明教育以及什么是幼儿生态文明教育，以此来对生态文明教育的内涵进行一个整体把握。

（一）生态

在西方文化传统中，“生态”（eco-）一词起源于古希腊词汇“olkos”，其原意是指“住所”或“栖息地”。在中国文化传统中，“生态”一词寓意颇多，既有“美好姿态”的意思，也有“生动意态”的意思。总而言之，在现代性的话语体系中，生态主要是指包括人类在内的一切生物体与环境的关系，并且“生态”本身就蕴涵着美好、和谐之意，生态良好也就意味着人与自然环境的和谐相处、和谐共生。

（二）文明

英文中的“文明”一词“civilization”源于拉丁文“civis”，最初的含义是城市的居民，特指人们和睦地生活于城市和社会集团中的能力，有人们摆脱荒蛮而达到的一种生活状态的含义。之后，“文明”一词又引申为先进的社会和文化发展水准，以及到达这一目标的过程。在中国思想史上，关于“文明”一词内涵的诠释十分丰富。其主要包括四个方面：其一，光明，有文采之意。其二，指文治教化之功。其三，指摆脱野蛮达到的进步状态。其四，指新的事物，与旧相对。所以，中外思想史上对于文明内涵的解读是具有共通性的：文明是一个“属人”的范畴，它具有时间性、空间性、层次性和整体性。本书所指的文明概念囊括了上述基本内涵，它是人类在社会历史实践活动中所创造的一切物质成果和精神成果的总和。

（三）生态文明

在理解“生态”和“文明”两者基本内涵的基础上，我们认为生态文明是指人类社会实践在遵循自然规律基础上所取得的一切物质成果与精神成果的总和，其核心理念是确立人与人、人与社会、人与自然之间的和谐共生关系，其价值目标在于变革传统的价值观念、生产方式、制度体系与生活方式，最终实现人类社会的永续发展。① 它的产生与发展体现了对人类文明发展理念的重大进步，并且对于最终解决生态危机问题和实现人类自身的可持续发展具有重要的理论意义与实践价值。

（四）生态文明教育

中国学术界有大量关于生态文明教育内涵的诠释，其中陈丽鸿等人在《中国生态文明教育的理论与实践》一书中对生态文明教育的概念界定受到了学术界的广泛认可。他们认为，“生态文明教育是针对全社会展开的向生态文明社会发展的教育活动”，它“以人与自然和谐为出发点，以科学发展观为指导思想，培养全体公民生态文明意识，使受教育者能正确认识和处理人——自然——生产力之间的关系，形成健康的生产生活消费行为，同时培养一批具有综合决断能力和掌握各种先进科学技术、促进可持续发展的专业人才”②。基于上述观点，我们认为，生态文明教育实际上是站在科学发展的角度，以人的教育为关键内容，将生态文明建设与社会、人类和自然进行适当的结合同而推动

---

① 徐洁. 生态文明教育的理念及实践探索[J]. 华中师范大学学报(人文社会科学版)，2016(32).

② 陈丽鸿. 中国生态文明教育理论与实践[M]. 北京：中央编译出版社，2019：78.

可持续发展观念的贯彻落实，并将其与教育进行充分的结合，使其成为教育过程中必不可少的一部分，不断提升学生的知识结构，提升学生的生态审美和综合素养，进而激发学生的学习兴趣，使其养成保护生态文明建设的良好习惯，尽可能地将学生培养成有益于社会发展和自然发展以及生态文明发展的全能人才的过程。

(五)幼儿生态文明教育

具体到幼儿领域，幼儿教育实际上遵循幼儿的身心发展规律，对幼儿开展一系列有组织、有目的的活动，以促进幼儿的身心全面发展。

幼儿生态文明教育是指，依据3—6岁幼儿的身心发展规律和学习特点，以科学发展观思想为指导，将生态文明所倡导的人与自然、人与社会和谐共生，可持续发展的理念融入幼儿的一日活动之中，以此，尽可能地激发幼儿对于生态文明建设的情感需求，不断对幼儿的生态文明知识、技能予以提升，同时注重培养幼儿生态文明的行为习惯，使其成为新型生态人的教育过程。

贯彻落实幼儿生态文明教育，应该始终坚持以幼儿为本，引导幼儿从个体化过渡到社会化，为幼儿建构一个较为完整的人生生态网。现阶段在国际领域上开展的一系列环境教育、文明教育和可持续发展教育等，正在逐渐从人们简单认识周边环境和解决周边环境问题的基础上朝着建立可持续发展的价值理念这一领域迈进。因此，幼儿生态文明教育，应该不局限于对生活环境的认识，而要引导幼儿形成一种人与自然、人与社会和谐共生的基本意识，以情感教育作为关键内容，同时与幼儿的实际发展状况进行适当程度的结合。在幼儿阶段开展的一系列生态文明教育活动，应该始终坚持推动幼儿与自然和社会之间的和谐共处，在保证幼儿健康成长的前提下，以培养幼儿健全完善的人格为教育的最终目的。生态文明教育内容包括了最基础的生态文明知识教育，其目的首先是使幼儿对生态环境有一个最初的了解，明白人与自然之间存在着制约性。其次是使幼儿了解人类、自然和社会三者之间的平衡，清楚人是依靠生态环境才得以生存的，所以要对环境污染、能源开发、资源利用等诸多问题予以充分的重视。再次是培养幼儿正确对待生态环境的良好行为习惯，使其可以在日常生活过程中，积极关心各种各样的生态环境问题。最后是激发幼儿对于生态环境的热爱，使其从真正意义上热爱自然、保护自然。

二、幼儿生态文明教育的意义

幼儿生态文明教育的开展有着不容忽视的作用，下面将从五个方面来具体阐述。

(一)有利于培养幼儿生态文明的素养及价值观

幼儿教育是人类教育的启蒙期，是帮助幼儿形成良好的行为习惯，建立正确价值观的敏感期。幼儿生态文明教育的有效实施，能促进幼儿建立正确的科学观、价值观和生态观，从小树立正确的生态文明观念与意识，让幼儿对自然生态、文明礼仪有正确的认识，并在一定程度上约束孩子们的行为，养成良好的生态文明行为习惯。

（二）有利于建设具有生态文明素养的幼儿教师队伍

教师作为引导孩子们入门的关键人员，在孩子们的健康成长和教育过程中扮演着非常重要的角色，所以教师必须对生态文明教育有清晰的认知和深入的了解。在落实生态文明教育的过程中，应该建设一批高素质的生态文明教师队伍。将生态文明教育融入幼儿的一日生活，教师应该充分发挥引导作用。在实施幼儿生态文明教育的过程中，通过专项培训、理论学习、教学实践等多种途径，提升幼儿园教师自身的生态文明理念，增强其生态知识，加强其生态意识，从而打造一支专业、完备的生态文明师资队伍，让幼儿园教师作为幼儿生态文明教育的引领者，对幼儿开展一系列科学合理的文明教育活动。

（三）有利于提升幼儿园的办园品质

幼儿生态文明教育的实施能优化幼儿园的生态教育环境，提升教师的生态素养，健全幼儿园的课程体系，提炼园所生态文化，全面提升幼儿园的保教质量，从而形成生态化特色品牌，提升幼儿园的办园品质，为幼儿园树立良好的社会声誉。

（四）有利于推进幼儿教育的自身变革，实现教育的生态化

学前教育如果要扛起生态文明建设的重任，就必须实现其自身的改革，必须在实现学前教育生态化的基础上，推动社会的生态化发展。通过幼儿生态文明教育的有效实施，探讨生态文明建设中学前教育的责任和实现保障，既为学前教育的发展提出了新时代的要求，也为学前教育的改革创新注入了新的活力。

（五）有利于拓宽生态文明建设的新路径

生态文明建设的意义，不仅仅是缓解当前的生态危机，其实质是文明的发展和更新。因此，将生态文明建设的路径局限于经济和制度等领域是远远不够的。所以，幼儿生态文明教育的有效实施，有助于研究幼儿生态文明教育在生态文明建设中的作用机制。在实践中创造条件，发挥学前教育在生态文明建设方面的教育功能有助于拓宽我国生态文明建设的路径。

第二节　生态文明教育的发展历程与研究现状

了解生态文明教育的发展历程与现状能梳理各国、各阶段的经典做法，分析生态文明教育未来的发展趋势。因此，本章节是在厘清国内外生态文明教育发展历程的基础

上，对各个阶段的显著特征进行总结提炼，以期为中国生态文明教育的深化发展提供借鉴和参考。

一、生态文明教育的发展历程

中国生态文明教育是以中国环境教育为前身的，而中国环境教育是在国外生态文明教育大背景下展开的，其理念、起步、发展无不受到国外生态文明教育的影响，而且直接得到国外生态文明教育项目和组织的支持和帮助，因此，本章节先介绍了国外生态文明教育的发展历程，在此基础上对国内生态文明教育的发展历程作了较为全面的梳理。

(一)国外生态文明教育的发展

通常情况下，国外生态文明教育的发展总共划分为五个阶段，其中第一个阶段就是早期的环境发展阶段，早在20世纪60年代初期的时候，一些国家对于自身的环境教育就已经处于萌芽阶段，其中就包括卢梭提出的自然教育思想、英国的环境学习理念。环境教育概念、环保组织以及环境教育法律相继问世。第二阶段，即环境教育的构成和发展阶段。在20世纪60年代初期和80年代中期这一时期，环境教育由个别国家迅速向全球扩展，国际性环境教育基本理念明确化。环境教育体系逐渐走向成熟。第三阶段，即环境教育的成熟时期，从1987年到1991年。这一时期，国际环境教育的核心内容逐渐由保护环境，转变为推动环境可持续发展的教育方向。可持续发展教育这一思想也正式迈入了发展的初级阶段，即第四阶段——可持续发展的兴起阶段。在20世纪末期和21世纪初期这一时期，出现了可持续发展理念，明确指出了未来全球可持续发展教育的方向和实施要求。第五个阶段，即生态文明教育时期，从2002年至今。这一时期，中国率先进入生态文明教育时期，并在2014年举办的首次以“生态文明教育”为主题的国际会议上，呼吁教育转型，提倡一种新型教育，即与生态文明相匹配的生态文明教育。

(二)国内生态文明教育的发展

中国生态文明教育始于21世纪初，其发展历程主要划分为三个阶段，分别是环境保护教育阶段、可持续发展教育阶段和生态文明教育阶段。在本节的研究内容中，我们首先对中国的环境教育、可持续发展教育的发展历程进行简单的介绍，并对这一发展历程的显著成果进行梳理和提炼，以探究未来中国生态文明教育的发展趋势。

1. 中国生态文明教育的奠基：环境保护教育(1972—1992年)

20世纪70年代到90年代期间，我们始终坚持以环境保护作为中国环境教育的关键内容，在这一时期，国内的环境教育主要划分为以下四个方面，并取得了初步成效：

第一，参加了联合国人类环境会议。参加此次会议显示了中国进行环境保护的决心，为中国环境教育的开展打下基础，展现了中国准备与国际环境教育共同前进的决心。第二，第一次举办了中国环境保护会议。在本次会议中，首次通过并出台了《关于保护和改善环境的若干规定(试行草案)》这一管理条例，第一次对环境教育作出正式部署，这份文件也成为我国环境发展初期的重要引导。第三，启动了各级各类环境教育。这一时期我国环境教育框架初显雏形，学校教育、社会教育及干部培训等均获得了初步发展。此外，相关教材编写与研究生教育也开始起步。第四，建构了环境教育的法律保障。一方面，成立了中国国家环境保护局，另一方面，出台了《中华人民共和国环境保护法》，为我国环境教育的实施提供了强有力的保障。

2. 中国生态文明教育的兴起：可持续发展教育(1992—2003 年)

20 世纪末，联合国环境和发展大会首次通过了 21 世纪议程，同时贯彻落实了可持续发展这一理念，标志着中国开始由“为了环境保护的教育”转向“为了可持续发展的教育”。这一阶段的主要成效体现在：

第一，环境教育理念发生了深刻变化，由原来单纯地关注环保这一宗旨向环境与发展相协调的可持续发展教育递进。第二，深化了各级各类可持续发展教育实践。高校的环境教育得到了大力发展，环境专业教育的教材编写受到了高度重视。中小学可持续发展教育不断深化，将人口教育、发展教育与环境教育，这三者紧密地结合了起来。另外，通过创建绿色学校这一举措，使我国的环境教育与基础教育有机整合，共同推进素质教育的有效落实。第三，形成了多样化、相互补充的可持续发展宣教平台，使得线上和线下、民间和官方的平台互为补充。第四，完成了与国际可持续发展教育项目的深度合作，包括参与有益于全球环境的“GLOBE 计划”，以及成立环境与可持续发展学院等一系列活动。

3. 中国生态文明教育的发展：生态文明教育(2003 年至今)

进入 21 世纪后，我国在科学发展观的引领下提出建设生态文明社会，这也从国家战略方针方面，推动了中国的环境教育、可持续发展教育向“为了生态文明的教育”迈进。自 2003 年以来，建设生态文明社会取得了五个方面的进展。

第一，我国生态文明教育的理论基础得到进一步夯实。习近平总书记的生态文明思想，使得生态文明教育的理论基础得到进一步贯彻落实，将以生态文明建设作为关键内容的生态教育第一次提升到了改变人类生活方式和整个文明方式的高度。第二，中国生态文明教育形成全学段、全方位教育的新格局。高校之间建立了合作机制，成立了“中国高校生态文明教育联盟”、设立了相关研究中心等，有效推进了我国高校的生态文明教育。学前和中小学生态文明教育，也形成了由国家引领、地方主导与学校自主探究相结合的多元推进格局。第三，坚持开展生态文明宣传教育。国家层面以生态环境部为主，组织宣教活动。对于生态文明教育的政策布局、工作机制、绩效评估等方面，地方政府也在进行积极探索。第四，拓展了我国生态文明教育的实践场所，充分发挥了自然景观与场馆的生态文明教育潜能。第五，健全强化了我国生态文明教育的法制建设。首先，各省市环境与生态文明教育条例陆续出台，其次，完善健全了我国环境与生态文明教育的立法。

二、国内外相关研究现状

国外没有明确地提出生态文明教育的概念，相关研究主要围绕生态教育进行。关于生态文明教育的研究主要集中在中国学术界，这与我国正大力实施的生态文明建设战略紧密相关。其研究的方向主要集中在内涵研究、路径研究以及评价研究三个方面。

(一)国外相关研究现状

我们从生态教育内涵的研究和生态教育价值的研究两个方面作简要梳理。

1. 关于生态教育内涵的研究

生态教育思想最开始出现于20世纪90年代的美国。同时，曾有研究人员在自己的研究成果中明确指出，生态教育实际上是为了进一步培养生态知识，解决生态问题并为其奉献终身的公民。而生态教育的根本任务是为了满足受教育人员个体的幸福感，推动生态文明始终朝着可持续的方向发展，这也就代表着受教育人员并非简单地接受社会和职场竞争力这两种类型的教育。

2. 关于生态教育价值的研究

当前阶段，很多西方生态教育研究人员主要集中在北美地区、南美地区和部分欧洲地区，其中北美教育学家查德·卡恩对于一些教育学视角是予以批判态度的，对可持续发展教育进行了系统剖析，进一步重申了生态教育在推动生态扫盲、缓解生态危机中的作用和价值。

而南美生态教育著名研究人员保罗·弗莱雷和其他相关人员，站在人类解放的角度，进一步剖析了生态文明教育。他们认为，在促进生态环境领域逐步发展的同时，也应该重视人类的解放，进而关注生态的解放。对于欧洲生态教育研究人员，他们主要的思想是全方位注重生态教育、可持续发展教育等诸多方面的教育。同时，有学者也肯定了教育在化解生态危机、促进可持续发展等方面的积极作用。举例来说，美国学者亚伦曾经在自己的研究中明确指出，教育有助于增强全民对环境变化的关注，进而形成健康可持续发展的生活方式，如此一来，有助于整个社会的发展和稳定，也推动了绿色技术的进步及绿色产业的创新与发展。

(二)国内相关研究现状

国内生态文明教育实际上是将环境教育和可持续发展教育进行结合后得到的衍生物。生态文明教育正式出现之前，除了环境教育以及可持续发展教育之外，还曾经出现过绿色教育、生态教育等涉及自然、社会与个体的多种教育尝试。随着时代的发展，这些教育尝试也处于不断完善之中，为生态文明教育的诞生与发展储备了丰厚的理论根基与现实基础。总体而言，已有的研究主要集中在对生态文明教育内涵的诠释、实践路径的探寻与评价体系的建构三个方面。

1. 关于生态文明教育的内涵研究

关于生态文明教育的研究主要集中于中国学术界，这与我国正在大力实施的生态文明建设战略紧密相关。国内“生态文明教育”概念较早出现在1998年王良平发表的《加强生态文明教育，把环境教育引向深入》一文中。该文认为，环境教育的目标已无法完全适应生态文明的诉求，生态文明教育则是环境教育在生态文明时代走向深入的必由之路。① 自2000年以来，学术界对生态文明教育内涵的研究逐渐增多，涌现出一些代表性的观点。其中，陈丽鸿等人在《中国生态文明教育的理论与实践》一书中对生态文明教育的概念界定受到了学术界的广泛认可。他们认为，“生态文明教育是针对全社会展开的向生态文明社会发展的教育活动”，并且陈丽鸿等人注意到了生态文明教育对环境教育、可持续发展教育的继承与超越，强调“生态文明教育吸收了环境教育、可持续发展教育的成果，把教育提升到改变整个文明方式的高度，提升到改变人们基本生活方式的高度”②。此后，不同学者从多个角度对生态文明教育内涵提出了理解与阐述。彭秀兰区分了广义的生态文明教育与狭义的生态文明教育，指出“广义的生态文明教育是针对社会全体公众而言的；狭义的生态文明教育则是指专门的学校教育”③。杨冬梅明确了生态文明教育的学科性质，认为生态文明教育“归根到底属于德育教育”④。杨志华等人将生态文明教育视为一种必将取代现代教育的“新的教育范式”⑤，所谓“生态文明教育范式，就是以生态文明的共同价值观为指导的新教育，其教育目的、教育方法、课程设置、课程评估，都围绕服务生态文明建设展开”⑥。总体而言，这些研究为准确界定生态文明教育的内涵提供了丰富的视角，作出了较有意义的探索。

2. 关于生态文明教育的实践路径研究

就生态文明教育的实践成果来说，最为关键的是生态文明教育的学科渗透研究。学科渗透既不会打破原有教育格局，又在一定程度上深化学科教学而受到众多学者的认可，而且为在高校思想政治教育课程、中学地理、生物等课程中渗透生态文明教育提供了探索路径。例如，赵胜营提出应通过思想观念、知识技能、教学方法、实践体验与网络辐射相结合的渗透方式，强化大学生的思想政治教育。石建等人提出，想要进一步掌握生态相关知识，首先要树立生态文明意识，并将其作为发展的最终目的，贯彻落实生态文明行为，以及明确生态文明发展的基本思路，站在目标、内容和手段等三个角度，进一步搭建基于初中生物的生态文明教育制度，推动学校贯彻落实生态文明教育手段，

① 王良平. 加强生态文明教育，环境教育引向深入[J]. 广州师范学报，1998(1)：81-85.

② 陈丽鸿. 中国生态文明教育理论与实践[M]. 北京：中央编译出版社，2019：78.

③ 彭秀兰. 浅论高校生态文明教育[J]. 教育探索，2011(4)：21-22.

④ 杨冬梅. 从“独自”到“对话”——高校生态文明教育的变革[J]. 环境保护，2011(16)：38-40.

⑤ 杨志华. 为了生态文明的教育——中美生态文明教育理论和实践最新动态[J]. 现代大学教育，2015(1)：21-26.

⑥ 杨志华. 为了生态文明的教育——中美生态文明教育理论和实践最新动态[J]. 现代大学教育，2015(1)：21-26.

需要依托一定的平台，对于面向公众的生态文明教育更是如此。因此，部分学者探索了生态文明教育的平台建设问题。例如，吴敏慧等人分析了，图书馆在生态文明教育宣传方面的优势，提出了图书馆可以向公众宣传和示范生态环保的理念。随着新媒体对公众生活的广泛影响，也有学者提出教育的路径创新。例如，王甲句认为可以借助新媒体，如关注一些绿色公众号等，并对其主体开展一系列的生态文明教育活动。

3. 关于生态文明教育评价的研究

陈丽鸿等研究人员在自己的研究成果中明确指出，站在总体的角度来说，想要进一步构造生态文明教育的评估制度，要将该制度划分为生态文明、教育过程评估和生态文明教育。其中教育过程的评估工作涉及新闻宣传、学校教育、公众参与企业运行等多个维度，教育效果的评价则包括：公众生态文明意识的建立，公众对生态文明的满意度两个方面。此外，多数研究主要针对特定领域研究生态文明教育的评价问题。例如，部分学者研究了生态文明教育基地的评价问题。王琦聚焦多功能林区，认为对林区生态文明教育的评价应包括生态文明教育的工作评价和效果评价两个层面，并列举了两个层面的具体要素。李媛媛则从评价的目的、功能、对象、原则、标准、方式，以及保障机制等方面，构建了国家生态文明教育基地的评价体系。

本章节作为《幼儿生态文明教育活动设计与实施》一书的开篇，首先对生态文明教育的内涵、意义、发展历程、研究现状以及理论基础展开分析，然后进一步剖析幼儿生态文明教育的目标和原则，最后探讨幼儿生态文明教育的内容、实施路径和方法，以便了解《幼儿生态文明教育活动设计与实施》的研究背景与整体思路。从理论研究到实践操作，具体应该如何系统、科学地实施幼儿生态文明教育呢？后面的章节我们将聚焦教育活动，从环境认知、生态理解、生态保护和绿色生活四个维度，细化到3—4岁、4—5岁、5—6岁，三个年龄段，以案例的方式来呈现幼儿生态文明教育活动。

第三节　生态文明教育的理论基础

随着生态文明教育研究的深入，学者对生态文明思想的理论基础也有了很多探讨。生态文明教育和很多代表性的理论具有高度的相关性，例如马克思主义生态观、马克思主义关于人的全面发展学说、中国传统天人合一思想等，由于这些从古至今的理论会有一些重合之处，同时，考虑到幼儿生态文明教育的特殊性，所以选择与幼儿生态文明教育最紧密的理论进行阐述，主要包括：习近平生态文明思想、可持续发展理论和教育生态学理论。

一、习近平生态文明思想

党的十八大以来，以习近平同志为核心的党中央持续推进生态文明建设，建设美丽中国，并提出了一系列具有指导性、全局性的理念和论断，如处理经济发展和环境保护之间的关系的“两山论”、环境生产力论、生态与文明关系论等。① 随着对“习近平生态文明思想”提法的统一认识，学者们认为，习近平同志形成了以绿色为基调的生态文明思想，体现为以节能环保为导向的生态发展理念和以人为本、人与自然和谐为核心的生态发展观。② 习近平生态文明思想的正式确立，是在 2018 年召开的全国生态环境保护大会上。在此次大会中，习总书记围绕生态环境保护、做好污染防治等多方面内容作出了重要指示和工作安排。在此后的多次重要讲话中，习总书记作出了关于生态文明建设的论述。

习近平生态文明思想立足于新时代背景下我国人与自然关系的新特征，继承和创新发展了马克思主义思想，在一系列的根本性和开创性工作中，我国的生态文明建设以及生态环境保护不论是在认识上还是在实践中，都发生了历史性、全局性的重大变化。习近平生态文明思想有着丰富的内涵，深远的立意，对生态文明建设相关的一些问题作出了具体实际的回答。习近平生态文明思想不单单是关于生态环境问题的狭义生态观，更是着眼于人类文明形态转换历史视野的一种文明观，它涉及经济社会发展全局和人类社会发展的总体性方向，根本改变了我们对社会历史发展的传统观念，形成了独特的“人与自然和谐共生”的生态自然观、“绿水青山就是金山银山”的生态发展观、“五位一体”的生态社会观及“环境就是民生”的生态民生观等。③

习近平生态文明思想和习近平总书记关于社会主义生态文明建设的一系列重要论述，对于全社会全面深刻准确认识生态文明建设有着非常重要的现实意义。对于教育而言，也有其独特的作用。习总书记生态文明思想倡导的人与自然和谐共生的理念，为幼儿生态文明教育理念提供了指引，在开展生态文明教育、构建生态文明教育课程时，要遵循人与自然和谐共生的理念，以先进的思想和理念为指导，紧跟新时代发展的步伐和要求，准确把握生态文明教育方向，全面推进人与自然和谐共生的教育，认真落实贯彻习近平生态文明思想所传递的新时代发展理念。

习近平生态文明思想包括了生态自然观、生态发展观、生态社会观、生态民生观、生态经济观等内容，所涉及的范围有社会政治经济文化建设等多个方面，体现了生态文明与社会多方面的紧密联系。为此，生态文明教育在内容方面要紧密围绕习近平总书记生态文明思想内涵，构建生态文明教育体系，参照习近平生态文明思想的内容拓宽教育内容范围，将经济文化等社会内容融入幼儿生态文明教育。

---

① 杜昌建. 习近平生态文明思想研究述评[J]. 北京交通大学学报(社会科学版)，2018，17(1)：151-158.

② 乔清举. 心系国运　绿色奠基[N]. 学习时报，2016-07-28(001). DOI：10.38216/n.cnki.nxxsb.2016.001631.

③ 姚修杰. 习近平生态文明思想的理论内涵与时代价值[J]. 理论探讨，2020(2)：33-39.

二、可持续发展理论

最初，可持续发展战略的提出是为了应对环境危机。1962 年，美国莱切尔·卡逊《寂静的春天》一书及罗马俱乐部的报告——《增长的极限》，为人类破坏环境会引发社会发展问题敲响了警钟。1987 年，布伦特兰女士在这一报告中运用了可持续发展这一概念，正式定义“可持续发展”为“既满足当代人的需要，又不侵害后代人满足其自身需求发展”。此后，“可持续发展”这一主题逐步成为全球政治经济议程中心。

随着社会经济的不断稳步发展，人们愈发关注经济发展与环境保护的密切关系，逐渐将二者紧密联系在一起，在实践发展中深入探讨多种实现可持续发展的具体方法，例如在人口方面，控制人口过度膨胀；在资源方面，保护良好的资源基础，应用科技开发可再生能源等。中国政府则在是在 1992 年的时候，在《中国 21 世纪议程——中国 21 世纪人口、环境与发展白皮书》中，把可持续发展战略纳入了其中，以此为契机，可持续发展成为我国长期发展战略规划中的一部分。2015 年，联合国提出的《改变我们的世界：2030 年可持续发展议程》，作为未来 15 年指导全球可持续发展的纲领性文件，明确了教育领域探索可持续发展的更为具体的实践期。2016 年，李克强总理在纽约联合国总部主持召开“可持续发展目标：共同努力改造我们的世界——中国主张”座谈会，并发布《中国落实 2030 年可持续发展议程国别方案》，明确表示，我国将贯彻创新、协调、绿色、开放、共享的发展理念，加快推进可持续发展议程落实工作，并继续为全球发展事业作出力所能及的贡献。2019 年，中共中央、国务院印发了纲领性文件《中国教育现代化 2035》，中共中央办公厅、国务院办公厅同时印发了《加快推进教育现代化实施方案(2018—2022 年)》。这是中国政府为加快推进教育现代化、建设教育强国的战略举措，同时也是中国政府作为一个负责任的大国积极主动兑现全球可持续发展教育目标(Sustainable Development Goal for Education)的重要举措，对于国际社会早日实现 2030 教育目标在方法论和内容方面都具有重要的示范价值。①

可持续发展理论从提出到现在，许多学者专家给出了不同的定义与内涵。目前普遍的观点认为它包括了文化、社会、生态、经济四个方面的可持续发展，从已有的对可持续发展理论的诠释来说，可持续发展的内涵主要体现在人与自然的和谐发展、经济发展与生态环境之间的平衡，为人类提供优质的生存环境，在注重公平的前提下最大化发展经济，通过科技实现绿色发展。需要特别注意及强调的公平是可持续发展理论的核心，主要包括了代内公平和代际公平，也就是说可持续发展倡导的是当代人与后代人之间的公平的利益关系，因此，当下社会要优化解决当代人存在的问题，打好可持续发展的基础，明确当代人的责任，能够做什么，需要做什么，应该做什么，从根本上保护后代人

① 顾明远，滕珺.《中国教育现代化 2035》与全球可持续发展教育目标实现[J]. 比较教育研究，2019，41(5)：3-9，35.

的利益。

教育是践行可持续发展理论的一种方式，可持续发展理论所倡导的平衡与生态文明教育的目标与内容在一定程度上是一致的，对于生态文明教育而言，不仅仅是了解文化、经济等社会可持续发展，更是要引导受教育者感受人类的行为与生活对自然、对未来几代人的影响，要体会其中公平与尊重的基本含义，提高自身素养，能够自觉保护自然，爱护其他自然生物体，从而实现人与自然的可持续发展，人自身的可持续发展、人与社会的可持续发展。使学习者不仅仅学会尊重文化多样性，更为当代和后代做出实现环境完整、经济可行和社会公正的明智决定和负责任行动。可持续发展理论，为实施生态文明教育提供了指南，在组织和实施生态文明教育时，作为教育者，要充分理解可持续发展理论，并渗透到活动实施中，用可续发展的态度和思维看待幼儿生态文明教育，明确当下的生态文明教育不是狭义的某一领域的教育，更是为幼儿未来成长做奠基的教育。

三、教育生态学理论

教育生态学研究最早是从西方开始的，早在 1966 年，英国阿什比在他的研究中就提出了“高等教育生态学”，并将教育生态学的原理和方法运用于高等教育研究中。1976 年，美国教育家劳伦斯・克雷明在他的经典著作《公共教育》中讲述了教育生态学的概念，并在第二章面向教育生态进行专门的探讨。1975 年，方炳林在他的《生态环境与教育》中，提出了关于生态环境与教育的研究就是“教育生态的研究”的观点。他的研究主要是围绕社会、文化、家庭和学校生态环境和教育的关系展开进行的。在此之后，有很多学者专家对教育生态学进行了研究。1990 年，大陆教育生态学的研究从吴鼎福与诸文蔚合著的《教育生态学》开始，这本书主要围绕教育生态环境与教育之间的相互作用进行了深刻的探讨。2000 年，华东师范大学范国睿在他的著作《教育生态学》一书中，围绕教育环境对人、学校以及教育发展的影响进行深入的探讨，主要从文化、人口、资源、环境这些大的环境和学校、课堂等小环境等几个方面进行考察。① 随后，越来越多的学者在前人研究的基础上大力倡导教育生态理论的实践作用与意义。教育生态学理论的基础是生态学的原理，特别是生态系统平衡、协同进化等原理与机制研究各种教育现象及其成因，进而掌握教育发展趋势与方向。这一理论着重研究教育与其周围环境之间的关系与规律，并且以此为依据，指导教育发展的主要趋势和方向。随着人类生态意识的不断提升，生态思维越来越活跃，教育生态学的研究也越来越多。

教育生态学将教育和生态环境相联系，与生态学相互渗透，把教育放在自然环境、社会环境、规范环境中，研究这三种生态环境和人的生理、心理环境各种生态因子与教

① 闻慧，梁磊，贺嫣敏. 教育生态学研究发展综述[J]. 现代物业(中旬刊)，2011(11)：123-125.

育的关系。教育生态学强调的生态环境，为我们实施生态文明教育提供了新的思维模式。首先是利用教育中的自然环境，挖掘周围的社会环境资源，注重规范环境中的文化、科技、语言文字、民族、社会风气习俗、艺术等环境。同时注重教育生态学强调的生态结构，即宏观教育生态，包括生态环境、人力物力财力、转换过程、输出四个过程。从宏观角度而言，实施生态文明教育就是在培养未来社会的人才，贯彻落实全民教育。从微观教育生态而言，包括学校、教师、设备、课程、亲子关系、师生关系、同伴关系等，这也启示我们实施生态文明教育要充分考虑到幼儿生活的微观环境，从身边的环境开始，为幼儿营造温暖、开放、自主的环境，将生态文明教育理念渗透于环境创设、课程活动、人际交往等方方面面。

习近平生态文明思想、可持续发展理论以及教育生态学对生态文明教育有着深远的影响，不仅仅是目标确立的方向，是内容选择的依据，也是实施生态文明教育的参照。

第四节 幼儿生态文明教育的目标

生态文明教育的发展历程及现有理论基础为幼儿生态文明教育提供了指引，幼儿园实施生态文明教育，要以习近平生态文明思想为根本理论，坚持可持续发展，从而确定幼儿生态文明教育的目标与内容。本节围绕幼儿生态文明教育活动的目标与内容进行探讨。幼儿生态文明教育是一种培养幼儿的活动，幼儿生态文明教育目标的设定不仅要反映社会发展的现实需求，还要尊重幼儿的年龄特点和身心发展规律。当幼儿生态文明教育目标建立在幼儿发展与社会发展相联系的基础上，就能成为幼儿生态文明教育努力的方向。

一、幼儿生态文明教育目标的制定依据

在规划制定幼儿生态文明教育目标时首先需要以《3—6岁儿童学习与发展指南》为基础，其次，检索国家关于生态文明教育的文件政策等作为参照依据，例如国家《“美丽中国，我是行动者”提升公民生态文明意识行动计划(2021—2025年)》的相关通知，《国务院关于进一步加强环境保护工作的决定》、教育部《中小学环境教育实施指南》等文件。

幼儿园生态文明教学目标的设计必须在中央和国家有关政策精神、幼儿园教育指南下进行，但是具体目标的设计，可以以布鲁姆教育目标分类理论成果作为依据。布鲁姆教育目标分类理论中将教育目标划分为认知、情感和动作技能三个领域，其目标分类方法对于幼儿生态文明教育的目标设计，贯彻三维目标，形成培养幼儿生态文明素养的可操作性活动方案，解决幼儿生态文明教育目标分散、幼生态文明关键素养培养碎片化等问题，具有重要意义。

布鲁姆教育目标分类理论所划分的认知、情感、动作技能三个领域，分别包含不同

的内容，认知领域包括了知识和理解等六个水平；情感领域包括态度、价值观方面的养成；动作技能领域包括技能和行为习惯。根据布鲁姆教育目标分类理论，对于幼儿生态文明教育目标的设定可以从这三个目标领域出发，认知方面，重在幼儿的环境认知、生态理解；情感方面注重幼儿在生态理解的基础上对人与自然、人与社会的态度及价值观的养成；动作技能方面，重在将认知、情感转化为行为，即生态保护；对于幼儿生态文明教育而言，“绿色生活”文明的最终追求，是生态文明背景下培养幼儿核心素养的主要显现阵地，只有将认知情感技能渗透于生活，才能更加凸显生态文明教育的作用，故设定绿色生活这一目标，努力在幼儿心中根植绿色可持续发展的价值追求。

二、幼儿生态文明教育的总目标

什么是目标，简单地说，就是在某种条件和环境下，大家对某一行为有所期待和预期的结果，对于教育活动而言，目标是教育内容的出发点，目标是否科学合理会影响教育的具体实施情况和效果。生态文明教育的目标就是大家对这一教育的期望，也就是生态文明教育希望达到的结果。它是生态文明教育的开始，从基础开始，确定了相关的内容，引领了生态文明教育的发展方向，同时也会制约生态文明教育的实施进展情况。科学合理的目标会使生态文明教育取得显著成效。只有目标正确，才可能为生态文明教育的实施确立正确的方向，使之沿着正确的轨道发展，从而取得良好的效果。通过家庭、学校、社会的不同教育持续不断提高社会成员的生态文明素养和基本的生态文明行为能力，是生态文明教育的主要目标，意在使人们树立生态文明的信念，并能在日常生活中加以体现。简单来说，培养生态公民，使公民具备科学的生态观，适应社会的发展就是生态文明教育的重要目标。

幼儿生态文明教育的目标，是幼儿园阶段对生态文明教育所期望能够达到的结果，是以整体生态文明教育目标为基础，依据《幼儿园教育指导纲要（试行）》《3—6岁儿童学习与发展指南》，根据幼儿的年龄特点、发展需求等来确定的。幼儿生态文明教育目标的确立必须要考虑客观条件，从幼儿的发展水平现状及身心发展规律出发，建立在人与自然、人与社会和谐发展的基础上，使其真正成为幼儿生态文明教育努力的方向。

幼儿园文明教育旨在引导幼儿从小树立整体协同可持续的价值理念，认识人与自然的本真关系，形成人与自然和谐共处的生态文明价值观；使幼儿了解人与自然的内在关系及生态危机，获得人、自然、社会和谐相处所必须掌握的知识和技能，逐渐养成利于生态文明建设的良好行为习惯；提升幼儿生态科技创新意识和创新能力，提升幼儿的生态素养，使其成为有责任的新时代生态公民。

三、幼儿生态文明教育的具体目标

关于幼儿生态文明教育的具体目标，在国家政策的支持下，依托布鲁姆教育目标分

类理论，从情感与价值、知识与技能、行为与习惯三个目标维度围绕环境认知、生态理解、生态保护、绿色生活四个方面的内容制定年龄段具体目标。

（一）环境认知

目标 1：亲近大自然，在探究中感知大自然的奇妙

3—4 岁	1. 认识自己生活中常见的动植物，善于注意和观察周围多种类型的动植物。 2. 能够通过感知、观察、体验等发现周围自然物体的不同特性。 3. 喜欢观看花草树木、乐于观看日月星空，能享受自然界美好的事物。 4. 容易被大自然中奇妙的现象和好听的声音所吸引。
4—5 岁	1. 能感知和发现常见动植物的自然生长形态变化及基本生存条件。 2. 能感知和观察发现常见的自然材料性质及其用途。 3. 喜欢欣赏大自然和生活中美的事物，能关注其色彩、形态等特征。 4. 喜欢倾听自然界中多种好听的声音，能初步感知声音的高低强弱等变化。
5—6 岁	1. 能察觉到动植物的外形特征、习性与它们的生存环境相互作用及适应性关系。 2. 感知并了解季节变化的时间性和周期性，知道季节的特征和变化的顺序。 3. 喜欢模仿自然界和生活环境中有特点的声音，并产生相应的联想。 4. 喜欢倾听自然界多种好听的声音，善于发现声音的高低强弱等变化。

目标 2：了解周围社会环境

3—4 岁	1. 对幼儿园的生活充满好奇，愿意并且喜欢上幼儿园。 2. 知道自己是家庭的一员，能够说出自己的每个家庭成员与自己的关系。 3. 知道自己家所处的具体位置，不仅能准确说出所在街道的名称，也能说出小区的名称。 4. 认识国旗，知道国歌。
4—5 岁	1. 喜欢自己所在的幼儿园，喜欢自己的班级，能够积极主动参加集体活动。 2. 能说出自己的家所处的省、市、县（区）名称，知道自己家乡代表性的物产或景观。 3. 知道自己是中国人并为此感到自豪。 4. 在奏唱国歌、升国旗时能主动站好。
5—6 岁	1. 好奇小学生活，向往小学生活。 2. 知道并能说出自己的民族，知道中国是一个多民族国家，各民族之间互相尊重，是团结友爱的大家庭。 3. 知道并能说出我国的一些重大成就，热爱祖国，为自己是中国人感到自豪。 4. 知道全世界的人们住在同一个地球村上，全世界的人们是一家。

目标 3：感知人的成长规律与发展现状

3—4 岁	1. 能认识自己的身体，知道保护自己，初步了解保护自己的办法。 2. 知道自己从哪里来。 3. 知道每个人都是不一样的。
4—5 岁	1. 初步感知生命的演变。 2. 了解我国人口数量和世界人口数量的变化。 3. 知道不同地区的人是不一样的。
5—6 岁	1. 能初步感知我国一些生育国策的意义。 2. 知道世界人种具有多样性。

目标 4：尊重不同的文化，热爱身边的文化

3—4 岁	1. 愿意遵守班级公约。 2. 知道中华民族重要的传统节日。 3. 愿意参与传统节日活动。
4—5 岁	1. 感受家乡的文化，并以此为荣。 2. 能大胆介绍家乡的名胜古迹。 3. 了解中华传统文化。
5—6 岁	1. 喜欢不同的民族文化，能初步欣赏优秀的文化传统。 2. 了解国外文化，尊重多元文化。

目标 5：感受科技与经济发展对社会的影响

3—4 岁	1. 感知生活中常见的技术产品。 2. 了解家乡的经济发展。 3. 初步感受不同地区的工农业经济发展。
4—5 岁	1. 初步了解平时生活中的常见技术产品及其对环境的影响。 2. 了解生活中的绿色低碳产业。 3. 能发现不同地区工农业经济发展显著差别。
5—6 岁	1. 了解平时生活中的常见技术产品及其对环境的影响。 2. 感受科技改变生活的力量。 3. 了解世界和中国为经济发展作出的贡献。

(二)生态理解

目标1：初步理解生态环境问题

3—4岁	1. 知道动植物对环境的良好作用。 2. 了解动物的生存现状。 3. 了解植物的生存现状。
4—5岁	1. 了解野生动物的生存处境，知道要保护不同物种。 2. 知道温室效应、土地荒漠化等常见的环境问题。
5—6岁	1. 了解地球所遭受的人为破坏及受到的伤害。 2. 了解垃圾堆放的严重危害，知道垃圾的处理方式和循环利用。

目标2：感知人与自然的密切关系，尊重生命

3—4岁	1. 初步了解和体会动植物与人类的密切关系。 2. 能感知不同的气候天气，体验不同的气候天气对自己生活和活动的影响。 3. 感知自然环境给人们提供的生活空间。
4—5岁	1. 能感知和发现常见自然物的基本特性或生态作用。 2. 能发现不同季节的特点和变化，体验不同季节对动植物和人的影响。 3. 知道人们的日常生活离不开自然环境。
5—6岁	1. 能发现生活中常见自然物结构与功能之间的关系。 2. 初步理解人们的生活与自然环境之间的紧密联系，知道尊重生命、保护环境。 3. 知道自然环境为人类提供居住空间和资源。

目标3：知道人与社会息息相关

3—4岁	1. 在成人的引导下，能与同伴友好相处。 2. 当身边的人生病或者不开心时能对他表示同情。 3. 爱父母，亲近身边长辈，能感受到家庭和谐生活的温暖。
4—5岁	1. 做到不欺负弱小。 2. 能注意别人的不同情绪，主动表示关心。 3. 知道爸爸妈妈的职业，能体会爸爸妈妈养育自己的辛苦。
5—6岁	1. 在活动中，能与同伴友好相处，分工合作，一起努力克服困难。 2. 与他人相处交往时，有礼貌。 3. 尊重为大家提供服务的人，能够主动珍惜他们的劳动成果。 4. 能感受到家乡的发展变化并为此感到高兴。

（三）生态保护

目标 1：能够爱护动植物，保护环境

3—4 岁	1. 喜欢亲近自然，爱护花草树木。 2. 愿意并能够用行动照顾动植物。 3. 能够用自己的方式宣传爱护动植物，保护环境。
4—5 岁	1. 从小事做起，爱护动植物。 2. 知道保护绿色植被的方法。 3. 能通过图文宣传等倡导周边人爱护环境。
5—6 岁	1. 知道地球生物多样性，并能珍视生物多样性。 2. 尊重一切生命和其生存环境。 3. 能通过自己的行动保护环境。

目标 2：能珍惜并节约资源，有初步的生态环保意识

3—4 岁	1. 知道节约粮食。 2. 能在生活中节约用水等资源。
4—5 岁	1. 能珍惜他人的劳动成果。 2. 节约水、电、纸张等资源。
5—6 岁	1. 能主动节约水电、纸等资源。 2. 知道生活中节约资源的小妙招。

（四）绿色生活

目标 1：具有良好的生活、卫生等文明习惯

3—4 岁	1. 知道公共场所的规则并能遵守公共场所的规则。 2. 爱护幼儿园和班级物品，不乱丢乱画。 3. 知道讲卫生的重要性。 4. 知道常见的预防疾病的方法。
4—5 岁	1. 知道公共场所的规则，感受生活中规则的意义，并能基本遵守规则。 2. 知道健康的生活作息习惯，并能坚持健康的生活作息。 3. 在生活中主动使用文明语言，掌握普通话。
5—6 岁	1. 能与同伴共同协商制定游戏和活动规则。 2. 爱惜身边的物品。 3. 爱护身边的自然环境和生活环境，注意生态保护，节约资源。 4. 注重文明用语，在生活中保持文明行为。

目标 2：愿意参与资源共享活动

3—4 岁	1. 愿意与同伴以物换物。 2. 能积极参与图书漂流等活动。 3. 愿意把不玩的玩具进行捐赠。
4—5 岁	1. 知道合理科学使用公共资源的方法。 2. 知道物品循环利用的方式方法。
5—6 岁	1. 愿意捐赠自己不需要的物品。 2. 有初步的忧患意识，知道有很多资源可以共享。 3. 树立公平意识。

目标部分主要为教育者提供了政策依据，同时对 3—6 岁不同年龄段的幼儿在生态文明教育方面应该知道什么，能做什么，大致可以达到的生态文明素养水平提出了期望，使教育者得以借鉴。

第五节　幼儿生态文明教育的原则

教育能有效助推我国社会文明进步，幼儿生态文明教育的开展能促进幼儿健康和谐发展，为幼儿成长为生态公民奠定良好的基础。从目前现有的研究来看，生态文明教育主要在高校、中小学中组织进行，在幼儿园中组织实施的比较少，这对于幼儿园阶段的教育来说无疑是个巨大的挑战。为此，在幼儿生态文明教育活动设计与实施过程中，需要遵循其相应的原则，现就围绕幼儿生态文明教育活动的原则进行阐述。

一、生活性原则

幼儿生态文明教育活动要充分考虑幼儿的年龄特点，贴近幼儿的生活，幼儿一日生活皆教育，故在进行幼儿生态文明教育时，要遵循生活性原则，将生态文明教育渗透于幼儿的一日生活，着力解决幼儿一日生活中的问题，从生活出发培养幼儿良好的生活卫生习惯。关注幼儿的生活活动，如盥洗、进餐等，从幼儿的行为举止出发，引导幼儿节约用水，养成良好的进餐习惯。

二、社会性原则

幼儿生态文明教育的社会性原则，主要表现为两个方面，首先是幼儿发展的社会性。幼儿生态文明教育在于培养新时代背景下的生态公民，对于幼儿自身来讲，这是迈向未来社会的基础，有助于幼儿社会性的发展。其次是生态文明教育内容和实施的社会性。幼儿生态文明教育不能只单独依靠幼儿园的环境和教育，而是需要走出幼儿园，引进社会资源，特别是在感受本土文化方面，要使幼儿在大的社会环境中认同本地文化，感受社会公约、社会公德、社会经济与人文环境的魅力。教育者需善于发现和应用社会资源，开展丰富多彩的社会实践活动，如走进科技馆、感受特色文化街等，这些都有助于激发幼儿的归属感、自豪感，并从实践中潜移默化地影响幼儿，让其感受社会公约的力量。

三、活动性原则

幼儿教育是以活动和游戏为主导的，幼儿生态文明教育也不例外，要坚持以活动为主，并将活动贯穿于整个教育过程之中。如在认识人与植物的关系时，教师与幼儿共同探讨活动的主题、内容与形式，将内容贯穿于不同的活动中。注重通过集体学习活动、自主探究活动、社会实践活动、亲子活动等方式激发幼儿兴趣，调动幼儿积极性，在不同活动中加深对生态文明的理解。当然，活动的设计可以由幼儿、家长和老师共同参与，这样有助于幼儿养成良好的生态文明行为习惯，将生态文明内化于心，外化于形。

四、融合性原则

在设计幼儿生态文明教育的活动时，需遵循整合性原则，在幼儿园，生态文明教育不能仅仅依靠某一单一领域来进行教育，它需要通过五大领域相互渗透的方式来设计，从而达到教育目的。对于幼儿而言，多领域综合，生态文明教育才能取得良好的效果。在涉及一些教育内容时，教育者会发现教育内容并不是只贴近某一领域，且不是特定领域就可以达成教育目标，尤其是绿色生活类，那么在组织活动时，就需要注重融合性原则，统筹五大领域，进行活动的设计与实施。在领域结合的同时还要考虑生活活动、游戏活动有效合理整合，共促幼儿生态文明素养的提升。除此之外，家庭、社会、幼儿园也要紧密融合，将家庭和社会资源进行整合，得到外部的力量支持，达到好的效果。

五、全面性原则

生态文明是和谐的文明、全面的文明，也是能更加促进社会发展的文明。生态文明教育主要倡导的宗旨是人与自然的和谐发展与可持续发展，对幼儿而言，这是不断发展的，是动态的，是指向未来的。对于生态文明教育的全面而言，主要体现于幼儿的思想意识、行为习惯以及绿色生活方式等方方面面，深入理解人与自然和谐共存的价值理念，人、社会、自然之间的联系。对于幼儿而言这是有长期效应的，将影响幼儿健康人格的发展，从而推动社会的进步。

六、多路径原则

幼儿生态文明教育还要遵循多路径原则，即利用环境、游戏、网络、多媒体、家庭和社会等不同的路径开展生态文明教育。例如本园的楼层环境就是根据幼儿的年龄特点，加入自然、科技、城市的元素；幼儿园也经常通过网络分享等方式发送倡议书或活动情况，将网络平台作为活动的路径之一，扩大辐射范围和效果。通过不同路径解决生态文明教育中不同的问题，将内容合理分配与布局，达到不同的教育目标。

七、适宜性原则

对于幼儿而言，生态文明教育要注重其适宜性，要注重幼儿的年龄特点、个别差异，以及幼儿不同的家庭差异、社区文化等，重视幼儿的学习和感知特点，从生态文明需要出发，解决生活中不文明的现象与问题，共建美好家园。特别是对同一主题内容，不同年龄段要选择适宜的方式、制定适宜的目标等，避免因与年龄特征不符而影响活动实施。

总之，生态文明教育的开展要根据幼儿的实际情况来实施，在遵循原则的基础上，整合资源，多方配合，共同营造适宜生态文明教育的环境，共促幼儿发展。

第六节　幼儿生态文明教育的内容、实施路径与方法

幼儿生态文明教育的实施需要有明确的整体架构，从整体出发，建构生态文明教育内容，明确生态文明实施路径，探究生态文明教育实施方法，为实施教育者提供依据与指导。

一、幼儿生态文明教育的内容

生态文明建设对实现中华民族永续发展具有十分重要的意义，是根本战略大计。在新发展时代，我国的生态文明建设必然要不断取得新的成绩，要想有所成绩，必须全面加强生态文明教育，从根本上提升全社会的生态文明理念和行为水平。我们必须要明确的是生态文明教育的实施，内容是最为关键的部分，需要依据幼儿生态文明教育活动目标，探究适宜幼儿的生态文明教育内容，以此进行课程设置。生态文明教育内容是丰富且广泛的，我国《中小学德育教育指南》把生态文明教育作为德育的一部分，强调要“加强节约教育和环境保护教育，开展大气、土地、水、粮食等资源的基本国情教育，帮助学生了解祖国的大好河山和地理地貌……引导学生树立尊重自然、顺应自然，保护自然的发展理念，养成勤俭节约、低碳环保、自觉劳动的生活习惯，形成健康文明的生活方

式”。同时，我国《中国儿童发展纲要(2021—2030年)》提出要提高儿童生态环境保护意识，帮助其养成绿色低碳的生活习惯。这为幼儿生态文明教育作出了指导。

在目前我国生态文明教育的相关研究中，不少学者对生态文明教育内容进行了研究和讨论。杜昌建提出了我国社会成员急需的生态文明教育具体内容包括生态知识教育、生态现状教育、生态消费教育、生态道德教育、生态法制教育、生态经济教育、生态政治教育。有学者则是站在人、社会、自然和谐共处的角度上，从认知、情感、审美等维度出发，认为生态文明教育内容包括生态认知教育、生态文明观教育、生态伦理教育、生态审美教育、生态法制教育等方面。总体来说，目前关于生态文明教育内容体系的研究还没有达成一致的结论。对于不同的教育对象，生态文明教育的具体内容和教学方式方法都会存在不同之处。就目前的教育研究而言，高校主要与思政课相结合，开展生态知识基础教育、生态国情教育、生态共同体教育和生态实践教育，使当代大学生产生强烈的危机感，增强其责任心，使其养成良好的行为习惯，获得生态保护的技能。中小学则与校园德育教育相结合，创造性地开展生态知识、生态情感等相关教育。

人的生态文明素质发展和提高不是一蹴而就的，而是一个逐步推进的过程，因此，在进行幼儿生态文明教育内容选择与确定的时候，要从现实的情况出发，使教育内容的不同层次与教育对象的不同层次更具契合性，从而保证幼儿生态文明教育发挥应有的作用。

习近平生态文明教育思想的内涵深刻揭示出人与自然之间的内在共生关系，倡导生命共同体，树立并贯彻“创新、协调、绿色、开放、共享”新发展理念，形成绿色发展方式。生态文明教育的内容是幼儿园一日活动的重要部分，是幼儿生态文明教育课程发挥其作用的关键因素，同时也是实现幼儿生态文明教育目标最重要的保障，是幼儿教师设计和实施生态文明教育活动的重要依据，它既要贯彻新时代生态文明教育的理念，更要符合幼儿的发展。根据现有的生态文明教育内容研究，以及幼儿园教育对象的特性，我们认为幼儿生态文明教育要以环境教育和可持续发展教育为基础，塑造幼儿的价值观，将生态文明的种子播撒到幼儿的心田，将人与自然、社会休戚与共、共生共荣的价值愿景根植于幼儿心中；使幼儿认识和初步理解生态环境所包含的人与自然、人与社会和谐共生的事物、现象、规律等；引导幼儿突破城市幼儿园的局限，初步了解生态环境知识，能主动做力所能及的事，积极主动地参与到生态文明建设的实际行动中去，从小养成一种生态和谐的价值观念，逐渐发展形成一种和谐绿色健康的生活样态。

一般来说，幼儿园教育活动内容的选择其实是一个需要深入思考的过程，对于幼儿生态文明教育内容的选择也是如此。这个过程是一个非常理性的过程，那么在幼儿生态文明教育内容的具体选择上，我们以《幼儿园教育指导纲要(试行)》和《3—6岁儿童学习与发展指南》为依据，从幼儿社会现实考虑，以及城市幼儿园的现状出发，力求通过课程、游戏、社会实践、家庭活动四种方式对幼儿实施生态文明教育。通过综合的学习与讨论，我们将幼儿生态文明教育的内容分为环境认知、生态理解、生态保护、绿色生活四个部分，具体如下。

（一）环境认知

板块	年龄段	主要内容	
自然环境	3—4 岁	植物 动物	植物动物的外形特征、习性等
	4—5 岁	山川河流 土壤 自然现象	自然景观、规律、生态功能等
	5—6 岁	物种 气候 宇宙奥秘	生物多样性、气候常识、宇宙常识科普等
社会环境	3—4 岁	家庭　班级	家庭住址、家庭成员，班级情况、班级成员等
	4—5 岁	幼儿园　社区	园所环境、园所成员，社区居民中心、活动中心的环境与构成等
	5—6 岁	社会　国家　世界　地球村	社会场所、各省市等地区、国家元素、七大洲、联合国、环境教育组织等
人口	3—4 岁	自我认知　成长规律	认识自己的身体、情绪，成长规律等
	4—5 岁	生命演变　人口数量	人类进化、人口数量的变化等
	5—6 岁	人口现状　国家政策　世界人种	老龄化、三胎政策、世界不同人种等
文化	3—4 岁	班级文化　主要传统文化	班级公约、文化建设，节日文化、风俗等
	4—5 岁	家乡风俗　传统文化	武汉桥梁、饮食等本土文化特色，传统节日文化、风俗少数民族传统节日等
	5—6 岁	民族文化　世界文化	不同民族文化、不同国家文化等
科技与经济	3—4 岁	科技奥秘	杂交水稻等
	4—5 岁	科技创新	科技与创新对生态平衡的作用等
	5—6 岁	低碳产业　经济平衡　绿色经济	低碳产业、绿色经济的发展等

（二）生态理解

板块	年龄段	主要内容	
环境问题	3—4 岁	资源短缺	水、电、纸张等资源短缺问题等
	4—5 岁	环境污染	空气污染、噪声污染、水污染等
	5—6 岁	生态破坏	水土流失、森林破坏、草原退化等

续表

板块	年龄段	主要内容	
人与自然	3—4 岁	植物动物对生态平衡的作用	动植物对人类的作用、对生态系统的作用等
	4—5 岁	人与自然息息相关	人与自然的密切关系等
	5—6 岁	生态链，物种多样性	生物链、生态平衡等
人与社会	3—4 岁	适应幼儿园生活	幼儿园生活、同伴关系、班级环境等
	4—5 岁	热爱家乡，有归属感	家乡、社区对人生活的影响等
	5—6 岁	热爱祖国，有自豪感	祖国与人的关系等

（三）生态保护

板块	年龄段	主要内容	
物种保护	3—4 岁	保护动植物	生活中常见的保护行为等
	4—5 岁	保护动植物	保护动植物的方法和意义等
	5—6 岁	保护动植物	保护森林、植被等
资源保护	3—4 岁	节约常用资源	节约水、电等
	4—5 岁	一物多用	循环利用废旧物品等
	5—6 岁	资源共享	以物换物、物资共享等
环境保护	3—4 岁	爱护周围自然环境	不破坏自然环境等
	4—5 岁	保持周围良好社会环境	爱护公物等
	5—6 岁	珍惜成果文明宣传	珍惜社会劳动成果等

（四）绿色生活

板块	年龄段	主要内容	
生活卫生习惯	3—4 岁	生活自理	会自己穿衣服鞋袜等
	4—5 岁	健康饮食习惯	不挑食、健康均衡饮食等
	5—6 岁	健康生活习惯	健康生活作息、讲卫生等
社会公约	3—4 岁	遵守班级规则，与同伴友好相处	保护班级资源、与同伴和谐相处等
	4—5 岁	文明礼貌，尊重他人	掌握文明行为礼仪等
	5—6 岁	遵守公共场所行为规范	具有社会公德等

续表

板块	年龄段	主要内容	
低碳生活	3—4 岁	低碳出行	出行方式为步行、公共交通等
	4—5 岁	绿色旅游	文明旅游、环保旅游等
	5—6 岁	适度消费	根据所需进行购物等

幼儿园阶段的生态文明教育在整个生态文明教育中具有基础性和先导作用的地位，3—6 岁幼儿处于身心发展初期，探索欲与好奇心强烈，我们需要把握其人格尚未定型的重要时期对幼儿进行生态文明教育，从传授生态知识、强化生态文明意识、培养生态文明情感和指导生态文明行为抓起，促使幼儿形成良好的生态文明素养。开展幼儿园阶段生态文明教育活动既是我国经济社会发展和生态文明建设的基础工程，又是实现人与自然和谐发展的强大推动力量和根本保证。

二、幼儿生态文明教育的实施路径

生态文明教育必须从祖国的下一代建设者和接班人抓起，在学校范围内开展生态文明教育十分重要，而幼儿教育是人类教育的启蒙期，是帮助幼儿形成良好的行为习惯，建立正确价值观的敏感期，尤其应受到全社会的普遍关注。3—6 岁幼儿处于身心发展初期，探索欲与好奇心强烈，我们需要把握其人格尚未定型的重要时期对幼儿进行生态文明教育，从传授生态知识、强化生态文明意识、培养生态文明情感和指导生态文明行为抓起，促使幼儿形成良好的生态文明素养。开展幼儿园阶段生态文明教育活动既是我国经济社会发展和生态文明建设的基础工程，又是实现人与自然和谐发展的强大推动力量和根本保证。

生态文明教育不能只落脚于传统的教学观念，更迫切需要制定出切实可行的教育实施策略，即探索幼儿园实施生态文明教育活动的路径。由于幼儿园阶段教育对象的特殊性，幼儿生态文明教育活动在缺乏符合 3—6 岁幼儿身心发展规律的教育路径指导情况下，将是纸上谈兵，不能取得成效。幼儿园开展生态文明教育活动路径探析，旨在通过研究选择合理的生态文明教育实施手段和途径，拓宽幼儿园开展生态文明教育实践工作的视野，丰富幼儿园开展生态文明教育活动的形式和内容，开辟幼儿生态文明教育工作的新思路，致力于保证幼儿生态文明教育的落实实施，是幼儿园能否扛好幼儿生态文明教育大旗的关键。

（一）幼儿园内开展生态文明教育活动

幼儿园是组织和开展各类幼儿教育实践活动的重要地点和场所，加强开展幼儿园内的生态文明教育活动，发挥幼儿园的主体作用，对于全面有效开展幼儿生态文明教育活动十分重要。幼儿园想要持续地开展有效的幼儿生态文明教育活动，必须将其与幼儿园一日活动密切地联系在一起，才能更好地发挥幼儿园一日活动的整体教育功能。在教育活动中系统地传授生态文明知识；在游戏活动中加深生态文明体验；在生活中从各个环节入手潜移默化地引导幼儿生态文明行为，让幼儿践行生态文明由不自觉转化为自觉。

结合本园实际情况及课程体系建设，我们在制定幼儿生态文明教育活动的路径中主要选取了教育活动、区域游戏这两种幼儿日常活动和教育形式。

1. 教育活动中实施生态文明教育

建立健全完善的生态文明教育课程体系是在幼儿园教育活动中实施生态文明教育的关键因素，尤其要注意生态文明教育活动中教师对教学内容的选取，需要避免传统性、不全面等问题。更重要的是生态文明教育活动的开展不能与传统的幼儿园教育活动割裂，必须要与科学、健康、艺术、语言、社会五大领域的课程活动进行整合，将生态文明教育活动有机地融入五大领域中。

开展主题教学活动是幼儿生态文明教育活动的重要路径之一。从环境认知、生态理解、生态保护、绿色生活四大板块入手选取对幼儿有吸引力的主题，然后经过教师的理解与加工，将一些预设的教学内容与幼儿当前情况产生直接联系，形成有机的整体，在活动中使幼儿能够获得整体的、丰富的生态文明体验，进而加强幼儿生态性发展。

通过捕捉幼儿的兴趣，让幼儿在自发性专注和自主性研究的状态下发现问题、探索知识，整个活动过程幼儿所收获的印象和体验也将为其后续发展起到启蒙作用。在实施的过程中，主题选取要求生活化，形式要丰富多彩，师幼之间的互动方式要多元化。这就意味着我们要让每一位幼儿充分地动手、动眼、动脑，也就是要使每一位幼儿能够更多地接触大自然，积极主动地投身于生态文明教育活动中来，从而使他们掌握生态文明的基本知识。尤其强调教师在创设生态文明教育活动情境时，要丰富活动内容、注意活动形式与内容的结合，引入人与人、人与自然、人与社会、动物与植物、生态链、绿色生活等相关知识，为幼儿积累生态智慧、获取生态文明教育活动能力提供相关条件。幼儿教师应结合当下生态文明的时代背景，依据不同年龄段幼儿的学习发展特点，积极拓展不同年龄段幼儿生态文明教育活动的内容，丰富幼儿生态文明教育活动的内容，构建完整的生态文明教育活动内容课程体系，促进幼儿的生态文明素养的综合发展。

2. 区域游戏中实施生态文明教育

游戏是幼儿的天性，我们要把握幼儿学习特点，在区域游戏中渗透生态文明教育内容。区域游戏活动形式是幼儿更容易且乐于接受的，幼儿能够轻易地在区域游戏中无形掌握生态文明的相关知识。陈鹤琴先生曾指出“各种高尚道德，几乎都可以从游戏中学得”，开展区域游戏这种符合幼儿心理发展特点和认知水平且被幼儿所喜爱的方式，将是实施幼儿生态文明教育活动的最佳路径。

在班级活动区内创设多样的活动主题、投放丰富的游戏材料、营造和谐的游戏氛围、保证充足的游戏时间，让幼儿乐于参与其中，不仅可以激发幼儿调动已获得的生活

经验，也能够促进幼儿乐于探索，使其爱上学习生态文明知识。幼儿通过在区域游戏中主动实践，可以了解人与人、人与自然、人与社会的关系，吸收丰富的生态文明知识。将生态文明教育融入区域游戏，丰富了幼儿的生态知识体验，又激起和满足了幼儿的求知欲，培养了幼儿对生态科学知识求解态度及积极的探究精神。

3. 幼儿园环境与一日生活中实施生态文明教育

幼儿一日活动依托于幼儿园，教师要时刻保持生态文明教育元素渗透的教育理念，创设良好的生态文明教育环境。一方面，为幼儿创设生态环境。例如，教师在教室创设自然角，幼儿教师可以引导幼儿动手种花种草也可以将亲子活动上的种植作品放到自然角，这不仅可以激发幼儿爱劳动的意识，还能促进家长与幼儿园形成合力，共同为幼儿营造良好的生态文明教育环境，形成环保意识。另一方面，创设装饰环境。例如，教师在幼儿园中设计与环境保护相关的主题画报，与环保有关的标语、图标等，如在盥洗室中贴“节约用水”的卡通标语，在开关处贴熊大熊二图标的“节约用电”标语等。幼儿生态文明教育的渗透要注重幼儿兴趣的培养。幼儿的潜能是无限的，他们的思维是感性的，对于幼儿来说，对感兴趣的东西他们会主动学习，学习效果也事半功倍。在幼儿丰富的一日活动中，处处都隐藏着科学知识和自然真理。教师要善于发现、捕捉生活中的教育契机，将生态文明理念时刻渗透到幼儿教育中。

幼儿的学习是以直接经验为基础，在游戏和日常生活中进行的，教师要珍视游戏和生活的独特价值。幼儿的教育不仅仅是课堂中的几十分钟，更多的应该是蕴含在一日活动中的方方面面，教师应该在一日活动中的每个环节中提醒幼儿要保持高度的生态文明意识，将生态文明意识潜移默化地外化为行为习惯，尽可能立足于幼儿的生活实际，从身边的小事着手，由小及大、由近到远，通过“捕捉幼儿生态文明教育契机”“观察分析幼儿生态文明行为”“实施相关生态文明教育”“评价生态文明教育效果”等途径，让幼儿自主参与、充分体验、协作探索、分享交流，从而达到生态文明教育的目的。

(二)幼儿园外开展生态文明教育活动

《幼儿园教育指导纲要(试行)》中指出：“幼儿园应与家庭、社会密切配合，共同为幼儿创造一个良好的成长环境。”所以幼儿园应该更加积极地寻求与家庭、社会的交流与合作，合力为幼儿创建更好的生态文明教育生态。幼儿的生态文明教育具有渗透性，幼儿已养成的生态文明素养会体现在生活的方方面面，这就表示幼儿在幼儿园内受到的生态文明教育能够辐射到幼儿的其他生活场景，例如家庭、社会等。幼儿家庭成员和社会同伴的生态行为同时也会对幼儿产生反作用。从另一个角度来看，幼儿的生态文明教育具有延续性，幼儿生态文明素养的养成不可能单单依靠在幼儿园内的一次教育活动或一个游戏来实现，更多的是依托于幼儿园、家庭、社会相互合力的全方位教育，其中幼儿园的生态文明教育具有主导作用、家庭的生态文明教育处于基础性地位、社会中的生态文明教育则是补充和延续。

幼儿园、家庭及社会之间的携手合作是一个必然趋势，有利于促进幼儿生态文明教育与家庭、社会在时空上的协调和紧密结合，强化其教育效果、弥补幼儿园本身条件所带来的局限性；能促进家庭了解、参加幼儿园教育，提高社会和家长对幼儿园教育工作的理解及支持力度，进一步为形成良好的社会关系打好基础。教师在开展生态文明教育活动时要能够尽可能地聚集家庭、幼儿园、社会中丰富的资源，联合多方力量形成教育合力，确保幼儿生态文明教育活动的开展能够有效进行。

1. 家庭中实施生态文明教育

家庭教育是幼儿教育中不可缺少的一环，家庭是进行幼儿生态文明教育的重要场所之一。父母是孩子生活中的引路者和榜样，对于孩子的整个身心健康发展都有着很大的影响。家庭中开展生态文明教育的主要宗旨就是使得幼儿能够从点滴的生活实践当中学习得到更多关于生态文明的知识，进而逐步地培养他们的自我意识与生态文明意识，提高生态文明素质。

对家长开展宣传活动十分重要，幼儿园要发挥引领作用，引导家长正确认识生态文明教育内涵，提高家长对幼儿生态文明教育活动的关注，打造家园共同体，形成生态文明教育联盟。幼儿园可以邀请相关专家对家长开展幼儿生态文明教育讲座，让家长更全面地了解生态文明教育、获得更丰富的生态文明知识，从而提高生态文明素质，达到促进家庭生态文明教育水平提升的效果。幼儿园还可以定期开展以生态文明教育为主题的“家长开放日”，邀请家长走进幼儿园，开展体验式家庭活动，让家长和幼儿在游戏中通过角色职责体验，体验到生态问题的严重性以及人在生态问题中所起的重要作用，并在这个过程中逐步产生生态文明教育活动的行为准则和观念意识，从节约资源、爱护动植物、绿色生活、生命教育等内容出发，用观察、记录、手工制作、游戏等方式为载体，让幼儿和家长在亲子活动中体验生态文明教育活动的无穷乐趣。更重要的是，幼儿园应该让家长了解开展生态文明教育活动对幼儿全面发展的必要性，以获得家长对幼儿园活动的理解与支持，从而开展幼儿生态文明教育家园共育活动。幼儿园还可以根据实际情况和活动需求利用家长已有的社会资源，让他们能够参与幼儿园活动的策划，达到家园共育的良好效果。

2. 社会实践中实施生态文明教育

开展五花八门、体验性强的生态文明教育实践活动，有利于更好地将生态文明教育活动融入社会生活中。生态文明教育社会实践活动是真正体现生态文明教育“在环境中教育”的手段。生态文明教育实践活动是让幼儿在最真实的生活环境中，亲自用眼、用心、用身去获得最直观的感受，自然而然地接受生态文明教育活动对其产生的影响和作用，让幼儿懂得人与自然环境和谐共生的道理，增强其生态文明意识。例如，幼儿参观关于环境保护的博物馆、海洋馆、科技馆等场所，有利于对幼儿进行生态文明知识的传播，也有利于开阔他们的视野。生态文明意识的培养不是口头说教、硬性灌输能够奏效的，只有让幼儿成为生态系统中的一员，成为生态循环的一个环节，才能促使幼儿通过角色代入身临其境，从而激发出他们的生态忧患意识和生态保护意识。这些以真实体验为背景产生的生态文明意识也将在幼儿的心灵中产生深远的影响，甚至左右他们的

一生。

我们基于生态文明教育活动的特点并结合幼儿园的实际情况，提出了包括幼儿园内教育活动、区域游戏及家庭乃至社会的教育网络，寻求适合幼儿生态文明教育的路径。在幼儿园阶段实施生态文明教育还需要走过“漫漫长路”，我们会继续在实践中上下求索，探寻更多实施幼儿生态文明教育活动的有效路径，例如挖掘更为丰富的教育资源、打造适宜的幼儿园环境、培养更具生态文明专业素养的教师队伍等。

三、幼儿生态文明教育的方法

幼儿生态文明教育是一个多方面培养幼儿生态素养的过程，生态文明教育方法的确定和选择，是依据生态文明教育的特性而定的，需要教师发挥教育智慧，根据条件和需要，对教育方法进行创造加工并得以应用。以下是生态文明教育常用的几种方法。

（一）环境教学法

环境是重要的隐性教育资源，生态文明教育环境的创设，有利于幼儿在整体环境中得到潜移默化的熏陶。通过环境教学法，使幼儿沉浸在幼儿园的生态植物园中，感受植物成长的奥秘，观察植物随季节的变化。在班级中也可通过区域材料的投放和墙面标志的张贴，请幼儿积极参与到环境创设中来，在环境中根植生态文明理念。

（二）榜样示范法

幼儿是善于模仿的，在其生活技能和行为习惯的养成当中，模仿有重要的意义。在日常生活中，幼儿模仿的对象有家长、同伴和老师，因此，在幼儿生态文明教育中，加强榜样示范作用，主要在于家长和老师要时刻保持生活中的良好行为习惯。老师还可以根据活动的开展情况，表扬表现突出的小朋友，通过节约小能手、整理小达人等活动，激励幼儿向优秀榜样学习。

（三）实践探究法

幼儿生态文明教育主要在于实践，实践探究是幼儿发现和感知事物的重要方法。对于幼儿而言，只有亲身感知，才更容易获得经验，所以，幼儿生态文明教育要加强实践探究，使幼儿参与到社会实践中，在情感认知和技能方面都得以提升。幼儿生态文明教育要加强对自然环境、社会环境的感知，以及对周围事物的了解和深入探究，通过实践活动引导幼儿感知生态文明。

（四）资源整合法

家庭、幼儿园和社会都有培养生态文明公民的责任和义务，幼儿生态文明教育的开展离不开家园社区的多方合育。家庭、幼儿园和社区应充分联动，给幼儿生态文明教育提供环境资源等条件，为社会的发展贡献力量，最终实现幼儿生态文明教育多举共育的目标。

幼儿生态文明教育具有其特殊性，教育对象年龄小，社会经验不足，所以，在教育方法中要充分考虑幼儿的发展特点，为幼儿创设安全适宜的环境，联动家园社会，以实践探究为主要依托，共同开展系统的幼儿生态文明教育。

通过对生态文明教育理论的概述，幼儿园教育者对生态文明教育会有更进一步的认识和理解。本章节中的目标、内容以及路径为后续章节提供了指导，后续章节将围绕幼儿生态文明教育活动、区域游戏等进行案例分享。

第二章　幼儿生态文明教育活动

幼儿园教育活动是以幼儿为主体进行的活动，教师通过精心创设环境、提供材料、以多种形式有目的、有计划地引导幼儿进行主动活动的教育过程。生态文明教育是近年来顺应人类文明发展趋势和国内教育改革发展潮流的一种重要教育活动。学前阶段是学校生态文明教育的奠基阶段，其教育对象处于人生观、世界观、价值观形成的启蒙期，他们是国家的未来和民族的希望，是建设美丽中国的主力军，他们的思想道德和生态素养直接关系到建设生态文明社会的目标能否实现。在幼儿园教育活动中开展生态文明教育，具有时间集中，计划性、系统性、普适性强的特点，对于幼儿掌握系统的生态文明知识，树立正确的生态价值观念，增强生态文明意识，养成良好的生态文明行为，最终成为"生态人"具有不可替代的作用。

为了进一步凸显通过学校教育持续不断提高幼儿的生态文明素养和基本的生态文明行为能力这一主要目标，在生态文明教育活动课程资源开发的进程中，我园全面深入地研究了《3—6 岁儿童学习与发展指南》科学、社会领域的目标，并对其进行全面解读和细化，科学地制定出集体教学活动目标。内容选择上，本课程按小、中、大三个年龄阶段，围绕环境认知、生态理解、生态保护、绿色生活四大板块，设计了 12 个主题共 96 节活动，包括人与人、人与动物、人与植物、人与社会、人与地球、物种保护、资源保护、绿色消费等相关内容，整体采用行动研究法"设计——行动——反思——再行动"的循环模式，将生态学与幼儿教育活动整合，对幼儿生态文明意识的养成和生态文明素养的提升产生积极的影响。小班主题有"亲亲大自然""我和大自然""我爱大自然""文明小宝贝"，根据小班幼儿年龄特点聚焦于对动植物的认知、了解动植物生存环境，激发幼儿保护动植物的情感，学习简单的社会交往知识和礼仪，以创设情境游戏的方式让幼儿充分体验融入自然生活的快乐。中班主题有"我的家乡武汉""别让垃圾再流浪""水的世界真奇妙""绿精灵在行动"，根据中班幼儿年龄特点和认知能力，将生态文明教育从自然延伸至人类的社会生活，引导幼儿关注社会中的生态现象及文明行为，同时激发幼儿热爱家乡、建设美丽家乡的情感，此年龄段多采用"五感体验法"开展教育活动。大班主题有"七彩中国梦""嗨，地球""动物朋友""美丽中国在行动"，根据大班幼儿年龄特点，生态文明教育内容进一步深入，由家到国，由国到关注全球全人类的生存环境，拓展到自然、社会、文化、科技、经济等各领域。例如，在课程中我们增加了认识气候变暖对人类生活的危害、探秘宇宙认识外太空、绿色出行、适度消费、全球一体化发展等内容，涉及领域更为广阔。此年龄段多采用观察法、调查法、社会实践法开展教育活动。

三个年龄段课程设计既有交互，又呈螺旋式上升，既有专门的生态文明教育活动，又结合健康、语言、社会、科学、艺术五大领域教学进行渗透，充分运用全面性、融合性、适宜性原则使幼儿通过学习理解人与人、人与社会、人与自然之间相互依存的关系，从而懂得热爱大自然、尊重大自然，能尽快适应社会生活，遵守社会规则。幼儿园教育活动中的生态文明教育场地可不局限于活动室，种植园地、青青药草廊、甜甜果园、昆虫馆等都可成为活动场所。环境创设可通过主题墙、活动区、走廊、吊饰、绿色生活体验馆等全方位熏陶，在活动材料的选择上以自然真实的物品为主，方便幼儿观察、探索、感知。课程评价是课程发展的“螺旋桨”与“推进器”，在生态文明教育活动中我们的评价工具选用得较多的是量规、个案记录、评定表、检查表，采用讨论法、观察法、自我评价与同伴互评法推进目标达成及课程优化，以满足幼儿发展需求。本章节期望通过多种教学手段及场景的运用，构建完整的幼儿生态文明教育课程体系，有效促进幼儿生态文明素养的提升。

第一节　小班(3—4岁)生态文明教育活动

一、环境认知：亲亲大自然

科学：蒲公英的旅行

一、设计意图

《3—6岁儿童学习与发展指南》中指出：“和幼儿一起感受、发现和欣赏自然环境和人文景观中美的事物。”小班的幼儿对身边的事物充满着好奇，他们喜欢观察身边的一切。一次餐后散步，幼儿发现了花坛里的蒲公英，不停地追问：“老师，老师，这是什么植物啊？”基于幼儿浓厚的兴趣点，教师设计了“蒲公英的旅行”这一活动，旨在引导幼儿欣赏蒲公英的美，感受大自然的神奇。

二、活动目标

1. 体验与蒲公英一起游戏的乐趣。
2. 了解蒲公英的外形特性与生长特点。
3. 能说出蒲公英传播种子的方式。

三、活动重难点

1. 观察蒲公英的外形特征，了解其生长特点。
2. 知道蒲公英通过什么方式传播种子。

四、活动准备

1. 知识经验准备：幼儿在日常生活中见过蒲公英。
2. 物质材料准备：视频《蒲公英的生长过程》；蒲公英实物若干。

五、活动过程

表 2-1 蒲公英的旅行

环节	活动过程	时间	实施要点
导入部分	1. 教师吹散一朵蒲公英，引起幼儿兴趣。 2. 出示实物蒲公英，引导幼儿观察。	2 分钟	教师将蒲公英放在桌子上，引导幼儿自主观察和触摸。
教学与练习部分	3. 讨论活动。 (1)这是什么植物？ (2)蒲公英的花是什么颜色的？ (3)白色的绒毛团是什么？ (4)蒲公英的花瓣是什么样的？ (5)蒲公英的叶子是什么样的？	5 分钟	教师出示实物蒲公英，让幼儿知道蒲公英是黄黄的，毛茸茸的，可以用来做药物。
	4. 播放视频《蒲公英的生长过程》。 一边观看，一边讲解，帮助幼儿理解视频内容。	4 分钟	通过视频让幼儿感受大自然的神奇之处，了解蒲公英的生长过程和环境。
	5. 寻找蒲公英。 小朋友到大自然中，自由寻找蒲公英。	2 分钟	通过寻找，观察蒲公英，培养幼儿亲近自然的良好品质，并加深对蒲公英外形特征的了解。
结束部分	6. 播种蒲公英。 用嘴巴吹飞蒲公英的种子，将蒲公英进行播种。	2 分钟	通过播种蒲公英这个游戏，让幼儿知道蒲公英的种子就是它本身，了解这个特别之处。

六、活动延伸与拓展

引导幼儿观察播种在植物角的蒲公英，进一步了解蒲公英的生长过程。

七、活动花絮

图 2-1 幼儿观看蒲公英

图 2-2 幼儿自由寻找蒲公英

活动二 神奇“肥皂”果

一、设计意图

无患子是生态绿化的首选树种，生长快，寿命长，是纯天然的表面活性剂，具有不刺激、不伤害肌肤之特性，安全性高。现在的幼儿使用的绝大部分产品都含有大量化学物品，不仅会伤害皮肤，而且也不环保。因此，选择无患子带领小朋友们开展探索活动，可让幼儿懂得植物的果实能解决人们生活中一些问题，给人们的生活带来便利。

二、活动目标

1. 体验探秘无患子的乐趣，感受自制肥皂的成就感。
2. 了解无患子的外形、特征及用途。
3. 能积极参与制作无患子洗手液。

三、活动重难点

1. 了解无患子在生活中的作用。
2. 按照正确的方法制作无患子洗手液。

四、活动准备

1. 知识经验准备：会用七步洗手法洗手，坚持使用洗手液、肥皂等清洁用品洗手。
2. 物质材料准备：空洗手液瓶子 2 个、无患子若干、捣药罐 3 个、小篮子 3 个。

五、活动过程

表 2-2 神奇“肥皂”果

环节	活动过程	时间	实施要点
导入部分	1. 寻找无患子。 游戏活动：遇见无患子。 幼儿拿着无患子的图片仔细寻找。	3 分钟	幼儿通过神秘的寻找活动对无患子产生浓厚的兴趣，这个活动能提高幼儿的观察能力。
教学与练习部分	2. 观察活动，了解无患子的外形特征。 (1)摸一摸、看一看、闻一闻，了解无患子的基本外形特征。 (2)幼儿分小组合作剥无患子。	3 分钟	幼儿通过五感体验法——摸、看、闻等对无患子进一步了解。活动分成 4 个小组，幼儿与同伴一起合作剥无患子，提高幼儿的动手能力，增强幼儿的合作能力。
	3. 观察发现无患子的神奇之处。 (1)老师：“让我们把从泥土里捡来的无患子一起洗干净吧。” (2)游戏活动：无患子泡泡浴。	3 分钟	引导幼儿边剥无患子边观察无患子，探索无患子的秘密，发现无患子可以产生泡泡。
	4. 自制无患子洗手液。	5 分钟	指导小朋友把无患子放进捣药罐不停按压，把无患子里的汁液按压出来，加入一些清水，洗手液就制作完成。
结束部分	5. 体验成果，使用自制洗手液洗手。	2 分钟	幼儿感受成功自制洗手液的快乐。

六、活动延伸与拓展

充分利用家园之间的合作，指导家长用游戏的方式引导幼儿勤洗手，做一个健康讲卫生的好宝宝。

七、活动花絮

图 2-3　在大自然中发现无患子并采摘

图 2-4　用无患子制作的洗手液

橘香满溢

一、设计意图

幼儿对植物的果实兴趣浓厚，如餐后散步时，孩子们对橘树的生长变化特别感兴趣，想知道橘子是怎么长大的？会发生什么样的变化？什么时候可以吃？怎么吃？《幼儿园教育指导纲要(试行)》中指出："引导幼儿接触自然环境，使之感受自然界的美与奥妙，激发幼儿的好奇心和认识兴趣。"于是，教师从幼儿最关注的问题出发设计了"橘香满溢"这一活动，我们本着由浅入深的原则，通过不同的游戏方式让幼儿熟悉幼儿园内不同品种的柑橘科植物，再延伸到幼儿自由采摘品尝，最后过渡到植物的药用范畴，层层递进，让幼儿愿意在日常生活中亲近植物、亲近大自然。

二、活动目标

1. 体验到果园采摘橘子的乐趣。
2. 尝试运用多种感官感知橘子的特点。
3. 能分辨水果相对应的果树，发现不同果树的特别之处。

三、活动重难点

1. 能运用身体的五感感知橘子的主要特征。
2. 能与同伴一起发现水果与果树关系的秘密。

四、活动准备

1. 知识经验准备：幼儿会自己剥橘子，并品尝橘子。

2. 物质材料准备：甜甜果园场地，大自然的背景轻音乐，金钱橘、南丰橘、冰糖橘、皇帝柑等不同柑橘各 6 个，柑橘果皮、果核、果树叶若干，泡沫垫 12 块，野餐餐桌布 1 块。

五、活动过程

表 2-3　橘香满溢

环节	活动过程	时间	实施要点
导入部分	1. 聆听自然之声导入活动。 教师带幼儿进入甜甜果园，坐在果园内聆听自然之声，让他们舒展身体、愉悦心情。	3 分钟	播放音乐，让幼儿在甜甜果园里放松身体。
教学与练习部分	2. 感知辨别水果的异同。 玩法：幼儿手拿不同的物品，例如橘子、橘叶和橘核等，背对背互相触摸。如果是相同的物品就寻找下一个目标，寻找相同物品多的幼儿获胜。 3. 游戏“水果抱抱”。 玩法：教师当指挥员，幼儿围成圈跑，教师一直喊水果抱抱，水果抱抱，水果抱抱，一直喊，最后说两种水果。如：南丰橘金钱橘抱抱，手持南丰橘和金钱橘的幼儿抱在一起，没有拥抱的孩子会被淘汰。	6 分钟	通过两个小游戏让幼儿进一步感知橘子的叶子、橘皮和橘核摸起来的不同感受，知道南丰橘和金钱橘都属于橘类水果。
	4. 发现果树的特别之处。 游戏：“找朋友”。 玩法：幼儿寻找自己手上水果相对应的果树，发现不同果树的特别之处。	4 分钟	幼儿能通过观察发现果树之间叶子、经脉、根、味道都是不一样的。
结束部分	5. 分享心情，品尝水果。 请幼儿品尝水果，分享本次活动的心情和收获。	2 分钟	给幼儿提供轻松愉悦的氛围，在活动中体验的方式更能激发幼儿对大自然的好奇与热爱。

六、活动延伸与拓展

请幼儿把采摘下来的橘子拿回家与家人一起制作甜甜的果酱。

七、活动花絮

图 2-5　游戏“水果抱抱”

图 2-6　幼儿剥橘子，品尝橘子的味道

有趣的根

一、设计意图

《幼儿园教育指导纲要(试行)》指出：“活动内容选择既要符合幼儿的现实需要，又要有利于其长远发展；既贴近幼儿的生活，选择感兴趣的事物或问题，又有助于拓展幼儿的经验和视野。”对于小班的幼儿来说，他们的主要经验来源于生活。植物的根，品种非常丰富，不同植物根的大小不同、颜色不同、形状不同；不同的根有不同的名字和作用，小班幼儿生活经验还不够丰富，萝卜、红薯是吃叶还是吃根他们都有疑问。基于幼儿的发展需要，教师设计了这节活动，旨在引导幼儿了解根的种类、特征、用途，激发幼儿对植物的探索欲望。

二、活动目标

1. 激发幼儿对根的探索兴趣。
2. 了解根对植物的作用。
3. 能按根的特征进行分类。

三、活动重难点

根据根的不同特征进行分类。

四、活动准备

1. 知识经验准备：幼儿已经对根有一定的认识(吃过或看过)。

2. 物质材料准备：魔法袋 1 个、PPT 课件“各种各样的根”；根的实物食品，如大蒜、葱、苋菜、芹菜若干。

五、活动过程

表 2-4　有趣的根

环节	活动过程	时间	实施要点
导入部分	1. 以“魔法袋”引题，初步感知根的外部特征。 (1) 让幼儿摸一摸，感受根的外部特征。 (2) 幼儿通过眼睛观察，简单描述胡萝卜的基本外形特征。	3 分钟	教师出示神秘的“魔法袋”激起幼儿的兴趣，让幼儿在“魔法袋”里摸一摸植物“胡萝卜”，了解胡萝卜就是植物的根。
教学与练习部分	2. 幼儿按常见蔬菜的食用部位进行简单的分类。	4 分钟	教师准备大蒜、葱、苋菜、芹菜，请幼儿看一看，找一找，分一分，能按照植物根的可食用和不能食用进行分类。
	3. 出示 PPT 课件，让幼儿进一步了解根的用途。 (1) 每种植物都有自己的根，那你们知道根对植物有什么作用吗？ (2) 植物的根对我们人类又有什么作用呢？	6 分钟	观看 PPT，让幼儿进一步了解根可以吃，根的用途非常广泛，可以蓄水、吸收营养。
结束部分	4. 品尝根的零食，结束活动。	2 分钟	出示胡萝卜干，请幼儿用嘴巴尝尝胡萝卜干的味道，了解根的营养价值，并喜欢吃根茎类食物。

六、活动延伸与拓展

把不同根的简笔画图投放在美工区域，请幼儿自主添画植物的根，进一步了解根部的不同。

七、活动花絮

图 2-7　瞧，我们都找到植物的好朋友啦

图 2-8　幼儿自由观察、闻植物的根茎

活动五　我和蜜蜂的第一次亲密接触

一、设计意图

《3—6岁儿童学习与发展指南》中指出："教师应该经常带着幼儿接触大自然，激发幼儿好奇心与探索欲望。"一次午饭后，幼儿在花坛旁开启了他们的"寻宝之旅"，无意中发现了一只死去的蜜蜂，有的幼儿蹲在一旁观察，有的幼儿提醒大家小心不要被扎到。看到幼儿又怕又想一探究竟的情景，教师抓住幼儿的兴趣点，通过一系列感知活动，引导幼儿感知蜜蜂与人类生活的关系，拉近幼儿与蜜蜂的距离，同时消除幼儿对蜜蜂的畏惧感，引导幼儿了解昆虫对人类的生活帮助，逐渐懂得热爱、尊重、保护自然生物。

二、活动目标

1. 喜欢小蜜蜂，乐意参与自然探究活动。
2. 了解小蜜蜂的死因及蜜蜂的生活习性。
3. 能大胆说出保护蜜蜂的方法。

三、活动重难点

1. 了解蜜蜂与人类生活之间的关系。
2. 能说出3种以上保护蜜蜂的方法。

四、活动准备

1. 知识经验准备：见过小蜜蜂，对小蜜蜂的外形特征有基本了解。
2. 物质材料准备："我和蜜蜂的第一次亲密接触"PPT课件、音乐《蜜蜂做工》。

五、活动过程

表2-5　我和蜜蜂的第一次亲密接触

环节	活动过程	时间	实施要点
导入部分	1. 问题导入，激发兴趣。 师："小朋友们，前几天我们在花坛旁发现了一只死去的小蜜蜂，你们猜一猜它是怎么死的呢？"(幼儿大胆猜测：采不到花蜜死的，因为前两天下雨被雨淋死了，等等)	2分钟	鼓励幼儿大胆猜测，激发幼儿的同情心，拉近幼儿与蜜蜂的距离感。
教学与练习部分	2. 视频科普，了解死因。 (1)教师播放视频，幼儿了解蜜蜂的死因。 (2)小结：蜜蜂的蜂针是用来保护自己的器官的，当蜜蜂遇到危险时，就会用蜂针执行蛰刺的动作，被刺的人不仅会有很强烈的疼痛感，还会引起身体的过敏反应，但是蜜蜂在执行自卫动作保护自己的同时，也会丢掉自己的生命。	2分钟	通过观看视频，了解蜜蜂的死因。引导幼儿认识被蜜蜂扎后的危害性。

续表

环节	活动过程	时间	实施要点
	3. 认识蜜蜂的家。 (1)观看图片，认识蜜蜂的家。 (2)小结：蜜蜂的家是“蜂巢”，它是由若干个正六边形组成。	2分钟	了解蜂巢的基本构造，意识到在生活中看到蜂巢不破坏它。
	4. 勤劳的小蜜蜂。 (1)幼儿跟着音乐唱《蜜蜂做工》，感受蜜蜂的勤劳，通过采蜜为人类酿造可以食用的蜂蜜。 (2)观看视频：了解蜜蜂对人类生活和自然环境的作用。	3分钟	通过唱歌和观看视频，幼儿了解蜜蜂可以为植物授粉维持生态平衡，还可以为人类提供蜂蜜、蜂胶等产品，食用这些产品，还能保证人们的身体健康，从而使幼儿萌发保护蜜蜂的情感。
	5. 护蜂行动。 师：“蜜蜂对人类和人类生存的环境有这么多的好处，它们是我们的好朋友，我们应该怎样保护它们呢？”(不捉蜜蜂、不捅蜂窝等)	3分钟	通过大胆讨论，让幼儿懂得怎样保护蜜蜂，如何与蜜蜂和谐相处。
结束部分	6. 寻找小蜜蜂。 幼儿在植物园里寻找蜜蜂。	3分钟	通过寻找观察蜜蜂，培养幼儿亲近自然的良好品质，并加深对蜜蜂的了解。

六、活动延伸与拓展

1. 与爸爸妈妈一起画一幅“小蜜蜂”的画。
2. 图书区提供关于昆虫的书籍，让幼儿通过自主阅读，了解更多昆虫的秘密。

七、活动花絮

图2-9　幼儿在观察一只死去的蜜蜂

图2-10　幼儿在花丛中寻找蜜蜂

你好！蚕宝宝

一、设计意图

《3—6 岁儿童学习与发展指南》中指出："教师应最大限度地支持和满足幼儿通过直接感知、实际操作和亲身体验获取经验的需要。"小班幼儿已经初步萌发对大自然的好奇，在前期的蚕宝宝认知活动中，"蚕宝宝"的世界让幼儿们惊喜不已，对"蚕宝宝的一切都充满好奇"，基于孩子们的兴趣，我延伸了一节关于"蚕宝宝"的艺术活动，通过亲自制作蚕宝宝直接的感知和体验，让孩子在了解相关知识的同时，让幼儿更加了解到生命的可贵，萌发爱心和感恩的心。

二、活动目标

1. 萌发幼儿爱护蚕宝宝的美好情感。
2. 了解蚕宝宝对人类生活的作用。
3. 能够用黏土搓圆并粘接制作蚕宝宝。

三、活动重难点

1. 了解蚕宝宝对人类生活的作用。
2. 能够用超轻黏土搓圆并粘接制作蚕宝宝。

四、活动准备

1. 知识经验准备：对蚕宝宝的外形特征和生活习性有初步了解。
2. 物质材料准备：大背景图、蚕宝宝图片、超轻黏土、神秘盒子、丝巾。

五、活动过程

表 2-6　你好！蚕宝宝

环节	活动过程	时间	实施要点
导入部分	1. 猜疑导入。 (1)教师分享自己收到的礼物。 (2)激发幼儿对蚕宝宝的兴趣，大胆表达对蚕宝宝的了解。	3 分钟	教师引导幼儿对蚕宝宝的生活习性进行了解，激发幼儿探索对蚕宝宝的兴趣，大胆表达蚕宝宝为人们美好生活提供的帮助，初步懂得爱蚕护蚕的方法。
教学与练习部分	2. 观察蚕宝宝，探索用黏土进行制作的方法。 观察蚕宝宝的身体，引发幼儿讨论。	2 分钟	教师引导幼儿观察蚕宝宝身体的颜色以及特点，交流并讨论出用黏土制作蚕宝宝的方法。
	3. 幼儿创作。 (1)幼儿分组进行创作。 (2)教师巡回观察指导，鼓励幼儿积极动手创作。	10 分钟	教师设置情境：蚕宝宝是对人类有帮助和贡献的朋友，邀请幼儿制作一个蚕宝宝。引导幼儿搓圆并粘接完成蚕宝宝的制作。

续表

环节	活动过程	时间	实施要点
结束部分	4. 展示交流，师幼共同小结。 (1)引导幼儿介绍自己的作品，分享自己的作品。 (2)教师肯定幼儿的作品并小结。	4 分钟	幼儿介绍自己的作品，加深幼儿爱护小动物的情感。

六、活动延伸与拓展

1. 幼儿在自然角观察喂食蚕宝宝，观察并记录蚕宝宝的生长过程。
2. 用蚕宝宝啃食过的桑叶进行树叶拓印和树叶标本制作。
3. 在图书角中投放有关蚕宝宝的书籍。

七、活动花絮

图 2-11　幼儿正在观察教师创作的蚕宝宝

图 2-12　幼儿用黏土制作蚕宝宝

视频 1：你好！蚕宝宝(乔黎，小班)

动物招聘会

一、设计意图

《3—6 岁儿童学习与发展指南》中指出："教师应该有意识地引导幼儿观察周围事物，通过提问及游戏等多种形式引导幼儿主动思考，支持鼓励幼儿在探究过程中积极动脑寻找答案或解决问题。"幼儿对动物有一种天生的亲密感，喜欢模仿动物，于是教师生成了问题：动物的特征能够让动物具有哪些本领呢？为了让幼儿更加深入了解动物特

征及本领，教师设计了此次活动，让幼儿在认识动物外形特征的基础上，能主动探索动物的本领，进而引导幼儿亲近自然，积极探索大自然的美好。

二、活动目标

1. 体验帮助小动物找到工作的成就感。
2. 知道动物的外形特征及所对应的本领。
3. 能够根据动物的外形特征帮其找到适合它们的工作。

三、活动重难点

1. 了解动物的外形特征以及相应的本领。
2. 根据动物的基本特征帮助动物找到合适的工作。

四、活动准备

1. 知识经验准备：认识小动物及小动物的基本特征；幼儿熟悉手指游戏“学本领”。

2. 物质材料准备：PPT课件“动物招聘会现场”，动物卡片若干，“动物招聘会”表格。

五、活动过程

表2-7　动物招聘会

环节	活动过程	时间	实施要点
导入部分	1. 游戏导入，初步了解。 师幼玩手指游戏“学本领”，初步了解动物所需要学习的本领。	2分钟	通过手指游戏“学本领”，初步了解动物们的本领，并为接下的招聘会做铺垫。
教学与练习部分	2. 情景再现，激发兴趣。 师：“森林里的小动物们都在急着学习本领，因为森林之王狮子要举办一次森林招聘会。我们一起去看看招聘会有哪些小动物吧！”	2分钟	教师扮演森林之王带领幼儿进入情境之中，充分利用幼儿的兴趣特点，将幼儿的注意力引入主题之中。
	3. 依据动物的基本特征，与其相关的“职业”进行联系。 (1)幼儿通过图片观察并讨论动物们找到了什么工作。 (2)幼儿观察并讨论动物与工作的搭配是否正确。 师：“动物们找到了自己喜欢的工作，看看它们找得合适吗?”(教师可在课件中呈现搭配错误的例子) (3)为小动物换工作。 师：“有一些小动物工作找得不合适，你们愿意帮助它们吗?”	4分钟	教师引导幼儿观察动物所找的工作及辨别动物找的工作是否合适?引导幼儿帮助小动物换适合它们本领的工作，在此过程中要充分结合幼儿的生活经验。

续表

环节	活动过程	时间	实施要点
	4. 幼儿自主操作。 幼儿自主操作动物找工作卡片，将小动物卡片插入合适的工作背景槽中。教师巡回指导。	5 分钟	幼儿通过自主操作环节，巩固对小动物基本特征的了解。通过形象的操作卡片，让幼儿更能直观地比对出小动物的本领，加深幼儿对小动物的了解，激发了幼儿的探索欲望。
结束部分	5. 交流讨论，展示结果。 幼儿向同伴及老师分享自己的操作结果，教师进行评价与总结。	2 分钟	通过分享环节，引导幼儿总结自己的操作结果，教师进行相应的评价总结，使幼儿对动物的特征及本领有更清晰、更正确的认识。

六、活动延伸与拓展

1. 创设主题墙“动物的本领大”，让幼儿了解更多的动物特性。
2. 在益智区中投放“小动物找工作”的操作材料，鼓励幼儿自主操作。

七、活动花絮

图 2-13　教师介绍此次森林招聘会任务

图 2-14　幼儿自主操作动物找工作卡片

活动八　天气预报员

一、设计意图

大自然是幼儿探索科学知识的最好场所，天气的奥秘更是深深地吸引着他们的关注。在一次闷热的午后，幼儿发现花坛旁有一群蚂蚁，大家被这个有趣的现象吸引了过来，同时也展开了激烈的讨论：“我知道，这是蚂蚁在搬家，我的奶奶告诉我这是要下雨了！”抓住这一教育契机，教师设计了这次的科学活动。让幼儿通过自主观察与探索，了解天气变化与动物生活习性的关系，使其萌发热爱自然、探索自然的美好情感。

二、活动目标

1. 感受动物可以预报天气的神奇。

2. 知道蚂蚁搬家、蜻蜓低飞、鱼儿探头可以预报下雨天气。

3. 能够扮演各种小动物，与同伴进行天气预报情景表演。

三、活动重难点

1. 知道动物与天气之间的关系。

2. 能够在游戏中模仿动物进行天气预报。

四、活动准备

1. 知识经验准备：有过在下雨天观察动物的经历。

2. 物质材料准备：音频《大象站长》，视频《动物的自我介绍》，气象招聘单(人手一份)，动物卡片若干。

五、活动过程

表 2-8　天气预报员

环节	活动过程	时间	实施要点
导入部分	1. 情境导入，激发兴趣。 森林将招聘一名气象员来播报下雨天气，引出主题。(教师播放课件《大象站长》的音频) (1)幼儿听“大象站长”的音频：“森林将招聘一名气象员，来帮动物们预报下雨天气，欢迎具有预报下雨天气本领的动物来参加。” (2)师：“大象站长说了什么？谁有预报下雨天气的本领？”	2分钟	抓住幼儿喜爱小动物这一特点，教师引出大象站长的话，通过大象站长发出的任务，调动幼儿活动兴趣，并通过一系列的提问，推动接下来帮助大象站长挑选气象员的活动进程。
教学与练习部分	2. 幼儿帮忙挑选气象员。 (1)幼儿自主猜想可以预报雨天的动物，并在“气象招聘单”上圈出这些动物。 (2)教师播放动物的自我介绍，幼儿倾听。了解蚂蚁搬家、蜻蜓低飞、鱼儿探头可以预示下雨天气。 (3)教师小结：“刚才你们了解了什么动物可以预报下雨天气，是怎么预报的，现在我们一起来验证我们之前的猜想是否正确吧！” (4)验证猜想：请根据你刚才了解的内容检查之前的判断。 (5)教师小结：“刚才看到小朋友们都圈对了，真棒！”	6分钟	通过大象站长招聘气象员的请求，引导幼儿猜想，通过验证猜想以及教师小结的形式，引导幼儿进一步了解哪些动物有预知雨天的功能，体验猜想正确时的喜悦。

续表

环节	活动过程	时间	实施要点
	3. 游戏操作，巩固提升。 游戏：“小小动物气象员”。 玩法：请幼儿分别扮演动物气象员来播报下雨天气。(蚂蚁、燕子、青蛙、鱼儿)	5 分钟	此环节教师可引导幼儿模仿自己扮演的动物，一边演一边用儿歌式台词表述：蚂蚁搬家，要下雨啦！躲雨啦，躲雨啦！燕子低飞，要下雨啦！躲雨啦，躲雨啦！
结束部分	4. 抛出问题，思考延伸。 师：“大象站长非常感谢小朋友们帮忙挑选出了可以预报下雨天气的气象员，送给你们每人一枚气象勋章哟，恭喜你们！” 师：“有什么动物能预报下雪天气呢？回家后和爸爸妈妈一起讨论吧！”	2 分钟	通过大象站长奖励幼儿勋章的形式，让幼儿感受到帮助别人带给自己的快乐，以及帮助他人的责任感。教师通过启发式的提问，引导幼儿在了解预报下雨天的动物的基础上，探索能够预报下雪天的动物，进一步加深幼儿对能够预报天气的动物的认知。

六、活动延伸与拓展

1. 亲子共同查阅资料，了解什么动物能预报下雪天气，并制作科普手抄报。
2. 在图书区投放有关动物与气象的科普书籍及绘本。

七、活动花絮

图 2-15　幼儿挑选天气预报员

图 2-16　幼儿扮演动物预报天气

二、生态理解：我和大自然

活动一　树真好

一、设计意图

树木在保护自然界生态平衡中起着非常重要的作用，可以调节气候、净化空气、防

风降噪，为动物们提供食物和栖息场所，是人类最好的朋友。幼儿园里种有樟树、枣树、桑葚树、桂花树等各种树木，孩子们四季都能感受到不同风景，户外带幼儿进行观察活动时，孩子总会好奇地提一些问题，如：我们为什么要种树？树有什么用？它叫什么名字？树的叶子的颜色、形状为什么不一样呢？结合主题“我和大自然”设计了《树真好》的散文诗欣赏活动。这首诗对小班幼儿来说有一定难度，教师根据小班幼儿年龄特点，适当选取了部分段落，并将语句缩短，让幼儿易于理解和记忆，对城市森林在人们生活中的好处有一个初步认知。

二、活动目标

1. 感受散文诗的意境美、语言美，萌发幼儿保护树木的意识。
2. 知道树在人们生活中的重要作用。
3. 能用简单的语句补充散文诗。

三、活动重难点

1. 理解树在人们生活中的作用。
2. 尝试将散文诗补充完整。

四、活动准备

1. 知识经验准备：了解森林给人们生活带来的便利。
2. 物质材料准备：课件《树真好》；布置树林场景，投放各种各样的树木及小猫小狗、小鸟、房子等图片；大画纸、各种树干、树冠、胶水等每组一份；各种卡通小人、小动物图片若干。

五、活动过程

表 2-9　树真好

环节	活动过程	时间	实施要点
导入部分	1. 幼儿参观树林，听音乐自由创编动作。 提问：“你在树林里见到谁？它们在干什么？它们喜欢在树林里玩吗？”	3 分钟	通过场景设置让幼儿在轻松愉悦的氛围中观察树林中的“人”和“事”，为学习散文诗做准备。
教学与练习部分	2. 欣赏散文诗。	2 分钟	引导幼儿观看课件，教师有感情地朗诵散文诗，让幼儿感受散文的意境美。
	3. 分段播放课件，帮助幼儿理解散文诗。 (1)树真好，谁在树上？它在干什么？ (2)树真好，它挡住了什么？ (3)树真好……	4 分钟	师问幼答的方式能帮助幼儿梳理散文诗整体构架的逻辑思维顺序，使幼儿迅速理解散文诗内容。
	4. 巩固练习。 播放《树真好》录音，邀请个别幼儿上前操作道具，其余幼儿朗诵相应散文句子。	3 分钟	小班幼儿是具体形象思维，请幼儿操作教具，能促进记忆。

续表

环节	活动过程	时间	实施要点
	5. 制作树林，体验树的多样性。 提供不同形状颜色的树干及树冠给幼儿自主创作。	3 分钟	幼儿以小组为单位，制作更多“树”，为我们创造美丽健康的生活环境。
结束部分	6. 一边听音乐，一边模仿不同动物在树林里的情境，续编散文诗。	2 分钟	教师带领幼儿在“树林”遇见不同动物，模仿动物动作喜好续编散文诗，在轻松的氛围下感受人与自然的和谐。

六、活动延伸与拓展

1. 请幼儿为保护树木做力所能及的事，譬如在植物角给树浇水、除杂草，冬天给幼儿园的树穿上“棉衣”等，提升幼儿爱护花草树木的意识。

2. 将图片投放到语言角，让幼儿自主练习散文诗。

七、活动花絮

图 2-17 观看课件《树真好》

图 2-18 情景表演散文诗

活动二 大蒜的秘密

一、设计意图

心理学表明，小班幼儿天生具有好奇心，喜欢不停地提问。近段时间班级里的小朋友总在问我泥土里种植的是什么？我总是请小朋友耐心等待，不到一个星期蒜苗就长出来了。对于大蒜头，小朋友大多数都是在家里的厨房或餐桌上见过，可是由于成人的“阻碍”，他们对大蒜头既熟悉又陌生，自然而然心生好奇，为了能够让孩子们更进一步地了解大蒜头，知道大蒜皮可以作为肥料进行废物利用，于是我生成了一节探秘大蒜

头的活动。

二、活动目标

1. 对大蒜有浓厚的兴趣，热爱生活，乐于探索。

2. 认识大蒜头，了解大蒜头在生活中的用途。

3. 尝试和同伴一起将大蒜皮制作成肥料。

三、活动重难点

1. 了解大蒜头的外形特征及作用。

2. 知道蒜皮可以作为肥料进行废物利用。

四、活动准备

1. 知识经验准备：在家长引导下了解大蒜的生长过程及用途。

2. 物质材料准备：视频：《蒜头用途大》，《蒜皮用途大》；大蒜头人手一个、实物蒜芽一个、装有水的杯子人手一个、红糖一包。

五、活动过程

表 2-10　大蒜的秘密

环节	活动过程	时间	实施要点
导入部分	1. 出示实物“蒜芽”，引出主题。	2 分钟	教师通过一盆发芽的大蒜头，引出主题。
教学与练习部分	2. 花样探秘大蒜头，对大蒜头有简单的认识。 (1)摸大蒜。小朋友们看一看，摸一摸，感受大蒜头的外形特征。 (2)剥大蒜。探索大蒜头的秘密，了解大蒜头剥皮后里面的样子。 (3)闻大蒜。感受大蒜头的气味，知道大蒜头的特殊刺鼻味道。 (4)尝大蒜。深入感受大蒜头的味道。	5 分钟	引导幼儿用五感体验的方法进一步了解大蒜的外形特征及气味。
	3. 了解大蒜的用途。 (1)播放视频《大蒜头用途大》。 师：“视频里的大蒜头本领大不大？都有哪些本领？”(止痒、驱蚊……) (2)播放视频《蒜皮用途大》。 师：“视频里蒜皮可以干什么？” (3)教师小结：“还有一个很大的本领是大蒜头剥下来的皮可以消炎、杀菌，喂给鸡、羊、牛这些动物，帮助杀灭它们体内的病毒，达到一个废物利用的作用。”	4 分钟	通过两段视频让幼儿知道大蒜头和蒜皮都有很多用途，在生活中我们可以将这些看似不起眼的物品进行废物利用，加强幼儿的生态文明意识。

续表

环节	活动过程	时间	实施要点
结束部分	4. 操作活动：制作花肥。	4 分钟	幼儿动手用水、水杯、红糖、蒜皮、木棒制作花肥，让幼儿园里的花花草草长得更加茂盛。

六、活动延伸与拓展

1. 把大蒜头投放到植物角，让幼儿尝试动手种植大蒜头，体验种植的快乐。
2. 对栽种的大蒜头进行观察、照顾，帮助幼儿了解大蒜头的生长过程。

七、活动花絮

图 2-19　幼儿尝试拨开大蒜头表皮并观察大蒜头的外形特征

图 2-20　幼儿闻大蒜头的气味

活动三　神奇的中草药

一、设计意图

中草药是幼儿感受中国传统中医文化的好教材。幼儿在日常生活中接触过中草药，对中草药有初步的认识，如看过爷爷泡过菊花茶、天热喝过金银花露、生病时吃过中成药等。《幼儿园教育指导纲要(试行)》指出："引导幼儿对身边常见事物、现象、特点，产生兴趣和探欲望。"因此，教师选择了菊花、山楂、柠檬、胖大海等生活中常见的中草药开展本次活动，引导幼儿通过观察、探索、体验，了解中草药的神奇之处。

二、活动目标

1. 感受中国传统中医文化的神奇。

2. 认识生活中常用的中草药，知道它们的作用。

3. 能辨别一些常见的中草药。

三、活动重难点

1. 能说出各种中草药的名称并知道中草药可以治病强身健体。

2. 学会辨别认识中草药。

四、活动准备

1. 知识经验准备：幼儿认识了一些常见的中药材。

2. 物质材料准备：视频《中医馆》；各种中草药。

五、活动过程

表 2-11　神奇的中草药

环节	活动过程	时间	实施要点
导入部分	1. 观看视频：大班哥哥姐姐情境表演“中医馆”，感受中草药的神奇。 2. 情境表演：一位大哥哥牙疼得直叫唤，捂着嘴巴就来到了中医馆，中医一看就说：“你这是上火了，我给你抓几副金银花和菊花，你回家泡水喝就可以啦。”	3 分钟	幼儿通过观看视频，建立对中草药神奇作用的基本认知。
教学与练习部分	3. 参观幼儿园大班的中医馆。	3 分钟	将菊花、山楂、柠檬、胖大海放在桌面上，幼儿自主观看，在观察的过程中提醒幼儿可以用手去触摸，用鼻子去闻。
	4. 认识不同的中草药。 (1)出示一杯菊花茶，请幼儿说说里面泡的是什么。 (2)出示山楂、柠檬、胖大海，了解这几种中草药的作用。 (3)小结：这些神奇的中草药功效可不小，有的可以预防疾病，有的可以治疗疾病，还有的可以滋补身体！	6 分钟	鼓励幼儿大胆地说出自己认识的中草药，并跟同伴相互交流。
结束部分	5. 经验提升。 师：“我们认识了这么多有趣的中草药，你们还接触过或知道生活中的中草药吗？”(幼儿自由交流)	3 分钟	此环节是一个开放性环节，拓展幼儿的知识广度，知道中草药是健康的守护神，感受中国传统中医文化的神奇。

六、活动延伸与拓展

在科学区里投放几种中草药，请幼儿观察中草药的外形、闻气味或动手冲泡中草药。

七、活动花絮

图 2-21　幼儿参观大班的中医馆

图 2-22　小朋友之间相互闻柠檬、山楂

活动四　科学：温度的秘密

一、设计意图

随着季节的变化，天气变得越来越寒冷，幼儿在户外活动的时候观察发现植物角的植物开始枯萎。“这些植物是不是因为天气太冷了，被冻坏了呀?”“我感觉这些植物在这个季节不能生长了!”幼儿纷纷对枯萎的植物产生了一系列的问题。结合幼儿的兴趣点，教师设计了此次活动，旨在引导幼儿积极探索植物生长的秘密，帮助幼儿了解植物与温度之间的关系，支持鼓励幼儿在探究的过程中积极动脑寻求答案，培养幼儿良好的科学探索品质，体验科学探索活动的乐趣。

二、活动目标

1. 感知温度与植物之间的奇妙关系。
2. 了解植物的生长与温度之间的关系。
3. 尝试大胆猜测，并主动表达自己的想法。

三、活动重难点

1. 探索温度与植物生长的关系。
2. 认识生活中喜阳喜阴的植物。

四、活动准备

1. 知识经验准备：认识各种不同的植物。
2. 物质材料准备：温棚小菜地、教学课件《植物与温度》、植物与温度配对卡片若干。

五、活动过程

表 2-12　温度的秘密

环节	活动过程	时间	实施要点
导入部分	1. 菜地大发现。 （1）引导幼儿观察菜地，看看有温棚和没有温棚的菜地植物的生长有什么不同？ （2）教师小结："通过小小观察员，我们发现温棚的植物都长得比较好，这是因为什么呢？我们一起去探索一下吧！"	2 分钟	通过实地参观温棚里的蔬菜与温棚外面的蔬菜。引导幼儿更直观地发现问题，点明活动主题，从而为接下来的测温活动做准备。
	2. 认识测温计，学习测量温度。 （1）师："你们看老师今天带来一个工具，它叫测温计，用来帮助我们测量温度。让我们一起测一测温棚里的温度和温棚外的温度有什么不同吧！" （2）教师小结："原来温棚里的温度比外面环境的温度高，原来温棚里适宜的温度更有利于蔬菜的生长。"	2 分钟	幼儿自主测量温度，更加直观地发现，原来温棚里适宜的温度比温棚外寒冷的温度更利于蔬菜的生长。于是，引发接下来活动的思考：植物的生长与温度有关吗？是否所有的植物都比较适合生长在适宜的温度环境里呢？
	3. 探秘植物生长适宜温度。 （1）观看图片，探讨植物适宜的生长温度。 （2）游戏：植物与温度配对闯关。 游戏规则：一部分幼儿分别贴上不同植物图片（有喜温型、温凉型、耐寒型三种植物），另一部分幼儿贴上与植物对应的三种植物生长环境的图片（温暖的环境、温凉的环境、寒冷的环境）。老师："植物温度抱一抱。"贴有植物的幼儿与适宜温度的幼儿抱在一起。	9 分钟	通过上一环节得出结论，教师启发幼儿探讨：植物的生长是否与温度有关，是否所有植物都适合在温暖的环境生长。教师通过课件图片呈现的方式，让幼儿了解到，不同的植物喜欢生长在不同的温度环境下。基于对一些常见植物的生长环境的了解，教师带着幼儿进行有趣的游戏，引导幼儿在愉快的游戏氛围下，巩固对植物与温度关系的了解。
活动结束	4. 回归生活环境，了解不同植物适宜的生长环境与温度。 幼儿谈谈生活中发现的植物生长环境与适宜温度。知道爱护植物，并学会照顾植物。	2 分钟	通过对植物与温度关系的了解。教师带着幼儿谈谈生活中常见植物所适宜的环境与温度，比如：向日葵、冬天的大树等，建立幼儿保护植物的意识。

六、活动延伸与拓展

1. 引导幼儿继续制作手工麻绳，给植物制冬衣。

2. 父母带领孩子翻阅相关资料，查找植物的生长还与什么有关，并制作“植物生长画册”。

七、活动花絮

图 2-23　幼儿观看图片共同探秘植物生长适宜温度

图 2-24　幼儿玩游戏“植物与温度配对闯关”

科学：动物发明家

一、设计意图

《3—6 岁儿童学习与发展指南》中指出：“教师应该引导幼儿关注和了解自然、科技产品与人类生活的密切关系。”大部分幼儿有过坐飞机的经验，那么飞机的造型像什么呢？大家普遍认为像小鸟一样在天空飞翔。教师从幼儿的已有经验出发，设计了动物发明家这一活动。引导幼儿结合动物的本领进行大胆想象，知道人类的发明创造与动物特性之间的关系，深入探索仿生学，建立科学的态度，并懂得热爱、尊重、保护小动物。

二、活动目标

1. 萌发爱护小动物的美好情感。

2. 知道动物的本领与人类发明创造之间的关系。

3. 能主动探索保护动物的方法。

三、活动重难点

知道人类生活中的许多发明创造与动物的特殊本领有关。

四、活动准备

1. 知识经验准备：对部分动物的一些特殊本领有基本了解。

2. 物质材料准备：PPT 课件“动物发明家”；动物图片若干、根据动物发明的物品

的图片若干、音乐《动物模仿操》。

五、活动过程

表 2-13　动物发明家

环节	活动过程	时间	实施要点
导入部分	1. 师幼一起做动物模仿操 教师："刚才我们跟着音乐做了动物模仿操，你喜欢小动物吗？你喜欢什么小动物？为什么喜欢它？它有什么本领？我们一起来认识几个小动物吧！"	2 分钟	幼儿通过做动物模仿操，了解不同动物有不同特点，激发幼儿的探索欲望。
教学与练习部分	2. 找相似一：蜘蛛结网与渔网。 (1)蜘蛛有什么本领？(结网，模仿蜘蛛结网) (2)蜘蛛结网与渔网有什么相似之处？ (3)小结：各种网是根据蜘蛛能结网的原理制造的。 3. 找相似二：大象与吊车。 (1)大象的鼻子有什么作用？(幼儿自由模仿) (2)吊车的吊臂像什么？我们模仿一下吊臂吊东西的样子吧。 小结：其实，生活中的很多东西都是根据小动物的本领来设计的。	3 分钟	幼儿通过动作与言语来表述小动物与人类发明的特点，并引导幼儿讨论动物与人类发明的相似之处。初步意识到原来人类的很多发明与动物息息相关。激发幼儿探索欲望的同时并为接下来的对碰游戏打基础。
	4. 感知人类发明与动物之间的关系。 游戏活动：对对碰。 玩法：一部分幼儿身上贴动物的图片，另一部分幼儿身上贴根据动物发明的物品的图片。游戏开始，身上贴动物图片的幼儿与身上贴根据动物发明的物品的图片的幼儿抱在一起。	5 分钟	通过游戏的形式，幼儿对动物与人类发明之间的相似之处加深了了解，深入认识到人类生活中的许多发明创造借鉴了动物特征。
	5. 观看视频，了解动物的处境。 (1)播放人类滥杀动物的视频，幼儿观看。 (2)讨论：人类这样做对不对？	3 分钟	感受到动物被人类滥杀的危险，唤起幼儿内心深处保护动物保护大自然的欲望。
	6. 师幼讨论保护动物的方法。 我们应该怎样保护小动物？	2 分钟	通过大胆表达再到行为的落实，幼儿自然而然地了解如何保护动物。
结束部分	7. 变身小动物，师幼共舞。 幼儿贴上多种小动物的图片，变身小动物，随着音乐跳舞。	1 分钟	此环节让幼儿有自由的空间模仿更多小动物，满足幼儿发现探索的需求。

六、活动延伸与拓展

1. 与父母一起找一找生活中还有什么物品是仿照小动物的特性制作而成的。
2. 将仿生学操作卡片投放到科学区中，供幼儿操作。

七、活动花絮

图 2-25　幼儿扮演动物找相同

图 2-26　幼儿参与游戏“对对碰”

活动六　科学：蚯蚓堆肥箱

一、设计意图

《3—6 岁儿童学习与发展指南》中指出：“让孩子们在探究中认识周围事物和现象，支持幼儿在接触自然、生活和现象中积累有益的直接经验和感性认知。”基于幼儿对蚯蚓的特征、生活习性的了解，我发现幼儿对探索蚯蚓的兴趣愈发浓烈。新的活动也在孩子们的提问中拉开序幕。区域活动时，一本《蚯蚓堆肥箱》的绘本引起了孩子们浓厚的兴趣，都表示也想尝试做一个蚯蚓堆肥箱。于是，教师生成了此次活动，旨在引导幼儿在探索与制作的过程中，深层次地感受人类与自然之间相互依存的关系。

二、活动目标

1. 体验共同制作蚯蚓堆肥箱的乐趣。
2. 了解制作蚯蚓堆肥箱的方法和步骤。
3. 探索和解决蚯蚓怕热的问题。

三、活动重难点

1. 按照步骤和要求制作蚯蚓堆肥箱。
2. 探索解决蚯蚓堆肥箱散热的问题。

四、活动准备

1. 知识经验准备：对蚯蚓生活习性及蚯蚓对土壤的作用有初步了解；教师带领幼

儿阅读过有关蚯蚓的绘本；家长带领幼儿查阅过堆肥箱的相关资料。

2. 物质材料准备：教学课件；泡沫箱4个、废弃蔬菜叶、果皮、泥土、蚯蚓若干条、浇水壶4个、“蚯蚓堆肥箱”记录表(每位幼儿一张)。

五、活动过程

表 2-14　蚯蚓堆肥箱

环节	活动过程	时间	实施要点
导入部分	1. 通过蚯蚓绘本的话题讨论，激发制作堆肥箱的兴趣。 (1)讨论1：你想制作蚯蚓堆肥箱的原因是什么？ (2)讨论2：堆肥箱的作用是什么？	2分钟	通过话题讨论，回顾知识经验，引导幼儿讨论想制作堆肥的原因，如：喜欢蚯蚓，想看到很多蚯蚓；堆肥箱的东西可以让小菜地长得更快更好；蚯蚓的粑粑是肥料，想看看蚯蚓的粪便是什么样子的；等等。
教学与练习部分	2. 了解堆肥箱。 (1)讨论1：堆肥箱里需要什么呢？ (2)讨论2：堆肥和蚯蚓需要怎样的环境呢？ (3)讨论3：怎样管理堆肥箱？	3分钟	引导幼儿讨论堆肥箱里需要哪些材料与蚯蚓需要的环境，及如何管理蚯蚓堆肥箱。如：蚯蚓堆肥箱里需要泥土、蚯蚓、蔬菜、水果皮、水分；蚯蚓怕热不喜阳光；记得定期搅拌，定期浇水，还要定期取出蚯蚓的粑粑——肥料；等等。通过讨论为接下来制作蚯蚓堆肥箱提供经验支撑。
	3. 制作堆肥箱。 (1)幼儿分小组制作蚯蚓堆肥箱。 (2)讨论：蚯蚓怕热，怎样让泡沫堆肥箱不那么热呢？	8分钟	教师引导幼儿制作堆肥箱并设置问题：蚯蚓怕热怎么办？引导幼儿大胆想出解决蚯蚓会热的方法。得出解决的方法：可以给泡沫箱的底部挖几个洞，帮助蚯蚓散热。
结束部分	4. 制作完成，填写记录表。 引导幼儿完成第一天的“蚯蚓堆肥箱”记录表。	2分钟	指导幼儿养成定期观察并记录的好习惯。在记录中体验观察与变化的乐趣，进而了解蚯蚓对人类与自然界的作用。

六、活动延伸与拓展

1. 将蚯蚓堆肥箱投放在自然角中，为幼儿提供观察记录表，幼儿定期观察并记录堆肥箱里发生的变化。

2. 引导幼儿及家长尝试制作塑料堆肥箱和木头堆肥箱，探索几种堆肥箱是否会有不一样的发现。

七、活动花絮

图 2-27　幼儿往蚯蚓堆肥箱里铺放蔬菜叶子与果皮

图 2-28　幼儿给泡沫箱底部挖洞，解决散热问题

活动七　健康：生态小牧场

一、设计意图

幼儿喜欢探究周围的世界，好奇心与求知欲很强，但生活在城市的孩子缺乏亲近大自然的机会，影响了孩子学科学、用科学的兴趣，不利于科学素养的发展。小班的幼儿已经参与过“开心农场”种植活动，对于部分植物的生长过程有一定了解，但对于动植物之间，动植物与人类之间的关系了解不够。选取“生态小牧场”这个题材，通过牛吃草，人喝奶吃牛肉，牛粪可以做肥料等生态链，让幼儿懂得动植物和人类相互依存，从而知道科学合理利用资源，将节能、低耗、环保的理念应用于生活。

二、活动目标

1. 体验拔草、喂牛、挤奶、施肥等劳动的乐趣。
2. 观察发现草、奶牛、人之间的生态链与依存关系。
3. 能当好牧场管理员，锻炼臂力及身体协调平衡能力。

三、活动重难点

1. 发现草、奶牛、人之间的生态链，懂得他们之间的依存关系。
2. 幼儿能相互协商分工游戏。

四、活动准备

1. 知识经验准备：观看草原牧场视频，了解奶牛生活模式。

2. 物质材料准备：布置草场、林场、沼气池、化肥厂、牛奶厂、超市、小山坡等游戏场景；小推车、脚踏三轮车各 4 辆，草垛 1 个，奶牛模型 4 个，奶桶空奶瓶若干，

牛粪道具若干；活泼欢快的音乐一段。

五、活动过程

表 2-15　生态小牧场

环节	活动过程	时间	实施要点
导入部分	1. 出示生态牧场图，幼儿讨论。 (1)这个地方是哪里？上面有些什么？它们分别有什么用途？ (2)如果去掉其中一样会发生什么事情？ 2. 导入游戏“小小牧场管理员”。 提问：小牧民们需要完成哪些工作？ 小结：小牧民们需要上山打草，给奶牛喂草，将牛粪运送到沼气池沃肥，给奶牛放音乐、挤牛奶。	5 分钟	教师通过引导幼儿观察图片，让幼儿对生态牧场的循环模式建立基本概念，同时感受如果缺失其中某个环节，会给人们生活、动植物生长带来不便。
教学与练习部分	3. 环节一：“喂牛”。 引导幼儿“穿过草地”“翻过小山坡”，用小推车把“草”运回牛舍。	2 分钟	训练幼儿手部力量及身体平衡协调能力。
	4. 环节二：“奶场工人”。 幼儿手提“奶桶”钻过“牛栏”完成挤奶工作，然后分装送至“超市”供人们购买。	4 分钟	此环节一是发展幼儿侧身钻的动作，二是练习骑行三轮车。
	5. 环节三：“堆肥”。 牛粪可以送至两个地方，一个是送往林场之间给树木沃肥；一个是运往沼气池变成各种能源。	2 分钟	本环节重在让幼儿自由选择牛粪的用途，再次巩固练习推车和骑小三轮车。
	6. 幼儿合作游戏。 幼儿自主选择角色，音乐响起后开始各自的“工作”。	5 分钟	小班幼儿尚处于平行游戏阶段，教师要主动以角色身份参与，引导幼儿学会分工合作。
结束部分	7. 放松活动。 边带幼儿做放松运动边与幼儿聊天，激发幼儿大胆挑战，乐于在田园野趣活动中感受、体悟和探寻。	2 分钟	在活动中体验的方式更有利于激发幼儿对大自然的好奇与热爱。

六、活动延伸与拓展

1. 在建构区给奶牛构筑舒适、通风的牛舍，播放轻音乐提高产奶量。

2. 在美食店进行各种牛肉制品加工等，进一步深化了解动物与人类生活的关系。

七、活动花絮

图 2-29　幼儿观看生态牧场生态链

图 2-30　幼儿用独轮车将牛粪运到沼气池

活动八　健康：我的朋友小海豚

一、设计意图

海豚是公认的对人类最为友好的海洋动物。随着人类生活水平的提高，幼儿都有在海洋馆看过小海豚的经历，但更多看到的是小海豚与饲养员的亲密互动，却不知道小海豚对人类生活也有很大的帮助，比如：在航海时遇到大雾天气会为人类航船指引方向等。现如今，保护海洋生态环境也是全人类共同的责任。基于这一理念，教师设计了此次活动，旨在引导幼儿在认识小海豚对人类帮助的基础上，知道人与动物之间是相互依赖、相互依存的，进而逐步萌发保护动物保护海洋环境的生态文明意识。

二、活动目标

1. 感受人类与小海豚之间的亲密关系。
2. 尝试迅速越过障碍物，躲避鲨鱼的追捕。
3. 能够手牵手反应迅速地绕过障碍物。

三、活动重难点

1. 了解小海豚与人类之间的关系。
2. 在游戏中跨过比较高的障碍物。

四、活动准备

1. 知识经验准备：幼儿有过去海洋馆看海豚的经历。

2. 物质材料准备：“我与小海豚的合影”照片、视频《人类的朋友海豚》、小海豚自述视频、音乐 *summer*；游戏头饰：潜水员、小海豚、鲨鱼头饰若干。

3. 游戏场景布置：障碍物（三角锥、跨栏）、海洋、有垃圾的海洋、小推车四个、

垃圾桶。

五、活动过程

表 2-16　我的朋友小海豚

环节	活动过程	时间	实施要点
导入部分	1. 经验回顾，激发兴趣。 教师在课件上呈现幼儿去海洋馆与小海豚的照片。幼儿对照片进行介绍师："你在哪里见过小海豚？见到小海豚你的心情是怎样的？与小海豚第一次接触你有什么感觉？你喜欢小海豚吗？"	2 分钟	通过照片及教师的一系列提问，引导幼儿回顾与小海豚之间的互动经历，初步了解小海豚的特征。
教学与练习部分	2. 观看视频，认识小海豚。 教师播放视频《人类的朋友海豚》，幼儿观看	2 分钟	通过观看视频，了解小海豚对人类生活的帮助，引出接下来"保护'潜水员'"的游戏。
	3. 欢乐游戏，感受人类与海豚之间的关系。 (1)游戏一：保护"潜水员"。 玩法：幼儿分为四队。两队幼儿扮演"潜水员"，两队幼儿扮演"小海豚"，4 名幼儿扮演"鲨鱼"。潜水的人与海豚在起点处牵手准备。"鲨鱼"出现，"小海豚"与"潜水员"牵手绕过障碍物，被"鲨鱼"捉住的"潜水员"被淘汰。 (2)游戏二：海洋保卫战 情境设置：教师播放小海豚的自述。自述内容为：人类乱扔垃圾，倾倒污水，小海豚的家园——海洋受到了十分严重的污染，导致小海豚无家可归。想请小朋友们帮助小海豚清理海洋垃圾。教师带领幼儿来到提前设置好的情景位置——"海洋"，幼儿帮助清理"海洋"垃圾。 游戏玩法：幼儿分为四队，幼儿人手一辆小推车。游戏开始，幼儿推着小推车到达"海洋"，夹起一个垃圾，将垃圾运回起点处的垃圾桶内，再将小推车传给下一位幼儿，直至垃圾全部清理完为止。	9 分钟	游戏一增加活动的趣味性。体验式地了解小海豚对人类的帮助，知道海豚是人类的好朋友。 游戏二引导幼儿了解海豚的家园——海洋所面临的现状，引导幼儿保护海洋环境，保护小海豚的家。 通过以上两个游戏，锻炼幼儿的跑跳与运物跑的能力。引导幼儿感受人与自然相互依存的关系。

续表

环节	活动过程	时间	实施要点
结束部分	4. 随音乐跳舞，情感升华。 师："小海豚为了感谢小朋友，想请小朋友一起跳舞，让我们一起与小海豚随音乐快乐地跳舞吧！"	2 分钟	通过最后小海豚的感谢，幼儿萌发保护海洋的自豪感。活动以与小海豚共舞结尾，欢乐延续，进而拉近幼儿与小海豚的距离。

六、活动延伸与拓展

1. 亲子作画《我与小海豚》。
2. 在图书区投放有关小海豚的科普书籍及故事绘本。

七、活动花絮

图 2-31　幼儿观看视频《认识小海豚》

图 2-32　幼儿参与海洋保卫战的游戏

三、生态保护：我爱大自然

语言：地球，我们的家

一、设计意图

现代化工农业生产的飞速发展，废气、废水、废物、噪声等正侵袭着我们的家园——地球。保护环境，维护生态平衡，创建绿色家园已是大家共同的目标。宝贝们也不例外，需要为我们的家园出一份力。基于此，我们设计了本次活动，希望能更好地萌发幼儿的环保意识，激发幼儿保护地球的情感。

二、活动目标

1. 愿意为保护地球家园做一些力所能及的事情。

2. 了解周边环境污染的危害及主要原因。

3. 能在集体面前说出保护地球的方法。

三、活动重难点

1. 知道哪些垃圾会造成环境的污染。

2. 能说出一些保护地球的方法。

四、活动准备

1. 知识经验准备：初步了解地球环境与人类生存的重要关系。

2. 物质材料准备：《美丽的家园》图片 1 张，《污染的家园》图片 1 张；小猫电话录音，《空白的地球》简笔画人手 1 张；油画棒 5 盒。

五、活动过程

表 2-17　地球，我们的家

环节	活动过程	时间	实施要点
导入部分	1. 电话录音引出主题。 小猫生病了，现在在医院住院治疗，它给我打了一个电话，你们听它说了些什么？同时出示两张大图片。	3 分钟	教师把提前准备好的小猫录音播放出来，引出主题。
教学与练习部分	2. 讨论小猫生活环境的变化。 (1)小猫的家原来是什么样的？ (2)小猫的家现在是什么样的？ (3)小猫的家为什么会变成这样呢？ (4)环境的变化对小猫有什么影响？ (5)小朋友，你们喜欢小猫原来的家还是小猫现在的家？为什么？	3 分钟	出示 PPT 课件让幼儿分段理解小猫的家是因为人们垃圾处理不当，工农业生产时产生的废气废水污染了环境，导致空气质量变差造成的。长期生活在这样的环境中小猫就生病了。
	3. 幼儿联系自己居住的生活环境展开讨论，使幼儿清楚地知道环境被污染会给人类和动植物带来很大危害。	6 分钟	结合幼儿实际生活环境，让幼儿知道干净的环境让人舒适，脏乱的环境会产生病毒。
结束部分	4. 出示《美丽的家园》图片和《被污染的家园》图片，请幼儿进行区分。 5. 绘画：美丽的地球。	3 分钟	激发幼儿保护地球的情感，教育幼儿要热爱大自然，保护环境。

六、活动延伸与拓展

开展“保护家园从我做起”的主题活动，让幼儿一起清理幼儿园的落叶，回家和爸爸妈妈一起学习垃圾分类，用环保行为来影响身边的人。

七、活动花絮

图 2-33　请幼儿判断好的环境和不好的环境

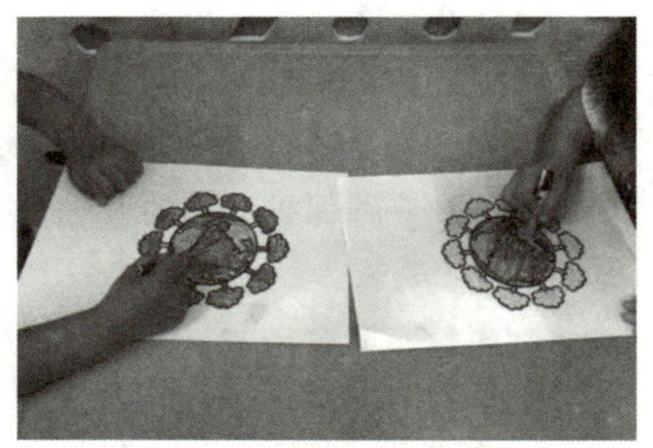

图 2-34　动手绘画美好的地球家园

活动二　科学：我和树木做朋友

一、设计意图

根据幼儿的心理发展特点，激发其探索周围世界、了解周围世界的欲望，使其从小就真正地去喜欢这个世界、欣赏这个世界，并自己力所能及地去关心这个世界。为了让孩子充分认识树木，感受树木对人类身体健康的重要作用，了解树木与人类密切关系。教师开展了“我和小树做朋友”的活动，利用幼儿园有利的地理环境，组织幼儿走到户外参观小树林，利用五感体验法充分调动孩子的各项感官，让孩子更直观地认识树，亲近自然，知道我们离不开大自然、大自然是我们的朋友，并激发幼儿和大树做朋友的兴趣，让孩子们按照自己的想法为冬日的大树保暖，和大树交朋友，亲亲大树朋友，抱抱大树朋友，充分体验和大树做朋友的喜悦。

二、活动目标

1. 愿意为冬日小树保暖，萌发爱护树木的情感。
2. 知道树木平衡生态、净化空气、避暑遮阳的作用。
3. 用身体感知和发现树木的外形特征，提高观察能力。

三、活动重难点

1. 通过身体感知树木的特征。
2. 在交流分享中知道树木与人的生态关系。

四、活动准备

1. 知识经验准备：幼儿有与家人在树下做游戏的经历。

2. 物质材料准备：神秘盒子内装树叶、树枝、树皮、果实，树叶声效、轻柔音乐、故事音频、废旧米袋、胶带、报纸、绳子等。

五、活动过程

表 2-18　我和树木做朋友

环节	活动过程	时间	实施要点
导入部分	1. 出示神秘的盒子激发幼儿兴趣，引出主题“树朋友”。 (1)摸一摸，猜猜盒子里是什么？ (2)打开盒子看看树叶、树枝、树皮、果实，这些是什么？在哪里见过？ (3)小结：这些东西都来自同一个地方，就是大树。	3分钟	幼儿摸摸神秘盒子，通过自己的触感直觉猜猜树的各个部分。在与小树亲亲、摸摸、抱抱中认识它们。
教学与练习部分	2. 幼儿坐在百草廊树木下，运用多种感官认识树的外形特征。用身体多种器官来感受大树。 (1)听一听树叶：静下心来，听听树上叶子被风吹动的声音？ (2)看一看树木：请幼儿观察树木外形，如：树干粗细、高矮，叶子多少，树叶的形状，等等。 (3)摸一摸树皮：感受树皮有的光滑、有的粗糙、有的硬。此环节幼儿萌发爱护树木的情感。 (4)闻一闻树木：贴近树木用鼻子闻一闻，小朋友之间说说树木散发着什么样的味道。	5分钟	幼儿用身体的五感进一步了解大树的不同形态，摸起来是粗糙的，树有高低不同的，叶子有多有少，每棵大树的叶子都长得不一样，树的味道也都不一样。
	3. 听故事《树真好》，自由说说树木的作用。 提问：故事里说树木怎么好了？树为我们提供了什么？	3分钟	了解大树可以为我们避暑遮阴、可以净化空气，从而激发幼儿保护大树的情感。
结束部分	4. 结束部分。 (1)教师小结：“树木有平衡生态、净化空气、避暑遮阴的作用，我们不能随意破坏树木，要和树木做好朋友。” (2)游戏：我为小树穿棉衣。 小朋友团结合作将报纸、布袋捆绑到树干上，为树木保暖。	4分钟	知道树木有平衡生态、净化空气、避暑遮阴的作用，激起幼儿为冬天的大树进行保暖的意识，学会保护树木的方法。

六、活动延伸与拓展

和爸爸妈妈一起为小区里的小树穿上棉衣，也让它们暖和起来吧。

七、活动花絮

图 2-35　亲亲树木

图 2-36　为树木挂爱心植物牌

视频 2：我和树木做朋友（熊婷婷，小班）

健康：今天你喝水了吗？

一、设计意图

建设美丽中国，让我们生活的环境变得美好是我们共同努力的方向。对幼儿进行环境启蒙教育，使幼儿知道环境污染的危害，了解一些简单的环保知识并建立初步的环保意识是非常有必要的。幼儿生态文明教育重要的是知行合一，本次活动以幼儿的生活为基础，让幼儿从喝水的必要性了解到万物的生长都离不开水的滋养，从而懂得珍惜水资源，节约用水，保护环境，并能够把保护花草树木的环保意识转化为自己的行动，通过自己的努力去爱护身边的环境。

二、活动目标

1. 激发幼儿爱护花草树木的情感。
2. 知道不同的水可以给花草提供不同的养分。
3. 能说出喝水的重要性，懂得珍惜水资源，节约用水。

三、活动重难点

1. 激发幼儿爱护花草树木的情感。
2. 知道喝水的重要性，懂得珍惜水资源，节约用水。

四、活动准备

1. 知识经验准备：幼儿知道喝水给身体带来的好处。

2. 物质材料准备：音乐《喝水歌》、课件“生命之树”。

五、活动过程

表 2-19　今天你喝水了吗

环节	活动过程	时间	实施要点
导入部分	1. 回顾《喝水歌》，导入喝水的重要性。 (1)师幼共同跳律动操《喝水歌》。 (2)师幼讨论为什么要喝水，喝水的好处。	3 分钟	教师带领幼儿回顾《喝水歌》，引发幼儿思考喝水的重要性以及喝水给人体带来的帮助。
教学与练习部分	2. 了解万物生长都需要喝水，探讨水资源的珍贵。 (1)师幼交流：除了人类需要水，世界上的万物生长都需要水，水是生命之源。 (2)生活中还有很多的水可以节约下来或者收集起来给小花小草喝水，幼儿了解鱼缸水、淘米水、雨雪水等都可以用来给花草浇水，并了解其可以提供微量元素、氮肥等各种养分。	3 分钟	通过交流了解水资源的重要性，理解世界上的万物生长都需要水，水是生命之源，进而知道节约用水。教师播放课件，引导幼儿了解不同的水可以给植物带来不同的养分。
	3. 游戏互动：给小生命喝水，帮助动植物健康成长。 幼儿给植物角的花草植物、小动物(小鸡球球、小兔白白)、户外的大树喝水。	5 分钟	幼儿自由尝试用各种小容器给小花小草浇水，从行为上做到爱护环境。
结束部分	4. 师幼共同小结。 花草树木因为有了你们的滋养我们的环境而变得多姿多彩，我们的人类因为有了水才能健康充满活力，世界上万物生存离不开水，行动起来吧！珍惜水资源，爱护水资源，提高我们的环保意识，让我们养成健康喝水的好习惯吧！	2 分钟	用轻松愉悦的方式让幼儿知道小花小草是自然环境中不可或缺的一部分，可以美化和净化环境。知道世界万物离不开水，进而做到节约水资源。

六、活动延伸与拓展

1. 请幼儿轮流照顾幼儿园植物角的植物，每天负责为植物浇水，做一个有爱心、有责任心的小朋友。

2. 为植物制作爱心小卡片，认识植物的名称并了解植物的特性。

七、活动花絮

图 2-37　两个小朋友给植物浇水

图 2-38　幼儿动手制作植物喝水量卡片

视频 3：今天你喝水了吗？（乔黎，小班）

活动四　社会：爱惜粮食

一、设计意图

现在幼儿生活条件都比较优越，家庭对于幼儿物质方面的要求一般都尽量满足。家长虽然有教育幼儿节约粮食的意识，但在实际操作中会产生知行不一的现象，幼儿在班级生活中挑食、剩饭的现象比较普遍。设计“爱惜粮食”这一主题活动，让幼儿了解粮食的生长过程，看到农民伯伯顶着大太阳在田间劳动，能够唤起幼儿共情，知道要珍惜粮食，在平时的进餐中不挑食、不浪费，尊重农民伯伯的劳动成果。

二、活动目标

1. 萌发对农民伯伯的感激之情。
2. 了解粮食的生长过程和来之不易。
3. 能用自己的语言大胆说出节约粮食的办法。

三、活动重难点

1. 知道粮食来之不易，养成不浪费粮食的好习惯。
2. 要爱惜粮食，用自己的语言说出节约粮食的办法。

四、活动准备

1. 知识经验准备：幼儿知道并完成过光盘行动。
2. 物质材料准备：“大米先生的求助”PPT 课件；自制秧苗、奖章若干。

五、活动过程

表 2-20　爱惜粮食

环节	活动过程	时间	实施要点
导入部分	1. 导入情境，来自粮食国的邀请。 情境：教师扮演粮食国国王，邀请幼儿参观粮食国。 幼儿以开火车方式入座。	1分钟	幼儿在欢快的音乐伴随下进入主题，引发活动兴趣。
教学与练习部分	2. 参观学习，大米的生长。 (1)粮食国国王带领幼儿来到稻田，请幼儿思考：大米是怎样被种出来的？怎样生长的？ (2)介绍大米的由来。 ①通过视频进行讲解，幼儿初步了解粮食是如何生长的。 ②音乐游戏：插秧舞。粮食国国王带领幼儿进行“种大米”活动。巩固了解粮食的生长过程并体验种植的辛苦。请幼儿表达对农民伯伯的感激之情。	6分钟	此环节动静交替，既让幼儿从课件中了解到大米的由来，同时通过亲身体验巩固理解粮食的生长过程并知道种植的辛苦。
	3. 拯救大米，打败浪费。 (1)粮食国国王请幼儿帮忙。 师：“几天前，浪费大怪兽将粮食国的大米抢走了，请小朋友们一起打败浪费，拯救大米。” (2)来到餐厅，阻止浪费行为。 场景一：应该怎样点餐才能不浪费？ 师：“图片里三个小姐姐在干什么？你们觉得她们点的菜有没有什么问题？为什么？那怎样点餐才是不浪费，节约粮食呢？” 场景二：进餐时吃得满桌都是饭菜，应该怎样做保持桌面干净呢？ 师：“图片中有什么不珍惜粮食、浪费粮食的行为吗？那怎样做保持桌面干净呢？” 场景三：吃饱了，还有饭菜没吃完怎么办？ 师：“餐桌上还剩好多饭菜没吃完，我们怎么做才能不浪费，才能节约粮食？”(打包带回去，少点餐等)	6分钟	教师提供了三个浪费行为的场景图片，让幼儿通过自己的观察来表述怎样做才能节约粮食。幼儿在前，教师在后，充分激发了幼儿对浪费行为的厌恶之情。

续表

环节	活动过程	时间	实施要点
结束部分	4. 粮食得救，获得奖励。 粮食国国王为奖励小朋友们今天拯救粮食的行为，要为小朋友颁发奖章，奖励小朋友们勇敢、不浪费粮食的行为。	2 分钟	在游戏过程中教师要注意提醒幼儿不能漏掉一颗“米”，珍惜每一粒粮食。

六、活动延伸与拓展

1. 进餐环节指导幼儿使用正确的握勺方法，安静进餐、细嚼慢咽、不撒饭。

2. 开展“光盘行动”，用点亮灯牌的形式逐渐养成幼儿吃多少盛多少，不挑食、不剩饭的节约行为。

七、活动花絮

图 2-39　了解粮食的生长过程

图 2-40　幼儿讨论如何节约粮食

视频 4：爱惜粮食(李诗祺，小班)

语言：留住小鸟

一、设计意图

鸟不仅是人类的朋友还是自然界的重要成员。每天早上户外活动时都能看到许多小鸟飞到教学楼顶楼的露天花园。孩子们对小鸟特别感兴趣，有的小朋友蹲在地上看；有的小朋友给小鸟喂食物；还有的小朋友追着小鸟跑。为了让幼儿认识小鸟、喜欢小鸟，

有观察小鸟的兴趣，特别生成这一主题活动“留住小鸟”，以此带动孩子了解鸟与人类的关系，知道鸟是人类的朋友，积极地参与爱鸟行动中来，有爱鸟、护鸟的欲望。

二、活动目标

1. 喜欢听故事，萌发爱鸟、护鸟的情感。

2. 理解故事内容，学习复述故事，知道小鸟喜欢住在树上的原因。

3. 能扮演角色表演故事，用实际行动留住小鸟。

三、活动重难点

1. 知道小鸟的家安在大树上。

2. 能说出留住小鸟的办法。

四、活动准备

1. 知识经验准备：幼儿初步认识小鸟。

2. 物质材料准备：PPT 课件“留住小鸟”；小猫、小狗、小兔、小鸟挂牌若干；积木房子、小树苗、笼子。

五、活动过程

表 2-21　留住小鸟

环节	活动过程	时间	实施要点
导入部分	1. 情境导入。教师带领幼儿春游，在春游的途中听到了哭声，引出故事。	2 分钟	出示 PPT 课件：一只小鸟正在伤心地哭，小动物都来帮助它，送给小鸟各种各样的家。此环节重在让幼儿懂得朋友之间要相互关爱。
教学与练习部分	2. 播放 PPT 课件，熟悉故事内容。 (1)提问：小鸟遇到了谁？送了什么房子给它？小鸟喜欢吗？为什么？ ①小鸟遇到了小狗，小狗送了积木房子，小鸟不喜欢，因为太硬了。 ②小鸟遇到了小猫，小猫送了一个笼子，小鸟不喜欢，因为太小了。 ③小鸟遇到了小兔，小兔送了一个小树苗，小鸟喜欢，因为它可以在树上做窝。	5 分钟	分段播放 PPT 课件，易于幼儿分段理解故事内容，知道小狗送给小鸟一个积木房子，小猫送给小鸟一个精美的小笼子，小兔送给小鸟一棵小树苗。
	3. 游戏：故事连线。 幼儿上前操作小鸟先后遇到的动物，一边操作一边复述故事内容。	3 分钟	能在集体面前大胆说出故事里发生的事情。

续表

环节	活动过程	时间	实施要点
	4. 扮演角色，复述故事。 请三名小朋友扮演小狗、小猫、小兔，其他小朋友扮演小鸟，表演故事。	3 分钟	通过故事情境表演，巩固理解故事内容。
结束部分	5. 送小鸟一个家。 知道大树最适合小鸟居住，保护幼儿园的大树，挂上自己做的鸟窝，用实际行动留住小鸟。	2 分钟	引导幼儿通过实际行动去爱鸟护鸟。

六、活动延伸与拓展

亲子共同利用废旧材料给小鸟设计一个家，在班级进行评比，并将鸟巢安放到社区里的小树上。

七、活动花絮

图 2-41　教师讲述故事

图 2-42　小朋友进行情境表演

视频 5：留住小鸟(张天棋，小班)

社会：护川行动

一、设计意图

企鹅是一种深受幼儿喜爱的小动物，它可爱的模样让人忍不住想去模仿它。随着全球变暖，冰川融化的现象持续发生，企鹅所面临的生存问题也开始受到全人类的共同关

注。随着人类生活水平的不断提高，以及人口数量的增加，人类对各种电器的使用和污染物的使用越来越频繁，一系列温室气体的排放导致全球气候变暖，让企鹅所生活的环境受到了严重的影响。因此引导幼儿从小建立节能减排的意识尤为重要。通过“保护企鹅家园，争做节能减排小达人”的竞答活动，让幼儿意识到保护自然生活环境，也是保护动物的家园。引导幼儿从生活中的小事做起，争做环境保护小达人。

二、活动目标

1. 体验帮助小企鹅重获冰川家园的快乐。
2. 了解企鹅因为全球变暖导致冰川融化而无家可归的生存现状。
3. 能够积极主动思考并表达缓解全球变暖的方法。

三、活动重难点

1. 探讨如何保护企鹅。
2. 积极探索缓解全球变暖的方法。

四、活动准备

1. 知识经验准备：与家长搜集有关企鹅的资料，对企鹅及企鹅的生活环境和生存条件有初步了解；与家长搜集过资料，对导致温室效应和地球变暖的原因有初步了解。

2. 物质材料准备：小企鹅哭泣的视频、企鹅生存现状的视频、教师自制希沃游戏“为地球降温——阻止冰川融化”、不同种类企鹅头饰、“护川小达人奖”若干。

五、活动过程

表 2-22　护川行动

环节	活动过程	时间	实施要点
导入部分	1. 情境导入，激发兴趣。 (1)教师播放小企鹅哭泣的声音。 师：“听听，是谁在哭呀？”(呈现小企鹅哭泣的视频) (2)讨论：小企鹅为什么会哭呢？	2分钟	通过小企鹅哭泣的视频，让幼儿产生共情。并展开讨论，“小企鹅为什么会哭？”从而引出冰川融化的原因。
教学与练习部分	2. 播放视频，感受企鹅的生存现状。 (1)师：“小企鹅为什么会哭呢？我们一起看看吧！” (2)视频内容：人类开车排出的尾气，焚烧化石燃料产生的二氧化碳气体，随便砍伐树木，各种电器的使用等因素导致全球变暖，使得小企鹅所生活的南极冰川正在加速融化。	3分钟	教师通过播放视频，引导幼儿切身感受全球变暖的原因，为接下来的游戏环节做铺垫。

续表

环节	活动过程	时间	实施要点
	3. 竞答游戏："为地球降温——阻止冰川融化"。 游戏玩法：幼儿抢答为地球降温的方法，帮助地球降温。降温的条件为幼儿每答出一个减少 CO_2 排放的方法，就为地球降温 5℃，直到温度降为适合企鹅生活的温度。	8 分钟	通过趣味、具有挑战性的游戏，激发幼儿的兴趣。引导幼儿结合实际，想出节能减排，缓解全球变暖的方法。在游戏中体验帮助小企鹅的快乐情绪。
结束活动	4. 奖励环节。 (1)大班幼儿扮演不同种类的企鹅为幼儿颁发"节能减排小达人奖"。 (2)小企鹅为了表示对小朋友的感谢，请来了企鹅家族们为小朋友颁发"护川小达人奖"。 (3)师："希望小朋友们在生活中能坚持做一个节能环保的好孩子，共同保护人类与小动物的生活环境！"	2 分钟	通过奖励环节，激励幼儿环保行为。让不同种类的"小企鹅"为幼儿颁发奖励，让幼儿更能沉浸于情境中，在认识不同种类的小企鹅的同时，激发幼儿内心深处保护环境，保护动物的自豪感与责任感。

六、活动延伸与拓展

1. 家长与幼儿共同搜集保护小企鹅的方法，以及关于保护环境、缓解全球变暖的方法，并做到保护自然生态环境，从生活中的小事做起。

2. 图书区投放与企鹅相关的书籍、美工区制作小企鹅等。

七、活动花絮

图 2-43　幼儿了解小企鹅的生存现状

图 2-44　为小朋友们颁发"护川小达人奖"

活动七　语言：迷路的大熊猫

一、设计意图

大熊猫作为中国特有的珍稀动物，它有着憨厚可爱的形象，深受人们的喜欢。但由于一些人为的因素，导致大熊猫的家园遭到了破坏，保护大熊猫，保护自然环境刻不容缓。设计此次活动，引导幼儿通过阅读关于熊猫现状的绘本故事，从中了解大熊猫的生存现状，进而萌发幼儿保护大熊猫、保护自然环境的意识。

二、活动目标

1. 喜欢大熊猫，体验爱护大熊猫的美好情感。
2. 聆听故事，了解大熊猫的生存现状。
3. 能够积极主动思考关于熊猫知识的问题并为熊猫建构家园。

三、活动重难点

1. 聆听故事，了解大熊猫的生存现状。
2. 能够积极主动思考问题并为熊猫建构家园。

四、活动准备

1. 知识经验准备：幼儿通过动画片、图画书、野生动物园等多种渠道看过大熊猫，对大熊猫的形态特征及生活习性有初步了解；幼儿知道中国特有的珍稀动物。

2. 物质材料准备：PPT 课件，绘本故事《迷路的熊猫宝宝》，动物头饰若干，关卡牌、图示问题若干，自制纸筒竹子若干，自制纸筒大树若干，自制黏土熊猫妈妈，熊猫宝宝。

五、活动过程

表 2-23　迷路的大熊猫

环节	活动过程	时间	实施要点
导入部分	1. 情境导入，激发兴趣。 师：“一只小熊猫迷路了，找不到家了。我们一起来看看这只小熊猫发生了什么事情吧！”	2 分钟	基于幼儿对小熊猫的喜爱。教师设置小熊猫迷路的情景，萌发幼儿对小熊猫的关心与怜爱的情绪体验。通过启发式的提问，激发幼儿继续阅读绘本的兴趣。
教学与练习部分	2. 阅读绘本，理解故事内容。 (1)讨论：熊猫妈妈去哪儿了？ (2)讨论：熊猫宝宝为什么没有等到它的妈妈？ (3)小结：因为人类不爱护自然环境，导致熊猫家族的栖息地越来越少，才让熊猫宝宝找不到自己的妈妈。	5 分钟	教师带领幼儿阅读绘本《迷路的熊猫宝宝》，引导幼儿理解故事内容。通过生动的绘本故事，引导幼儿初步了解熊猫宝宝的生存现状，使幼儿萌发保护熊猫宝宝的欲望。

续表

环节	活动过程	时间	实施要点
	3. 通关游戏，情感体验。 (1)教师设置情景：一条通往小熊猫回家的路。路的尽头有熊猫妈妈和一个熊猫家园。熊猫家园没有竹林和供熊猫攀爬和睡觉的大树。 (2)游戏：送小熊猫回家。 幼儿帮助小熊猫找到回家的路，在路的中间设置不同的关卡，每个关卡都有一个通关指示牌，指示牌上为通关小问题(问题内容以图片形式呈现，如：熊猫喜欢吃什么？熊猫喜欢干什么？)。答对该关卡通关小问题，则可获得奖励(奖励为建构熊猫家园的材料：竹子、大树)。	5 分钟	教师设置游戏情景，引导幼儿自发主动地帮助小熊猫回家。在了解小熊猫生活习性的基础上，设置通关游戏，在幼儿的共同努力下，最后通关成功，成功地将小熊猫送回了家。在此过程中，幼儿获得了成功的体验，同时也体验到帮助小动物的快乐与满足感。
结束部分	4. 共建熊猫家园，情感升华。 幼儿拿着自己获得的奖励为熊猫家族构建家园。	3 分钟	幼儿拿着靠自己努力获取的奖励，为熊猫构建熊猫家园，更能激发幼儿内心深处保护大熊猫、保护熊猫家园的责任感。

六、活动延伸与拓展

1. 美工区提供半成品材料，装饰熊猫家园；图书区投放熊猫的相关书籍，供幼儿自主阅读。

2. 亲子制作熊猫知识手册，可带来幼儿园与小朋友分享。

七、活动花絮

图 2-45　师幼共同阅读绘本故事《迷路的熊猫宝宝》

图 2-46　绘本阅读与表演《迷路的熊猫宝宝》

活动八　社会：我们不是餐桌上的食物

一、设计意图

野生动物是人类的朋友。保护野生动物，不仅关系到人类的生存与发展，也是落实生态文明思想的重要践行。幼儿对于家养和野生动物的区分能力较弱，为了增强保护野生动物的意识，教师设计了这节“我们不是餐桌上的食物”的活动，和幼儿一起开启了对野生动物的探索之旅。

二、活动目标

1. 喜爱各种野生动物，愿意和野生动物友好相处。
2. 了解野生动物的生存现状，知道要保护野生动物。
3. 能在解救野生动物的游戏中机智勇敢地解救野生动物。

三、活动重难点

1. 了解野生动物的生存现状。
2. 探索解救野生动物的方法。

四、活动准备

1. 知识经验准备：在电视、图画书、野生动物园看过野生动物。

2. 物质材料准备：模拟野生动物园，视频《蝙蝠自述》《濒临灭绝的野生动物》，音乐《森林狂想曲》。

五、活动过程

表 2-24　我们不是餐桌上的食物

环节	活动过程	时间	实施要点
导入部分	1. 参观模拟野生动物园，初步了解野生动物。 教师出示各种野生动物的立体造型，设置野生动物园的场景，带领幼儿参观。 师：“这些动物分别是什么呀？他们有什么特点呢？”	2分钟	幼儿自主参观模拟野生动物园，在宽松的参观氛围下，幼儿自发地说出自己认识的野生动物及野生动物的特点。
教学与练习部分	2. 观看课件，了解野生动物的处境。 (1)观看《蝙蝠的自述》，了解滥杀滥吃野生动物可导致生态平衡被破坏及病毒传播。 讨论：我们能够随便吃野生动物吗？吃了野生动物对人有什么害处？	6分钟	通过蝙蝠拟人化的自述，使幼儿了解野生动物所面临的处境，萌发幼儿保护野生动物的美好情感。引导幼儿谈谈保护野生动物的方法。

续表

环节	活动过程	时间	实施要点
	(2)观看《濒临灭绝的野生动物》，引发幼儿思考。 讨论：滥杀滥吃野生动物，会带来什么后果？我们可以做哪些力所能及的事情来保护野生动物？		
	3. 情景游戏，升华情感。 游戏：解救野生动物。 游戏玩法：请一名大班幼儿扮演猎人，幼儿去猎人的领地解救野生动物。猎人睡着了，幼儿解救动物；猎人醒了，幼儿跑回安全领地。	5 分钟	在游戏的氛围下，真实体验野生动物的危险处境，并用自己的行动保护野生动物。
结束部分	4. 师幼随音乐跳舞。 幼儿拿着自己解救的野生动物与教师一起随着音乐跳舞，庆祝解救成功。	2 分钟	体验解救野生动物带给自己的快乐和满足感。

六、活动延伸与拓展

在科学区域专门设置一个野生动物部落，教师及时增添动物种类；在图书区添加与野生动物相关的书籍，幼儿自主认识并探索野生动物的知识。

七、活动花絮

图 2-47　幼儿参观模拟野生动物园

图 2-48　幼儿进行解救野生动物的游戏

四、绿色生活：文明小宝贝

社会：文明小乘客

一、设计意图

“做人先学礼”，礼仪教育是人生的第一课。《幼儿园教育指导纲要(试行)》中指出：“教师应该以多种方式引导幼儿体验并理解基本的社会行为规则。”3—6 岁的幼儿是良好文明习惯养成的关键期，对幼儿的终身发展有着重要的作用和意义。本活动结合我园的生态文明课程，对小班幼儿开展文明乘车的社会公德教育，让幼儿在了解如何文明出行的同时，学做文明小乘客。

二、活动目标

1. 有讲文明的意识，乐意遵守乘坐公交车的规则。
2. 懂得文明乘车以及乘车过程中的自我保护。
3. 能判断文明乘车的行为。

三、活动重难点

1. 大胆猜想动物们郊游时发生的事情。
2. 懂得文明乘车的方式。

四、活动准备

1. 知识经验准备：幼儿乘坐过公共交通。
2. 物质材料准备：PPT 课件“小动物去郊游”；模拟公共汽车活动场景；司机胸牌 1 枚、方向盘 1 个、头巾 1 个、哭脸牌、笑脸牌若干。

五、活动过程

表 2-25　文明小乘客

环节	活动过程	时间	实施要点
导入部分	1. 引导幼儿回忆乘车经历。 师：“小朋友们坐过公交车吗？乘车时我们会做些什么？今天有一群小动物也来乘公交车，来看看它们是怎么做的。”	2 分钟	此环节是经验回顾，了解幼儿对乘车规则的认识程度，让幼儿充分表达。
教学与练习部分	2. 播放无声动画，猜想故事情节。 播放“小动物去郊游”的无声课件，提醒幼儿认真观看，大胆猜想。 (1)等候乘车。 画面呈现：一群小动物正在排队，小	8 分钟	播放无声动画，重点是让幼儿仔细观察并且猜想发生了什么事情？引导幼儿主动参与思考，唤起幼儿的知识经验，为后面判断哪些是文明乘车行文做铺垫。

续表

环节	活动过程	时间	实施要点
	狗跑过来直接插队到第一个，山羊老师与小狗讲话，讲完后小狗排到了队伍后面。 提问：小狗的行为对不对？山羊老师会跟小狗说什么？应该怎么做才是正确的行为？ (2)大巴车开动。 画面呈现：一只小猴在车上不停地吃零食，吃完随手把袋子扔到地上，山羊老师走过去批评小猴，小猴羞愧地把垃圾捡起来扔进垃圾桶。 提问：车上发生了什么事情？山羊老师会对小猴说什么？如果是你，你会怎么做？ (3)大巴车继续行进中。 画面呈现：小猫和小猴在车上大声唱歌，其余小动物都捂住耳朵，山羊老师走过去批评它们。 提问：小猫和小猴在干什么？山羊老师会怎么说？为什么大巴车上不能唱歌？		
	3. 播放有声动画，验证猜想。 师："我们现在来听一听小动物们到底在说些什么？"	2分钟	播放有声动画让幼儿验证之前的猜想是否正确，同时进一步加深印象，巩固掌握正确行为。
	4. 判断正误，表扬好习惯。 (1)播放幻灯图片。 图片一：从后门上车。(正确做法为前门上车，后门下车，先下后上) 图片二：乘车时，将头、手伸出窗外。 图片三：给老奶奶让座。 图片四：上车后自觉投币。 (2)请幼儿为文明行为送上笑脸牌，为不文明行为送上哭脸牌。	2分钟	此环节是为了检验幼儿是否真正理解文明行为，让幼儿懂得安全乘车，树立良好社会公德。

续表

环节	活动过程	时间	实施要点
结束部分	5. 情景游戏，实践乘车。 (1)布置公交车场景，请一名小朋友扮演汽车司机，其余幼儿扮演乘客。一名教师扮演老人半路上车，另一名教师根据小朋友的表现作旁白解说，肯定幼儿的正确做法。 (2)幼儿自选角色继续游戏，教师给予适时的建议和指导。	6分钟	教师在情景体验游戏中穿插特定的角色，让幼儿可以亲身体验怎样尊老爱幼，如何做一名文明小乘客。

六、活动延伸与拓展

在角色区玩乘地铁、坐飞机、坐轮船等游戏，感受不同公共交通工具的特色，知道不同交通工具有自身便捷的地方。

七、活动花絮

图 2-49　幼儿判断乘车行为是否文明

图 2-50　情景游戏：给老奶奶让座

活动二　社会："公物"小卫士

一、设计意图

《公民道德建设实施纲要》中指出，文明礼貌、助人为乐、爱护公物、保护环境、遵纪守法是社会公德教育的主要内容，教导幼儿爱护公物是一件很重要的事情。随着物质条件的逐步提升，很多家长对幼儿非常溺爱，造成幼儿养成一些任性、自私、社会适应不良等个性品质。本次活动主要对幼儿进行爱护园内设施的教育，引导幼儿玩完户外器械要放回原处。让幼儿掌握保护幼儿园基础设施的一些简单方法，养成爱护公物的良好行为习惯，从而让幼儿主动萌发爱护园内外公共设施的欲望。

二、活动目标

1. 体验爱护公物得到肯定后的喜悦。

2. 学习爱护公物的方法，知道爱护公物是一种好的行为。

3. 能大胆地参与讨论，表达自己爱护公物的观点和想法。

三、活动重难点

1. 理解“公物”的含义。

2. 懂得如何爱护“公物”。

四、活动准备

1. 知识经验准备：幼儿认识部分公共物品、设施。

2. 物质材料准备：PPT 课件“我是公物小卫士”、动画视频《破坏公物的小熊》；图卡 6 张(爱护公物和破坏公物)。

五、活动过程

表 2-26　“公物”小卫士

环节	活动过程	时间	实施要点
导入部分	1. 视频导入。 (1)观看视频，激发幼儿对美好环境的热爱。 (2)集体讨论小熊的行为是否正确。	2 分钟	通过视频中公园前后的变化，激发幼儿对美好环境的热爱，对破坏环境行为的厌恶。
教学与练习部分	2. 了解幼儿园中的公共物品。 (1)观看图片，了解幼儿园的公共物品。 (2)寻找教室内还有哪些公共物品。 (3)教师小结：“幼儿园里大家一起用的物品是公物，希望小朋友以后能好好爱护身边的公物。”	6 分钟	这一环节主要从幼儿身边的物品开始认识哪些是“公物”，从而了解“公物”的含义。
	3. 学习如何保护公共物品。 (1)出示图片，观察对比发现爱护公物与损坏公物后人们生活环境的变化。 (2)观看动画，学习怎么保护我们的公物。	3 分钟	通过美丑对比，让幼儿初步判断哪些是好的行为，哪些是不好的行为，学习怎样爱护公物。
结束部分	4. 游戏：公物小卫士。 (1)讲解规则：幼儿每人自由选择一张小图卡，把爱护公物的图卡放在笑脸上，把损坏公物的图卡放在哭脸上。	4 分钟	通过游戏活动过渡到情景迁移，从室内转换到室外，进而拓展到生活中的其他活动场所。让幼儿养成随时随地爱护公物的良好行为习惯。

续表

环节	活动过程	时间	实施要点
	(2)集体讨论，鼓励幼儿向正确图片学习。 (3)教师小结："在户外场所玩耍时不要乱涂乱画，不能踢翻垃圾桶，爱护公共物品，要像爱护自己的玩具一样，这样大家都能享受公物带给我们的方便。"		

六、活动延伸与拓展

1. 体验游戏"修修补补"，提供工具让幼儿对教室内的公物进行维护。
2. 整理活动区及教室，保持室内公物的整洁有序。

七、活动花絮

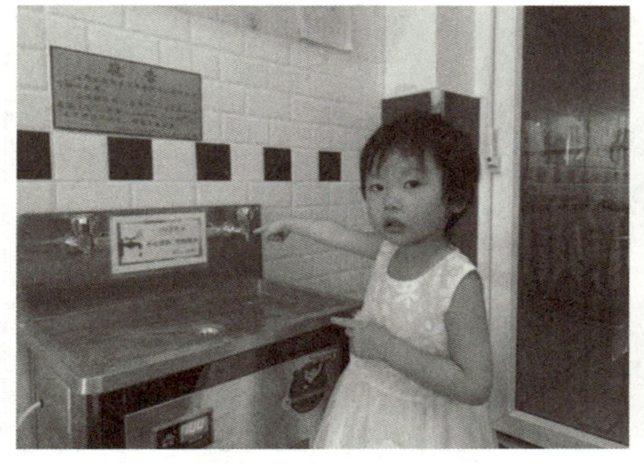

图 2-51　寻找教室内的公物

图 2-52　修补图书角被撕坏的图书

艺术：大家来排队

一、设计意图

生活中有很多地方需要排队，它是文明社会的象征之一。小班幼儿刚从家庭进入集体生活，规则意识尚未完全形成，能在老师的提醒下遵守部分班级公约。经过半年常规训练，幼儿有一定规则意识，但少数幼儿不能较好地控制自己，言行不一，需要他人反复提醒。设计本节艺术活动，让幼儿在玩玩做做中了解排队的重要性，掌握排队的正确方法，并能在不同场合养成自觉排队的良好习惯。

二、活动目标

1. 感知体验集体生活时排队的重要性，建立团结合作的初步意识。

2. 尝试运用团圆、搓捏的方法捏萝卜。

3. 能够遵守公共场所的排队规则。

三、活动重难点

1. 学习用手掌下半部分用力的方法搓出萝卜的雏形。

2. 能够自觉遵守排队规则。

四、活动准备

1. 知识经验准备：有在公共场合排队的经历。

2. 物质材料准备：PPT 课件“老婆婆的萝卜”；超轻黏土制作的“萝卜”若干、超轻黏土人手一盒、小兔头饰一个。

五、活动过程

表 2-27　大家来排队

环节	活动过程	时间	实施要点
导入部分	1. 情境导入，引出主题。 (1)教师戴上头饰扮演兔妈妈，带幼儿去“草地”上玩耍。 (2)观看课件并提问：草地上有什么？(一座萝卜堆成的小山)兔妈妈带兔宝宝去“吃萝卜”。 (3)播放萝卜倒塌音效。 师：“萝卜山怎么倒了呢？兔宝宝们刚才排队了吗？你们会不会排队？”	2 分钟	创设“萝卜山”倒塌情景，让幼儿感知到不排队会出现混乱。
教学与练习部分	2. 生活中的排队。 (1)提问：生活中你们什么时候会排队？ 观看课件中排队和不排队场景。 (2)师：“图片中哪些地方需要排队？怎样排队？” (3)小结：排队能够变得很有序，不乱也不挤，先来的排前面，后来的排后面，一个跟一个，不推也不挤。	4 分钟	此环节是本节活动重点，通过观看生活中排队画面，让幼儿辨别哪种行为是文明的，怎样排队是正确的，学习遵守排队规则。
	3. 练习排队。 (1)吃萝卜。 师：“宝宝们想吃萝卜吗？这一次我们排队去拿萝卜好吗？” 组织幼儿一个跟着一个排队去萝卜山拿萝卜。	5 分钟	单纯练习排队非常枯燥，教师用“吃萝卜”“还萝卜”两个游戏场景让幼儿乐意排队。

续表

环节	活动过程	时间	实施要点
	(2)还萝卜。 师："听！是谁在讲话？"(播放音频，一位老婆婆在寻找她种的萝卜)。请"小兔子们"排队把萝卜送回老婆婆家。		
	4. 做萝卜。 (1)师："看，这是什么？"(出示超轻黏土做的成品萝卜。)兔宝宝想家里有很多萝卜，我们一起动手做萝卜吧。 (2)幼儿观察并尝试制作。揉揉揉，搓搓搓，搓成一根火腿肠，下头搓一搓，捏一捏，尖尖的小小的，变成一个小萝卜。 (3)将做好的萝卜送到仓库整齐排队摆放。	7 分钟	幼儿在玩中学、学中玩，巩固练习排队规则，体验感更好。
结束部分	5. 美妙的晚餐。 小兔子们和妈妈一起分享萝卜，并点评谁做的萝卜最漂亮。	2 分钟	教师扮兔妈妈带幼儿一起点评分享，让幼儿懂得团结和谐的氛围对大家很重要。

六、活动延伸与拓展

请家长带幼儿实地体验生活中还有哪些地方需要排队，如去超市、医院、银行、乘坐公交等。

七、活动花絮

图 2-53　幼儿为小兔子制作胡萝卜

图 2-54　幼儿排队吃萝卜

活动四　社会：讲礼貌的好宝宝

一、设计意图

幼儿时期是良好品德形成的关键期，是培育和践行社会主义核心价值观的重要阶段。一直以来我国都有“文明古国，礼仪之邦”的美誉，要把幼儿培养成新时代具有新风尚的社会人，应当从小就对他们进行文明礼仪方面的教育。小班幼儿在与同伴交往的过程中，还不太会使用礼貌用语，容易引起矛盾纠纷。为了培养幼儿良好的文明习惯，学会使用恰当的礼貌用语进行交流，结合主题活动“文明小宝贝”，创设幼儿常见的生活场景来开展本次文明礼仪教育活动。

二、活动目标

1. 乐意使用礼貌用语。
2. 学习并使用“请”“谢谢”“对不起”等常见礼貌用语。
3. 能根据不同场合正确使用礼貌用语。

三、活动重难点

1. 学会使用“请”“谢谢”“对不起”。
2. 能在特定场景下正确使用礼貌用语。

四、活动准备

1. 知识经验准备：幼儿有去亲戚家做客的经历。

2. 物质材料准备：布置情景表演《去兔妈妈家做客》的场景；视频片段(借书情景、给客人倒茶、东东二次借画笔)；生活场景图片 3 张。

五、活动过程

表 2-28　讲礼貌的好宝宝

环节	活动过程	时间	实施要点
导入部分	1. 情境导入，区分礼貌和不礼貌的行为。 兔妈妈过生日请小狗、小马、小熊、小老虎到家里做客，给小动物们准备了他们各自喜欢的食物。 (1)有讲礼貌的小狗、小马、小熊。(进门前先敲门，向主人问好，吃完东西说谢谢，离开时说再见。) (2)有不礼貌的小老虎。(用力出门，大大咧咧地坐在桌前吃东西，吃完抹抹嘴直接出门不打招呼。) (3)提问：你们喜欢谁？为什么？	2 分钟	引导幼儿观察哪些动物有礼貌？它们说了哪些有礼貌的话？ 当老虎出场时突出它的没礼貌，如敲门声很重，调动孩子的内在情感。

续表

环节	活动过程	时间	实施要点
教学与练习部分	2. 联系生活，重点练习"请"字。 (1)提问：小朋友们在什么时候会说"请"字？ (2)观看视频，幼儿互动交流人们在生活中哪些地方会说"请"。 (3)模拟借书，提问："如果你想向老师借书该怎么说？"	5分钟	教师要在互动环节激励幼儿敢说、想说，及时肯定幼儿的回答。
	3. 实践体验，指导文明行为。 (1)分段观看视频，东东向阿姨借画笔，第一次未成功，第二次成功了。 (2)设置游戏场景：小朋友在一起玩游戏，文文不小心撞了熙熙一下，熙熙哭了，文文心里其实也很难过，但不知道说什么好。	5分钟	通过借画笔的两段视频，引导幼儿分析为什么第二次借成功？然后拓展延伸到幼儿游戏中的矛盾冲突，让幼儿学会正确的处理方式。
结束部分	4. 结伴表演，巩固深化认识。 教师准备一些生活场景图片，让幼儿选择演一演、说一说他们都使用了哪些礼貌用语。	3分钟	教师给每名幼儿提供自我展示的舞台，让他们都有机会练习使用礼貌用语，克制自己的行为，学会做一个讲礼貌的好宝宝。

六、活动延伸与拓展

在语言区投放《礼貌歌》音频，通过朗朗上口的儿歌对幼儿行为的养成进行润物细无声的教育。

七、活动花絮

图2-55　幼儿扮演小动物进行情景表演

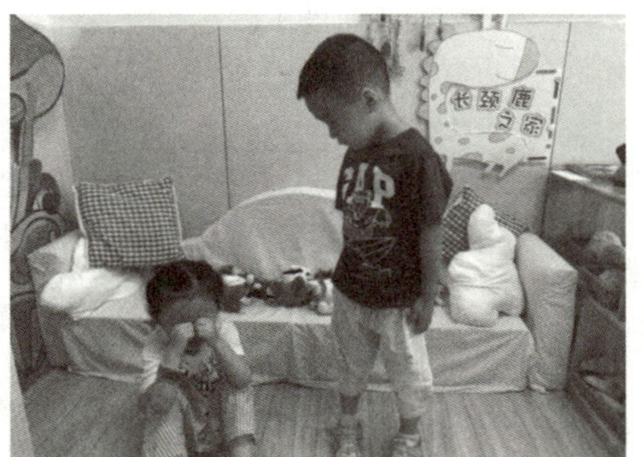

图2-56　用礼貌用语关心摔跤的小伙伴

活动五 社会：去公园

一、设计意图

《3—6岁儿童学习与发展指南》中指出：“结合社会生活实际，帮助幼儿了解基本行为规则或其他游戏规则，体会规则的重要性，学习自觉遵守规则。”随着城市交通不断发展，交通安全教育被提升到重要位置。每年开学第一课，幼儿园都会组织安全教育活动，让幼儿通过活动逐步建立安全意识。为了让幼儿懂更多的安全知识，学会自我保护的方法，教师设计了本次活动。教师采用情景模拟游戏让幼儿学会看红绿灯、过马路走斑马线等，以去公园为主线反复练习，增强幼儿的安全意识与自我保护意识。

二、活动目标

1. 有初步的交通安全意识和自我保护意识。
2. 认识红绿灯、斑马线、停车场等交通标志。
3. 能遵守简单的交通规则。

三、活动重难点

1. 认识简单的交通标志，并说出其名称。
2. 能将交通规则牢记于心，在生活中践行。

四、活动准备

1. 知识经验准备：幼儿在日常出行中观察、认识各种交通标志。
2. 物质材料准备：马路场景布置(红绿灯、斑马线、停车场等)；方向盘每人一个。

五、活动过程

表 2-29 去公园

环节	活动过程	时间	实施要点
导入部分	1. 情境导入，幼儿跟随《小司机》音乐入场。	2 分钟	以游戏的口吻调动起幼儿的参与意识，引导幼儿有序排队。
教学与练习部分	2. 游戏“小司机开车”。 (1)复习儿歌《开汽车》。 (2)去公园。 教师带幼儿一起“开车”去公园，看到红绿灯标志,提问：“小司机该怎样做?”幼儿自由游戏，体验当小司机的快乐。	5 分钟	通过设置游戏场景及提供各种道具，让幼儿在角色体验中逐步学会认红绿灯、停车场标志，掌握简单的交通规则。
	3. 过斑马线。 (1)教师：“公园在马路对面，我们怎么过去?” (2)幼儿念儿歌《过马路》： “小朋友，走走走，一起走到马路口左	5 分钟	首先让幼儿思考怎样过马路安全(一站、二看、三通过)，然后通过儿歌的方式提醒幼儿看红绿灯、走斑马线。告诉幼儿过马路要有成人带领、牵手，不能自己乱跑，建立幼儿的安全意识。

续表

环节	活动过程	时间	实施要点
	看看，右瞧瞧，找准人行横道，快快走过斑马线。 (3)教师带幼儿练习过马路。		
结束部分	4. 回家。 重复练习：走斑马线过人行横道——去停车场——看标志开车回家。	3分钟	重点提醒幼儿在游戏中遵守交通规则。

六、活动延伸与拓展

在角色区继续玩“小司机”游戏，强化巩固安全意识。

七、活动花絮

图2-57　幼儿模仿小司机进行游戏

图2-58　小司机在路口进行排队等候

活动六　语言：小羊过桥

一、设计意图

《3—6岁儿童学习与发展指南》中指出：“幼儿社会领域的学习与发展过程是幼儿社会性不断完善并奠定健全人格基础的过程，主要包括人际交往与社会适应。”现在的孩子大多以自我为中心，不懂得如何与人友好相处，跟他人之间沟通协作的能力也比较差。《小羊过桥》这首儿歌简短上口，情节性强，幼儿易于理解且富有很强的教育意义。在观看情景表演、创编儿歌的过程中，幼儿能明白相互谦让是一种美德。

二、活动目标

1. 体验与同伴之间互相谦让所带来的快乐。
2. 理解儿歌内容，并大胆地运用角色语言进行对话。

3. 能根据规律简单创编儿歌。

三、活动重难点

幼儿能完整读出儿歌，并参与创编。

四、活动准备

1. 知识经验准备：听故事《孔融让梨》。

2. 物质材料准备：布置小河上有一座独木桥的场景；动画视频《小羊过桥》；小白羊、小黑羊头饰各一个。

五、活动过程

表 2-30　小羊过桥

环节	活动过程	时间	实施要点
导入部分	1. 游戏“走独木桥”。 (1)师：“刚才我们走的桥是什么样的？走的时候有什么感觉？” (2)幼儿自由发言。	2 分钟	引导幼儿说出自己的观点，如独立桥很窄，走的时候害怕掉下去。
教学与练习部分	2. 观看视频，初步了解儿歌名称及人物。 (1)师：“动画片中有谁？两只小羊过桥了吗？” (2)介绍儿歌《小羊过桥》。	2 分钟	这两个问题比较简单，可以邀请语言能力稍弱的幼儿回答，激发他们学习表达的兴趣。
	3. 观看动画，理解儿歌内容。 (1)动画片中你看到谁？它们在干什么？他们的表情是什么样子？猜猜小白羊和小黑羊之间发生了什么事情？ (2)两只小羊在独木桥上互不相让，结果发生了什么事情？ (3)帮小羊想办法安全过桥。 (4)教师小结：“两只小羊都不肯让对方先过，想用吵架来解决问题，结果都掉进河里，所以我们小朋友碰到这种情况要互相商量、互相谦让。”	7 分钟	这一环节教师要掌控好节奏，让幼儿理解“独木桥”这个词语，同时通过画面推进，让幼儿大胆表达自己的想法，学说角色对话，懂得争吵、打闹会造成不良后果。
	4. 情景表演《小羊过桥》。 (1)学习儿歌。 东边小白羊，西边小黑羊，一起来到小桥上。 你也不肯让，我也不肯让，扑通掉进河中央。 (2)请个别幼儿扮演小白羊和小黑羊，练习完整朗诵儿歌。	5 分钟	小班孩子不擅长表演和表述，在活动中容易出现“冷场”现象，教师可在旁边用语言和动作进行带动，给幼儿树立信心。

续表

环节	活动过程	时间	实施要点
结束部分	(3)续编故事。 师："第二天，小白羊和小黑羊又在桥上遇见了，你们猜它们这次顺利过桥了吗?"	2 分钟	此环节重在对幼儿进行谦让的强化教育，同时让幼儿猜想后续故事，对幼儿认知进行积极正面引导。

六、活动延伸与拓展

教师将幼儿仿编的短句以图文的形式写在纸上，投放进语言区，供幼儿自主游戏。

七、活动花絮

图 2-59　幼儿体验走独木桥

图 2-60　情景表演《小羊过桥》

活动七　科学：小鸡去做客

一、设计意图

《3—6 岁儿童学习与发展指南》中提出，要经常带幼儿参加一些群体性活动，让幼儿体验群体活动的乐趣，支持幼儿和不同群体的同伴一起游戏，丰富其群体活动的经验。小班的幼儿渴望跟同伴交往，但缺乏社会交往经验，往往会表现出一些突兀或不恰当的举动，影响同伴间感情。为了促进幼儿社会性发展，学习基本的做客礼仪，设计本节科学活动"小鸡去做客"。通过情景游戏让幼儿了解简单的交往技能，与此同时学习 4 以内的点数及数物对应。

二、活动目标

1. 在做客的过程中感受好朋友之间的相互关爱。
2. 尝试根据故事情节进行 4 以内的数物对应。
3. 能使用礼貌用语与同伴进行对话。

三、活动重难点

掌握4以内的数物对应。

四、活动准备

1. 知识经验准备：幼儿学习过4以内的点数。

2. 物质材料准备：在活动区分别布置小猫和小兔的家；小鸡头饰人手一个、七彩珠串每人一串(数量在4以内)、小碗每人一个、小虫子卡片30个。

五、活动过程

表 2-31　小鸡去做客

环节	活动过程	时间	实施要点
导入部分	1. 幼儿跟着《我爱小鸡》的音乐入场。	2分钟	教师在音乐播放的过程中，一定要表现出对小鸡妈妈般的母爱，让幼儿感受游戏氛围，调动起情绪。
教学与练习部分	2. 讨论做客的礼仪。 师："鸡宝宝们，今天妈妈带你们去小兔和小猫家做客，你们高兴吗？我们要做个有礼貌的小客人，谁能跟大家分享一下怎样才是有礼貌？"	2分钟	此环节重点要引导幼儿说出做客时的基本礼仪，如进门前先轻声敲门、热情跟主人打招呼、不随意乱翻别人家东西、别人请吃东西要说谢谢等。
	3. 去小兔家做客，复习点数数字3。 带领幼儿做游戏。 游戏一："拔萝卜"。 幼儿去菜地"拔萝卜"，每人拔三个送给小兔。	4分钟	在这个环节中教师可邀请一名幼儿当"菜农"，对幼儿"拔"的萝卜数量进行检查，看是否按要求拔。
	4. 去小猫家做客，复习4以内的数物对应。 游戏二："吃小虫"。 幼儿根据自己串珠上珠子的数量取对应数量的小虫，并放在"碗"里点数，吃虫子。	6分钟	本环节涉及数物的转换，比平时练习的数物对应多一个转折关系，教师可引导幼儿采用多种方式"吃小虫"，但数量一定要与珠子数一致。
结束部分	5. 表演歌曲《小小蛋儿把门开》。 "小鸡"们给热情招待自己的小兔、小猫表演节目表示感谢，懂得礼尚往来的道理。	1分钟	此环节重在引导幼儿懂得小伙伴之间要相互关爱。

六、活动延伸与拓展

1. 在益智区投放更多材料，让幼儿通过操作，熟练掌握4以内的点数及数物对应。

2. 在娃娃家练习做客的礼仪，在游戏中使用礼貌用语。

七、活动花絮

图 2-61　幼儿一边拔萝卜一边点数个数

图 2-62　幼儿在情境中进行数物对应游戏

活动八　健康：好朋友生病了

一、设计意图

随着全球气候变暖，冰川融化，各种被冰封了上亿年的病毒开始苏醒，灾害性天气增多，极大地影响了人类的身体健康和生命安全。幼儿是未来的建设者，建立健全其环境保护意识尤为重要，而这需要教师在日常教学中不断地引导和强化。春末夏初是传染流行性疾病高发期，流感、水痘、腮腺炎、手足口等严重影响着幼儿的身体健康。为了让幼儿了解一些传染病的预防知识，掌握简单的防护技能，懂得关心生病的好朋友，教师设计了此次健康教育活动，旨在帮助幼儿养成良好的卫生习惯。

二、活动目标

1. 乐意养成良好的卫生习惯。
2. 初步了解传染病发生、传播的途径。
3. 能简单说出传染病的预防方法。

三、活动重难点

1. 了解流感、手足口等常见传染病的传播途径、预防方法。
2. 在日常生活中保持良好的卫生习惯。

四、活动准备

1. 知识经验准备：了解流感、手足口、红眼病、腮腺炎、新冠肺炎等常见传染性疾病的特征。

2. 物质材料准备：幼儿患流感在医院打针视频；红眼病、手足口、腮腺炎病症图片；常见传染病调查记录表。

五、活动过程

表 2-32　好朋友生病了

环节	活动过程	时间	实施要点
导入部分	1. 分段播放视频，让幼儿了解什么是传染病。 片段一：同班幼儿生病在医院打针。 提问：这个宝宝在什么地方？他生了什么病？ 片段二：视频中幼儿告诉同伴他得了流行性感冒，鼻塞、头疼、发烧、难受。 提问：什么叫流行性感冒？ 2. 小结：传染病是一种能通过呼吸、身体接触等方式传播的疾病，如果有小朋友或小动物得病，就有可能传染给其他人，所以叫作传染病。	3 分钟	此环节教师采用层层推进的方法，从感冒会传染，引出传染病的基本概念，让幼儿对传染病的最典型特征有一个基本认知。
教学与练习部分	3. 幼儿分享自己的传染病调查记录表。	5 分钟	让幼儿互相分享对传染病的调查情况，能充分调动幼儿自主学习的积极性，比教师说教更有激励作用。
	4. 集体讨论预防传染疾病的方法。 师："传染病虽然容易传播病菌，但养成良好的生活卫生习惯，就能很好地预防。请小朋友跟身边的小伙伴们分享一下用什么样的方法可以预防传染病？"	4 分钟	让幼儿互相交流，提高幼儿的语言表达能力，健全对传染病预防知识的认识。
	5. 总结预防传染病的方法。 每组推选一名幼儿将本小组讨论结果分享给全体幼儿。	3 分钟	小班幼儿总结提升能力较弱，可以让他们用图示法把自己想到的预防传染病的方法记录下来并分享，如戴口罩、勤洗手、多吃蔬菜水果、打预防针、不去人多的地方、不朝别人打喷嚏。
结束部分	6. 带幼儿去盥洗室洗手，复习七步洗手法。	2 分钟	可引导幼儿对着洗手池上方的七步洗手法图示来洗手。

六、活动延伸与拓展

幼儿将自己讨论的预防传染病的方法绘制出来，制作成传染病预防宣传手册。

七、活动花絮

图 2-63　幼儿分享交流自己的传染病调查表

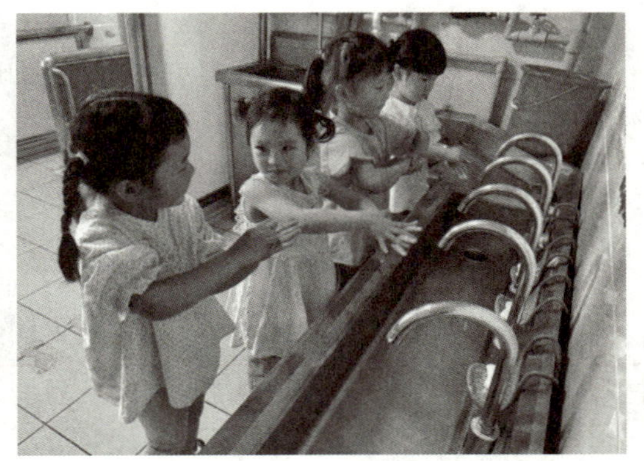
图 2-64　巩固练习七步洗手法

第二节　中班(4—5 岁)生态文明教育活动

一、环境认知：我的家乡武汉

活 动 一　社会：武汉伢

一、设计意图

通过本土化课程的深入开展，孩子们已经对老武汉的生活有了一定的了解，他们开始对爸爸妈妈的童年游戏产生兴趣，渴望打一次弹珠、拍一次洋画、跳一跳皮筋、玩一玩抓五子的游戏，感受土生土长的武汉伢的乐趣。综合生态课程和本土化课程发展理念，教师设计了这样一次社会活动，让幼儿了解家乡武汉的发展变化，充分感受爸爸妈妈童年时的快乐，从而懂得珍惜自己的幸福童年，热爱自己的家乡武汉。

二、活动目标

1. 感受武汉的发展与变化，热爱自己的家乡。
2. 了解武汉本土化游戏的玩法以及规则。

3. 能够与同伴一起分享游戏的新玩法。

三、活动重难点

1. 收集家长童年时玩的游戏名称，了解其玩法。

2. 与同伴合作玩游戏，并分享自己的新玩法。

四、活动准备

1. 知识经验准备：幼儿在家中与家长玩摸罐子、跳房子、攻城、天上乌乌绳等传统游戏，并做好调查记录。

2. 物质材料准备：课件“童年的游戏”、藏宝图一份、《武汉本土游戏记录表》每人一份。

五、活动过程

表 2-33　武汉伢

环节	活动过程	时间	实施要点
导入部分	1. 游戏导入。 (1)师幼共同从皮筋中穿过，可以用不同的方式进入活动室。 (2)以藏宝图的形式找到游戏材料。	3 分钟	制作藏宝图，将准备好的民间游戏材料藏起来，带幼儿进入活动室以后，利用藏宝图吸引幼儿参与活动。
教学与练习部分	2. 认识武汉传统游戏。 (1)根据自己的记录表，介绍自己知道的武汉传统游戏。 (2)观看课件，认识多种不同的武汉传统游戏及玩法。	6 分钟	幼儿根据自己的记录表，讲述爸爸妈妈小时候玩过的传统游戏。这是一个难点环节，需要教师进行补充说明，并完整说出游戏的玩法。
	3. 体验不同的玩法。 (1)教师介绍不同的材料有不同的玩法，引导幼儿自己去尝试。 (2)幼儿根据自己的意愿进行材料选择，并与同伴分享玩法。	10 分钟	有的玩法需要反复练习，一次活动是学不会的，教师可以鼓励幼儿大胆尝试，也可以创新玩法。本环节重点是让幼儿学会合作。
结束部分	4. 整理结束。 幼儿说出自己的游戏体验，教师补充小结。	1 分钟	在幼儿游戏的过程中，可以不间断地引导幼儿说出玩游戏时的体验。

六、活动延伸与拓展

1. 将本次游戏的材料投放到区角中，供幼儿自主选择进行游戏。

2. 组织亲子活动，让家长和孩子一起进行民间游戏比赛，分享游戏的快乐。

七、活动花絮

图 2-65　幼儿快乐地玩着滚铁环

图 2-66　幼儿分组尝试花片的玩法

社会：欢迎来武汉

一、设计意图

《3—6岁儿童学习与发展指南》中多次提出要引导幼儿学会合作学习、主动参与、探索问题，强调充分利用自然资源和社会资源扩展幼儿的学习空间，并能够用适当的方式表达、交流探索的过程和结果。在进行主题活动时，教师应该充分地调动社会资源，让幼儿在参与的过程中感受家乡的发展和变化，并通过各种活动来激发幼儿热爱家乡、热爱祖国的情感。武汉作为一个极具包容性的城市，有着悠久的历史文化和勇立潮头的发展前景，著名的景点数不胜数，美食也是多种多样。本次活动充分挖掘武汉的社会及自然教育资源，萌发幼儿热爱家乡的情感。

二、活动目标

1. 萌发幼儿热爱家乡武汉的情感。
2. 了解武汉的名胜古迹、土特产。
3. 能够完整地说出自己所在区域的名称。

三、活动重难点

1. 知道自己所住小区的名称，并完整地说具体地址。
2. 说出自己品尝过的武汉特产。

四、活动准备

1. 知识经验准备：跟爸爸妈妈一起逛大武汉，尝过各种武汉特产。

2. 物质材料准备：PPT课件“武汉每天不一样”、各种武汉特产、“美丽武汉欢迎您”宣传标语、彩笔人手一支、颜料、导游旗。

五、活动过程

表 2-34　欢迎来武汉

环节	活动过程	时间	实施要点
导入部分	1. 图片导入活动。 请幼儿说说图片上是什么？在哪里见过？ 教师根据幼儿的回答进行小结。	2 分钟	通过看地图了解武汉的地理位置，充分调动幼儿的经验，互相分享对武汉的认识。
教学与练习部分	2. 认识名胜古迹，感知武汉。 (1)走进美丽的武汉，了解武汉的名胜古迹。 (2)欣赏武汉的美食，品尝、分享。	3 分钟	一起品尝各种武汉特产，在品尝的过程中，引导幼儿大胆地表达自己的感受。
	3. 抒发情感，我爱武汉。 (1)说说最爱家乡的什么？ (2)用肢体动作表达对家乡的爱。	10 分钟	请幼儿分享游玩武汉的照片，鼓励幼儿说出游览的经历。
	4. 制作宣传标语。 (1)幼儿用彩笔在纸上进行涂色。 (2)在标语上印上自己的手指。	2 分钟	将颜料分装到颜料盘里，方便幼儿选择不同的颜色进行创作。
结束部分	5. 幼儿发言及教师总结。 (1)小导游带大家游览武汉的黄鹤楼。 (2)师幼共同小结，体验武汉之美。	3 分钟	幼儿的发言结束后，由教师进行补充小结。让幼儿充分感受武汉的每一处风景都妙不可言，从而激发幼儿热爱家乡的情感。

六、活动延伸与拓展

1. 组织亲子活动，鼓励家长和孩子一起游览武汉的名胜古迹，引导孩子争做文明小卫士。

2. 开展“我是小导游”的主题活动，让幼儿充分感受武汉的美，并学会介绍武汉的景点，宣传自己的家乡武汉。

七、活动花絮

图 2-67　幼儿根据记录表介绍自己游览过的武汉景点

图 2-68　幼儿扮演小导游介绍武汉的黄鹤楼

活动三　语言：方言真有趣

一、设计意图

《幼儿园教育指导纲要(试行)》中提出："要提供普通话的语言环境，帮助幼儿熟悉、听懂并学说普通话。少数民族地区还应帮助幼儿学习本民族的语言。"3—6岁是幼儿语言发展的敏感期，这个时期的幼儿已经开始对各种语言产生浓厚的兴趣，教师可以抓住这一敏感期，引导幼儿在学习普通话的基础上了解地方语言的特点，从而传承地方语言文化。教师设计本次语言活动，旨在激发幼儿学习方言的兴趣，促进幼儿对语言多样性的认识，开阔幼儿眼界，增强幼儿对家乡文化的认同感和自豪感。

二、活动目标

1. 感受武汉方言的丰富、有趣。
2. 了解武汉方言与普通话在表达上的不同。
3. 能运用武汉方言与同伴进行交流。

三、活动重难点

1. 模仿武汉话念儿歌。
2. 与同伴用方言交流。

四、活动准备

1. 知识经验准备：幼儿已经听过武汉的方言，并能够模仿有趣的方言句子。
2. 物质材料准备：视频《武汉欢喜坨》、课件"大家来找茬"。

五、活动过程

表2-35　方言真有趣

环节	活动过程	时间	实施要点
导入部分	1. 游戏导入、激发兴趣。 (1)通过游戏"大家来找茬"导入活动，激发幼儿的好奇心。 (2)教师播放普通话和方言版的儿歌，引导幼儿找不同。	2分钟	这一环节考验的是幼儿的听辨能力，能否在较短的时间内发现普通话和方言的不同，因此需要幼儿具有良好的倾听习惯。
教学与练习部分	2. 说说家乡话。 (1)讨论：方言和普通话的不同。 (2)一起用武汉话念童谣。	6分钟	部分幼儿在家中使用方言进行交流，因此在分组的过程中，要进行调整，让会说武汉方言的幼儿与不会说武汉方言的幼儿互相学习和交流。
	3. 游戏：我来说，你来做。 (1)介绍游戏规则，请幼儿示范玩。 (2)分组进行游戏。	10分钟	教师用方言说出相应的动作，让幼儿快速做出反应，然后请幼儿来发出口令，师幼共同完成动作。

续表

环节	活动过程	时间	实施要点
结束部分	4. 我为武汉话代言。 播放视频《武汉欢喜坨》，引导幼儿宣传武汉话。	2 分钟	引导幼儿观看视频，了解武汉的本土品牌、主持人及武汉的宣传片，感受武汉方言之美。

六、活动延伸与拓展

1. 鼓励家长在家中用方言与孩子进行交流，并引导幼儿大胆使用方言。
2. 设置方言剧场，让幼儿在区角游戏中能够自由地交流。

七、活动花絮

图 2-69　幼儿用武汉话与同伴交流

图 2-70　幼儿在同伴面前用方言念童谣

健康：多种多样的早餐

一、设计意图

武汉被评为“全国文明城市”，随着武汉的国际化发展，世界都在推介湖北武汉。武汉的早点更是多种多样，生在武汉的孩子是如此的幸福。为了让幼儿更多地了解武汉的早餐文化，认识食物的多样性，教师设计了本次活动。希望通过活动，让幼儿更好地认识武汉的传统早餐。师幼共同交流、讨论，通过多种多样的表现形式激发幼儿的兴趣，使幼儿了解武汉的传统早餐，并利用丰富多彩的武汉早点来引导幼儿按时吃早餐，懂得健康均衡的饮食对身体发育的重要性。

二、活动目标

1. 喜欢吃武汉的早餐并对食物搭配感兴趣。
2. 了解均衡饮食对身体健康发育的重要性。

3. 能按时吃早餐并合理搭配饮食不浪费。

三、活动重难点

1. 明白按时吃早饭、合理健康均衡饮食习惯的重要性。

2. 知道一餐中要满足基本的碳水化合物、蛋白质、维生素三种营养素。

四、活动准备

1. 知识经验准备：幼儿已经品尝过武汉的各种早餐并与父母完成亲子调查表《武汉的早餐》；了解常见不同食物中的基本营养；对幼儿园早餐的营养搭配有初步了解。

2. 物质材料准备：情景视频《不吃早餐的小朋友》、自制课件“多种多样的早餐”、《一周食谱表》幼儿人手一份、美食卡片若干(热干面、糯米鸡、面窝、油条、面包、包子、豆皮、烧卖、鸡蛋、牛奶、豆浆等)、固体胶、音乐《武汉过早》《健康操》。

五、活动过程

表 2-36　多种多样的早餐

环节	活动过程	时间	实施要点
导入部分	1. 调查分享，引导幼儿了解武汉的早餐美食。 (1)幼儿分享亲子共同完成的《武汉的早餐》调查表。 (2)幼儿根据调查表介绍武汉的传统早餐以及吃过的武汉传统早餐，并介绍自己喜欢的武汉早餐是什么味道的？吃起来有什么感受？有什么营养？对身体有什么好处？ (3)观看图片，了解武汉早餐的多元化。	3 分钟	通过分享问卷调查表的形式，了解武汉的早餐；分享自己喜欢的武汉早餐，使幼儿萌发对武汉早餐的喜爱。
教学与练习部分	2. 情景再现，请幼儿尝试搭配早餐。 (1)教师播放营养博士的语音：介绍自己的病人胖胖和瘦瘦，并分享胖胖与瘦瘦一周的早餐食谱，请幼儿分析讨论胖胖和瘦瘦太胖和太瘦的原因。 (2)讨论：为什么胖胖会那么胖，瘦瘦会那么瘦？ (3)讨论：你感觉他们每天搭配的早餐合理吗？怎样搭配每天的早餐是合理的？ (4)教师播放营养博士的语音：知道人体需要碳水化合物、蛋白质、维生素等基本营养物质，及三种营养素所代表的早餐。帮助幼儿建立正确的饮食结构，做到均衡饮食。	2 分钟	通过胖胖和瘦瘦的早餐对比，引导有幼儿了解营养均衡早餐和不均衡早餐的区别，体会到营养早餐对身体健康的重要性。让幼儿自主尝试说说营养早餐的搭配方式，并通过营养博士的人物形象，激发幼儿为胖胖和瘦瘦搭配营养早餐的兴趣。

续表

环节	活动过程	时间	实施要点
	(5)师幼共同小结。 (6)经验提升，帮助胖胖和瘦瘦搭配一周早餐。		
	3. 我当小小营养师。 (1)营养师为胖胖和瘦瘦设计一周早餐表。 (2)个别配餐员介绍自己的餐点搭配。	8 分钟	幼儿通过角色扮演的形式，自主为胖胖和瘦瘦搭配营养早餐，通过介绍自己的营养食谱，深刻认识到营养均衡的早餐的重要性。
结束部分	4. 颁发证书及总结。 (1)营养博士给幼儿颁发“超级营养师”证。 师幼共同小结：应该坚持吃早餐，并保证营养均衡。 (2)总结评价，活动结束。	3 分钟	通过颁发“超级营养师”证书，让幼儿体验成功感。从而在日常的饮食中做到营养均衡。

六、活动延伸与拓展

1. 引导幼儿认识食物金字塔。
2. 在深入了解食物金字塔的基础上，为自己的爸爸妈妈设计周末早餐。

七、活动花絮

图 2-71　幼儿介绍给胖胖和瘦瘦搭配的一周营养早餐

图 2-72　幼儿获得“超级营养师”勋章

视频 6：中班多种多样的早餐(林梦妮，中班)

活动五　艺术：最长的热干面

一、设计意图

中班孩子对动手操作活动有很浓的兴趣，孩子们平时就喜欢拿着纸剪剪贴贴。每天孩子早上都爱讨论吃了什么，吃了什么好吃的，等等。孩子们说得津津乐道，他们尤其对武汉特色美食热干面比较热衷。孩子们会好奇热干面的来历以及热干面的制作工艺，同时也想亲自去体验一下制作热干面的过程。于是我想到了让孩子自己操作怎么做热干面，如用剪刀把纸剪出热干面的样子。这个过程中提高孩子们的能力，把面剪得又长又好看是难点。这个活动既满足了孩子们的“食欲”，又能满足孩子们的动手操作能力，让孩子们在尝试和操作中，不断地积累经验，体验动手制作传统美食的乐趣，同时感受传统文化的魅力。

二、活动目标

1. 体验成功制作长长的热干面所带来的快乐，让幼儿萌发爱家乡美食的情感。
2. 了解热干面的制作方法，尝试以多种方法剪开一张纸。
3. 能较连贯地环绕着剪开正方形。

三、活动重难点

1. 能连贯地环绕着剪开正方形。
2. 尝试剪出又细又长的面条。

四、活动准备

1. 知识经验准备：幼儿品尝过热干面、知道热干面是武汉的特色美食，并有一定的长度概念。

2. 物质材料准备：音乐《大武汉的热干面》；厨师帽、彩纸、剪刀人手一份；盘子人手一个、PPT 课件。

五、活动过程

表 2-37　最长的热干面

环节	活动过程	时间	实施要点
导入部分	1. 情境导入。 (1)教师化身为厨师长，接到紧急任务：为外地的朋友办一场武汉美食会，分享家乡特色美食——热干面。 (2)说说热干面的味道及外形特征，引入主题“最长的热干面”。	5 分钟	通过情境导入，引导幼儿了解武汉的特色美食热干面，进而激发幼儿制作长长的热干面的兴趣。
教学与练习部分	2. 学习制作热干面。 (1)抛出问题：怎么利用一张正方形纸做出最长的热干面。		

续表

环节	活动过程	时间	实施要点
	(2)个别幼儿示范。提问：为什么这两个小朋友的热干面长短不一样？ (3)师幼小结：剪得越细，面条越长。	8分钟	为幼儿准备充分的材料，在讲解的过程中引导幼儿思考：怎样才能做出长长的热干面？突出剪纸技巧。
	3. 幼儿制作热干面。 (1)幼儿分组进行创作。 (2)教师巡回指导。	5分钟	教师充分利用幼儿的生活经验来引导幼儿进行创意制作，提示幼儿可以加入香葱、萝卜丁、酸豆角。
结束部分	4. 交流与分享。 幼儿叫卖自己的作品，邀请“外地游客”共同品尝。	2分钟	教师创设美食一条街的情景，让幼儿扮演摊主的角色来叫卖自己制作的热干面。

六、活动延伸与拓展

1. 开展亲子活动，让家长带孩子制作各种各样的武汉小吃，与家人、同伴进行分享。
2. 在区角投放相关的仿真材料，让幼儿在游戏中体验当热干面摊主的乐趣。

七、活动花絮

图 2-73　幼儿探索热干面的制作方法

图 2-74　幼儿扮演摊主叫卖自己的热干面

视频 7：最长的热干面(何郡，中班)

艺术：美丽的湖

一、设计意图

湖北素有“千湖之省”的美称，武汉作为湖北的省会城市，近四分之一的面积是水。

在这座美丽的城市，有着国家5A级名胜景区东湖，还有围绕着武汉三镇的墨水湖、后官湖、天鹅湖、月湖、菱角湖、汤逊湖等。为了让孩子们感受到武汉的自然资源之多、湖泊之美，我们通过欣赏、感知、体验等活动方式，让幼儿沉浸其中，使幼儿萌发生长在武汉的自豪感。

二、活动目标

1. 使幼儿萌发热爱家乡湖泊的情感。
2. 尝试在同伴面前介绍自己搜集的武汉湖泊资料。
3. 能够用画笔绘出武汉最美的湖。

三、活动重难点

1. 做好记录，并记住湖泊的名称。
2. 介绍湖泊的位置、大小、特点。

四、活动准备

1. 知识经验准备：幼儿与家人一起坐东湖游船、逛墨水湖、去后官湖春游，并搜集游湖的照片，比比谁去过的景点多。

2. 物质材料准备：武汉三镇的PPT、武汉的宣传片、话筒、导游旗、画纸、彩笔、“武汉的湖”调查记录表。

五、活动过程

表2-38　美丽的湖

环节	活动过程	时间	实施要点
导入部分	1. 视频导入。 播放武汉的宣传片，引出活动主题。 师幼共同讨论：你知道这是哪里吗？你看到最多的是什么？	2分钟	在播放视频的过程中教师进行简单的讲解，让幼儿更加容易理解视频内容。
教学与练习部分	2. 分享交流。 (1)请个别幼儿分享搜集的湖泊资料。 (2)分小组交流自己收集的资料内容。	3分钟	利用话筒和导游讲解的方式吸引幼儿积极参与，并鼓励幼儿大胆地讲述自己搜集的湖泊资料。在分组的过程中，采取自由组合的方式进行小组交流。
	3. 认识武汉的湖泊。 (1)教师介绍墨水湖、汤逊湖、后官湖等。 (2)幼儿说出三个以上的武汉湖泊的名称。	3分钟	鼓励幼儿介绍自己熟悉的湖泊。
	4. 绘画活动。 幼儿在大画布上绘出湖泊，并为其涂上美丽的色彩。	7分钟	将提前制作好的武汉三镇风景图投放到桌面上，让幼儿根据自己的意愿进行创意添画。

续表

环节	活动过程	时间	实施要点
结束部分	5. 作品展示及小结。 (1)展示作品，交流分享。 将完成的大幅作品进行展示，幼儿分组介绍自己的创作与想法。 (2)小结。 我们在游览湖泊的过程中，除了要保护我们的湖泊环境，还要注意安全，不要单独去湖边游玩，也不要在湖边嬉水。	5 分钟	引导幼儿大胆介绍自己的绘画作品，并与同伴分享，探讨如何让武汉的湖泊变得更美丽。

六、活动延伸与拓展

1. 利用亲子活动让幼儿游览家乡的湖泊，并采用画湖泊、与湖泊合影、制作亲子海报等形式来表达对武汉的热爱。

2. 将幼儿的作品投放到语言角中，利用晨间谈话活动，引导幼儿介绍美丽的湖泊，互相交流，增长更多的知识。

七、活动花絮

图 2-75 幼儿介绍美丽的墨水湖

图 2-76 幼儿为家乡的湖泊添色彩

社会：亲亲你，小江豚

一、设计意图

习近平总书记到访武汉时曾经强调，要落实好长江经济带发展，实施长江流域重点水资源保护。物种保护一直是社会关注的重点问题，对于幼儿来说，这不仅关系到他们的社会性发展，也影响着他们的性格养成。4—5 岁这个年龄段，是帮助幼儿逐步剥离以自我为中心的最佳时期。利用动物保护活动来引导幼儿学会关心动物、保护动物是非

常有意义的。江豚是长江流域的重点保护动物，随着环境污染变得越来越严重，武汉已经见不到江豚在水中跃起，然而这一问题并没有在幼儿的心中激起波澜。因此，我们设计了这样一次了解江豚的活动，让幼儿感受到保护动物的重要性。

二、活动目标

1. 萌发保护江豚的情感。
2. 了解江豚濒临灭绝的原因。
3. 能制作宣传画，并大胆说出保护江豚的多种方法。

三、活动重难点

1. 了解江豚逐渐减少的原因。
2. 能说出多种保护江豚的方法。

四、活动准备

1. 知识经验准备：幼儿和爸爸妈妈一起了解过各种江中生物，并进行前期的资料搜集。

2. 物质材料准备：视频《可爱的江豚——笑笑》、PPT 图片、声呐讲解视频、音乐《夜空的寂静》、大幅宣传画两张，彩笔 12 盒。

五、活动过程

表 2-39　亲亲你，小江豚

环节	活动过程	时间	实施要点
导入部分	1. 江豚图片导入。 （1）出示江豚图片，请幼儿说出江豚的外形特征。 （2）引导幼儿说出江豚的生活习性。 总结：江豚外形特征长得像海豚，它的嘴巴并拢时像微笑一样，所以大家叫它“微笑天使”，它生活在长江里，喜欢吃江河里的鱼虾。	3 分钟	通过直观的图片，引导幼儿了解江豚的外形特征，并大胆讨论江豚的生活习性，使幼儿萌发对江豚的喜爱。
教学与练习部分	2. 播放视频《可爱的江豚——笑笑》。 （1）幼儿自由说出视频中“笑笑”面临的生存问题。 （2）幼儿说说江豚为什么会濒临灭绝？ 总结：江豚灭绝的原因主要有四大点：①生活垃圾、大量排放的污水污染了江河里的水，影响了江豚的呼吸。②非法捕鱼导致长江鱼类减少，江豚没有食物吃。③江河上来往的船只发出噪声，噪声会影响小江豚的声呐发育，江豚的声呐出现了问题，轻则无法捕捉到食物，重则无法躲避	7 分钟	通过视频，了解江豚“笑笑”的生存问题；并以个别交流的形式引导幼儿说出江豚的特点，以小组交流的形式讨论江豚的生存环境。并思考为什么江豚会灭绝，以及“声呐”对江豚的重要性，使幼儿萌发保护江豚的情感。

续表

环节	活动过程	时间	实施要点
	船只，从而被螺旋桨打中身亡。④江河里有一种名叫“鳄雀鳝”的淡水恶魔，有它在的地方，整个水域的生物基本全部被它吃得干干净净，它就是人类随意放生的物种变异而成的，所以我们不要随意去江河边放生乌龟和鱼类。 (3)播放声呐讲解视频，了解声呐对小江豚的重要性。		
	3. 游戏活动。 (1)游戏活动 1：拯救“江豚”行动。 (2)游戏活动 2：给“江豚”一个美好家园。	8 分钟	通过趣味游戏，从行为上落实保护江豚的责任意识。
结束部分	4. 大声呼吁。 我们要保护长江水资源，保护江豚的家园。	2 分钟	利用大声呼吁的方式来吸引幼儿，引导幼儿保护水资源，保护江豚。

六、活动延伸与拓展

1. 将幼儿搜集的江豚资料投放到科学区中，让幼儿在进行科学游戏时深入探讨保护江豚的方法，并鼓励幼儿进行水净化实验，知道水资源保护对江豚生存的重要性。

2. 请家长带上做好的宣传标语，和孩子一起走上街头，进行保护江豚的宣传活动。

七、活动花絮

图 2-77　幼儿观看小江豚的宣传片

图 2-78　一起加入保护江豚的行动中

视频 8：亲亲你，小江豚(郝含慧，中班)

科学：江上的桥梁

一、设计意图

武汉的桥多种多样，颜色丰富多彩，功能也十分强大，连接着武汉三镇，同时也连接着许许多多的美食和美景。通过活动，引导幼儿了解桥的结构、种类及演变过程。在进行建构游戏的过程中，鼓励幼儿利用多种建构材料设计富有创意的桥，让美丽的武汉与众不同。

二、活动目标

1. 感受武汉的桥梁之美。
2. 了解武汉桥梁的架构特点。
3. 能够运用多种材料与同伴一起建构武汉的桥。

三、活动重难点

1. 说出4座武汉的桥梁名称。
2. 与同伴合作建构桥梁。

四、活动准备

1. 知识经验准备：幼儿已经了解桥梁的结构：单层桥、双层桥、斜拉桥、立柱桥等。

2. 物质材料准备：PPT“武汉的桥”；纸、画笔人手一份，万能工匠大型玩具。

五、活动过程

表 2-40 江上的桥梁

环节	活动过程	时间	实施要点
导入部分	1. 情境导入。 (1)教师当导游，引导幼儿参观武汉的桥。 (2)讨论：这是什么桥？在哪里见过？	2分钟	提前准备好PPT，融入桥梁的结构特点，以丰富的形式展现桥梁之美，作用之大。
教学与练习部分	2. 欣赏长江大桥。 (1)师幼共同了解长江大桥的结构、类型、特点。 (2)认识长江大桥的演变过程和历史故事。	3分钟	桥梁是一种用来跨越障碍的大型建构物，将交通、铁路、水道等其他设施连接起来，这一点要让幼儿直观地感受到。
	3. 设计武汉的桥。 (1)讨论：武汉未来的桥。 (2)设计：武汉未来的桥。	11分钟	引导幼儿大胆地说出自己的想法，然后在画纸上设计出未来的桥梁，并与同伴分享自己的想法。

续表

环节	活动过程	时间	实施要点
	4. 建构武汉的桥。 带幼儿到户外活动场地，与同伴一起建构自己的设计。	5 分钟	让幼儿独立完成建构是没有难度的，难在引导幼儿进行合作，这是教师在这一环节指导的要点，利用多种形式让幼儿感受合作的乐趣。
结束部分	5. 欣赏各种各样的桥。 请幼儿分组介绍自己建构的桥，说出桥的特点及作用。 互相参观、欣赏，说出自己的想法。	4 分钟	以小导游的形式介绍自己建构的桥梁，说出桥梁的特点及作用，教师鼓励幼儿，并为幼儿拍照合影，感受建筑师的成就感。

六、活动延伸与拓展

1. 家长带孩子去参观武汉的桥，进行徒步过桥、一起画桥、拍照打卡等活动，让幼儿在充分参与的过程中，了解更多关于桥梁的知识。

2. 在建构区中投放建构材料和武汉的桥梁图片，让幼儿在自主游戏的过程中感受桥梁之神奇，并了解桥梁建构的特点。

七、活动花絮

图 2-79　幼儿分小组介绍自己设计的桥

图 2-80　幼儿自主选择材料建构武汉的桥梁

健康：洪水来了我不怕

一、设计意图

幼儿的身体健康一直以来都是我们关注的重点，如何利用各种有趣的活动来激发幼儿运动的潜能，并引导他们积极地参与体育游戏呢？4—5 岁的幼儿开始慢慢形成正义

感，崇拜军人、医生、警察等正面形象，我们刚好可以利用这一特点，设计相应的活动来培养幼儿不怕困难的精神。武汉的堤防建设做得非常出色，这一点幼儿已经在前期的活动中有所了解，同时也有成为护堤勇士的欲望。设计这一活动，既可以满足幼儿的运动需求，也能引导幼儿更全面了解武汉的防洪抗灾工作，同时萌生对家乡武汉的热爱之情。

二、活动目标

1. 感受小勇士完成护堤任务后的自豪感。
2. 了解抗洪勇士精神，知道助跑跨跳的动作要领。
3. 能够快速助跑跨过高 20~25cm 障碍物到达决堤口。

三、活动重难点

1. 与同伴一起合作进行游戏。
2. 掌握匍匐前进跨越障碍物的动作要点。

四、活动准备

1. 知识经验准备：幼儿已经看过抗洪救灾的短片。
2. 物质材料准备：音乐《加勒比海盗》、枕头做的沙包人手一个、万能工匠拼搭跨栏、篮子、蓝色垫子。

五、活动过程

表 2-41　洪水来了我不怕

环节	活动过程	时间	实施要点
导入部分	1. 小勇士集结。 (1)小勇士们进行热身运动。 (2)了解武汉抗洪防灾工作。	2 分钟	利用沙袋、堤坝、地垫来铺设抗洪救灾的场景，吸引幼儿进入角色。
教学与练习部分	2. 小勇士训练。 (1)幼儿自主选择不同难度的障碍进行探索。 (2)个别幼儿分享、交流经验。 (3)师幼共同小结助跑跨跳的动作要点。	1 分钟	对幼儿进行个别指导。
	3. 游戏：“抗洪抢险”。 幼儿运用助跑跨跳的方式越过障碍物。	10 分钟	活动进行时，教师要随时监测幼儿的心率，观察幼儿的状态，保证幼儿在健康舒适的情况下进行活动。
	4. 游戏“防洪大堤”。 (1)播放音频，小勇士领取“防洪补堤”任务。 (2)幼儿运用助跑跨跳迅速跑到“防汛坝”前，将沙袋整齐地叠放到“堤坝”上。	5 分钟	利用红、黄两种颜色的丝带来区分不同的队伍。

续表

环节	活动过程	时间	实施要点
结束部分	5. 勇士表彰。 (1)奖励完成护堤坝任务的幼儿，齐念防洪小勇士口号。 (2)放松整理。	2 分钟	对幼儿的表现进行点评，并给予肯定，鼓励幼儿大胆地参与体育运动。

六、活动延伸与拓展

1. 在晨间活动中组织幼儿进行动作练习，满足幼儿不同的运动需求。
2. 制作沙袋投放到体育区，引导幼儿在自主游戏的过程中充分感受护堤的快乐。

七、活动花絮

图 2-81　幼儿进入情境分组练习

图 2-82　幼儿搬运沙袋修建堤坝

视频 9：洪水来了我不怕(沈玉蝉，中班)

语言：《黄鹤楼送孟浩然之广陵》

一、设计意图

黄鹤楼是中国三大名楼之一，位于美丽的江城武汉，这一地标建筑有着悠久的历史和文化，吸引着各地的游客前来参观。为了让幼儿深入了解黄鹤楼的文化，我们利用李白的诗来吸引幼儿参与活动，并通过古诗诵读和理解，引导幼儿感知古诗与风景名胜之间的关系，并产生自豪感。

二、活动目标

1. 体会诗人对朋友的不舍之情。

2. 理解古诗所要表达的含义。

3. 能在同伴面前完整地朗诵古诗。

三、活动重难点

1. 理解古诗的内容。

2. 记住古诗内容并能声情并茂地朗诵。

四、活动准备

1. 知识经验准备：班级已经开展过参观黄鹤楼的主题活动。

2. 物质材料准备：PPT“故人西辞黄鹤楼”、音乐《琵琶雨》、汉服6套、话筒一个、小舞台。

五、活动过程

表2-42　《黄鹤楼送孟浩然之广陵》

环节	活动过程	时间	实施要点
导入部分	1. 角色导入。 (1)教师扮演诗人走进活动室，一边播放音乐《琵琶雨》，一边诵读古诗。 (2)幼儿猜一猜这是什么诗？引出主题。	3分钟	播放《琵琶雨》的音乐，伴随轻柔的音乐缓慢地走进活动室，让幼儿感受古诗意境的美妙。
教学与练习部分	2. 利用情境讲解古诗。 (1)师幼共同赏析古诗内容，猜想诗人当时的想法。 (2)鼓励幼儿大胆地模仿，并对诗句的理解发表自己的看法。	5分钟	播放PPT，引导幼儿欣赏古诗，用提问的方式引导幼儿进行猜想，并对幼儿的大胆猜想进行肯定。
	3. 教师在情境创设中完整讲解古诗内容。	3分钟	教师以讲故事的形式来解释诗句的意思，更容易让幼儿理解。
	4. 分组朗诵古诗。 (1)教师引导幼儿边做动作边诵读古诗。 (2)幼儿分小组进行古诗诵读。	6分钟	幼儿自由组合分成四组，然后自主选择材料进行装扮，一起模仿诗人的样子进行诵读，加深记忆。
结束部分	5. 幼儿个别展示。 请个别幼儿上台来，扮演古人进行古诗表演。	3分钟	布置小舞台，让幼儿站在舞台上进行展示，展示的过程中，及时给予幼儿肯定，夸奖幼儿是小诗人。

六、活动延伸与拓展

1. 将古诗诵读安排到教学活动或是餐前活动中，让幼儿感受中国诗词文化之美。

2. 将活动中的服装道具投放到表演区中，让幼儿在区域活动时自主选择并进行表演，拓展幼儿赏析经典的能力，不断提升幼儿大胆表现的能力。

七、活动花絮

图 2-83　师幼共同探讨古诗的内容

图 2-84　幼儿模仿古人进行古诗诵读

附古诗：

黄鹤楼送孟浩然之广陵

［唐］李白

故人西辞黄鹤楼，
烟花三月下扬州。
孤帆远影碧空尽，
唯见长江天际流。

活动十一　科学：东湖绿道真美丽

一、设计意图

东湖是武汉独有的风景名胜，吸引了众多游客的到访。它是最大的楚文化游览中心，全湖积水面积 119 平方千米，坦荡开阔、碧波千里、水天一色。听涛、磨山、落燕、白马、吹笛、珞洪这六大片区，连接着武汉这座美丽的城市。走在东湖的绿道边，欣赏湖边美景，更是让人心旷神怡。对于中班的孩子来说，引导他们观察和发现事物中的规律是非常有必要的，因此，我们借助游览绿道这一教育契机，引导幼儿感知物体的排序规律。

二、活动目标

1. 感受东湖绿道的优美环境。

2. 发现物体排列的规律，并大胆说出自己的想法。

3. 能够根据物体的特征进行排序游戏。

三、活动重难点

1. 能够发现图片中物体排列的规律。

2. 尝试独立完成操作练习。

四、活动准备

1. 知识经验准备：和爸爸妈妈一起去东湖边绿道骑车、散步、写生。

2. 物质材料准备：PPT“东湖绿道真美丽”；排序操作卡每组一份；小鸟、大树、花朵头饰各6份。

五、活动过程

表2-43　东湖绿道真美丽

环节	活动过程	时间	实施要点
导入部分	1. 视频导入活动。 (1)请幼儿说说东湖的美景有哪些？ (2)教师根据幼儿的回答进行小结。	2分钟	播放视频“美丽的东湖”，吸引幼儿回忆曾经去游玩时的经历。
教学与练习部分	2. 引导幼儿发现规律。 (1)观察绿道边的树木排列规律。 (2)观察花坛里的花朵排列规律。 (3)观察围栏的排列规律。 (4)观察水上浮漂的排列规律。	3分钟	播放PPT中的图片，引导幼儿不断地发现规律。
	3. 师幼共同小结规律。 (1)高——矮——高——矮。 (2)大——小——大——小。 (3)红——黄——红——黄。 (4)圆——方——圆——方。	12分钟	在幼儿总结出规律时，教师要引导幼儿大声说出自己的想法。
	4. 分组操作。 (1)幼儿根据发现的规律用操作材料摆出图片上的造型。 (2)与同伴分享自己的发现。	5分钟	利用PPT来展示幼儿的发现，让幼儿更加直观地了解事物之间的排列规律。
结束部分	5. 游戏：我为绿道添光彩。 幼儿扮演树木、花朵、小鸟来进行排序游戏。	3分钟	为幼儿准备好头饰，并在游戏中播放《武汉每天不一样》的音乐，引导幼儿成为守护武汉的小使者。

六、活动延伸与拓展

1. 将操作材料投放到科学区中，让幼儿在自主游戏时可以自由选择，并再次进行操作练习。

2. 设计亲子主题活动，让家长带幼儿到生活中去发现规律，并用记录表记录下规律。

七、活动花絮

图 2-85　幼儿向同伴介绍自己发现的规律

图 2-86　幼儿根据湖面浮漂提示进行规律排序

二、生态理解：别让垃圾再流浪

社会：地球妈妈别哭了

一、设计意图

随着社会的不断进步与发展，环境问题已经成了全世界人民共同面临的难题。幼儿园阶段需要进一步提高幼儿的环保意识，学会尊重地球、保护地球，因此教师设计了本次社会活动“地球妈妈别哭了”。通过展现地球污染情况，让孩子们思考地球妈妈为什么会哭泣，产生共情从而意识到保护地球的重要性。

二、活动目标

1. 愿意用自己的方式主动去保护地球。
2. 了解地球所遭受的人为破坏。
3. 能和同伴共同探讨出保护地球妈妈的方法。

三、活动重难点

1. 了解地球所遭受的灾难，愿意共同保护地球。

2. 能共同进行情景表演《我是环保小卫士》。

四、活动准备

1. 知识经验准备：幼儿前期了解环境污染现状。

2. 物质材料准备：PPT“地球妈妈别哭了”、地球妈妈造型、环保小卫士头饰。

五、活动过程

表 2-44 地球妈妈别哭了

环节	活动过程	时间	实施要点
导入部分	1. 以哭泣的地球妈妈出场，激发幼儿的思考。 (1)地球妈妈为什么哭泣？ (2)她为什么会变成这样？	4分钟	谈话导入，教师需要耐心地去倾听幼儿的每一个回答，并针对幼儿的回答给予回应，在各个环节中提出的每一个问题必须具体明确，有启发性，还应用发展的眼光作适当小结。
教学与练习部分	2. 观看PPT上的图片，了解地球所遭受的遭难。 (1)河水污染。 (2)冰川融化。 (3)废弃污染。 (4)肆意砍伐。 (5)过度开采。	3分钟	通过观看图片使幼儿感受地球的痛苦，教师注意让幼儿观察地球的表情。
	3. 分组讨论。 我们应该如何帮助地球妈妈？	3分钟	教师引导幼儿介入地球的情绪，学会关心、安慰地球。
	4. 情景表演：《我是环保小卫士》。	8分钟	教师创设环保小卫士的情景，让幼儿代入小卫士的角色，及时指导幼儿表现出符合自己角色规范的社会行为。
	5. 手指游戏：地球是我家。	5分钟	通过学习手指游戏，了解自己应该遵循的道德要求和社会行为规范，教师注意及时评价。
结束部分	6. 教师小结：“小朋友们真的是太厉害了，都变身成了环保小卫士，那让我们一起来保护我们的地球妈妈，让她变得更加美丽吧！”	2分钟	教师用富有感染力的语言进行总结，引导和启发幼儿关爱地球妈妈。

六、活动延伸与拓展

1. 邀请家长与幼儿一同设计海报《保卫地球妈妈》，一起粘贴到幼儿园或社区的宣传栏，呼吁身边更多的同伴来一同保护地球。

2. 在班级表演区投放地球妈妈和环保小卫士的头饰，供幼儿表演使用。

七、活动花絮

图 2-87　幼儿倾听地球哭泣的声音

图 2-88　情景表演《保卫地球妈妈》

艺术：改造垃圾大行动

一、设计意图

按照全国公共机构资源节约和生态环境保护工作会议要求，以及深入学习习近平生态文明思想，我们进行了一系列垃圾分类、回收和处理的主题活动，希望幼儿通过参与活动，懂得节约资源的重要性。本次活动，教师利用生活中的可回收垃圾进行创意设计，引导幼儿感知变废为宝的神奇，让幼儿在想象、创造、制作的过程中提高动手改造旧物的能力，同时懂得环境保护的重要性。

二、活动目标

1. 体验变废为宝的乐趣。
2. 尝试利用各种不同的材料进行创意设计。
3. 掌握改造垃圾的基本操作方法。

三、活动重难点

1. 利用多种材料进行粘、贴、撕等操作。
2. 将自己的设计和想法大胆地表述出来。

四、活动准备

1. 知识经验准备：家长带幼儿一起上网参观各种利旧利废博物馆。
2. 物质材料准备：变废为宝的视频、音乐；各种废旧材料、剪刀、透明胶和双面胶若干。

五、活动过程

表 2-45　改造垃圾大行动

环节	活动过程	时间	实施要点
导入部分	1. 视频导入。 (1)观看视频，欣赏艺术家们利用废旧材料进行的创意制作。 (2)说说视频里的物品是由什么制作而成的?	4 分钟	当不同的物品出现在视频里面，教师逐步地引导幼儿说出这些小动物是什么变成的。
教学与练习部分	2. 出示幼儿带来的废旧材料，引导幼儿发挥想象力进行设计。 (1)引导幼儿大胆说出自己的想法。 (2)根据自己手中的材料进行创意联想。	3 分钟	将桌子摆成舞台的形状，幼儿围坐在一起，大家一起思考，一起创作，互相帮助。
	3. 幼儿利用材料进行创意制作。 (1)幼儿选择自己想要的工具和材料。 (2)与同伴一起合作进行创意制作。	12 分钟	为幼儿提供双面胶、剪刀、透明胶等材料，这些材料幼儿使用起来不太熟练，教师可以利用单独指导的机会帮助幼儿完成粘贴操作。
结束部分	4. 展示，小结。 (1)幼儿相互介绍自己的作品。 (2)放音乐，进行走秀展示。	6 分钟	鼓励不敢尝试的幼儿大胆走上舞台，展示自己的作品。

六、活动延伸与拓展

1. 将幼儿做好的作品进行分类，并投放到区角中，让幼儿在自主游戏中可以再次进行分享和展示，满足幼儿的活动需求。

2. 形成一系列的主题活动，可以以服装设计、海洋动物、森林保护为主题，让幼儿充分发挥想象力和创造力，将更多的旧物变成新的宝贝。

七、活动花絮

图 2-89　幼儿自由选择废旧材料进行创作

图 2-90　幼儿大胆走秀展示自己的改造作品

活动三　社会：志愿者在行动

一、设计意图

培养德智体美劳全面发展的社会主义建设者和接班人是新时代对教育的要求。习总书记明确提出要把学生培养成具有“身心健康、民族精神、国际视野、社会责任”的合格公民。自2020年起把劳动教育提升到更重要的位置。为了响应总书记号召，丰富幼儿园的精神文化气息，增强幼儿的社会责任感，特设计了此次活动。通过集体清扫幼儿园，让幼儿体验劳动的艰辛和快乐，从而更加热爱自己的幼儿园，进而延伸到爱家乡、爱祖国，愿意为创造更美丽和谐的家园出一份力。

二、活动目标

1. 乐意参与集体劳动，体验劳动的快乐。
2. 认识常见的清洁用品，并能正确使用。
3. 能够用图文形式记录自己的志愿服务过程。

三、活动重难点

认识清洁用品，学习正确的清洁方法。

四、活动准备

1. 知识经验准备：幼儿参与过家务劳动。
2. 物质材料准备：扫帚、撮箕、抹布、拖把等清洁工具若干。

五、活动过程

表 2-46　志愿者在行动

环节	活动过程	时间	实施要点
导入部分	1. 讨论：我的小手。 师：“小朋友，我们每个人都有一双小手，我们的小手都特别能干，我们的小手会做很多事情。今天我们来做一个志愿者，大家一起把我们的幼儿园打扫得干干净净，好吗？”	2 分钟	通过讨论小手能做哪些劳动，导入活动主题，调动起幼儿的情绪。
教学与练习部分	2. 认识清洁工具，学习正确的清洁方法。 依次出示扫帚、撮箕、抹布和拖把等清洁工具，引导幼儿认识其名称和使用方法。	3 分钟	此环节重点要引导幼儿观察不同清洁工具的特点及用途。
	3. 教师示范清洁用品的正确使用方法。	3 分钟	教师一边示范一边讲述清洁工具的使用要点。

续表

环节	活动过程	时间	实施要点
	4. 幼儿讨论擦桌子、扫地、拖地的正确顺序。 出示擦桌子、扫地、拖地三张图片，请幼儿排一排图片的正确顺序，并讨论做清洁时应先干什么？再干什么？最后干什么？	3 分钟	本环节重点引导幼儿掌握做清洁的基本步骤，知道怎样高效地完成清洁卫生工作。
	5. 现场体验志愿者在行动。 (1)幼儿认领志愿者任务卡，穿上红马甲、戴上小红帽。 (2)幼儿根据任务卡指示清洁幼儿园相应区域。	10 分钟	给幼儿提供工具，让幼儿能沉浸在角色体验中，激发幼儿当志愿者的成就感和自豪感。
结束部分	6. 上传志愿者服务纪实到班级服务中心。	5 分钟	幼儿模拟成人志愿服务记录，用简单图文记录下自己的志愿者活动过程，互相分享交流，增强劳动技能。

六、活动延伸与拓展

带领幼儿进社区，与党员同志一起参加清洁家园等志愿者活动。

七、活动花絮

图 2-91　幼儿当志愿者清扫地面

图 2-92　幼儿当志愿者捡树叶

语言：吃垃圾的小怪兽

一、设计意图

随着《生态文明体制改革总体方案》的不断完善，国家高度重视垃圾分类制度的健全和推广，垃圾分类已经在多个城市开始实施，而这一行动即将改变人们的生活方式。为了让幼儿懂得垃圾分类的重要性，不断提升他们的环境保护意识，教师设计了这样一次社会活动。让幼儿通过回忆绘本故事来理解垃圾分类的重要性，并通过有趣的角色扮演来了解垃圾分类的方法，懂得垃圾的四大种类。

二、活动目标

1. 体验角色中小怪兽吃垃圾的生动有趣。
2. 懂得垃圾分类对保护海洋生物的重要意义。
3. 与同伴一起探索清理海洋垃圾的方法。

三、活动重难点

1. 能够区分四种不同的垃圾。
2. 探索海洋垃圾的处理方法。

四、活动准备

1. 知识经验准备：幼儿已经进行过垃圾分类操作游戏，知道如何进行垃圾分类。

2. 物质材料准备：PPT“吃垃圾的小怪兽”、怪兽道具一个、垃圾分类玩具每组一份。

五、活动过程

表 2-47　吃垃圾的小怪兽

环节	活动过程	时间	实施要点
导入部分	1. 故事封面导入。 (1)它是谁？它在干什么呢？ (2)为什么小怪兽要吃垃圾呢？	2 分钟	通过观察图片和开放式的提问，引出活动主题，激发幼儿的兴趣。
教学与练习部分	2. 欣赏绘本《吃垃圾的小怪兽》。 (1)教师扮演怪兽，边讲故事边向幼儿提问。 (2)引导幼儿参与互动，完整讲述故事。	5 分钟	教师根据图片的内容进行针对性的提问，引导幼儿逐步深入故事情节。
	3. 分组讨论。 (1)小怪兽吃了什么垃圾？ (2)垃圾的不同种类是什么？	5 分钟	重点了解垃圾分类中有害垃圾有哪几种？在分类时应该注意什么？
	4. 操作体验。 (1)利用桌面材料进行垃圾分类。 (2)探索处理海洋垃圾的方法。	5 分钟	桌面垃圾分类玩具的补充，可以让幼儿进一步认识垃圾分类的方法。
结束部分	5. 律动结束。 请幼儿扮演小怪兽，去吃掉不同种类的垃圾，边吃边唱儿歌。	3 分钟	这一角色的深入，可以让幼儿有效地参与活动，巩固对故事的理解。

六、活动延伸与拓展

1. 制作电子绘本，推荐给家长，供家长与幼儿进行亲子阅读，从而将生态文明教育延伸到家庭教育中。

2. 将垃圾分类操作材料投放到科学区中，与幼儿的生活相结合，帮助幼儿更好地理解垃圾分类的重要性，以及养成良好的分类习惯。

七、活动花絮

图 2-93　幼儿与老师一起欣赏绘本故事

图 2-94　幼儿扮演吃垃圾的小怪兽进行垃圾分类

故事：

吃垃圾的小怪兽

“今天是休息日，我们去哪儿玩玩吧?”面对难得悠长的假期，垃圾桶超人充满了期待。

“我们去海边潜水吧?”灰灰侠建议道。

“蓝天、白云、阳光、沙滩……哇，太美妙了!”绿绿侠憧憬着。

一场说走就走的旅行。

“哇，兄弟们，我先走一步!”红红侠扑通一声，跃进了大海里。结果迎接他们的不是美不胜收的神秘海底世界，而是扑面而来的一团又一团又脏又臭的垃圾。

“啊呸，什么东西!”蓝蓝侠潜入海底，到处都是乱七八糟的垃圾，真气人!

“报告队长，前方是一个巨大的岛屿!”绿绿侠说道。

近了，不看不知道，一看吓一跳。放眼望去，由大量塑料瓶、塑料袋等杂物构成的小岛，在海面上随着波浪起起伏伏，在海滩上等待慢慢被分解。

“啊，不是岛！是超级海洋垃圾污染带!”

“报告队长，我听到了呜呜哭泣的声音。”灰灰侠说道。

“是一只海豹，被废弃的塑料圈缠绕住了！”蓝蓝侠说道。

“好！立即出发！”红红侠指挥到。

垃圾桶超人们离开垃圾污染带，来到了一个沙滩上，只见一只海豹的脖子被废弃的塑料圈缠绕着，可怜巴巴地趴在沙滩上。

“小家伙乖乖！我们来救你！”蓝蓝侠安慰着，“我是医生，我来为你治疗。”

“请你们救救我的朋友海龟吧！”海豹焦急地说。

随后，垃圾桶超人们又成功解救了附近一只被塑料袋困住的海龟。

“救救我”美丽的珊瑚失去了往日的风采，病恹恹的。一张渔网困住了它。

垃圾桶超人四兄弟穿了潜水服，齐心协力，想把珊瑚从渔网中解救出来。可是渔网太大了。

“哎呀，不好了，被缠住了！”绿绿侠说。

一队浩浩荡荡的蜘蛛蟹队伍来了。他们举着大大的钳子，咔嚓咔嚓，三下五除二，就把渔网剪破了。

“谢谢你们！”珊瑚和生活在珊瑚礁的小动物都被解救了出来。

看着海洋里的垃圾，大家开始决定把它们全部吃掉。

“灰灰侠，赶快吃，这些通通是你的！”红红侠命令道。

“我……我，太多了吧，吃不下啊！”灰灰侠愁眉苦脸，突然灵光一闪，“不过，我可以发明一款专门吃垃圾的机器人来帮忙。”

“哎，记得塑料瓶是可回收垃圾，留给我，别浪费了！”蓝蓝侠提醒道。

不一会儿，垃圾桶超人们就清理了海洋里的各种垃圾，望着干干净净的海滩，大家都互相点头称赞！

社会：和厨余垃圾说拜拜

一、设计意图

垃圾分类已成为当今社会的热点话题，孩子们也开始关注身边的垃圾，他们会讨论垃圾应怎么分类，如何处理，才能使我们的生活环境变得更美。可现阶段，是孩子们对垃圾处理没有清晰地了解，不知道将垃圾怎样处理。教师通过社会活动，让幼儿认识厨余垃圾，知道将垃圾通过填埋和堆肥等方式处理，帮助幼儿养成绿色环保的生活习惯。

二、活动目标

1. 有不乱扔垃圾、清洁家园和保护环境的愿望。
2. 了解垃圾堆放的危害，知道厨余垃圾的处理方式。
3. 能够根据厨余垃圾的类别选择合适的方式处理垃圾。

三、活动重难点

1. 了解厨余垃圾堆放的危害和处理方式。
2. 能选择合适的方式处理生活中常见的厨余垃圾。

四、活动准备

1. 知识经验准备：幼儿认识不同种类的生活垃圾。
2. 物质材料准备：课件“明明生病了”、垃圾处理视频、马克笔和纸若干。

五、活动过程

表 2-48　和垃圾说拜拜

环节	活动过程	时间	实施要点
导入部分	1. 明明生病了。 教师出示明明生病了的图片，询问明明怎么了？明明为什么会生病？	2 分钟	通过观看图片的细节部分，引发幼儿思考明明怎么了？猜测明明生病的原因。
教学与练习部分	2. 明明家的厨房。 教师出示明明家厨房的照片，请幼儿观察厨房是什么样子？厨房有什么垃圾？厨房干净卫生吗？	5 分钟	此环节重点要引导幼儿说出几种厨房里的垃圾，并且认识厨余垃圾。
	3. 明明的坏邻居。 (1)明明挑食，剩饭剩菜比较多，小老鼠搬来了。 (2)由于明明家阴暗潮湿，小蟑螂也搬来了。 (3)家里吃剩了很多水果皮，小蚊子也搬来了。	4 分钟	此环节教师用夸张的表情和语言扮演明明的坏邻居，让幼儿明白垃圾堆放的危害。
	4. 学习厨余垃圾的处理方式。 请幼儿先发表自己对厨余垃圾处理的想法，再观看垃圾处理方式的视频。	6 分钟	此环节先引导幼儿说出厨余垃圾的处理方式，再通过观看视频直观地了解厨余垃圾的处理方式。
结束部分	5. 厨房的大扫除。 幼儿用正确的方式处理厨余垃圾，对明明家厨房进行大扫除。	1 分钟	幼儿在愉快的游戏中体验处理厨余垃圾、清洁家园的愉悦。

六、活动延伸与拓展

请幼儿和爸爸妈妈一起处理家中的垃圾，然后和小朋友分享处理的方法。

七、活动花絮

图 2-95　幼儿清理厨余垃圾

图 2-96　幼儿讨论怎样处理厨余垃圾

健康：海洋上的塑料船

一、设计意图

塑料很好，它不易损坏，给我们的生活带来了方便，塑料也很不好，它不易损坏，给我们的环境带来了污染。《幼儿园教育指导纲要（试行）》中提到："要亲近大自然，珍惜自然资源，有初步的环保意识。"为了让幼儿了解塑料垃圾对环境的危害，重视塑料污染治理问题，并能主动减少塑料制品的使用，教师开展了以"塑料污染治理"为主的垃圾分类活动，旨在培养幼儿的环保意识，引导他们践行绿色生活行为。

二、活动目标

1. 使幼儿萌发环保意识。
2. 认识塑料垃圾的特点及危害性。
3. 能主动探索减少塑料垃圾的方法。

三、活动重难点

1. 观察海洋的现状，思考净化海洋的方法。
2. 了解塑料垃圾的特点及危害性，表达自己的观点。

四、活动准备

1. 知识经验准备：幼儿在生活中使用过塑料制品。
2. 物质材料准备：PPT"海洋上的塑料船"、一封信、海洋上飘满垃圾的场景、视频电话。

五、活动过程

表 2-49　海洋上的塑料船

环节	活动过程	时间	实施要点
导入部分	1. 情境导入，激发幼儿兴趣。 师："咦，海洋生物们怎么都背着自己的行李呀？" 师："它们在做什么呢？"	2 分钟	通过问题，引导幼儿猜测发生了什么事情。
教学与练习部分	2. 出示海洋图片，引导幼儿观察海洋的现状。 师："小朋友们你们看看这个海洋怎么样了？海洋生物们要控告谁呢？"	3 分钟	通过观察图片，感受塑料垃圾数量之多，鼓励幼儿积极表达自己的想法。
	3. 讲解故事《海洋的一封信》。 (1)师："海洋生物们为什么要控告呢？" (2)师："怎么帮助可怜的海洋生物？"	2 分钟	边讲故事边提问，引导幼儿了解保护海洋的重要性，并创设情境引起幼儿的兴趣。
	4. 探讨拯救海洋的方法。 幼儿之间相互说说，寻找拯救海洋的方法。	3 分钟	幼儿分组表达自己的想法，相互思考找出保护海洋的最好方法，教师巡回指导。
	5. 拯救海洋大行动。 (1)教师带领幼儿去操场，让幼儿自由地观察。 (2)请幼儿帮助海洋清理塑料垃圾。 (3)垃圾清理完成，教师拍照，组织幼儿回教室。	10 分钟	布置满是塑料垃圾的海洋场景，请幼儿利用各种工具清理海洋垃圾，通过清理前后对比，让幼儿懂得保护海洋生物生活环境即是保护人类生存环境。
结束部分	6. 问答环节，现场连线环保专家。 (1)请幼儿向专家提问、请教自己对塑料制品的困惑。 (2)专家为幼儿介绍科学解决塑料污染的方法：替代法和回收法。 (3)教师小结：塑料制品会给地球带来污染，为了保护我们的家园，我们要不使用或少使用塑料制品，帮助地球解决塑料污染问题。	5 分钟	邀请专家来为幼儿进行知识解答，补充幼儿关于海洋垃圾的知识经验，帮助幼儿加深对海洋垃圾的认识，引导幼儿爱护环境，了解塑料垃圾的危害性。

六、活动延伸与拓展

1. 在科学区投放塑料制品，请幼儿研究塑料制品的二次利用方法。
2. 向家人宣传一次性用品的危害，减少塑料制品的使用。

七、活动花絮

图 2-97　了解海洋垃圾产生的原因

图 2-98　幼儿在情境中清理海洋垃圾

活动七　健康：太空垃圾知多少

一、设计意图

随着人类对宇宙的不断探索，航天飞船、卫星的不断发射，太空垃圾的治理逐渐成为环境保护的又一课题，人类开始重视太空环境的保护。幼儿在观看了“神舟十二号”的升空视频时，对飞船遗留到太空里的垃圾残骸产生了好奇，每天都能听到孩子们在交谈中提及这一话题。结合幼儿兴趣点，教师设计了本次活动，希望幼儿通过游戏了解太空中的各种垃圾，在游戏中感受锻炼的乐趣，同时懂得环保的重要性。

二、活动目标

1. 乐意关注周围的环境，愿意为太空清理垃圾。
2. 练习走、跑、钻等基本动作。
3. 能独立完成运送太空垃圾的任务。

三、活动重难点

通过体育游戏和基本动作的练习，感知保护环境的重要性，了解太空垃圾的危害。

四、活动准备

1. 知识经验准备：幼儿对太空有基本的了解。
2. 物质材料准备：纸团（红、黄、蓝、绿）若干、纸篓（红、黄、蓝、绿）各一个、绳子八根。

五、活动过程

表 2-50　太空垃圾知多少

环节	活动过程	时间	实施要点
导入部分	1. 热身运动，四散站立。幼儿在教师周围，跟随教师活动四肢。	2 分钟	创设乘坐飞船进入太空的情景，让幼儿在情境中活动身体，同时激发活动兴趣。
教学与练习部分	2. 幼儿自主想象在太空中的动作。	1 分钟	引导幼儿回忆宇航员的动作，鼓励他们大胆地创编。
	3. 太空飞行。 师："太空小战士们，我们要到太空中去啰，在飞行时要记得两臂侧上举和侧下举交替，要走自己的轨道路线，不要碰到其他的小战士哦！"	2 分钟	引导幼儿进入角色，激发幼儿参与游戏的兴趣。
	4. 分散活动。 分三条路线，做飞行动作过"彩虹桥""太空隧道"等，练习平衡、钻、跨、跳等动作。	4 分钟	设置丰富的游戏情境，吸引幼儿参与活动。设计不同难度的活动，让幼儿自主选择，尊重幼儿的个体差异。
	5. 幼儿进行游戏：太空战士出击。 (1)师："小小战士们，看！那就是太空垃圾，就是它们污染了干净、美丽的太空，宇宙飞船一旦碰到这些垃圾就会爆炸。我们一起把这里清理干净吧！" (2)讲解游戏路线。 钻——(拱门)太空隧道；走——(平衡木)彩虹桥；跳——(绳子)银河。将路途中的垃圾扔到垃圾桶内，再从两侧跑回。 (3)幼儿反复进行游戏，将所有太空垃圾全部扔进指定垃圾桶里。教师巡回指导。	14 分钟	抓住环境教育的契机，使幼儿萌发保护太空环境的意识。在活动中，丰富幼儿的运动经验。在运动中要保证幼儿的运动时间，加入丰富多样的运动材料，满足幼儿不同的运动需求。
结束部分	6. 活动结束，收拾器械，放松运动。	2 分钟	指导幼儿合作收拾游戏场地。

六、活动延伸与拓展

1. 组织幼儿阅读绘本《太空清洁工》，让幼儿进一步了解太空垃圾的危害。
2. 亲子共同查找处理太空垃圾的资料，激发幼儿对环保的热情。

七、活动花絮

图 2-99　幼儿体验太空飞行的乐趣

图 2-100　幼儿跳过银河

活动八　科学：神奇的空中飘浮术

一、设计意图

随着人们生活方式的不断改变，垃圾的数量也变得越来越多。外卖中使用的塑料餐具、河流中漂浮的泡沫板、土壤中无法降解的塑料膜等，这些白色垃圾正在一步一步地侵入我们的地球，破坏我们生存的环境。通过垃圾分类的相关活动，孩子们对垃圾分类有了更全面的认识，也知道了白色污染对整个地球的危害。因此，我们借助生活中的白色垃圾，开展一系列的科学活动，让幼儿在有趣的活动中感知科学的神奇，同时减少使用一次性用品，为保护地球贡献自己的一份力量。

二、活动目标

1. 感受静电能让塑料袋漂浮的神奇。
2. 了解白色垃圾对环境所造成的危害。
3. 利用摩擦生电的原理完成静电实验。

三、活动重难点

1. 能够区分生活中的白色垃圾。
2. 不断探索静电产生的奥秘。

四、活动准备

1. 知识经验准备：幼儿已经参与过垃圾分类，并利用调查表进行过白色垃圾的统计。

2. 物质材料准备：魔法棒；PPT“白色地球”；梳子、勺子、碎纸屑、毛皮等实验材料每组一份。

五、活动过程

表 2-51　神奇的空中飘浮术

环节	活动过程	时间	实施要点
导入部分	1. 观看《白色地球》宣传片。 (1)白色污染指的是什么? (2)地球上的白色垃圾有哪些? (3)白色污染的危害是什么?	2 分钟	播放 PPT“白色地球”，让幼儿了解白色污染。借助幼儿的记录表进行讲解，分享自己的观点。
教学与练习部分	2. 魔术《神奇的空中漂浮术》。 (1)教师表演魔术，吸引幼儿注意力。 (2)引导幼儿猜想，小章鱼是如何漂浮在空中的?	5 分钟	教师扮演成魔术师的样子，开始空中飘浮术的表演，利用情景吸引幼儿参与其中。
	3. 揭开魔术谜底。 (1)教师讲解漂浮的原理。 (2)师幼小结静电原理。	10 分钟	幼儿在进行静电操作的过程中，教师可以观察幼儿的操作过程，并给予及时的引导。
	4. 幼儿分组操作体验。 (1)利用桌面材料进行漂浮操作。 (2)教师个别指导。		在幼儿展示的过程中，应当给予充分的肯定。
结束部分	5. 讨论，小结。 (1)如何减少白色污染? (2)教师进行小结。	3 分钟	小结中要注重环保理念的渗透，并激发幼儿思考如何降解白色垃圾。

六、活动延伸与拓展

1. 在科学区投放静电操作材料，并增加布、玻璃棒、木棒，让幼儿去探索不同的材料产生的不同现象。

2. 利用白色垃圾制作手工作品，并在美工区展示。

七、活动花絮

图 2-101　教师进行摩擦生电的表演

图 2-102　幼儿探索摩擦生电的奥秘

三、生态保护： 水的世界真奇妙

地球上哪儿有水

一、设计意图

《地理博物馆》一书中讲述到“地球上一切生命的产生和延续，要靠水”，可见水是人类社会发展中不可缺少的社会资源。为了让幼儿充分认识到水在生活中的作用，知道节约用水的方法，并积极向他人宣传保护水资源，教师生成了这一活动。希望通过活动的开展，让幼儿积极参与到保护水资源的行动中来。

二、活动目标

1. 乐意积极参与保护自然水资源的实际行动，懂得水的宝贵。
2. 了解水与地球生物日常生活的各种密切关系。
3. 能积极探究、设想保护水资源的具体方法，有节约用水的意识。

三、活动重难点

1. 知道水资源的现状和与人们生活的密切关系。
2. 积极设想多种保护水资源的方法。

四、活动准备

1. 知识经验准备：幼儿前期对水的不同形态、分布地域及水污染状况做过调查。
2. 物质材料准备：PPT“神奇的水”、圆形白纸若干、黑色勾线笔若干。

五、活动过程

表 2-52 地球上哪儿有水

环节	活动过程	时间	实施要点
导入部分	1. 谜语导入。 (1)猜谜语。 师：“因为有你，小草变得嫩绿；因为有你，鱼儿游得欢畅；因为有你，地球才美丽。” (2)谈话环节：“在我们的日常生活中有什么地方要用到水呢？今天我们就一起来进一步了解地球上的水吧！”	4 分钟	中班幼儿形象思维十分活跃，抽象思维已逐渐开始萌芽，所以通过谜语，激发幼儿对水的兴趣，愿意继续就水的话题进行探究讨论。教师注意有效引导幼儿发现水在我们生活中的运用十分广泛。
教学与练习部分	2. 了解水与人们日常生活的密切关系。 (1)播放水流动的声音。 (2)思考：如果世界上没有了水，会怎么样？	5 分钟	教师提出具体明确的问题，帮助幼儿在原有的知识中提炼经验，注意要给幼儿足够的思考时间。

续表

环节	活动过程	时间	实施要点
教学与练习部分	3. 了解我国水资源的发展现状。 (1)师:"老师刚刚收到消息,现在地球上有很多水都变脏了,导致不能再饮用了,我们一起来看看这些脏水带来了哪些危害吧。"(看视频《脏水污染》) (2)师:"我们的水资源正在不断地受到污染,那我们该怎么保护它呢?"	5分钟	教师重点利用移情的教学方法,让幼儿通过观看视频主动感受脏水对生态环境的严重危害,使幼儿产生愿意参与关心、帮助地球的社会行为,教师同时要特别注意幼儿的提问与问题回答是否是其真实性和思想活动的反映。
	4. 启发引导幼儿积极构想保护自然水资源的各种方法。 (1)师:"水是我们的好朋友,可是水资源是有限的。" (2)师:"既然我国水资源是有限的,那我们就要注意节约用水。那如何有效地节约用水呢?"	5分钟	通过讨论法,让幼儿自由地发表意见,让幼儿针对节约用水的问题相互启发、相互学习、交流意见,帮助幼儿养成独立思考的习惯和能力。
结束部分	5. 教师总结,活动结束。 谈话环节:"孩子们,水资源是非常宝贵的,让我们行动起来,珍惜每一滴水吧,如果不珍惜水,最后一滴水将是人类悔恨的眼泪!"	4分钟	教师简明阐述正确的观点,引导幼儿对问题作出正确的小结。

六、活动延伸与拓展

1. 在日常生活中,继续了解水的现状,收集更多关于水的资料投放进科学区。
2. 制作节水文明标志,贴在水龙头旁边,提醒大家节约用水。

七、活动花絮

图 2-103 观看水资源污染的纪录片

图 2-104 幼儿绘画节约用水的方法

活动二　科学：生命的三个好朋友

一、设计意图

美丽的地球是一个生命共同体，它满足生存的三大要素，阳光、空气和水。空气是我们每天都呼吸着的生命气体，阳光是带给我们温暖的生命温度，水是组成我们身体的生命源泉，它们都对人类的生存和生产有重要影响。通过日常交流活动，教师发现幼儿对这三个元素的了解存在不足，不能很好地理解它们与人类生存之间的关系。于是教师设计了本次科学活动，希望通过创设情境和操作实验，让幼儿积极参与，主动探索，了解阳光、水和空气的神奇，发现它们与地球上所有生物的关系。

二、活动目标

1. 喜欢进行关于阳光、水、空气的科学小实验。
2. 知道我们的生活离不开阳光、水和空气。
3. 能亲自探索，感知阳光、水和空气的作用。

三、活动重难点

1. 感知阳光、水和空气对人、植物和动物的作用。
2. 能通过探索发现阳光、水和空气的重要性。

四、活动准备

1. 知识经验准备：小朋友对雨水和阳光有部分了解。
2. 物质材料准备：PPT“阳光、水和空气”、任务卡、一盆在阳光下生长的植物、一盆在阴凉处生长的植物、塑料袋、碗、盒子、记录表、笔。

五、活动过程

表 2-53　生命的三个好朋友

环节	活动过程	时间	实施要点
导入部分	1. 探宝任务导入。 幼儿每人一张任务卡，寻找任务卡上的阳光、水和空气，并记录是在哪里找到的。	4 分钟	引导幼儿在幼儿园里自由寻找，并和身边同伴相互交流寻找结果。
教学与练习部分	2. 分享任务卡。 (1)幼儿相互分享自己的发现。 (2)请个别幼儿向集体分享自己的探宝过程。	4 分钟	鼓励幼儿大胆讲述，教师巡回倾听、观察幼儿的讲述内容和任务卡。
	3. 实验小游戏，感知阳光、水和空气的作用。 (1)教师出示两盆植物，请幼儿比较有什么区别，思考：为什么会这样？发现阳光的作用。	12 分钟	教师通过示范法，引导幼儿分步实验，重点关注能力较弱的幼儿，必要时做个别指导，让幼儿通过实验来了解阳光、水和空气。指导幼儿通过实验和画笔简单记录，并且表达自己的看法。

续表

环节	活动过程	时间	实施要点
	(2)找空气。请幼儿在塑料袋、碗、盒子中选择一个工具来装空气。 (3)幼儿分小组讨论水的作用，并在记录表中记录下来。		
	4. 知道阳光、水和空气的重要性。 (1)师："假如世界上没有了阳光、水和空气会怎么样?"(幼儿相互讨论。) (2)观看视频《阳光、水和空气》，感知阳光、水和空气的重要性。	3分钟	引导幼儿憋气，发现空气中氧气的作用，在幼儿讨论的过程中，教师可以适当参与讨论。
结束部分	5. 教师小结："太阳真好，照在身上很温暖，能帮助我们杀死细菌，使人们不生病或少生病；空气真好，空气中的氧气帮助所有的生物呼吸，有了空气我们才能生存；水真好，对我们的生活有很大的帮助，所以我们离不开阳光、水和空气，有它们才有我们!"	2分钟	通过小结巩固今天所了解到的有关阳光、水和空气的知识，知道它们对我们生活的重要性，也能表达自己的想法。

六、活动延伸与拓展

1. 在家长的陪同下一起做更多有趣的实验，丰富幼儿对生命三要素的理解。
2. 收集更多关于阳光、水和空气的资料，制作成科学绘本，投放到图书区。

七、活动花絮

图 2-105　从科普视频中了解生命三要素

图 2-106　在集体面前介绍自己的发现

活动三　科学：清清长江水

一、设计意图

随着黄河流断、长江洪水摧残、沙尘暴等生态问题的反复出现，人类的生存环境也变得极为恶劣，因此保护环境、保护生态，已经迫在眉睫。幼儿作为祖国的未来，应该具备良好的生态保护意识。教师利用幼儿生活中常见的水污染问题，进行一系列的保护水资源活动，激发出幼儿热爱长江、保护长江的强烈愿望和情感，让他们知道“保护环境，从我做起”不光是口号，更重要的是自己的行动，从而使他们产生保护长江的行为。

二、活动目标

1. 愿意热爱大自然，保护长江。
2. 了解长江水的作用，知道水污染的危害。
3. 能大胆进行实验操作，找到长江水资源污染的原因。

三、活动重难点

1. 愿意保护长江，知道水污染的危害。
2. 通过实验，了解长江被污染的状况及原因。

四、活动准备

1. 知识经验准备：幼儿初步了解与长江有关的知识。

2. 物质材料准备：PPT“清清长江水”、实验用品(肥皂水、洗衣液、土壤等)、长江水一杯、清水一杯、脏水一杯。

五、活动过程

表 2-54　清清长江水

环节	活动过程	时间	实施要点
导入部分	1. 播放 PPT，观看美丽长江的视频，调动幼儿热爱长江、保护长江的情感。	2 分钟	通过视频观摩，感知长江的宏伟壮阔，激发幼儿对长江的热爱。
教学与练习部分	2. 观看录像《长江的过去与今天》。 (1)通过长江过去与现在的比较，了解砍伐树木、排放污水对长江生态的恶劣影响。 (2)帮助幼儿了解水土流失现象。	4 分钟	利用动画视频等电教技术进一步丰富幼儿对长江的了解，知道水土资源保护的方法。
	3. 观察清水，了解水的用途及来源。 (1)师：“这是一杯什么样的水？” (2)师：“猜猜这个水是从哪里来的？” (3)师：“我们武汉人用的水是从哪里来的？”	3 分钟	利用观察法、对比法和分析法，帮助幼儿了解清水来自哪里，引导幼儿观察水的颜色、形态，知道水是无色、透明、无味的。

续表

环节	活动过程	时间	实施要点
教学与练习部分	4. 播放 PPT，引出“污染”一词，通过清水和污水对比了解污水的特征。 (1)对比清水和长江水，说说有什么不同。 (2)师：“你会选择哪一杯水？”	2 分钟	教师可以先让个别幼儿进行探究比较，再在个别探究比较的基础上让全体幼儿进行集中讨论。
	5. 实验操作，了解长江被污染的状况及原因。 (1)长江水是如何被污染的？ (2)进行水实验。幼儿分为六组进行，将前后实验的水装在两个透明的杯子里，再将两杯水进行比较，并思考水是如何变脏的？ (3)请个别幼儿对自己的实验结果和实验过程进行分享。	10 分钟	积极引导幼儿在实验中仔细观察，注意实验过程中水的变化。及时鼓励幼儿大胆进行操作，教师要允许幼儿反复感知实验结果，不要替代他们说出他们能够说出的初步结论。
	6. 师幼共同讨论如何防止长江水被污染。 (1)师：“导致长江水被污染的原因我们已经知道了，你们快想一想怎么来保护长江水？” (2)幼儿进行小组交流，讨论防止长江污染的方法。	3 分钟	引导幼儿积极交流和思考治理长江水污染的方法。尽量帮助幼儿总结发现如何去保护长江水，鼓励幼儿再次探索新的发现，进一步寻求答案。
结束部分	7. 教师小结，活动结束。 师：“小朋友们想出了这么多保护长江的方法，那我们从现在起就来当一名护江小达人，一起去保护它吧！”	1 分钟	组织幼儿在交流各自经验的基础上，激发幼儿爱护长江的愿望。

六、活动延伸与拓展

1. 请家长带幼儿去参观长江，绘制保护长江的宣传图，带动身边的同伴共同加入保护长江的队伍。

2. 在科学区投放“过滤”实验材料，供幼儿进行实验操作。

七、活动花絮

图 2-107　观看有关长江的视频和录像

图 2-108　幼儿记录试验结果

语言：一杯水的故事

一、设计意图

我们的生活离不开水，保护水资源是人类共同的责任。4—5 岁的幼儿，开始对水产生浓厚的兴趣，喜欢玩水、嬉水，感知水的各种奇妙。但对于并不缺水的他们来说，他们并不知道水资源的宝贵，往往会出现浪费水的行为，比如喝水时接得太多直接倒掉，洗手时不关水龙头，随意洒水、玩水等。我们利用“一杯水”的遭遇来引发幼儿产生共情，了解水资源来之不易，我们要共同爱惜。

二、活动目标

1. 对故事中“一杯水”的遭遇感到同情，愿意关心难过的“它”。
2. 了解生活中的节水方法，懂得珍惜每一杯水。
3. 能大胆地续编故事，并向他人宣传节约用水。

三、活动重难点

1. 懂得节约用水，思考生活中的节水方法。
2. 尝试续编故事，向他人宣传节约用水。

四、活动准备

1. 知识经验准备：对水的作用有初步的了解。

2. 物质材料准备：PPT“一杯水的故事”、水杯模型、节水标志贴、节水宣传旗、水滴贴纸。

五、活动过程

表 2-55 一杯水的故事

环节	活动过程	时间	实施要点
导入部分	1. 以“一杯水”的自白导入活动，激起幼儿对“难过的水”的同情。 (1)教师扮演成“难过的一杯水”，进入活动室。 (2)一边播放图片，一边讲故事，用故事情境吸引幼儿的注意。	3分钟	通过有趣的情景，了解故事内容，引起幼儿共情。
教学与练习部分	2. 续编故事 (1)“一杯水”去找消防员、清洁工、厨师、农民伯伯、厨师，他们分别说了什么? (2)引导幼儿用“不能……也不能……”续编故事。	3分钟	引导幼儿仔细观察故事图片，并思考水对不同职业的重要性。通过提问的方式让幼儿学会边倾听故事边思考问题，并在复述故事的过程中用“不能……也不能……”续编故事。
	3. 情景表演，故事转折。 (1)师：“我真的好难过，我一点用处也没有，有谁愿意和我交朋友呢?” (2)幼：“我愿意和你做朋友，你的用处可大了，你可以浇花。” (3)引导幼儿说出一杯水的作用，鼓励幼儿完整地表述。	5分钟	情景再现，引导幼儿用“我愿意和你做朋友，你的用处可大了，你可以……”来说说一杯水对生活的重要性，让幼儿知道原来一杯水也可以做这么多有意义的事情。
	4. 讨论如何节约用水。 (1)回忆生活中浪费水的行为。 (2)引导幼儿说出节水的方法。	4分钟	结合生活经验，引导幼儿谈谈节水的方法。
	5. 争做节水小卫士。 (1)幼儿分成6组，做好宣传准备。 (2)进行节水宣传，搜集节水小贴纸。 (3)您好，我是节水小卫士！请加入我们的队伍，一起节约用水吧！	3分钟	通过宣传行动的形式，引导幼儿从行为上做到节水。
结束部分	6. 小结。 (1)肯定幼儿的宣传表现，小结。 (2)在节水儿歌中结束活动。	2分钟	将幼儿宣传的过程拍成视频，请幼儿共同评价学习。

六、活动延伸与拓展

1. 请家长和幼儿共同制作节水标志，贴在家里的各个地方，提醒家人节约用水，珍惜水资源。

2. 制作节水宣传手册，向居民派发，宣传节约用水。

七、活动花絮

图 2-109　了解一杯水的作用

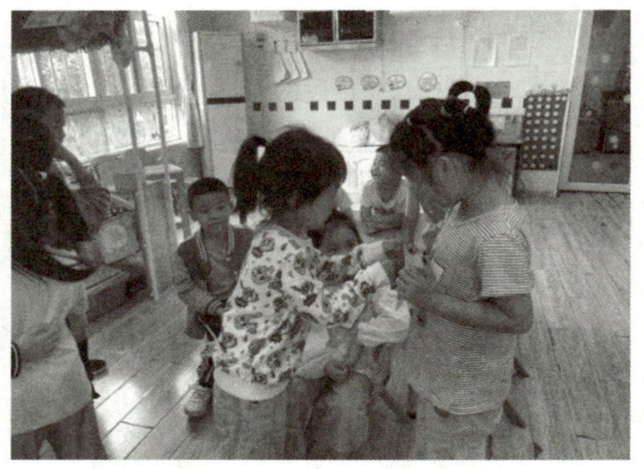
图 2-110　幼儿争当节水小卫士

视频 10：一杯水的故事(许姣，中班)

语言：小水滴本领大

一、设计意图

水资源是当今人类赖以生存的重要生命线，国家通过建设“南水北调”工程、大力开展节水活动、建立河水污染管理制度。让大家懂得：发展节约，不仅仅只是省钱，更是为了最大限度地减少对水资源的浪费，从而保护我们的生态环境，保护我们的明天。本活动通过简单上口的儿歌，让孩子们关注生活用水情况，形成节水意识，养成良好的用水行为习惯。

二、活动目标

1. 体验在游戏活动中创编儿歌的乐趣。
2. 了解图片中的内容，学习儿歌中“……喝它……”的句式。
3. 能够与同伴合作游戏，创编一首完整的儿歌内容。

三、活动重难点

1. 学用儿歌句式，理解儿歌表达的感情。
2. 可以在游戏中合作完成任务并大胆分享创编内容。

四、活动准备

1. 知识经验准备：知道水的用途，熟悉日常生活用水情况。

2. 物质材料准备：课件“小水滴本领大”，游戏材料。

五、活动过程

表 2-56　小水滴本领大

环节	活动过程	时间	实施要点
导入部分	1. 猜谜激趣、引出主题。 师：“小朋友一起猜谜语：‘用手拿不起，用刀切不断，煮饭洗衣得请它。’你知道它是什么吗？”	1分钟	通过猜谜游戏，激发幼儿对接下来的活动更加感兴趣。
教学与练习部分	2. 知道水对生活的重要性。 (1)了解生活中哪些方面需要用水？ 师：“回忆一下，大家今天用水来做什么了？”(自由回答并出示组图) (2)知道没有水会发生什么，懂得保护水资源的重要性。 师：“请大家说一说生活中没有水会怎样呢？”(展示缺水/浪费水的组图)	2分钟	引导幼儿自由回答生活中需要用到水，教师随即出示组图，展示缺水和浪费水资源的现象。
	3. 学习儿歌句式。 (1)集体学习句式。 师：“小水滴个儿小，没想到它有这么大的本领呀。那我们为小水滴作一首好听的儿歌赞美它吧。先来夸夸它，你们想对小水滴说什么？”(引导幼儿说出“小水滴，本领大。”) (2)出示图片，请幼儿观察并说说小水滴用来做什么(灌溉)；小草会怎样呢？(可以长出更多的绿芽)。在幼儿的自由回答中组合诗歌第二句：“小草喝到它冒新芽。”(依次出示小草、禾苗、动物的图片引导幼儿学习“……喝它……”的儿歌句式) (3)掌握儿歌的句式后，请全体幼儿将所学四张图的儿歌内容完整表演出来。 (4)幼儿尝试自主创编儿歌。 请幼儿模仿句式自己创编组图的其他内容，并请个别幼儿大胆向同伴分享。	8分钟	通过有趣的小水滴动画，加深幼儿对儿歌的浓厚兴趣，感受到儿歌中语言文化的丰富和优美。这一环节教师应着重引导幼儿学习“小水滴，本领大；……喝它……”的句式，并能利用句式创编儿歌。注意幼儿的普通话用语是否标准，教师应适当鼓励内向的幼儿，让其大胆地在集体面前分享自己的创编儿歌。

续表

环节	活动过程	时间	实施要点
教学与练习部分	4. 分组游戏，边玩边创编。 说明游戏玩法和规则，请全体幼儿到游戏区，自主选择游戏项目。 游戏 1："水滴旅行记"，三名幼儿组合，轮流"扔骰子"，幼儿根据骰子上的数字让水滴从操作卡的起点沿着箭头方向开始旅行，到达目标格后根据图片的内容用句式分享儿歌。 游戏 2："宣传小天使"，宣传卡片分成四格，先合作完成已给的两组拼图，和同伴分享拼图中的儿歌内容；再与小组同伴合作绘画新内容并创编儿歌。	4 分钟	通过有趣的游戏，帮助幼儿加深对句式的理解和记忆，体验创编儿歌的乐趣。
结束部分	5. 分享交流，总结活动。 游戏活动结束后，请每组幼儿先自由交流成果，再请每组幼儿推选一名代表与大家表演创编的儿歌。	1 分钟	结合生态环保话题，让幼儿对节约水资源有更深的理解。

六、活动延伸与拓展

将游戏图卡材料投放到图书区，供幼儿自主进行游戏。

七、活动花絮

图 2-111　通过猜谜游戏激发幼儿学习兴趣

图 2-112　幼儿自由分组选择项目进行合作游戏

视频 11：小水滴的求助(杨柳，中班)

艺术：我要变成彩色鱼

一、设计意图

《我要变成彩色鱼》绘本故事幼儿十分感兴趣，是班级图书区中的热门绘本，所以为了强化幼儿的环保理念，教师深入挖掘《我要变成彩色鱼》这一绘本中的教育价值，将《幽默曲》三段体的音乐和绘本故事进行整合、匹配，并在活动中贯穿环保内容，引导幼儿根据音乐中的旋律，自由想象并设计动作，创意地表现灰鱼、彩色鱼游泳的情节、帮灰鱼洗澡及清洁海洋的情节，帮助中班幼儿在“即兴表演、个性演绎”的音乐活动中获取环保知识和技能。

二、活动目标

1. 乐于参与到拯救灰色鱼的游戏中。
2. 认识水的用途，知道水污染的危害。
3. 能通过音乐游戏找到“绿精灵”和“彩色鱼”之间的关系。

三、活动重难点

1. 通过游戏，发现“绿精灵”和“彩色鱼”之间的关系，知道水污染的危害。
2. 能根据音乐的旋律和节奏进行游戏。

四、活动准备

1. 知识经验准备：幼儿欣赏过绘本故事《我要变成彩色鱼》，了解鱼的外形和生活习性。

2. 物质材料准备：《我要变成彩色鱼》课件，《幽默曲》音乐，魔法棒、头饰等。

五、活动过程

表 2-57　我要变成彩色鱼

环节	活动过程	时间	实施要点
导入部分	1. 整体欣赏：初步感知《幽默曲》音乐的艺术元素。 (1)欣赏《幽默曲》并自由想象表达。 (2)师幼共同交流分享。	2 分钟	教师组织幼儿自由欣赏音乐，引导幼儿自主倾听、感知并分辨《幽默曲》的旋律和节奏，使幼儿萌发积极、主动地学习愿望。
教学与练习部分	2. 随 B 段音乐探索“鱼儿游动”的体态动作。 (1)主题欣赏：关于“彩色鱼”的音乐故事。 (2)随乐探索：合拍表现“彩色鱼游泳”的音乐情境。	5 分钟	引导幼儿倾听并想象表达，运用身体动作介绍一下彩色鱼是怎么游泳的。

续表

环节	活动过程	时间	实施要点
教学与练习部分	3. 分段探索：创意表现“我想变成彩色鱼”的故事。 (1)倾听音乐，随乐探索并表现第一段音乐。 出示小灰鱼图片，让幼儿了解海洋污染导致彩色鱼都生病了，请绿精灵帮助彩色鱼清洁水体。(A 段音乐情境：绿精灵帮助小灰鱼清洁水体和身体让小灰鱼重新变回彩色鱼) (2)倾听音乐，随乐探索表现第二段音乐。(B 段音乐情境：小灰鱼的身体变干净，重新变回了彩色鱼，跟随音乐旋律在大海中自由地游泳) (3)倾听音乐，随乐表现第三段音乐。大海中还有许多彩色鱼被污染成了小灰鱼，它们都想请绿精灵帮帮忙。	8 分钟	在此环节，教师在“跟随音乐的旋律大胆设计、合拍表现绿精灵清洁动作”的基础上，鼓励幼儿交流与分享各自的表演动作设计和创编经验，并组织幼儿对“合拍姿势、好看动作”进行模仿学习和重点练习，巩固幼儿的节奏感，提升幼儿的艺术表现力。
	4. 观察音乐结构总图，分析并随乐表演。 (1)观察并理解音乐结构图。 (2)根据图谱提示，结合游戏规则，集体玩音乐游戏。 第一遍老师扮演绿精灵，幼儿扮演彩色鱼随乐游戏；第二遍邀请 5~10 名幼儿扮演绿精灵，教师和其他幼儿扮演彩色鱼，随乐游戏。	8 分钟	第一遍集体游戏之后，教师根据幼儿第一遍玩游戏的实际情况，提出有针对性的改进建议，随后组织幼儿玩第二次“我想变成彩色鱼”的音乐游戏。教师提醒或建议幼儿更换彩色鱼的姿势或游泳动作，循序渐进地丰富幼儿的随乐动作创编经验，提升幼儿的艺术审美情趣。
结束部分	5. 教师总结，活动结束。 师：“今天，我们欣赏了一首幽默、滑稽、有趣又好玩的音乐，玩了一个名叫‘我要变成彩色鱼’的音乐游戏，绿精灵努力工作，让大海中被污染、受到伤害的彩色鱼恢复了清洁和健康，绿精灵度过了特别有意义的一天。”	2 分钟	总结整节活动情况，帮助幼儿理解“绿精灵”和“彩色鱼”之间的关系，知道海洋污染的严重性，萌发爱护环境的意识。

六、活动延伸与拓展

请家长带幼儿到武汉科学技术馆去参观，了解更多水和鱼的相关知识。

七、活动花絮

图 2-113　幼儿欣赏音乐《幽默曲》

图 2-114　幼儿根据音乐情境进行动作创编

活动七　语言：给小鱼一个家

一、设计意图

环境污染已经严重影响到生物们的生存空间，尤其是近年来经济的快速发展，江河湖泊也遭到了空前的污染，许多河流变成了灰白、黑绿等浑浊的颜色，臭气熏天的河道让人们难以忍受，也让生活在水中的鱼儿们失去了美丽的家园。语言活动"给小鱼一个家"，让幼儿了解到鱼宝宝的生存环境已经十分恶劣，知道人们一些不良的生活习惯和举动不仅会影响自己，也会影响到其他生物的生活环境。幼儿在故事中动脑筋想办法去帮助小鱼们解决家园污染的问题，也是一个了解治理水污染的过程。

二、活动目标

1. 愿意主动保护环境，养成良好的卫生习惯。
2. 理解画面的主要内容，了解鱼生存所需的环境条件。
3. 能用较完整连贯的语言讲述鱼儿的不同神态、动作。

三、活动重难点

1. 了解鱼儿生存的现况和水污染的原因。
2. 理解故事发展的线索，懂得保护小动物要从自身做起。

四、活动准备

1. 知识经验准备：幼儿去观察、饲养小鱼，了解鱼的生活环境和特点。

2. 物质材料准备：PPT“小鱼的家”、小金鱼六条、鱼网兜若干、鱼的结构图片。

五、活动过程

表 2-58　给小鱼一个家

环节	活动过程	时间	实施要点
导入部分	1. 听音乐，师生学做鱼在水中游的动作。	2 分钟	鼓励幼儿听音乐大胆地表现自己的创编动作。
教学与练习部分	2. 出示浑浊的水缸和干净的水缸。 提问：水缸里水的颜色和鱼的有什么不同？	4 分钟	通过对比，引导幼儿清楚地表达、讲述自己的发现。
	3. 观看 PPT，了解鱼儿的生存现况。 (1) 请幼儿观察图片中鱼儿的表情、动作的变化，理解整个故事中的发展线索。 (2) 师：“小鱼们发生了什么事情？为什么小鱼们会出现这些情况？你怎么看出来的？”	8 分钟	引导幼儿尝试说明、描述简单的故事过程，为孩子创设有趣的情境背景，使幼儿能产生共鸣，体验在活动中能边玩边说的乐趣，提升幼儿的语言表达能力。
	4. 思考解决河水污染的办法。 (1) 师：“怎么才能让鱼儿们重新快乐地游动起来呢？” (2) 请个别幼儿讲述自己思考出来的方法，教师将方法记录下来，并和其他幼儿共同讨论方法的实用性。	8 分钟	适时启发幼儿的个性化语言发展，教师要特别注意在提问方式和内容上不能模式化，要尽量考虑到幼儿的发散性思维和提问环节中的关键点，让幼儿学会结合自己的生活经验去思考、分析问题。
结束部分	5. 教师总结。 师：“我们要从自身开始懂得保护环境的方式方法，要学会爱护小动物，做到人人讲卫生。”	3 分钟	总结活动，提炼故事中的环保教育理念，让幼儿对保护生态环境有新的认识。

六、活动延伸与拓展

1. 在图书区投放生态文明环保绘本，让幼儿知道要爱护身边的环境。

2. 为幼儿提供丰富的资源，让幼儿能更直观地感受到水对动物和人类的重要性。

七、活动花絮

图 2-115　幼儿模仿小鱼的动作

图 2-116　幼儿讲述保护小鱼的方法

故事：

别让小鱼没有家

一条小鱼正在寻找新家，热心的小青蛙跑过来问道："你为什么要搬家呢？"小鱼说："我本来有一个幸福又漂亮的家，可是就在前些日子，池塘旁边新建造了一个化工厂，每天都往池塘里排废气脏水，使池塘污染，变得臭气熏天，原本清澈的池水也变得浑浊，我的家人和朋友们都因为这样而生病了。"

说到这里，小鱼伤心地哭泣起来，小青蛙也伤心地说："是啊！人类只顾自己，不管生态平衡被破坏，毁坏我们的家园，上个星期我在稻田里捉虫，突然一辆大车把整个稻田铺平，说要在那里盖大楼，害得我也只好再找地方安家。"

天上的小鸟飞过，见到小青蛙和小鱼正在议论这件事，停下来说："我也是，那天我在树上休息，突然听到可怕的声音，就见几个人手里拿着长长的东西，把一棵棵大树锯断，害得我只好搬家。"一场大雨的来临，小青蛙和小鸟帮助小鱼和它的家人，搬到了森林里的小溪，希望这次不会再有人来破坏动物们的家园！请大家热爱小动物，保护生态平衡！

活动八　艺术：会走路的节水标志

一、设计意图

在我们的生活中，常常会看到孩子们开心地戏水，这是他们的天性，同时也发现孩子们并不懂得水的宝贵，导致出现浪费水资源的现象。习近平总书记强调："扎实有效做好建设节水型社会科普工作，在全社会形成节约用水合理用水的良好风气。”所以激发起孩子们的节水意识，引导孩子们将节约用水付诸行动刻不容缓。为了增强孩子们的节能减排意识，随着幼儿生态文明教育的不断深入，教师利用孩子们在生活中见到的各式各样的环保标志，设计了“会走路的节水标志”艺术活动，让幼儿在涂涂画画中认识节水标志，并了解它的意思，由此强化幼儿的环保行为。

二、活动目标

1. 体验做节水小卫士的快乐。
2. 认识几种常见的节水标志，知道它们所表达的意思。
3. 能与同伴一起设计节水标志。

三、活动重难点

1. 认识节水标志的样子，了解其中的含义。
2. 能独立设计出节水小标志。

四、活动准备

1. 知识经验准备：幼儿已知道一些环保标志。
2. 物质材料准备：PPT“节水城市我来创”、正方形画纸若干、蜡笔若干、彩笔若干、固体胶若干、双面胶若干。

五、活动过程

表 2-59　会走路的节水标志

环节	活动过程	时间	实施要点
导入部分	1. 情境导入，帮助武汉评选文明城市。 (1)观看 PPT，说一说这样的武汉可以评选文明城市吗？ (2)讨论帮助武汉市的办法。 (3)认识节水标志。	3 分钟	为幼儿创设问题情境，激发幼儿探索解决问题的兴趣，引导幼儿了解节水标志的含义，知道我们为什么要设计节水标志。
教学与练习部分	2. 设计节水小标志，为武汉市出一份力。 师：“武汉市的居民请小朋友们帮他们设计一些节水标志。你会怎么设计呢？”（个别幼儿发表意见）	3 分钟	教师应提供给幼儿自由表现的平台，鼓励幼儿去大胆想象和创新创造，尊重幼儿，关注幼儿自身感受。
	3. 幼儿制作节水标志。 (1)幼儿自由设计绘画，教师个别指导。 (2)请幼儿将设计好的节水标志粘贴到自己的衣服上。	8 分钟	教师巡回指导，观察幼儿完成情况，重点帮助能力弱的幼儿解决绘画中的问题。

续表

环节	活动过程	时间	实施要点
教学与练习部分	4. 请个别幼儿分享自己设计的节水标志。 师："你们的设计可真有创意，请你们来介绍一下自己设计的节水标志吧！"	5分钟	教师要注重引导幼儿相互交流、相互理解和相互欣赏作品，尊重幼儿有个性的艺术表现与创新。
	5. 幼儿进社区。 幼儿穿着贴着有节水标志的衣服，进入社区，为居民宣传自己制作的节水标志，并将设计的节水标志送给需要的居民，提醒他们节约用水，为创建文明城市出一份力。	15分钟	注意幼儿的外出安全，鼓励幼儿大胆主动地上前为居民介绍自己的设计。
结束部分	6. 情感激励，教师小结。 师："小朋友们真能干，帮了我们的城市一个大忙，真是了不起的环保小卫士。在你们的帮助下，我们的城市也顺利评上了全国文明城市，不过在今后的日子里也需要小卫士们好好爱护它哦！"	2分钟	通过帮助我们生活的城市，来激励幼儿争当环保小卫士，让幼儿主动地去爱护我们的城市，从自己做起，节约用水。

六、活动延伸与拓展

1. 将节水标志送到幼儿园各班级，并给其他班的小朋友宣传节水知识。
2. 鼓励幼儿在美工区设计更多的环保标志。

七、活动花絮

图2-117　幼儿为同伴介绍自己制作的节水标志

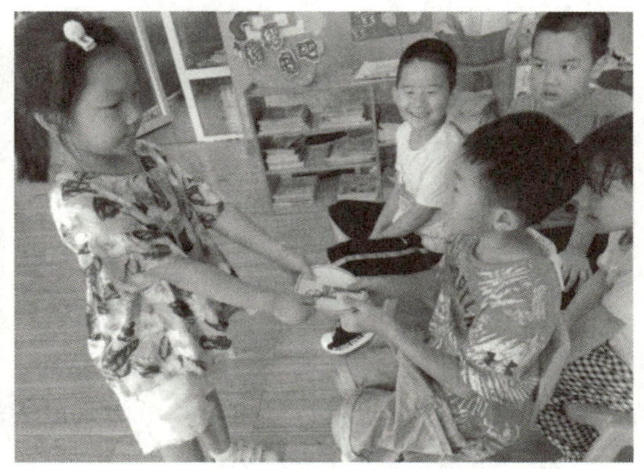

图2-118　将自己的节水标志赠送给其他班

活动九　健康：快快逃出污染区

一、设计意图

生活中，水给我们带来了方便和乐趣，成为了我们不可缺少的朋友。水也是人类、动物、植物乃至微生物生存的最基本条件，但是由于人类不断地制造垃圾，将未经处理的工业废水排放到了江河湖泊中，因此造成了严重的水污染。《幼儿园教育指导纲要(试行)》中指出："应依据幼儿的学习特点进行整合处理，以使幼儿通过真实而有意义的活动生动、活泼、主动地学习，获得完整的经验，促进身心全面和谐发展。"因此，教师结合水污染设计了一次健康活动，让幼儿在游戏去感受、体验水污染问题对动植物生命的威胁，并倡导幼儿从现在开始，保护水资源，给地球上所有的生物一个安全、干净的环境。

二、活动目标

1. 愿意主动保护水资源。
2. 学习钻的动作要领，练习钻过 60cm 高的松紧带。
3. 能在游戏中发现水污染的严重性。

三、活动重难点

1. 使幼儿萌发爱护水资源的情感，掌握基本的环保知识。
2. 能正确协调地钻过障碍物。

四、活动准备

1. 知识经验准备：幼儿了解水污染的危害性。
2. 物质材料准备：音乐(热身操、庆典乐)、松紧带若干、黑色斗篷、小鹅胸饰、铃鼓一个。

五、活动过程

表 2-60　快快逃出污染区

环节	活动过程	时间	实施要点
导入部分	1. 播放音乐，热身运动。 教师当鹅妈妈，小朋友当小鹅，教师带领小鹅们锻炼身体。(幼儿模仿小鹅的动作自由摆动)	2 分钟	为幼儿提供一个宽松的精神环境，使幼儿有愉悦感，积极、主动、愉快地参加体育活动。
教学与练习部分	2. 学习动作。 (1)幼儿自由地玩松紧带，玩完以后分享自己在玩松紧带时遇到的问题。 (2)幼儿进行分组讨论：用什么办法能从松紧带下顺利通过？ (3)教师总结动作要领："双膝弯弯，小腰弯弯，低着头儿钻钻钻"。	8 分钟	保证活动量，引导幼儿四肢都参与活动，通过儿歌的形式，使幼儿熟悉动作要领，教师要讲述清楚动作重点(低头、弯腰、屈膝)，保证幼儿的动作都是正确标准的。

续表

环节	活动过程	时间	实施要点
教学与练习部分	(4)幼儿边念动作要领边自由练习动作。 (5)请个别动作标准的幼儿进行示范。 (6)幼儿继续反复练习，教师巡回指导。		
	3. 游戏活动“快快逃出污染区”。 (1)教师讲解游戏玩法：音乐开始，小鹅自由地在场地游动，音乐停止，配班教师穿着黑斗篷出场，教师敲铃鼓发出警报声：“不好了，污染源出来了，小鹅们快快逃离!”小鹅马上跑向松紧带区域，从松紧带下钻过障碍物逃回到安全点。 (2)幼儿游戏，教师强调游戏规则：小鹅必须迅速逃回安全点，要求不能碰到松紧带；逃离时不推不挤，不和同伴碰撞。	10分钟	让幼儿在老师创设的情境中去游戏，为游戏制造紧张的气氛，让幼儿能直接地感受到水污染对生活的威胁。中班幼儿喜欢参加有挑战性的游戏和活动，在幼儿能够顺利钻过60cm松紧带的情况下，可以适当增加游戏难度，尝试降低松紧带高度。
结束部分	4. 了解“污染源”的来历。 (1)师：“聪明的小鹅们逃离了污染源，可是要是不及时逃离它，我们会发生什么样的后果呢?污染源又是从哪里来的呢?” (2)“污染源”出场，介绍自己：“我是你们平时往河水里扔的垃圾和工业废水，就是你们创造了我，让我去伤害河水里的小动物们!”	3分钟	给幼儿看被水污染迫害的小动物的图片，让幼儿了解现实中水资源污染的强烈反差，引导幼儿更加重视水污染问题。
	5. 总结讨论。 师：“小鹅们真是厉害，逃离了污染源，那么为了其他更多的小动物，我们应该携手保护环境，让小动物们都能在干净的水里快乐地生活。”	2分钟	带动幼儿体验躲开水污染后的喜悦情绪。

六、活动延伸与拓展

1. 请幼儿回家与家长共同讨论保护水资源的好办法，回幼儿园后与大家一起交流。
2. 师幼共同将水盆里的小鱼放回干净的池塘。

七、活动花絮

图 2-119　幼儿练习钻的动作

图 2-120　幼儿逃出污染区

健康：水从哪里来

一、设计意图

饮用水作为人类生活的必备条件之一，是我们的生活中不可或缺的重要元素。饮用水是从哪里来的？水里面都有一些什么？如果地球上没有水会怎样？这些都是孩子们经常会谈到的话题。虽然我们国家有很多江河湖海，但是我国却是一个干旱缺水严重的国家，在现实中我们可利用的淡水资源量其实非常少，中国是世界 13 个严重贫水国家之一。所以让孩子们从小就知道水资源的来之不易是一件十分重要的事情。教师组织幼儿对湖水、自来水和饮用水进行观察，引导幼儿对其进行比较，进一步加强幼儿对水的了解，知道湖水、自来水和饮用水的区别，让幼儿懂得水资源的宝贵，从而激发幼儿的环境保护意识，主动加入到节约用水的队伍中去。

二、活动目标

1. 乐意观察水，感受操作活动的乐趣。
2. 探索发现水中的微生物，知道生水不能喝。
3. 能主动做到节约用水，保护水资源。

三、活动重难点

1. 通过显微镜的观察，让幼儿初步了解水中有很多微生物。
2. 学会观察，从观察中了解饮用水的来之不易。

四、活动准备

1. 知识经验准备：幼儿参观过自来水厂，初步了解水加工和水处理。
2. 物质材料准备：显微镜若干台、PPT“水从哪里来”、湖水、自来水、饮用水、

记录表若干、笔若干。

五、活动过程

表 2-61　水从哪里来

环节	活动过程	时间	实施要点
导入部分	1. 播放PPT，幼儿观察水，思考水是从哪里来的？	2分钟	教师引导幼儿相互交流，启发幼儿发现水可以从雨水中来，也可以从江河湖泊里来。
教学与练习部分	2. 谈话活动。 (1)我们平时饮用的水是怎么来的？ (2)江河里的水和雨水是可以直接喝的吗？ (3)为什么不能喝？ (4)需要怎样才能变成饮用水呢？	3分钟	启发幼儿结合自己的生活经验，说出自来水是通过加工、处理的过程变成的，在经过加热煮沸过后才能够饮用。
	3. 了解水中的物质成分。 师："为什么已经变干净了的水还需要加热煮沸，是否可以不加热煮沸直接饮用呢？"	3分钟	给予幼儿一个自由讨论、大胆发言的平台，提升幼儿探究学习的积极性和主动性。
	4. 探究操作。 (1)出示显微镜，教师介绍显微镜的作用和用法。 (2)幼儿自己操作显微镜，分别观察自来水和饮用水，并在记录表中记录自己的观察结果。 (3)幼儿分享结果。	10分钟	让幼儿分别观察自来水和饮用水在显微镜下的样子，学会把观察到的样子用笔记录在记录表中，从而分析出为什么自来水要加热煮沸才能饮用。
	5. 探索如何处理未经过滤的水。 师："我们要怎样处理才能饮用这些水呢？"	5分钟	引导幼儿结合生活经验来思考，教师从旁给予适当的提示。
	6. 观看PPT，了解中国的淡水资源。 (1)师："原来不是所有的水都可以饮用，虽然我们的生活中有很多的江河湖海，但是实际能让我们生存的饮用水十分少，那我们怎么能去留住这珍贵的淡水资源呢？" (2)幼儿结合生活分享节约用水的方法，共同学习保护淡水资源。		通过看视频，了解中国的淡水资源十分稀缺，知道中国也属于干旱国家。通过共情的方式，激励幼儿节约用水，从自身做起。

续表

环节	活动过程	时间	实施要点
结束部分	7. 教师总结。 自来水要通过多重的加工过滤处理，才能够变成我们的生命之水，所以我们更要珍惜这来之不易的水资源，做一个爱水护水的小卫士，共同维护我们美好的未来。	2 分钟	启发幼儿明白饮用水的来之不易，鼓励幼儿回家和父母一起学习节水知识。

六、活动延伸与拓展

1. 请家长们在家中为幼儿进行喝水打卡，养成良好的喝水习惯。
2. 在科学区投放过滤材料，让幼儿自己操作过滤实验。

七、活动花絮

图 2-121　分小组感知水的奥秘

图 2-122　观察日常生活中的饮用水

四、绿色生活：绿精灵在行动

艺术：地球清洁器

一、设计意图

《3—6 岁儿童学习与发展指南》指出：“幼儿要爱护自己生活的环境，增强保护环境的意识。”地球是我们赖以生存的家园，为我们提供生存所需的一切，但人类的肆意妄为却让地球的状态不容乐观。海洋垃圾、工业废水、砍伐森林等不良行为，既污染环

境，也伤害了地球妈妈。幼儿园中班活动“地球清洁器”，不仅让孩子了解当前存在的环境问题，懂得如何保护环境，更激发幼儿保护地球妈妈的情感。希望通过活动，引导幼儿探索保护环境的方法，提升保护环境的意识。

二、活动目标

1. 有保护地球，改善环境的愿望。
2. 了解地球生态环境日益恶化的现象。
3. 能熟练运用点、线、面描绘制地球清洁器。

三、活动重难点

1. 了解地球上生态环境恶化的现象。
2. 能熟练运用点、线、面，练习线条进行绘画。

四、活动准备

1. 知识经验准备：幼儿见过地球仪，理解大陆色块。
2. 物质材料准备：地球图片、有关做清洁的视频、黑色记号笔、马克笔、铅笔和纸若干。

五、活动过程

表 2-62　地球清洁器

环节	活动过程	时间	实施要点
导入部分	1. 了解地球环境被破坏现象。 欣赏图片，我们生活在哪里？它的现状是怎样的？	4 分钟	教师在图片展示的过程中，让幼儿感受到地球是我们生活的家园，从而使幼儿萌发保护地球的愿望。
教学与练习部分	2. 观看人们做清洁的视频，了解不同清洁工具的作用。	5 分钟	通过播放视频，让幼儿观看清洁工具，引发幼儿对绘制地球清洁器的思考。
	3. 分享想法。 幼儿讨论交流：你想怎样清理地球？需要什么样的清洁器？	6 分钟	通过讨论，让幼儿进行思维的交流碰撞，从而想到更多地球清洁器的画法。
	4. 幼儿自由创作。 幼儿 1：“我画的地球清洁器有很长的触角，这个长触角可以用来清理垃圾。” 幼儿 2：“我画的地球清洁器像一个大大的吸尘器，这个吸尘器可以用来清理地球上的垃圾。”	12 分钟	本环节重点引导幼儿针对地球环境问题，设计出不同形状、大小、长度的清洁工具。
结束部分	5. 小小宣传员。 师幼共同布置爱护地球的宣传栏。	3 分钟	幼儿在愉快的活动中体验宣传爱护地球的愉悦。

六、活动延伸与拓展

请幼儿制作保护地球妈妈的宣传画，组织幼儿进行作品展览。

七、活动花絮

图 2-123 幼儿自由创作地球清洁器

图 2-124 幼儿欣赏地球清洁器作品

活动二 科学：家乡的交通真便利

一、设计意图

习总书记提出："绿水青山就是金山银山。"以习近平同志为核心的党中央高度重视社会主义生态文明建设，坚持节约资源和保护环境的基本国策，坚持绿色发展。在"绿精灵在行动"主题中，我们围绕幼儿生活环境开展了一系列绿色生活教育活动。私家车在内的多种交通工具给人们的生活带来便利的同时，却给环境带来了污染与危害。教师利用"家乡的交通真便利"这一活动，引导幼儿对出行方式进行调查和统计，让幼儿了解不同的出行方式对环境的影响，并能根据不同的情况选择合适的出行方式，养成低碳出行、绿色生活的好习惯。

二、活动目标

1. 愿意选择绿色出行方式，有维护城市良好空气质量的意愿。
2. 了解摩托车和汽车给空气质量带来的危害。
3. 用自己喜欢的方式向周围的人宣传绿色出行。

三、活动重难点

1. 愿意选择绿色出行方式。
2. 能用自己喜欢的方式向周围的人宣传绿色出行。

四、活动准备

1. 知识经验准备：幼儿搭乘过交通工具。
2. 物质材料准备：介绍家乡交通的课件；纸、笔和调查表若干。

五、活动过程

表 2-63　家乡的交通真便利

环节	活动过程	时间	实施要点字
导入部分	1. 了解日常出行方式。 幼儿向大家介绍自己的家人上班时选择的出行方式。	3 分钟	通过观看视频，幼儿回顾自己的生活经验，思考日常出行方式。
教学与练习部分	2. 统计出行方式。 请幼儿展示出行方式的调查表，师幼一起统计调查结果并对结果进行分析。	5 分钟	通过数据分析，使幼儿明白最受欢迎的出行方式是什么。
	3. 了解出行方式和环境的关系。 引导幼儿了解摩托车、汽车等交通工具给环境带来的污染，知道绿色出行的方式。	6 分钟	通过了解人们出行方式和环境污染的关系，引发幼儿思考，从而明白绿色出行的重要。
	4. 辨别绿色出行方式。 (1)你认为乘坐哪一种交通工具最好？为什么？ (2)在什么情况下、使用什么样的交通工具最合适？	6 分钟	本环节重点引导幼儿懂得哪些方式是绿色出行。
结束部分	5. 小小宣传员。 通过绘制张贴海报的方式宣传绿色出行的重要性，同时引导幼儿选择更多的方式宣传绿色出行。	5 分钟	幼儿在愉快的游戏中体验宣传绿色出行的愉悦。

六、活动延伸与拓展

1. 在角色区创设“去郊游”的情境，鼓励幼儿选择公共交通工具和单车等方式出游。
2. 在气象角增加空气质量监测站，学习用数字方式记录每天的空气质量指数。

七、活动花絮

图 2-125　幼儿辨别绿色出行的方式

图 2-126　幼儿宣传绿色出行

活动三　社会：共享图书馆

一、设计意图

中班幼儿的阅读兴趣浓厚，图书区里经常人满为患。但是孩子的自我意识比较强，不太愿意分享图书，时常发生争抢，导致图书破损。图书是人类用来记载一切成就的主要工具，也是人类获取知识、传承经验的重要媒介，所以爱惜图书至关重要。为了让幼儿懂得爱惜图书，愿意分享图书，教师设计了本次活动。希望通过活动，让幼儿懂得分享图书，学会修补图书，从而养成爱惜书本的好习惯。

二、活动目标

1. 愿意分享图书，懂得爱惜书本的重要性。
2. 学习修补图书的方法，共同制定图书共享的规则。
3. 能够运用多种工具对图书进行修补。

三、活动重难点

1. 能遵守图书共享的规则。
2. 愿意与他人共享图书。

四、活动准备

1. 知识经验准备：幼儿参观过共享图书馆。

2. 物质材料准备：共享图书馆图片、图书区场地；图书和双面胶、透明胶、剪刀等工具若干。

五、活动过程

表 2-64　共享图书馆

环节	活动过程	时间	实施要点
导入部分	1. 参观共享图书馆。 幼儿参观共享图书馆，教师提问：“怎样共享图书？”	4 分钟	教师让幼儿观看地铁站、图书馆等共享图书设施，让幼儿懂得这些属于公共资源。
教学与练习部分	2. 争做图书医生。 师：“有些图书在小朋友借阅过程中损坏了，我们一起为图书治病吧！”	1 分钟	通过争做图书医生这个游戏，激发幼儿修补图书的愿望，使幼儿萌发爱惜图书的情感。
	3. 共同修补图书。 幼儿分享介绍修补图书的方法，师幼共同修补破损的图书。	10 分钟	此环节教师需提供充足的材料，首先让幼儿讨论可以用什么方法修补图书，然后让幼儿自主活动。
	4. 学习爱惜图书。 请个别幼儿示范取书、看书和还书，教师引导幼儿讨论他们的行为是否正	5 分钟	本环节重点引导幼儿如何爱护图书，文明阅读。

续表

环节	活动过程	时间	实施要点
教学与练习部分	确，幼儿演示正确地取书、看书和还书方法。		
	5. 游戏“小小图书馆”。 教师和幼儿共同创建班级共享图书馆，制定图书共享规则。	5分钟	引导幼儿学习用色卡给图书分类，用借阅记录卡及借阅须知等方式保障图书有序流转。
结束部分	6. 我会分享图书。 请幼儿把自己的图书分享给小班的弟弟妹妹看。	2分钟	幼儿在愉快地活动中体验分享图书的成就感。

六、活动延伸与拓展

请家长带幼儿去共享超市、共享花店、共享体育馆、共享影院体验共享生活。

七、活动花絮

图2-127　幼儿争做图书医生修补图书

图2-128　幼儿在共享图书馆看书

活动四　社会：我们的约定

一、设计意图

《3—6岁儿童学习与发展指南》指出：“家庭、幼儿园和社会应共同努力，为幼儿创造温暖、关爱、平等的集体生活氛围，让幼儿在良好的社会环境中学会遵守规则。”幼儿进入集体生活后，逐渐由自然人向社会人过渡，行为规则意识开始逐步建立。《社区公约》的制定让幼儿更加明确社区规则的重要性，社区中的每一个人都应当按照社区公约行事，用自己的言行举止影响他人，用适宜的方式提醒他人，只有这样，生活在社区里的人们才会更加幸福和美好。本次活动，教师围绕幼儿的社会性发展特点，以制定公约为载体，鼓励幼儿遵守社区规则，爱护美好家园，形成基本的认同感和归属感。

二、活动目标

1. 热爱自己生活的社区，愿意共建文明美好家园。
2. 了解社区公约在人们生活中的作用，遵守社区内的各项公约。
3. 能积极参与社区公约的制定，大胆表达自己的想法。

三、活动重难点

1. 了解社区公约的重要性。
2. 能与同伴共同制定社区公约。

四、活动准备

1. 知识经验准备：幼儿对生活规则有一定的了解。
2. 物质材料准备：海报纸、马克笔若干。

五、活动过程

表 2-65　我们的约定

环节	活动过程	时间	实施要点
导入部分	1. 小小智多星。 教师提问："你觉得什么是公约？你都听过哪些公约？"	2 分钟	教师请幼儿寻找教室内的公约，初步了解公约制定的意义，然后延伸到我们生活的社区及其他公共场合，懂得生活中很多地方需要公约来规范人们的行为，维护文明生态系统。
教学与练习部分	2. 小小裁判员。 幼儿判断对错。如：随地吐痰、高空抛物、乱搭乱晒等行为，并说明理由。	3 分钟	通过判断，让幼儿明白哪些行为是不对的，引发幼儿对制定社区公约的思考。
	3. 幼儿讨论制定公约。 (1)讨论：在社区中生活，有哪些规则是我们必须遵守的，可以成为我们《社区公约》的内容。 (2)小结：我们要懂礼貌，见到长辈要问好，见到好朋友要打招呼。我们要爱护社区里面的设施，不能拿棍子打或石头扔它们，要保护好它们。	10 分钟	通过"讨论"，引发幼儿思考，从而想到更多的生活规则。
	4. 践行社区公约。 师：《社区公约》制定好后，我们要如何维护它？	5 分钟	本环节重点引导幼儿加深对遵守社区公约这种行为的认识。

续表

环节	活动过程	时间	实施要点
结束部分	5. 文明小卫士进社区。 教师带幼儿去社区服务中心，将社区公约张贴在社区宣传栏，制止不文明现象。	8 分钟	在实践活动中以“小手牵大手的”形式将文明新风尚带给社区居民。

六、活动延伸与拓展

鼓励幼儿与家长一起制定《家庭公约》，共同遵守家庭公约。

七、活动花絮

图 2-129　幼儿讨论社区公约内容

图 2-130　幼儿用绘画的方式制作社区公约

活动五　科学：会说话的标志

一、设计意图

环保教育是我园生态文明教育的重要内容，从最初的环境认知到生态理解，再到现在的绿色生活，幼儿已初步建立生态文明意识，逐步形成生态文明行为。“禁止鸣笛”“爱护花草”“垃圾分类”“节约用水”等这些环保标志贴近幼儿的生活，对幼儿的行为发展起到一定的引导作用。教师通过带领幼儿认识标志、设计标志和张贴标志，巩固幼儿的已有经验，让幼儿制作环保标志，宣传环保行为。活动旨在引导幼儿理解标志的作用，懂得用无声的语言提醒人们遵守社会规则，促使幼儿养成良好的行为习惯。

二、活动目标

1. 体验制作环保标志的乐趣。
2. 认识不同的环保标志，丰富环保知识。

3. 学习制作环保标志，当好小小宣传员。

三、活动重难点

1. 认识不同环保标志。

2. 能根据生活实际需求创作环保标志。

四、活动准备

1. 知识经验准备：幼儿见过各种环保标志，了解其意义。

2. 物质材料准备：地铁公益广告、各种环保标志图片若干；正方形纸、蜡笔人手一份。

五、活动过程

表 2-66　会说话的标志

环节	活动过程	时间	实施要点
导入部分	1. 播放地铁上的公益广告。 提问：视频中说了一件什么事情？你是怎么知道的？	2 分钟	引导幼儿观察发现生活中很多地方都有标志，提醒人们应该注意什么。
教学与练习部分	2. 认识各种标志。 依次出示垃圾入箱、禁鸣喇叭、禁烟标志等图片。	4 分钟	此环节要重点引导幼儿说出各种标志的不同之处。
	3. 讨论如何创作环保标志。 (1)提问：在生活中你觉得有哪些地方是需要标志提醒人们注意的？设计一个什么样的标志比较好？ (2)观察教师出示的标志和幼儿简单创作的标志，发现标志的特点。	4 分钟	本环节重点引导幼儿先交流各自的想法，然后再根据自己的想法制作环保标志。 重点引导幼儿观察标志的特征，如线条简单、颜色鲜艳、图案清晰等。
	4. 幼儿制作环保标志。 (1)教师出示自己创作的环保标志，引起幼儿制作标志的兴趣。 (2)提供制作标志的材料，幼儿以小组为单位一起设计、制作环保标志。	8 分钟	本环节重点指导幼儿先设计再制作环保标志。
结束部分	5. 作品点评及宣传。 (1)请部分幼儿分享自己的作品，其余幼儿进行评价。 (2)幼儿把标志贴在背后，在幼儿园走动宣传。	6 分钟	幼儿在愉快地表演中体验制作环保标志的成就感并加深对环保行为的认识。

六、活动延伸与拓展

请幼儿和家长一起找一找生活中常见的环保标志。

七、活动花絮

图 2-131　幼儿认识各种标志

图 2-132　幼儿变身移动的标志进行环保宣传

活动六　艺术：小小花艺师

一、设计意图

《3—6岁儿童学习与发展指南》中提出："提供丰富的材料，如图书、照片、绘画或音乐作品等，让幼儿自主选择，用自己喜欢的方式去模仿或创作，成人不做过多要求。"因此，我们应该根据幼儿的生活经验，与幼儿共同确定艺术表现的主题，引导幼儿围绕主题展开想象，进行艺术创作。美工区里的花朵作品深深地吸引着孩子们的注意，他们经常走进去，看一看、摸一摸，并试着做一做。为了满足幼儿的创作兴趣，教师设计了本次活动，希望通过做花、插花、展花的形式来提高幼儿感受美、欣赏美的能力。

二、活动目标

1. 喜欢插花并体验用花朵装点生活的乐趣。
2. 学习用色彩互补、主宾搭配、高低错落等简单技巧布局作品。
3. 能够和同伴一起合作完成插花并进行命名。

三、活动重难点

1. 用色彩互补、主宾搭配、高低错落等简单技巧构思插花作品。
2. 和同伴一起合作完成插花。

四、活动准备

1. 知识经验准备：观看插花分步讲解视频资料。

2. 物质材料准备：成品插花；树枝、各种花、花瓶、花篮、花泥、剪刀若干。

五、活动过程

表 2-67 小小花艺师

环节	活动过程	时间	实施要点
导入部分	1. 艺术欣赏。 教师提问：“大家有没有见过插花的场景？”	1 分钟	通过欣赏精美的插花作品，激发幼儿插花的兴趣。
教学与练习部分	2. 探讨插花准备工作。 插花时，需要准备哪些材料？	2 分钟	交流分享的过程也是相互学习的过程，幼儿能吸纳同伴的建议，倾听他人的想法，尊重他人，赞美他人。
	3. 学习插花技巧。 （1）观察教师带来的插花作品。 师：“小朋友认识这些花吗？老师是怎样插的？有哪些小窍门能让我们的作品更美？” （2）请一名幼儿示范插花，边插边与其他幼儿交流自己的步骤和想法。 （3）讨论：插花时需要注意些什么？	6 分钟	生生互动的环节让幼儿有自主思考的空间，同时能够通过个别幼儿操作详细分解插花步骤和技巧，让幼儿更易掌握操作方法。
	4. 小小花艺师。 幼儿分组进行插花创作。 准备好花瓶、花篮等花器，花泥与花材，往花器中倒入适量水，把花和枝叶放进去，修剪枝叶，完成造型。	10 分钟	活动采用了小组合作的方式，在装饰的过程中，教师应注重引导幼儿学习用色彩互补、主宾搭配、高低错落等简单技巧布局作品。
	5. 分享和交流。 请幼儿分享自己的创作主题和灵感，为作品取名。	6 分钟	本环节重点引导幼儿知道创作一个精美的花卉艺术作品，需要构思布局等多种因素，以此提升幼儿艺术素养。
结束部分	6. 美丽使者。 寻找幼儿园需要装扮的地方，将自己的插花作品放到合适的位置。	5 分钟	本环节的作用在于让幼儿明白美的事物能让人们的生活环境变得更加美好。

六、活动延伸与拓展

请家长带幼儿了解更多和插花、园艺相关的知识，或是参观花卉展等。

七、活动花絮

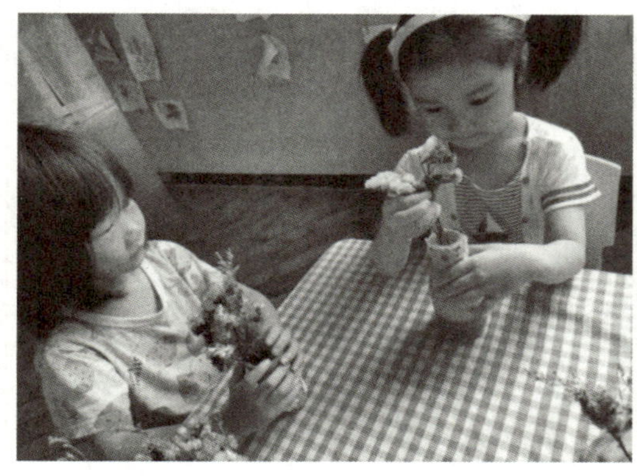

图 2-133　幼儿自由插花

图 2-134　幼儿交流分享自己的插花作品

活动七　社会：今天我请客

一、设计意图

《3—6岁儿童学习与发展指南》指出："幼儿应爱护身边的环境，注意节约资源。"现在的幼儿绝大多数是独生子女，生活条件都非常优越，幼儿挑食、剩饭等浪费的现象十分普遍。为了帮助孩子养成吃多少点多少、不浪费的习惯，教师设计了"今天我请客"这一活动，旨在帮助幼儿节约资源、不浪费粮食和适度消费。

二、活动目标

1. 愿意分享自己节约粮食的经验。
2. 了解节约粮食的好方法。
3. 能够做到吃多少点多少，适度消费。

三、活动重难点

1. 知道适度消费。
2. 能坚持不撒饭、不挑食、不浪费粮食。

四、活动准备

1. 知识经验准备：幼儿见过父母请客吃饭。

2. 物质材料准备：餐厅营业及索马里战后场景视频、文明用餐和浪费粮食图片、娃娃餐厅场景、餐桌、各类食物、打包盒若干。

五、活动过程

表 2-68　今天我请客

环节	活动过程	时间	实施要点字
导入部分	1. 想一想。 幼儿观看餐厅顾客点餐视频，教师提问："你们有过这样的情况吗？"	2 分钟	通过观看视频，幼儿回顾自己的生活经验，发散思维，思考应该怎么点餐。
教学与练习部分	2. 说一说。 请幼儿分组分享自己对于适度消费的理解。 幼儿 1："适度消费就是点自己喜欢的。" 幼儿 2："适度消费就是不挑食、不剩饭、不剩菜、要光盘。" 幼儿 3："适度消费就是吃多少点多少，吃不完就打包带回家。"	4 分钟	通过小组分享，幼儿明白一些适度消费的行为，如吃多少点多少，不浪费。
	3. 辨一辨。 (1)分别出示文明用餐和浪费粮食图片，请幼儿判断哪些行为是正确的。 (2)观看战乱后索马里儿童生活场景，引导幼儿讨论适度消费的重要性。	8 分钟	本环节分两步走，首先让幼儿学会分辨对错，然后通过视频中生活在贫困地区儿童的艰难场景，引发幼儿认识到节约粮食的重要性，珍惜眼前的幸福生活。
	4. 改一改。 你觉得我们以后点餐应该注意什么？	5 分钟	本环节重点引导幼儿加深对节约粮食的认识。
结束部分	5. 做一做。 情景游戏：小猫咪咪的生日。	8 分钟	教师在游戏场景中扮演餐厅服务员，提醒幼儿点餐时健康搭配，适度消费。

六、活动延伸与拓展

生活区中设置光盘行动墙，鼓励幼儿每餐都吃完食物，每天都能点亮光盘灯。

七、活动花絮

图 2-135　幼儿宣誓反对浪费

图 2-136　幼儿观看索马里饥饿儿童视频

健康：我的“地盘”我做主

一、设计意图

社区广场是居民活动的公共场所，无论是老人还是小孩，都会在广场上玩耍。近日，广场上小孩碰撞老人、老人绊倒小孩的新闻时常发生，广场活动安全和场地的合理公平使用显得十分重要。习近平总书记提出，公共资源是属于公民公有、公用的自然与社会资源，这些资源的所有权由全体社会成员共同享有。在“我的‘地盘’我做主”这一活动中，幼儿通过了解在广场玩耍的注意事项，学习自我保护的方法，从而和其他人共享公共资源，营造公平、和谐的广场休闲娱乐氛围。

二、活动目标

1. 体验在广场玩耍的乐趣，感受被公平对待的喜悦。
2. 了解在广场玩耍的注意事项，学习自我保护的方法。
3. 能遵守广场活动规则，对不公平行为勇敢说“不”。

三、活动重难点

1. 了解在广场玩耍的注意事项，学习自我保护的方法。
2. 对不公平对待行为勇敢说“不”。

四、活动准备

1. 知识经验准备：幼儿在有老人的广场上玩耍过。
2. 物质材料准备：课件“兔妈妈的生日聚会”；马克笔和白纸若干。

五、活动过程

表 2-69 我的“地盘”我做主

环节	活动过程	时间	实施要点
导入部分	1. 兔妈妈的生日聚会。 教师扮演兔妈妈，幼儿扮演兔宝宝。讨论兔妈妈在广场上举办生日聚会，应该注意什么？	2 分钟	通过生日聚会的小游戏，激发幼儿兴趣，引发幼儿思考在广场上玩耍的注意事项。
教学与练习部分	2. 文明小客人。 教师出示参加聚会的小客人行为，请幼儿判断对错。	5 分钟	此环节重点要引导幼儿说出什么行为是对的，什么行为是错的。
	3. 小狗一家来野餐。 聚会进行到一半，小狗一家来到广场上野餐，但场地有限，可是小狗一家仗着自己人多，强行抢占广场。	6 分钟	通过“小狗一家来野餐”的游戏让幼儿知道对不公平行为要大胆说“不”，思考怎样分配场地才能让大家一起玩。

续表

环节	活动过程	时间	实施要点
	4. 我们大家的广场。 (1)兔子一家和小狗一家划分场地，讨论怎样分两家都可以在广场上和谐愉快地玩耍。 (2)提问：在公共场地游戏时如何保障自身安全?	8 分钟	本环节重点引导幼儿感受被公平对待的喜悦。
结束部分	5. 我是小榜样。 幼儿带领小班的弟弟妹妹一起在幼儿园的操场上玩，学会合理规划和分配公共资源。	5 分钟	幼儿在愉快的游戏中体验相互谦让共享场地的愉悦。

六、活动延伸与拓展

在图书区投放有关相互谦让、共同分享的绘本故事。

七、活动花絮

图 2-137　幼儿分配场地进行游戏

图 2-138　幼儿带领弟弟妹妹在“广场”上游戏

活动九　科学：有趣的蔬菜

一、设计意图

《3—6 岁儿童学习与发展指南》建议，成人要善于利用自然和实际生活机会，引导幼儿通过观察、比较、操作、实验等方法，学习发现问题、分析问题和解决问题。中班幼儿好奇心强，对我们生活中常见的蔬菜很感兴趣，他们渴望探索蔬菜的奥秘。在“有趣的蔬菜”这一主题中，幼儿动手动脑操作，认识不同的蔬菜，了解蔬菜的外形特点和在膳食宝塔中的占比，有初步的健康饮食生活理念。

二、活动目标

1. 喜欢吃蔬菜，有健康饮食的生活理念。
2. 通过比较，了解蔬菜的营养价值和在膳食宝塔中的占比。
3. 能够和同伴合作，愉快地做蔬菜游戏。

三、活动重难点

1. 喜欢吃蔬菜，有健康饮食的生活理念。
2. 能够和同伴合作，愉快地做蔬菜游戏。

四、活动准备

1. 知识经验准备：幼儿认识一些蔬菜。
2. 物质材料准备：各种蔬菜和蔬菜图片若干。

五、活动过程

表 2-70　有趣的蔬菜

环节	活动过程	时间	实施要点
导入部分	1. 奶奶的菜篮子。 教师出示装满蔬菜的菜篮子，请幼儿说出自己认识的蔬菜。	3 分钟	引导幼儿了解蔬菜的不同种类。
教学与练习部分	2. 和蔬菜做朋友。 蔬菜很好吃，小朋友们都喜欢，多吃蔬菜能让我们的皮肤变得白白的，多吃蔬菜还能让我们的身体变得棒棒的，小朋友们，你们爱吃什么蔬菜呢？	5 分钟	本环节引导幼儿说出自己喜欢的蔬菜，了解蔬菜的营养价值，对身体的作用。
	3. 和蔬菜做游戏。 玩法：土豆土豆在哪里？幼儿举起相应的蔬菜，看看是什么颜色的？是什么形状？ 游戏继续依次和剩下的蔬菜做游戏。	6 分钟	本环节重点关注幼儿对蔬菜的颜色和形状的观察，辨别不同蔬菜。
	4. 蔬菜的区别。 蔬菜不仅有自己的名字，还有自己漂亮的颜色和形状。和旁边的小朋友比一比，你们的蔬菜一样吗？ 小结：这些蔬菜都有不同的颜色和形状。	6 分钟	本环节重点加深幼儿对蔬菜外形特征的认识。
结束部分	5. 膳食宝塔贴贴贴。 通过在膳食宝塔粘贴蔬菜，让幼儿懂得蔬菜在膳食宝塔中的占比。	5 分钟	幼儿在愉快的游戏中了解蔬菜在膳食宝塔中的占比，加深健康生活的理念。

六、活动延伸与拓展

回家和爸爸妈妈一起做蔬菜拓印，解锁更多蔬菜的玩法。

七、活动花絮

图 2-139　幼儿分享自己喜欢的蔬菜

图 2-140　幼儿和蔬菜做游戏

健康：奶奶的菜篮子

一、设计意图

国家对环保提出了相关要求，除了人们熟知的停工停产、焚烧秸秆、限号出行等一系列措施之外，还有一项禁塑令。2021 年 1 月，“国内最严禁塑令”落地实施，商超、餐饮业使用可降解塑料产品替代一次性塑料产品。目前使用一次性塑料袋买菜的现象还非常普遍，这不仅浪费资源，更加重了环境污染，因此我们提倡大家在买菜时重复使用环保袋，减少塑料袋的使用。在“奶奶的菜篮子”这个活动中，幼儿通过买菜和配菜等操作，学习健康饮食，使用可重复利用的菜篮子买菜，从而形成节能减排、绿色生活的好习惯。

二、活动目标

1. 愿意用菜篮子买菜，有节能减排的愿望。
2. 了解一次性塑料袋对环境的危害。
3. 能够在日常生活中做到节能减排、保护环境。

三、活动重难点

愿意用菜篮子买菜，有节约资源、爱护环境的愿望。

四、活动准备

1. 知识经验准备：幼儿和父母一起买过菜或逛过菜市场。
2. 物质材料准备：《买菜》音乐、各种蔬菜；废旧纸箱、纸盒若干。

五、活动过程

表 2-71　奶奶的菜篮子

环节	活动过程	时间	实施要点
导入部分	1. 歌曲《买菜》导入。 教师播放《买菜》音乐，幼儿听音乐，说一说歌曲里唱的是什么。	2 分钟	通过听音乐，激发幼儿买菜兴趣，引发幼儿回顾生活经验，思考平时用什么装菜。
教学与练习部分	2. 了解塑料袋对环境的危害。 教师出示塑料袋危害环境的图片，幼儿了解塑料袋对环境的污染。	5 分钟	通过观看海洋生物误食塑料袋死亡的图片，引发幼儿思考如何减少塑料袋的使用。
	3. 讨论减少塑料袋污染的方法。	6 分钟	此环节要重点引导并鼓励幼儿说出在平时生活中应怎样减少塑料袋的使用。
	4. 制作我们专属的菜篮子。 师：“为了保护环境，我们自己来制作菜篮子。幼儿制作，教师巡回指导。”	5 分钟	通过对竹条和布等材料的改造和利用，制作菜篮子，巩固幼儿使用菜篮子买菜的意愿。
结束部分	5. 赠送环保菜篮子。 幼儿把制作好的菜篮子带回家送给奶奶，提醒奶奶用菜篮子买菜。	3 分钟	幼儿在愉快的游戏中，加深对用菜篮子买菜这种环保行为的认识。

六、活动延伸与拓展

请幼儿回家提醒爸爸妈妈在购物时使用环保购物袋或者篮子。

七、活动花絮

图 2-141　幼儿了解塑料袋对环境的危害

图 2-142　幼儿使用环保购物袋进行购物

第三节　大班(5—6岁)生态文明教育活动

一、环境认知：七彩中国梦

语言：地球村

一、设计意图

随着世界各国之间的交流不断深入，我们的周围也出现了许多不同地域的人，面对这些跟自己生活方式和习惯不一样的人时，孩子们会表现出害羞，并且感到好奇。于是教师设计了语言活动“地球村”，通过视频、游戏、儿歌、绘画等多种形式，引导幼儿初步认识不同国家间的礼仪差异，懂得关心和尊重与自己生活方式或习惯不一样的人，认同别人与自己不一样的地方，从而以平等、理解和尊重的态度对待差异，树立全球一体化，共建地球村的生态文明建设大局观。

二、活动目标

1. 热爱地球，知道全世界人们要互相尊重，和平相处。
2. 了解地球上住着不同肤色、语言、文化的人们，全球是一家。
3. 能大胆有条理地表达对地球村上人种差异的看法。

三、活动重难点

1. 知道不同肤色、语言、文化的人们，大家同住地球村。
2. 大胆有条理地表述地球村上的人种差异。

四、活动准备

1. 知识经验准备：幼儿和家人有旅游的经历，了解一些当地风土人情。

2. 物质材料准备：儿童版世界地图、地球村课件、游戏任务图卡人手一份、不同国家的拼图和不同人种拼图人手一份、画笔、彩纸、幼儿人手一套不同国家或民族的服饰。

五、活动过程

表 2-72　地球村

环节	活动过程	时间	实施要点
导入部分	1. 展示儿童版卡通世界地图，播放儿歌《全世界儿童是一家》，激发幼儿兴趣。 2. 教师提问：“儿歌里说了哪些国家？	5分钟	此环节围绕“全世界”这一词语进行讲述。利用儿歌和地图相结合的形式引导幼儿了解地球上不同国家不同肤色的人们都生活在地球这个大家庭里。

续表

环节	活动过程	时间	实施要点
	除了这些国家，你还知道哪些国家?”(老师将小朋友说到的国家在世界地图上圈起来进行标注。)		
教学与练习部分	3. 观看课件，了解世界各国人们的相同与不同之处，并自由讨论这些国家的人和中国人有什么不同? (1)从肤色、头发颜色和眼睛瞳孔颜色来区别。 (2)从各国人民的服饰来区别不同国家的儿童。	5分钟	通过播放世界各国人民的课件，学会用语言细致地描述各个国家人种的不同。
	4. 观看视频，了解不同人种的文化差异。 (1)播放欧洲、非洲、亚洲人的生活片段视频，如居住环境、饮食、餐桌文化等。 (2)讨论：你喜欢视频里的哪个镜头?住在世界各地的人平时生活习惯和我们一样吗?你喜欢哪些地方?为什么?	8分钟	利用视频录像的形式使幼儿更直观地了解不同地域的人虽然生活习惯不同，可是大家都同住在一个地球上。
	5. 游戏活动“我的家乡在哪里”。 出示欧洲、亚洲和非洲具有代表性的景观拼图，请幼儿小组合作将背景拼图拼好，角色与背景相匹配获胜。	10分钟	此环节拼图图片需要具有不同国家字符或者每个国家的特征、建筑的拼图。
结束部分	6. 播放歌曲《我和你》，幼儿身穿不同国家、民族服饰，感受世界大同，人类同呼吸共命运。	3分钟	通过音乐及环境烘托，让幼儿理解各国人民应互相尊重、和平相处。

六、活动延伸与拓展

1. 创意绘画活动“地球村大家庭”，布置“地球村大家庭”作品展，在园区内进行宣传，让更多的人热爱地球，知道全世界共住地球村，大家要互相尊重、和平相处。

2. 利用音乐区让幼儿感受不同国家的音乐风格。

3. 家长利用假期带幼儿出去旅游，领略各国的风光美景。

七、活动花絮

图 2-143　寻找幼儿知道的国家

图 2-144　了解不同人种的饮食文化差异

活动二　艺术：我心中的“一带一路”

一、设计意图

习总书记提出：“‘一带一路’与‘人类命运共同体密切相关’，‘一带一路’就是要实现共赢共享发展。”丝绸之路源远流长，它不仅是华夏文明历史中最璀璨的瑰宝，也是当代华夏儿女文明的重要契机，在喜迎建党 100 周年之际，特设计本次活动，帮助幼儿了解千百年前的文化传播，懂得“一带一路”是中国和世界各国互利互赢、共同富裕的发展新路。

二、活动目标

1. 感受世界多元文化，为祖国的繁荣发展感到自豪。

2. 了解“一带一路”是中国梦与世界梦的纽带。

3. 能画出自己心中的“一带一路”。

三、活动重难点

1. 了解中国梦与世界梦的重要意义。

2. 能将中国特有的文化、物产画出来。

四、活动准备

1. 知识经验准备：幼儿看过世界地图。

2. 物质材料准备：“张骞出使西域”故事的 PPT；地球仪、画纸、画笔每人一份。

五、活动过程

表 2-73　我心中的“一带一路”

环节	活动过程	时间	实施要点
导入部分	1. 地球上的国家。 (1)幼儿自由欣赏，探索地球仪，并与同伴讨论地球上有哪些国家? (2)教师引导幼儿了解地球上有七大洲、234个国家和地区。	3分钟	重点引导幼儿了解世界很大，有很多国家。
教学与练习部分	2. 欣赏“丝路风光”。 (1)教师播放PPT，请幼儿欣赏“丝路风光”。 (2)幼儿分组讨论，“丝路上都有些什么?”。 (3)初步了解“一带一路”指的是“丝绸之路经济带”和“21世纪海上丝绸之路”的简称。	5分钟	重点让幼儿了解“一带一路”背景下国家之间相互交流密切，可以促进经济、文化的发展，促进世界文明的进步。
	3. 张骞出使西域。 (1)师幼共同欣赏故事“张骞出使西域”，了解张骞是第一个走出国门的人，促进了东西方文化、经济的交流和发展。 (2)教师提问：“张骞把中国特有的丝绸带到了西方国家，让西方国家了解到了中国丝绸之美，那么你们想把我们国家的什么带到别的国家呢?” (3)幼儿自由讨论。	8分钟	师幼共同在“张骞出使西域”的故事里感受中国与世界交流的魅力，进一步分享交流瓷器、京剧脸谱等传统文化走向世界的自豪。
	4. 我心中的“一带一路”。 (1)鼓励幼儿将自己心中的“一带一路”画下来。 (2)幼儿分组绘画，教师重点指导幼儿将中国特有的文化展示出来。	10分钟	利用彩笔将自己心中特有的中国物产、文化画出来。
结束部分	5. 分享交流。 (1)请幼儿分享作品，讲一讲“我心中的中国文化”“我想带去世界的是什么?” (2)师幼总结，只有国家之间相互交流，世界才会进步。	5分钟	鼓励幼儿大胆分享自己的作品。

六、活动延伸与拓展

在图书区投放关于“一带一路”“地球命运共同体”的相关绘本，让幼儿了解同一个地球、同一个命运的道理。

七、活动花絮

图 2-145　幼儿欣赏丝路风光

图 2-146　幼儿自由欣赏、探索地球仪

活动三　科学：筑梦航天

一、设计意图

《3—6 岁儿童学习与发展指南》指出：“允许孩子在探究中认识周围的事物和现象。”随着祖国探月卫星一次又一次成功发射，终于实现深空探测“零”的突破。承载着无数中国人智慧和力量的结晶，嫦娥一号奔月成功，不但预告了中国航天载人登月成功、科学技术更加精湛高超，也预告了我们祖国进一步富强昌盛，中国航天技术走在世界发展的前列。为了让幼儿热爱科学，乐于探索人类与宇宙的奥秘，教师设计了“筑梦航天”活动，让孩子了解我们祖国航天事业的发展，崇尚科学、勇于探索，共筑中国航天强国梦。

二、活动目标

1. 激发幼儿热爱祖国，为祖国科技进步而骄傲自豪。
2. 了解祖国航天人的事迹，关注卫星发射的情况。
3. 能自制火箭，探索发射小火箭飞得更高的秘密。

三、活动重难点

1. 关注我国卫星发射情况，并理解杨利伟、翟志刚等航天人的事迹。
2. 利用身边物自制火箭，探索“火箭”高飞的方法。

四、活动准备

1. 知识经验准备：对太空飞船有简单的了解，知道太空飞船的种类及作用。

2. 物质材料准备：《神舟十二号火箭升空》视频、宇航员在太空的现场录像、圆形纸片制作的锥体火箭、粗细不同的吸管若干。

五、活动过程

表 2-74　筑梦航天

环节	活动过程	时间	实施要点
导入部分	1. 视频导入。 (1)观看《神舟十二号火箭升空》视频录像，激起幼儿兴趣。 (2)游戏：我是小火箭。 (3)谈一谈观后感。 说说视频中神舟号发生了什么？火箭下面有什么？神舟号升空后大家为什么都很开心？ (4)教师小结并介绍中国航天科学家在航天发射中心攻克许多科学难关，对中国航天事业所做的贡献。	5 分钟	此环节利用神舟倒计时升空的场景，引导幼儿感受火箭发射时的激动心情。通过生生之间交谈分享，初步使幼儿萌发热爱祖国的情感，为我们祖国的科技发展、航天科学家们感到骄傲自豪。
教学与练习部分	2. 小小科学家制作火箭。 出示课件神舟号图片，让幼儿观察火箭下面热气流的方向，感知反作用力。	3 分钟	观看火箭发射视频能够直接清晰地让幼儿知道火箭上升的箭头方向为直上，而热气流的喷向则为直下。这是两种完全相对的作用力。
	3. 实验：火箭升空。 (1)出示实验用表，进行填写，猜猜不同粗细的吸管哪一种可以让火箭飞得高？ (2)实验验证。 操作方法：选择不同粗细的吸管，吹制作好的小火箭，感受如何让火箭飞得高和快。	10 分钟	此环节通过幼儿猜想与反复操作，验证火箭飞得又高又快的方法。
结束部分	4. 游戏活动“我们的火箭飞上天”。	2 分钟	采用集体竞技的形式，引导幼儿调整火箭头上方重物及飞行姿势，争取让火箭飞得更远，并为自己的火箭发射成功感到自豪。

六、活动延伸与拓展

1. 亲子阅读图书《神秘浩瀚的太空》，知道卫星和飞船有什么相同和不同之处。

2. 亲子阅读绘本《向太空进发！中国载人航天科学》。

七、活动花絮

图 2-147　观看《神舟十二号火箭升空》视频

图 2-148　幼儿模仿小火箭倒计时升空

艺术：绿色生活宣传卡

一、设计意图

根据大班幼儿年龄特点，鼓励幼儿大胆表现自己对周围生活的感受和体验，引导幼儿形成对祖国、对生活、对环境的热爱之情，并以此陶冶幼儿情操，激发师幼创造的激情和灵感，进一步提升师幼的生态环境理念，养成绿色的行为习惯和生活理念。为了将这些理念传递给幼儿，鼓励幼儿参与到生态环境保护中，特设计了本次艺术活动。

二、活动目标

1. 愿意用绘画来表达对地球妈妈的关爱。

2. 知道 6 月 5 日是世界环境日。

3. 能画出环保、绿色的行为，并主动向他人宣传。

三、活动重难点

1. 大胆向大家宣传绿色生活方式。

2. 利用废旧材料制作绿色生活宣传卡。

四、活动准备

1. 知识经验准备：幼儿已经了解了一些低碳生活的小知识。

2. 物质材料准备：《世界环境日》视频；毛线、瓶盖等废旧材料，画笔、纸张每人一份。

五、活动过程

表 2-75　绿色生活宣传卡

环节	活动过程	时间	实施要点
导入部分	1. 听一听、看一看。 (1)教师播放《世界环境日》视频，讲述6月5日“世界环境日”的意义。 (2)了解2021年“世界环境日”的中国主题《人与自然和谐共生》。	5分钟	以视频的方式引导幼儿了解世界环境与我们的生活息息相关。
教学与练习部分	2. 学一学、说一说。 (1)教师提问：“在世界环境日这一天，我们可以做哪些事呢？” (2)幼儿分小组讨论，我们可以给花浇水、提醒他人爱护小树、节约用电、节约用水等。 (3)怎样让大家都行动起来保护环境呢？	8分钟	重点让幼儿了解世界环境日的意义。鼓励幼儿想出不同的办法响应世界环境日，引发幼儿动手制作宣传卡的愿望。
	3. 想一想、画一画。 (1)分组讨论绿色生活宣传卡的内容，分辨哪些是生态、环保、绿色、健康的生活行为。 (2)幼儿自由绘画制作绿色生活宣传卡。	10分钟	利用多种废旧材料将绿色环保行为画出来。
	4. 幼儿作品分享交流。 鼓励幼儿大胆分享自己创作的“绿色生活卡片”。	3分钟	幼儿之间互相分享、互相宣传绿色生活方式。
结束部分	5. 绿色宣传小使者 幼儿将制作的宣传卡，分发给小班、中班的弟弟、妹妹，然后告诉他们6月5日是世界环境日。	4分钟	鼓励幼儿大胆做绿色宣传小使者。

六、活动延伸与拓展

1. 在美工区投放各种材料，供幼儿制作有关环境保护的宣传卡。
2. 将幼儿保护环境的美术作品展示在班级主题墙上。

七、活动花絮

图 2-149　幼儿向同伴介绍自己的作品

图 2-150　争当绿色宣传小使者

科学：快乐扫码

一、设计意图

《幼儿园教育指导纲要(试行)》中指出幼儿园应与家庭、社会密切配合，共同为幼儿创造一个良好的成长环境。随着时代的发展和信息技术的普遍应用，社会中的新事物总是能吸引幼儿的兴趣。5—6 岁幼儿已经有自己的主见和想法，大部分幼儿对手机等电子产品比较熟悉。“快乐扫码”活动设计，选择了现在生活中常见的二维码，让幼儿通过情境体验，了解生活中二维码的作用，知道如何扫描二维码，感受二维码为我们生活带来的便捷，知道安全扫码。此活动旨在为幼儿创设情境，帮助幼儿适应社会中的新鲜事物，促进幼儿社会适应能力的发展。

二、活动目标

1. 感受二维码给我们生活带来的便捷。
2. 知道二维码在生活中的多种用途。
3. 能用手机自主扫码，并大胆与同伴分享。

三、活动重难点

1. 知道二维码的各种功能。
2. 能自主进行扫码活动，并与同伴分享二维码给生活带来的便捷。

四、活动准备

1. 知识经验准备：幼儿见过爸爸妈妈使用二维码或者进行过扫码购物。
2. 物质材料准备：二维码若干、场景布置、手机。

五、活动过程

表 2-76　快乐扫码

环节	活动过程	时间	实施要点
导入活动	1. 视频导入，大胆交流。 (1)播放视频《生活里的二维码》。 (2)观察二维码，说说二维码是什么样子的?	3 分钟	此环节重在引导幼儿表述二维码应用于哪些场合。
教学与练习部分	2. 通过游戏发现二维码的不同作用。 (1)微信二维码交朋友游戏。 个别幼儿操作和体验扫码，发现二维码可以加好友聊天。 (2)探索知识二维码。 出示小猫图，找到二维码进行扫码，扫码过程通过投影投射到屏幕上，扫出隐藏着猫的知识的二维码。 (3)二维码付钱。 出示超市图，请幼儿找到二维码的位置，使用手机 App 扫一扫功能进行扫码。 (4)说说二维码的其他作用。	7 分钟	幼儿在生活中经常见到二维码，但对它的功能了解得并不透彻。本环节通过三个不同场合的扫码游戏，让幼儿对二维码的基本功能有一个初步了解。人机互动，现代信息技术的使用是亮点。
	3. 体验扫码。 (1)为幼儿创设游戏情境，进行扫码达人比赛。 ①请小朋友两人一组一起合作使用一部手机选择喜欢的地方去找一找和扫一扫二维码，看看二维码可以做什么。 ②在生活休闲吧体验扫码付款的作用。在西西弗书店了解扫二维码可以听故事。在武汉植物园了解扫二维码可以获得有关植物知识的讲解。 (2)请小朋友分享交流。 敢于说出自己的想法。 (3)教师评选扫码小达人。	11 分钟	此环节让幼儿在不同场景中制作二维码，幼儿组队使用手机在情境中操作体验。这一方面可促进幼儿的交往合作能力，另一方面可让幼儿通过充分体验去发现二维码更多的应用场景和用途。颁发扫码小达人勋章鼓励幼儿积极探索。
结束部分	4. 安全扫码。 (1)播放视频《安全扫码知多少》。 (2)教师提问:“为什么有的二维码不能扫?应该怎么做?” (3)幼儿交流如何安全扫码，教师进行总结。	5 分钟	以小组、自由结伴方式交流分享，引起幼儿重视安全扫码的必要性。

六、活动延伸与拓展

幼儿与家长一起体验设计二维码，促进亲子互动。

七、活动花絮

图 2-151 幼儿体验扫码了解植物相关的知识

图 2-152 扫描二维码收听童话故事

语言：我当哥哥姐姐了

一、设计意图

随着三胎政策的放开，“要不要爸爸妈妈给你生个小弟弟、小妹妹。”这样的问题出现在了更多的家庭中，给亲子教育带来了新的挑战。对于大宝来说，会经常感受到不被关注和重视。因此，教师设计了语言活动“我当哥哥姐姐了”，通过绘本《汤姆的小妹妹》，学习如何用积极乐观的心态去面对这样的感觉，感受当哥哥姐姐的幸福，引导幼儿正确面对社会发展的新现象，学习建立良好家庭关系和社会关系，增强社会适应性。

二、活动目标

1. 喜欢自己的弟弟妹妹，感受做哥哥姐姐的快乐。
2. 通过故事，了解汤姆在妹妹出生前后的心理和情绪变化。
3. 能够根据绘本情节创编故事结尾。

三、活动重难点

1. 感受汤姆在拥有妹妹前后的心情。
2. 尝试创编故事的结尾。

四、活动准备

1. 知识经验准备：去过有兄弟姐妹的家庭做客。
2. 物质材料准备：绘本《汤姆的小妹妹》、视频《亲亲热热一家人》。

五、活动过程

表 2-77　我当哥哥姐姐了

环节	活动过程	时间	实施要点
导入部分	1. 音乐游戏《爱我你就抱抱我》导入，幼儿和同伴体验互相拥抱的感受，并交流有伙伴的快乐。	5 分钟	通过音乐游戏的导入活动让幼儿感受拥抱小伙伴的快乐。
教学与练习部分	2. 观看视频《亲亲热热一家人》，了解里面可可、爱爱、多多对妈妈生弟弟妹妹的感受和做法。 (1)他们喜欢自己有弟弟妹妹吗？ (2)你想有弟弟妹妹吗？	5 分钟	教师播放视频让幼儿理解不同的小朋友拥有了弟弟妹妹的感受从而大胆表达自己的感受和想法。
	3. 幼儿欣赏绘本前半部分内容，引导幼儿感受汤姆在妹妹出生前后的心情和感情变化。 (1)幼儿逐步观察图片，交流汤姆的生活发生了什么样的改变？ (3)幼儿互相讨论：汤姆的生活还会有什么样的变化呢？ (4)出示白板请幼儿进行选择：汤姆会怎么做呢？是讨厌妹妹，发脾气找爸爸妈妈的麻烦还是学着关心妹妹、照顾妹妹呢？ (5)继续欣赏绘本，引导幼儿理解绘本最后部分的内容。	15 分钟	通过分段阅读的方式让幼儿逐步感受到随着小妹妹的到来，汤姆在心理上的变化和其行为表现。
	4. 创编故事结尾部分。	6 分钟	此环节重在让幼儿懂得用正确的方式与弟弟妹妹相处。
结束部分	5. 播放二胎家庭的温馨照片。幼儿分享自己是怎样关心、照顾弟弟妹妹的，感受兄弟姐妹之间的友爱，懂得即使爸爸妈妈有了小宝宝，也依然爱着你。	4 分钟	此环节鼓励二孩家庭的幼儿大胆表达自己的感受，虽然有时候会遇到不愉快的事情，但是有弟弟妹妹的陪伴成长也是很幸福的生活。

六、活动延伸与拓展

1. 将《汤姆的小妹妹》的绘本投放至图书角，幼儿自主选择阅读。

七、活动花絮

图 2-153　幼儿体验照顾弟弟妹妹

图 2-154　进行角色扮演，照顾弟弟妹妹

活动七　社会：了不起的中国人

一、设计意图

热爱自己的祖国是每个中国人应有的一种深厚感情。在社会活动“了不起的中国人”中，让幼儿了解各行各业中有杰出贡献的中国人，体会这些中国人的伟大，懂得尊重他们，尊重他们的劳动成果，感受中国人的了不起。激发幼儿的民族自豪感，为自己身为中国人而感到骄傲。

二、活动目标

1. 使幼儿萌发身为中国人的自豪感。
2. 知道袁隆平为中国作出的伟大贡献。
3. 能有感情地朗诵《我骄傲，我是中国娃》。

三、活动重难点

1. 知道袁隆平为杂交水稻作出的贡献。
2. 能大胆讲述不起的中国人。

四、活动准备

1. 知识经验准备：了解一些对中国作出杰出贡献的人。
2. 物质材料准备：PPT 课件“中国国旗。”

五、活动过程

表 2-78　了不起的中国人

环节	活动过程	时间	实施要点
导入部分	1. 谈话导入。 将国旗展示在幼儿面前。 师：“小朋友，你们看这是什么？请大声地说出我们是哪个国家的人？”	3 分钟	此环节重点让幼儿熟悉中国国旗，对生在中国有自豪感。

续表

环节	活动过程	时间	实施要点
教学与练习部分	2. 幼儿交流自己知道的了不起的中国人。 (1)师："在我们国家，有一些非常了不起的中国人，他们付出自己一生的精力为中国作出了伟大的贡献，你知道哪些中国人最了不起吗？为什么？" (2)幼儿相互介绍了不起的中国人。	8分钟	通过前期经验，鼓励幼儿大胆用自己的语言介绍自己所知道的了不起的中国人，引出关于为国家作出伟大贡献的了不起的中国人话题，激发幼儿对这些人的崇敬之情。
	3. 认识中国著名科学家代表——杂交水稻之父袁隆平，知道他为中国粮食发展作出的伟大贡献。 (1)师："小朋友们，你们知道饿肚子是什么感受吗？"(幼儿交流自己的感受。) (2)师："袁隆平爷爷的杂交水稻研究为什么能改变中国甚至改变世界？" 小结：那时的人民，吃的食物本来就匮乏，再赶上自然灾害年代，无法生产很多的水稻，生活的艰难困苦让很多人都不能吃饱饭。袁隆平研制的杂交水稻不仅解决了中国人吃饱饭的问题。在之后的不断深入研究和尝试之后，现在的杂交水稻越来越强大了，"高产、抗病、抗寒、抗倒"，就算在极端不利于水稻生长的天气环境下，依旧能收获非常多的水稻。他还将他的这项研究和其他国家的人分享，并给予技术指导，帮助困难国家解决吃饭的问题。	8分钟	教师播放课件，引导幼儿认识了不起的中国人，了解袁隆平为中国乃至世界作出的伟大贡献。
	4. 幼儿感受自己作为中国人的自豪感。 朗读诗歌《我骄傲，我是中国娃》，感受诗歌中作为中国人值得骄傲的地方。	5分钟	通过朗诵诗歌，让幼儿再次感受自己作为一名中国人的骄傲，并鼓励幼儿大胆讲述诗歌中值得中国人骄傲的事。

续表

环节	活动过程	时间	实施要点
结束部分	5. 师幼小结：鼓励幼儿大胆表达自己想成为一个什么样的中国人，进一步激发幼儿作为一名中国娃的骄傲和自豪。	5 分钟	激励幼儿从小立志，少年强则中国强。

六、活动延伸与拓展

1. 建议父母在假期带领幼儿去故宫、长城感受中国的伟大建筑和历史文化。
2. 幼儿回家后与父母一起认识一名了不起的中国人，来幼儿园与小伙伴交流分享。

七、活动花絮

图 2-155　幼儿观看国旗感受自己是一名中国人

图 2-156　幼儿齐念《我骄傲，我是中国娃》

稻谷飘香

一、设计意图

秋天是一个充满收获的季节，有各种美味的水果，还有漫天飞舞的落叶。自然中的每一样事物都深深地吸引着孩子们的注意，他们会好奇地问稻谷为什么是金黄的，而米饭却是白色的呢？农民伯伯是怎样种植水稻的呢？通过一系列活动的开展，我们生成了此次艺术活动“稻谷飘香”。希望通过活动让幼儿感受稻谷丰收的场景，进而利用多种材料来进行艺术创作，并从中懂得粮食的来之不易，学会爱惜粮食。

二、活动目标

1. 乐意参与创作，使幼儿萌发爱惜粮食的情感。
2. 尝试运用不同的工具和颜料表现稻穗的不同部位。
3. 能够大胆地进行创意制作，并向同伴介绍自己的作品。

三、活动重难点

重点：能选择不同的工具表现稻穗的不同部位。

难点：运用完整丰富的语言介绍自己的作品。

四、活动准备

知识经验准备：幼儿已经了解过水稻的种植与收割，听过袁隆平爷爷的故事。

物质材料准备：草帽、稻谷、彩笔、颜料、画纸、棉签、PPT。

五、活动过程

表 2-79 稻谷飘香

环节	活动过程	时间	实施要点
导入部分	1. 情境导入。 (1)教师以农民伯伯的装扮进入活动室，介绍自己的劳动成果。 (2)激发幼儿对农民伯伯的感谢之情，请幼儿说说自己的想法。	3 分钟	教师戴上草帽，提着装满稻穗的篮子入场，吸引幼儿的注意力。 用生动的语言吸引幼儿观察丰收的稻田，感受农民伯伯丰收的喜悦。
教学与练习部分	2. 观察稻穗，选择相应的工具和颜料。 (1)观察稻穗的叶子，引发幼儿讨论。 (2)观察稻穗的茎，引发幼儿讨论。 (3)观察稻谷的形状，引发幼儿讨论。	5 分钟	将稻穗摆放到桌子上，让幼儿自主进行观察。教师引导幼儿观察稻叶、稻茎、稻谷三个部分的特点，并大胆进行想象。
	3. 幼儿选择材料进行操作。 (1) 幼儿分组选择材料和工具进行创作。 (2) 教师巡回观察指导，鼓励幼儿自由创意。	12 分钟	对比手中的稻谷，根据已有经验进行猜想，应该选择什么工具进行创作会更合适。 准备好各种各样的材料供幼儿选择。
	4. 展示交流。 (1)引导幼儿介绍自己的作品，分享自己的作品 (2)鼓励幼儿为自己的作品取名字。	6 分钟	将幼儿的作品通过晾晒稻谷的形式展现出来，组织幼儿互相点评。教师要引导幼儿给自己的作品取名字。
结束部分	5. 师幼讲评作品，幼儿交流个别幼儿的作品，自由讨论。 小结：我们要懂得珍惜粮食。	4 分钟	鼓励幼儿互相点评作品，并想出节约粮食的好办法。

六、活动延伸与拓展

将工具投放到美工区中，供幼儿自主选择进行创作，满足幼儿的个性需求。

七、活动花絮

图 2-157　教师扮演农民伯伯引发幼儿讨论

图 2-158　幼儿自主选择材料进行创作

视频 12：稻谷飘香(许姣，大班)

二、生态理解：嗨，地球

活动一　社会：智慧生态社区

一、设计意图

随着人类社会的不断进步，人们对现代化城市建设有了更多需求，智慧生态社区是融合了“生态”与“智慧”两方面最前沿理论，创造最优居住环境。智慧生态社区不同于传统“生态”“绿色”的社区，仅仅只在绿化、景观美化等层面，最终目标是创造优异的居住环境，增强生态意识，促进人与社区环境和谐发展。作为新时代的希望，幼儿应从小了解智慧生态社区的概念，从自身行为开始，为创造优异的居住环境贡献自己的力量。本次活动从生活美、文明美入手，将低碳社区、生态文明的理念深入幼儿心里。

二、活动目标

1. 愿意为创造智慧生态社区贡献自己的力量。
2. 了解智慧生态社区的意义。
3. 能为创造智慧生态社区做力所能及的事情。

三、活动重难点

1. 知道有利于创造智慧生态社区的方式。
2. 能在生活中践行智慧生态社区的行为。

四、活动准备

1. 知识经验准备：幼儿知道自己居住的社区。
2. 物质材料准备：积木、iPad，行为卡片、黑板。

五、活动过程

表 2-80　智慧生态社区

环节	活动过程	时间	实施要点
导入部分	1. 师幼游戏：我的社区有什么？ (1)教师念口令“我的社区有什么？”。 (2)幼儿接龙回答“我的社区有学校”“我的社区有朋友”……	3 分钟	游戏导入，帮助幼儿回顾自己生活的环境。
教学与练习部分	2. 建构作品展示：我们居住的社区。 (1)幼儿分组自由展示利用材料拼搭出自己居住的地方。相互介绍自己搭建的社区。 (2)教师提示幼儿重点说出社区有哪些生活设施。 (3)幼儿在教师指导下，进一步搭建、完善社区超市、医院、学校等设施。	8 分钟	利用前期搭建的作品，幼儿在立体环境中感受社区的设施。
	3. 了解“智慧生态社区”。 (1)幼儿通过 iPad 资源库，欣赏《智慧生态社区》宣传片。 (2)幼儿和同伴互相讨论，自己在资源库中了解到了什么？ (3)智慧生态社区和我们现在居住的社区有什么不同，你更想在哪种社区生活？引导幼儿说出我们可以为构建智慧社区做些什么？	6 分钟	教师重点引导幼儿发现智慧生态社区除了有美丽的绿化环境外，还有和谐的人际关系及高科技的便民设施。
	4. 我是小裁判。 (1)教师展示多种行为图片，请幼儿来判断，这个行为是否有利于智慧生态社区的构建？ (2)幼儿分组游戏，教师为判断正确的组加星星。	5 分钟	此环节在游戏中帮幼儿巩固行为意识。
结束部分	5. 分享。 请幼儿自主分享自己心中的“智慧生态社区”。	5 分钟	教师放轻音乐，让幼儿闭眼畅想“智慧生态社区”的样子。

六、活动延伸与拓展

请家长带幼儿在社区中进行体验和观察，思考如何构建智慧生态社区，并将自己的设想画下来。

七、活动花絮

图 2-159　幼儿欣赏智慧生态社区宣传片

图 2-160　幼儿当小裁判分辨文明行为

活动二　语言：汽车睡觉的一天

一、设计意图

《3—6 岁儿童学习与发展指南》中指出："应该结合幼儿的生活需要，引导他们体会人与自然的依赖关系。"汽车是幼儿日常生活中十分常见的交通工具，给人们带来便利的同时，也给大气带来了污染。为了将环保理念根植于幼儿心中，并由幼儿带动家长关注绿色出行、关注环保。因此，教师设计了本次关于汽车尾气污染危害的教学活动，通过绘本故事《汽车睡觉的一天》，引导幼儿了解汽车尾气对人类、动植物的危害，知道新鲜空气的重要，增强环保意识，在生活中能够践行低碳出行的理念。

二、活动目标

1. 愿意倾听绘本故事，对故事感兴趣。
2. 了解汽车尾气给环境带来的危害。
3. 能践行绿色出行的生活方式。

三、活动重难点

1. 知道汽车尾气会污染环境。
2. 知道多种绿色出行方式。

四、活动准备

1. 知识经验准备：幼儿有乘坐公共交通出行的经验。
2. 物质材料准备：绘本《汽车睡觉的一天》；画笔、画纸每人一份。

五、活动过程

表 2-81　汽车睡觉的一天

环节	活动过程	时间	实施要点
导入部分	1. 图片导入。 请幼儿比较城市中有汽车和没有汽车时空气的区别，引出活动主题。	3 分钟	引导幼儿发现被污染空气图片中有很多汽车。
教学与练习部分	2. 了解故事内容。 (1)幼儿根据绘本内容猜想故事，并根据图片内容讲述故事。 (2)教师完整讲述故事。	10 分钟	通过自编故事、提问、讨论等方式，明白新鲜空气对人类的重要性。
	3. 了解汽车尾气污染造成的危害。 (1)提问：汽车睡觉的一天，空气有什么变化? (2)幼儿自由讨论：尾气污染会有哪些危害? (3)师幼小结，知道步行、骑共享单车、坐公共汽车、地铁等绿色低碳出行方式。	8 分钟	引导幼儿了解我们人类吸入被汽车尾气污染的空气，会咳嗽、头疼，严重的话还会因为缺氧窒息。不仅如此，动物、植物也无法生存。
	4. 评一评，教师出示多种行为图片，幼儿来评一评、说一说，谁做得对、谁做得不对。	2 分钟	提供多种场景让幼儿学会辨别哪些行为会保护环境，哪些行为会污染空气。
	5. 分一分、画一画。 (1)请幼儿将出行方式进行分类。 (2)幼儿自主绘制绿色出行图。	5 分钟	指导幼儿选择绿色出行方式，并将每天来幼儿园的出行方式画下来。
结束部分	6. 游戏“汽车开走啦”。 (1)幼儿搭肩膀，玩游戏“汽车开走啦”。 (2)师幼总结。	2 分钟	重点指导幼儿在生活中践行绿色生活理念、低碳出行。

六、活动延伸与拓展

1. 向家长宣传低碳出行的理念，鼓励幼儿和爸爸妈妈一起绿色出行。
2. 利用科学活动进行尾气实验，让幼儿更加直观地了解尾气的危害。

七、活动花絮

图 2-161　幼儿排队进行开汽车的游戏

图 2-162　幼儿和同伴分享绿色出行图

活动三　健康：地球变干净了

一、设计意图

《幼儿园教育指导纲要(试行)》中指出："幼儿应该知道必要的安全保健知识，学习保护自己。"随着工业的发展，大气受到的污染越来越严重，雾霾天气对幼儿来说并不陌生，而且它已严重影响到了我们的日常生活。因此，对于幼儿来说，了解雾霾产生的原因及对我们的危害，学习雾霾天气时自我防护的方法十分有必要。希望通过本次活动，让幼儿懂得雾霾天要采取防护措施，引发幼儿对空气污染的思考，使幼儿萌发环境保护意识。

二、活动目标

1. 愿意保护环境，有减少空气污染的愿望。
2. 了解雾霾的危害，知道基本的防护措施。
3. 能学会正确佩戴口罩的方法。

三、活动重难点

1. 了解雾霾形成的原因及危害。
2. 知道基本的防护措施，学会正确佩戴口罩的方法。

四、活动准备

1. 知识经验准备：幼儿经历过雾霾天气，有戴口罩的经验。
2. 物质材料准备："雾霾"、地球头饰、玻璃箱、双面胶，以及和幼儿人数相匹配的口罩。

五、活动过程

表 2-82　地球变干净了

环节	活动过程	时间	实施要点
导入部分	1. 情景表演《可怕的雾霾》。 (1)幼儿通过扮演雾霾、地球、人类，进一步了解雾霾危害。 (2)幼儿自由讨论，地球因为雾霾变脏了，雾霾会影响人们的身体，还会给人们的生活带来哪些不便。	5分钟	利用情景表演，在生生互动中，吸引幼儿了解雾霾的危害。
教学与练习部分	2. 变脏了的玻璃箱。 (1)教师展示充满“雾霾”的玻璃箱，幼儿猜想玻璃箱变脏的原因。 (2)幼儿观察玻璃箱，并讨论如果“雾霾”弥漫出来，应该如何保护自己呢?	6分钟	此环节，教师重点引导幼儿通过直观的实验了解雾霾的可怕。在实验中可用烟雾代替雾霾。
	3. 了解雾霾天气的基本防护措施。 (1)幼儿自由尝试戴口罩的方法。 (2)请佩戴正确的幼儿示范戴口罩的方法，幼儿互相分享。 (3)幼儿练习正确的佩戴方式，边戴口罩边念儿歌加强记忆。	10分钟	利用示范的方式，幼儿更直接地学习正确戴口罩的方法。
	4. 探讨“地球变干净”的方法。 (1)幼儿观看视频，讨论怎样让地球变干净，平时生活中可以怎么做? (2)师幼小结：我们可以尽量低碳出行、爱护植物。	5分钟	重点引导幼儿了解生活中如何保护环境，减少雾霾的产生。
结束部分	5. 游戏“雾霾来了怎么做”。 师幼围成圆圈，教师念口令“雾霾来了怎么做?”幼儿回答“少外出”“戴口罩 ”等。	3分钟	师幼在游戏中巩固在雾霾天保护自己的方法。

六、活动延伸与拓展

引导幼儿与家长一起练习正确佩戴口罩的方法。

七、活动花絮

图 2-163　情景表演《可怕的雾霾》

图 2-164　幼儿分组观察变脏了的玻璃箱

科学：天气变变变

一、设计意图

大班幼儿对天气变化产生了浓厚的兴趣，不仅喜欢观察、记录每天的天气，还知道不同的天气对动植物和人类有着重要的影响。为了激发幼儿对气象学的重视和热爱，让幼儿了解气象学在航空、水利、农业、航海和其他方面的应用，懂得气象和人类生活密不可分，从而对自然产生敬畏之心。教师特别设计了本次活动，希望通过活动让幼儿知道合理利用、保护自然资源的重要性，增强幼儿保护生态环境的意识。

二、活动目标

1. 愿意探索千变万化的天气。
2. 了解气象和动植物、人类之间的关系。
3. 能认识简单的天气符号，并学习记录常见的天气。

三、活动重难点

知道不同的天气对人们的生活有着不同的影响。

四、活动准备

1. 知识经验准备：幼儿有观察天气、播报天气的经验。

2. 物质材料准备：课件(晴、雨、雪、雾等常见的气象图标)；幼儿自制气象记录单、天气预报演播台。

五、活动过程

表 2-83　天气变变变

环节	活动过程	时间	实施要点
导入部分	1. 我们的天气记录单。 展示孩子们在平时餐后记录的天气记录单，请幼儿自由讲述记录的天气和天气符号。	5 分钟	此环节旨在帮助幼儿回顾生活中常见的天气。
教学与练习部分	2. 气象小主播。 教师展示“天气预报演播台”，鼓励幼儿上来当气象小主播。	8 分钟	鼓励幼儿大胆扮演“气象小主播”，了解大气是气象万千变化的执行者，它的存在有一定规律性，地球是人类赖以生存的家。
	3. 天气转盘。 (1)认识晴、雨、雪、雾等常见的气象图标。 (2)引导幼儿讨论：雨是怎么形成的？雪是怎么形成的？雾是怎么形成的？	5 分钟	此环节重点在于让幼儿了解气象的多样性。需要我们自觉保护自然环境，这样气象才不会变得更加恶劣。
	4. 天气和我们的生活。 (1)师幼探讨天气对农作物的影响、对我们生活的影响。 (2)教师科普环节：农作物生长需要的气象条件有光照、温度、水分等。 (3)幼儿讲述天气对人们生活的影响。如雨雪天影响交通，大风天也会给人类生活带来麻烦。	5 分钟	此环节主要让幼儿了解天气与农作物生长、人类生活密不可分。利用近期某市发生的暴雨洪灾让幼儿学习一些极端天气下的自我救护方法，懂得敬畏自然。
结束部分	5. 音乐游戏《下雨啦》。 师幼在音乐中感受大雨、小雨的变化。	5 分钟	幼儿在游戏中体验小雨、大雨的变化，舒缓上一个环节的紧张气氛。

六、活动延伸与拓展

1. 完善班级气象角，引导幼儿进行天气记录。
2. 开展气象主题绘画活动。

七、活动花絮

图 2-165　幼儿扮演小主播进行气象预报

图 2-166　师幼共同开展音乐游戏《下雨啦》

艺术：沙漠绿洲

一、设计意图

《3—6 岁儿童学习与发展指南》中指出："教师应支持幼儿了解人们的生活与自然环境的密切关系，知道尊重和珍惜生命、保护环境。"前期，我们开展了关于沙漠的主题活动，孩子们对沙漠产生了浓厚的兴趣，并且为沙漠里难以生存的动植物感到担忧。为了帮助幼儿了解沙漠现状及防治土地沙漠化的方法，教师特别设计了本次活动，旨在帮助幼儿更加全面地了解沙漠中植被的重要性。

二、活动目标

1. 对沙漠感兴趣，萌发保护环境的意识。
2. 了解沙漠的地质特征及防治土地沙漠化的方法。
3. 能用画笔画出心中的绿洲。

三、活动重难点

1. 了解树木对防治土地沙漠化的重要意义。
2. 知道植被对沙漠的重要性，并画出绿洲。

四、活动准备

1. 知识经验准备：幼儿玩过沙，已了解沙漠里的动植物。
2. 物质材料准备：课件"沙漠风光"；各种动植物卡片、画笔、画纸每人一份。

五、活动过程

表 2-84　沙漠绿洲

环节	活动过程	时间	实施要点
导入部分	1. 欣赏沙漠风光。 请幼儿观察沙漠的自然风光，了解沙漠里是一望无际的沙。	3 分钟	此环节重点引导幼儿欣赏沙漠的美，感受大自然的美。
教学与练习部分	2. 了解防治土地沙漠化的方法。 （1）教师提问："为什么很少见到动植物，几乎没有人在沙漠里生活？" （2）引导幼儿观察沙尘暴的图片并讨论我们应该怎样防治土地的沙漠化？ （3）引出主题，多种植树木，可以减少土地沙漠化。	5 分钟	重点指导幼儿了解土地沙漠化的原因。由于人们不断地砍伐树木，破坏森林，有些以前不是沙漠的地方也变成了沙漠，而且沙漠还在不断扩大。
	3. 说一说。 （1）幼儿和同伴自由讨论绿洲的颜色、样子。 （2）教师展示绿洲的图片，请幼儿欣赏。	5 分钟	重点引导幼儿了解绿洲的好处。
	4. 画一画。 （1）幼儿作画，为干旱的沙漠种上茂盛的树，让沙漠变成生机勃勃的绿洲。 （2）教师巡回指导。引导幼儿用绿色来表示绿洲。 （3）幼儿和同伴分享，讲述自己的作品。	15 分钟	幼儿自由绘画，教师重点指导幼儿的用色、构图。
结束部分	5. 我们的绿洲。 将幼儿作品拼成一个大的绿洲，展示点评。	2 分钟	幼儿自由和同伴展示作品，共同欣赏。

六、活动延伸与拓展

1. 鼓励幼儿回家后和家长分享自己了解的沙漠知识，并和家长一起查阅图书和视频资料，了解更多关于沙漠的知识。

2. 阅读区投放有关沙漠的绘本，便于幼儿多了解相关知识。

七、活动花絮

图 2-167　幼儿共同欣赏沙漠风光

图 2-168　幼儿和同伴分享自己的作品

活动六　科学：土壤的秘密

一、设计意图

幼儿科学教育的首要任务是激发幼儿对周围事物的好奇心、认知兴趣和探索欲望。本次活动的认知探索对象，就是随处可见的土壤。土壤对孩子们来说，十分具有吸引力，在孩子们眼中，土壤十分神奇，土壤里有些什么？为什么各种各样的植物都可以在土壤中生存呢？本次科学活动针对大班幼儿的年龄特点，通过实地观察、亲子实验探寻土壤的秘密，了解土壤的重要性，同时知道在生活中如何保护土壤，让植物健康成长。

二、活动目标

1. 愿意保护土壤，树立环保意识。
2. 了解植物的生长离不开土壤。
3. 能用实际行动来爱护土壤，不乱丢垃圾。

三、活动重难点

1. 了解土壤中的空气、水、肥料等有利于植物生长。
2. 知道不乱丢垃圾，爱护土壤。

四、活动准备

1. 知识经验准备：幼儿有过种植经验。
2. 物质材料准备：植物角；干土、湿土、水杯、水、吸管、显微镜每组一份。

五、活动过程

表 2-85　土壤的秘密

环节	活动过程	时间	实施要点
导入部分	1. 参观植物角。 师幼共同参观植物角，幼儿观察植物生长环境中的土壤有何不同。	5 分钟	通过体验式教学观察植物和土壤的关系。
教学与练习部分	2. 植物和土壤密不可分。 (1)教师带领幼儿参观植物角，请幼儿观察植物的根长在哪里？ (2)教师展示薄荷叶，请幼儿观察，薄荷叶为什么会干枯发黄。 (3)教师出示一盆长寿花，请幼儿观察，为什么长寿花开得这么美？	5 分钟	此环节分三步，让幼儿通过观察长得茂盛的植物和枯萎的植物，知道土壤对于植物生长的重要性。
	3. 土中有什么。 (1)教师出示从植物角取出的土，放在卫生纸上，请幼儿观察卫生纸怎么变湿了？教师将晒干的土放进透明量杯里，请幼儿观察水中出现了什么？ (2)教师将土壤放在显微镜下，请幼儿观察，幼儿发现土壤里面有死掉的虫子，还有烂掉的树叶等肥料。 (3)小结：土壤里有水分、空气、肥料。	8 分钟	本环节幼儿通过摸、看、说等体验，了解土壤里有水、空气、肥料等物质，所以植物能在土壤中生长。
	4. 保护土壤，从小事做起。 教师出示公园里土地上丢有塑料袋、废旧电池的照片，引导幼儿了解不能乱扔这些垃圾，它们会破坏土壤，影响植物生长。	5 分钟	通过观看图片了解垃圾会破坏土壤。
结束部分	5. 一起来当土壤清洁工。 教师带领幼儿来到幼儿园种植区，请孩子们当土壤清洁工，把土里的有害垃圾捡出来。	5 分钟	用实际行动保护土壤，感受当土壤清洁工的快乐。

六、活动延伸与拓展

1. 结合幼儿园垃圾分类实践活动，鼓励幼儿不乱扔垃圾。

2. 组织幼儿照顾种植园的植物。

七、活动花絮

图 2-169　幼儿利用显微镜观察土壤成分

图 2-170　幼儿观察土壤中的气泡

科学：风的奥秘

一、设计意图

《幼儿园教育指导纲要(试行)》中指出："在幼儿生活经验的基础上，帮助幼儿了解自然、环境与人类生活的关系，要从身边小事入手。"大班孩子对周围的事物、自然现象十分感兴趣，户外活时，孩子会说一些自己看到的景象，如："今天风真大，我的眼睛都要睁不开了。""幼儿园的树叶都被风吹掉了。""风有的时候大有的时候小。"从孩子们的言语中，我们发现了自然界中充满着有趣的科学现象。于是，教师充分挖掘风中蕴含的教育价值，满足幼儿的好奇心和求知欲。

二、活动目标

1. 喜欢探究自然现象，乐于探索风的秘密。
2. 初步了解风力有大小之分，风与人们的关系。
3. 能探索出产生风的各种方法。

三、活动重难点

1. 了解风的利弊，知道风与人们的生活息息相关。
2. 能用多种方式探索风。

四、活动准备

1. 知识经验准备：幼儿感受过风。
2. 物质材料准备：风与人们关系的图片、纸条、水杯、乒乓球、纸飞机每人一个。

五、活动过程

表 2-86　风的奥秘

环节	活动过程	时间	实施要点
导入部分	1. 看看说说，风在哪里？ (1)教师带领幼儿在幼儿园寻找风。 (2)请幼儿说一说："风在哪里？""国旗飘的时候就知道风吹来了，幼儿园的树叶在动，也是风来了。"	5分钟	重点指导幼儿讲述自己在幼儿园感受到的风。
教学与练习部分	2. 感受风的产生。 (1)教师出示纸条，引导幼儿讨论："纸条怎样动起来的呢？" (2)幼儿分组探究，让纸条动起来。	5分钟	教师介绍材料，指导幼儿分组进行操作，感受用多种方式产生风。
	3. 比较风的大小。 教师出示装满水的水杯、乒乓球，介绍游戏规则：将水杯摆成一排，将乒乓球放在装满水的水杯上，请幼儿尝试用不同方式产生风，让乒乓球在水面上往前跑。跑到第一个杯子上加1颗星，第五个杯子上加5颗星。 (2)幼儿进行竞赛游戏，教师记录成绩。 (3)为得到星星最多的前三名幼儿奖励贴纸。	5分钟	此环节通过竞赛游戏的方法，让幼儿明白产生的风越大，乒乓球跑得越远，获得的星星就越多。让幼儿在趣味活动中感受风的大小变化。
	4. 风的利弊。 (1)幼儿自由探讨。了解风与人们的关系。 (2)让幼儿观察与风相关的图片，说出哪些风是有害的？哪些风是有利的？根据风的利弊，在图片下方贴上笑脸和哭脸。	5分钟	重点指导幼儿了解风的不同，知道有益的风可以产生电能，给人们带来便利，有害的飓风会毁坏人们的房屋。
结束部分	5. 游戏：纸飞机往前飞。 师幼共同在操场上放飞纸飞机，感受风的魅力。	5分钟	幼儿自由放飞纸飞机，在户外感受风。

六、活动延伸与拓展

鼓励家长和孩子在家一起观看与风相关的科普纪录片，来园后和大家一起分享。

七、活动花絮

图 2-171　幼儿分组吹纸条，感受风的产生

图 2-172　比一比，谁的风大

活动八　社会：城市美容师

一、设计意图

环卫工人是我们的城市美容师，他们辛勤劳动、起早贪黑，不仅将我们的城市变得干净整洁，还给我们的生活带来便捷。大班幼儿已经有了一定的社会生活经验，经常在马路上看到环卫工人，但少有机会能够全面深入地去了解这些“城市美容师”工作的不易。《3—6 岁儿童学习与发展指南》中指出：“幼儿在与成人和同伴交往的过程中，不仅学习如何与人友好相处，也在学习如何看待自己、对待他人，不断发展适应社会生活的能力。”

本活动以“情”为主线，通过幼儿调查了解、观看视频、制作文明公约等形式，情理交融——了解环卫工人的工作；移情感受——体验环卫工人工作的辛苦和不易，从而产生尊敬与关爱；以情激行——自觉保护环境卫生，从自身做起，潜移默化地形成良好的社会性情感。

二、活动目标

1. 体验劳动的乐趣，懂得尊重环卫工人的劳动成果。
2. 了解环卫工人的工作与我们生活之间的关系。
3. 能用适宜的方式表达对环卫工人的爱。

三、活动重难点

1. 尊重环卫工人，不乱扔垃圾。
2. 知道环卫工人的工作及对人们生活环境的影响。

四、活动准备

1. 知识经验准备：幼儿见过环卫工人工作的样子。

2. 物质材料准备：PPT课件、劳动工具、环卫工人的图片、工作录像。

五、活动过程

表2-87　城市美容师

环节	活动过程	时间	实施要点
导入部分	1. 出示照片，引导幼儿讨论。 师："你知道幼儿园是怎么变得这么干净的吗？"	4分钟	通过幼儿熟知的人物导入，吸引幼儿的兴趣，鼓励幼儿大胆思考和与同伴交流。
教学与练习部分	2. 了解环卫工人的工作。 (1)你们知道环卫工人的工作是什么吗？我们一起来看看环卫工人都做了哪些工作？ (2)观看视频：引导幼儿观察环卫工人的工作有哪些？用了哪些工具？经过环卫工人的打扫，街边道路发生了什么样变化？ 小结：他们都是普通的环卫工人，每天凌晨天未亮的时候就已经工作了，等我们出门时街道上已经被打扫干净了，这是清洁工辛苦工作的劳动成果。	8分钟	从生活中常见的任务入手理解环卫工人的工作不容易。通过了解环卫工人的辛勤劳作，感知环卫工人的辛苦。
	3. 幼儿交流环卫工人的工作与人们生活中的关系。 (1)师："你还在哪些地方见过环卫工人，他们在干什么？" (2)幼儿讨论：如果生活中没有环卫工人会发生什么？	6分钟	请幼儿根据自己的实际生活经验交流对环卫工人工作的理解和感受，再次让幼儿思考如果没有了环卫工人，我们生活的环境将会变得脏、乱、差。
	4. 知道尊重、爱惜环卫工人和环卫工人的劳动成果。 (1)师："环卫工人非常辛苦，不管什么样的恶劣天气都能坚守自己的岗位，认真地工作。我们应该怎样珍惜他们的劳动成果呢？" (2)观看图片上哪些行为应该做，哪些行为不应该做？ 小结：要理解环卫工人的工作，尊重、珍惜环卫工人辛苦付出的劳动成果，不要随地乱扔垃圾。	6分钟	此环节的作用是引导幼儿情感升华，思考如何去珍惜环卫工人的劳动成果，让幼儿懂得不要随便扔垃圾，养成良好的卫生习惯。

续表

环节	活动过程	时间	实施要点
结束部分	5. 知道尊重他人的劳动成果，用适宜的方式表达对他们的关心和爱护。 如果你在生活中遇见了环卫工人，你会对他们表达什么？	6 分钟	此环节将情感过渡到实践，让幼儿通过不同形式表达对环卫工人的尊重。

六、活动延伸与拓展

开展我是“小小环卫工”的实践活动，感受环卫工人的劳动艰辛。

七、活动花絮

图 2-173　幼儿感受环卫工人工作的不容易

图 2-174　幼儿们正在体验环卫工人的辛苦

三、生态保护：动物朋友

社会：宝贝爱宝贝

一、设计意图

幼儿天生就对小动物特别感兴趣，但由于近年来动物生存的环境受到破坏，引导幼儿感知适宜的环境对动物生存的重要性，并通过生活中所接触和了解的各种事件(浪费水、河流被污染、滥砍滥伐、乱扔垃圾等)让幼儿了解环境对动物的影响至关重要。教师结合本月的主题“动物世界”设计了此次活动，引导幼儿理解环境保护的意义，让幼儿懂得爱护环境，并呼吁大家帮助小动物、爱护小动物。

二、活动目标

1. 萌发关心、保护野生动物的情感。
2. 尝试绘制爱心卡，了解爱心卡的宣传意义。
3. 能用力所能及的方式来宣传保护动物。

三、活动重难点

1. 懂得关心、保护野生动物。
2. 通过自己的方式宣传保护动物。

四、活动准备

1. 知识经验准备：学习绘本《野生动物园里怪事多》，初步了解野生动物的居住环境。

2. 物质材料准备：有关环境图片的课件，大熊猫、丹顶鹤、金丝猴、雪豹等的动物模型，爱心卡片，油画棒，信封。

五、活动过程

表 2-88　宝贝爱宝贝

环节	活动过程	时间	实施要点
导入部分	1. 手指游戏“动物变变变”导入。 师：“在手指游戏中我们认识了一部分野生动物。你们还记得有哪些野生动物吗？我们一起来看看吧！”	2 分钟	通过前期学习的手指游戏导入，激发幼儿的表达欲望，能更加积极主动地参与到活动中来。
教学与练习部分	2. 师幼交流引导幼儿回忆有哪些野生动物。 (1)用动物模型帮助幼儿回忆手指游戏里出现过的各种野生动物。 师：“刚才小朋友看到了哪些动物？” (2)边出示动物模型边提问，引导幼儿讲述这些野生动物的特点及生活习性。	3 分钟	从课件的展示回顾中能巩固和加深孩子对野生动物的印象，在此环节应充分给予幼儿机会大胆地表达自己对野生动物的了解。
	3. 观看有关环境图片的课件并讨论和了解野生动物的生存困境。 (1)师：“所有的动物都和我们生存在同一个地方——地球，可是它们并不快乐，因为在地球上它们生存的环境受到了人类的破坏。” (2)观看被污染的环境的图片。	7 分钟	通过观看课件，激发出幼儿对动物身处的恶劣环境的悲伤感受，从而引发幼儿思考为什么会出现这样的情况？此环节尽量提供机会让幼儿生生互动，充分与同伴分享自己对于保护环境的感悟。

续表

环节	活动过程	时间	实施要点
教学与练习部分	师："你看到什么了？为什么看不到蓝天和白云？动物们生存在这样的环境里，呼吸这样的空气会怎么样？" (3)观看河水污染的图片。 师："原本一条清澈的小河，现在变成什么样了？河水里飘着的都是什么？如果动物喝不到干净的水会怎样？" (4)被砍的森林图片。 师："为什么树木都不见了？"		
	4. 理解"没有买卖就没有杀害"的深刻含义。 (1)出示关于穿山甲的公益广告。 (2)出示鲨鱼鳍被制作成鱼翅的课件。 小结：我们应该呼吁我们身边的人都要来保护动物，和动物成为朋友。	5 分钟	通过广告语的引入和短片的学习理解，使幼儿感受动物所受到的伤害，更加萌发出保护动物的意识。
	5. 观看有关环境图片的课件，了解保护野生动物的方法。 (1)种树。 师："这些人都在干什么？为什么要种树？树木多了，空气新鲜了，动物们就能生活在有新鲜空气的环境里。" (2)鸟窝。 师："这个小朋友手里捧着的是什么？有了这样的地方，鸟妈妈和它的宝宝就有自己的家啦！" (3)捡垃圾图片。 师："小朋友们都在干嘛？他们为什么要这样做？让我们的生活环境更加干净卫生，这样动物的生活环境也会越来越好。" 师："除了这些以外，我们小朋友能为动物们做什么？"	7 分钟	此环节重在激发幼儿的思维，让幼儿通过观察图片产生联想，互相交流保护野生动物的方法。

续表

环节	活动过程	时间	实施要点
结束部分	6. 制作爱心卡，呼吁大家爱护动物。 师："在这张卡片上，你可以把你想送给小动物的礼物画上去，我们一起把它寄到动物保护协会，呼吁更多的人一起保护环境，爱护动物。"	6分钟	在最后部分，教师鼓励幼儿充分大胆地在爱心卡上表现自己的想法，呼吁更多的人来爱护环境、保护动物。

六、活动延伸与拓展

请家长带幼儿了解关于动物保护协会组织的信息。

七、活动花絮

图2-175　幼儿与同伴分享野生动物的生活习性

图2-176　幼儿制作爱心卡片呼吁人们爱护小动物

活动二　科学：动物密码

一、设计意图

幼儿在成长过程中喜欢有意无意地观察身边的动物，但往往是随意的、无目的的，因此了解到的信息比较局限且零散。每一种动物都有独特的特征以及生活习性，它们之间既有千差万别，又有一定相同之处。大班幼儿开始对自然科学感兴趣，喜欢观看《动物世界》等科教类节目，为了帮助幼儿更好地了解动物习性，懂得如何去保护它们，营造人类与动物和谐共处的良好生态氛围，教师设计了本节科学活动。

二、活动目标

1. 萌发爱护小动物的情感。

2. 理解家畜、家禽、飞禽、野兽的概念和区别。

3. 能将不同的动物按家禽、家畜、野兽、飞禽进行分类。

三、活动重难点

1. 区分家禽、家畜、野兽、飞禽的不同之处。

2. 难点：能将不同动物进行简单分类。

四、活动准备

1. 知识经验准备：幼儿认识动物，简单了解过动物的名称、特点。

2. 物质材料准备：熊猫布偶、PPT 课件“动物密码”、12 个动物模型、4 个动物二维码、iPad 12 台、动物胸饰、布置游戏场地。

五、活动过程

表 2-89　动物密码

环节	活动过程	时间	实施要点
导入部分	1. 情境导入：“动物运动会”。熊猫裁判出场，引出动物运动会，激发幼儿参与活动的兴趣。	2 分钟	利用情景化的方式调动幼儿参与活动的积极性。
教学与练习部分	2. 观看 PPT，认识 12 种参加运动会的动物成员。(丹顶鹤、狮子、老虎、豹 子、鸡、鸭、鹅、狗、牛、鹰、马、秃鹫)	10 分钟	通过课件激发幼儿的探索兴趣，并鼓励幼儿之间大胆交流动物的特点。
	3. 为 12 种动物初步分类，引导幼儿交流总结家畜、家禽、飞禽、野兽的不同特征，并形成初步的概念。 师：“我们的 4 条跑道上分别是家畜组、家禽组、飞禽组、野兽组，你们能帮帮动物们找到它们要去的那条跑道吗？并说一下为什么？”	3 分钟	通过再次观看课件，让幼儿对家畜、家禽、飞禽、野兽的不同特征有清晰的认识，初步形成概念。
	4. 验证环节。 (1)请幼儿 3 人一组拿取 iPad 扫动物密码，自主学习动物所属的类别，并进行记录。 (2)请个别幼儿分享本组的学习成果，初步为 12 种动物进行分类。 (3)观看百度百科，了解家禽、家畜、飞禽、野兽的区别。	5 分钟	利用幼儿动手扫码验证动物类别，让幼儿对动物再次进行分类，加深幼儿对概念的理解。

续表

环节	活动过程	时间	实施要点
	5. 动物运动会。幼儿操作动物模型，送动物入场。 (1)游戏：我是运动小达人。 (2)游戏玩法：教师扮演熊猫裁判，幼儿戴胸饰扮演动物，音乐响起，幼儿模仿动物做相应的动作，裁判吹响口哨时，幼儿跑回属于自己的跑道区域。	5分钟	教师以游戏身份介入游戏中观察幼儿，在游戏中幼儿能进一步巩固对家禽、家畜、野兽、飞禽的认知。在游戏中，教师又增加更多的动物，再一次激发了幼儿的探索欲望。
结束部分	6. 教师总结。 深入了解家畜、家禽、飞禽和野兽的有关知识，发现珍稀保护动物(丹顶鹤)，激发幼儿爱护动物的情感。 师："动物是我们人类的朋友，可是刚刚老师发现有些动物是濒临灭绝的珍稀保护动物(丹顶鹤)，就是因为它们生存的环境受到了人类的破坏，我们该如何保护它们?"	10分钟	在这一环节，通过幼儿间的相互交流和教师的适时介入，让幼儿理解人和动物之间是相互依存的，激发幼儿爱护动物的情感，培养幼儿的环保意识。

六、活动延伸与拓展

1. 和爸爸妈妈一同查找、收集资料，解密更多的动物密码。
2. 观看《动物大百科》，了解更多关于动物种类的知识。

七、活动花絮

图 2-177　幼儿认识 12 种参加运动会的动物成员

图 2-178　幼儿对照记录表分享自己的探索结果

视频 13：动物密码（刘思宇，大班）

活动三　科学：食物链

一、设计意图

探究动物的奥秘对于孩子们来说是他们最感兴趣的事情。如今，自然灾害的出现，物种的灭绝让我们意识到保护环境应是每一个人的责任。在自然界中，食物链是保持生态平衡的自然现象，只有生态平衡了，才能拥有舒适、美好的生活环境。因此，保护生态平衡是至关重要的。教师利用科学活动“食物链”，让孩子了解一些常见动物之间相互制约、相互依存的关系，使幼儿萌发环保意识，从而懂得保护动物的重要性。

二、活动目标

1. 感受食物链对生态平衡的重要性。
2. 了解自然界中动物的食物链。
3. 能发现食物链中相互制约、相互依存的关系。

三、活动重难点

1. 了解食物链对大自然环境的影响。
2. 知道食物链中相互制约、相互依存的关系。

四、活动准备

1. 知识经验准备：幼儿知道大鱼吃小鱼的规律。
2. 物质材料准备：录像、故事《谁被吃了》、图片、动植物食物链操作游戏卡片 6 组

五、活动过程

表 2-90　食物链

环节	活动过程	时间	实施要点
导入部分	1. 故事导入，激发兴趣。 （1）完整倾听故事《谁被吃了》。 （2）故事里讲了些什么？它们在吃什么？	5 分钟	用故事引入动物之间的敌对关系，激发幼儿的探究兴趣。
教学与练习部分	2. 幼儿自由探究动物间的食物链关系。 师：“还有许多动物，它们都吃些什么呢？”	10 分钟	通过各种方法激发幼儿主动探索及自由操作，正确理解食物链的构成，让幼儿在操作中主动学习和了解关于食物链的信息。

续表

环节	活动过程	时间	实施要点
教学与练习部分	(1)介绍操作材料，鼓励幼儿自由探究。 (2)请幼儿自由选择操作平板、听录音、观察图片、询问老师等方法进行自由探究，初步感知食物链。 (3)幼儿集中交流通过自由探究获得的关于食物链的信息。		
	3. 通过游戏，进一步感知食物链的作用。 (1)幼儿操作，初步感知动物之间相互制约，相互依存的关系。 师："老师还给小朋友准备了很多有关动物的游戏卡片，考一考每组的小朋友，将它们按照吃谁的顺序连成一长串。" (2)请幼儿向大家介绍自己的排列次序。 师："你们是怎么排的?" (3)师："这些动物我吃你，你吃他，一环扣一环，像这样吃和被吃的关系就叫作食物链。" (4)师："如果食物链中间缺少了其中的一只动物，那么会发生什么事呢?"	10分钟。	分组活动，让幼儿在合作中完成食物链游戏小任务，加深巩固动物之间的关系认知。
结束部分	4. 总结活动。 师："在大自然中，动物和植物的关系谁也不能改变它，如果突然变得很多或者变得很少，这样就失去了平衡。在一个食物链中，如果其中一个环节出现问题，那么食物链就会受到影响，地球上的动植物就会面临灾难，还会危害到我们人类，所以我们要保护环境和爱护小动物们。"	5分钟	这个阶段让幼儿自己先分享对食物链的理解，然后老师对整个活动进行总结。

六、活动延伸与拓展

师生共同布置关于食物链的主题墙面，以图片、资料的形式介绍动植物之间的关系。

七、活动花絮

图 2-179　幼儿通过绘本了解食物链

图 2-180　幼儿分组按照食物链的顺序给动物排队

活动四　艺术：神奇的细菌

一、设计意图

细菌对人类的生活有着很大的影响，一方面，细菌是许多疾病的病原体，比如大肠杆菌、幽门螺旋杆菌、绿脓杆菌等，它们对社会的危害极大。另一方面，人类也时常将有益的细菌用于生活，比如制作酸奶及乳酪制品，发酵酿酒以及制造抗生素等。幼儿对细菌的印象通常是坏的，因为他们不太了解细菌在生活中的作用。教师用独特的艺术活动来吸引幼儿区分细菌的种类，并引导幼儿在乐器演奏和音乐的渲染中感受细菌的神奇，感知细菌对人类的帮助。

二、活动目标

1. 体验用打击乐器演奏的乐趣。
2. 知道细菌可以分为有益菌和有害菌。
3. 能与同伴合奏乐曲《细菌大战》。

三、活动重难点

1. 知道有益菌和有害菌的特点。
2. 能与同伴合作演奏乐曲《细菌大战》。

四、活动准备

1. 知识经验准备：幼儿有学习过打击乐的经验，已掌握简单的节奏、初步了解关于细菌的知识。

2. 物质材料准备：课件、挂图、音乐《细菌大战》。

五、活动过程

表2-91　神奇的细菌

环节	活动过程	时间	实施要点
导入部分	1. 分享收集到的有关细菌的知识。 师："你知道细菌是怎样的吗？" 小结：在我们的身体里，既有有益菌，又有有害菌，坏细菌会在我们的身体里面捣乱，让我们生病；好细菌则会维护我们身体的正常消化和运转。	4分钟	通过谈话导入过程加深幼儿对于细菌知识的了解，知道有益菌和有害菌的不同之处。
教学与练习部分	2. 欣赏音乐，感受两段音乐的不同情感。 提问：哪段音乐说的是有益菌？哪段音乐说的是有害菌？ （1）听音乐，用动作形象地表现有益菌和有害菌。 （2）请幼儿用身体的动作来表现有益菌和有害菌。	5分钟	根据音乐节奏，区分细菌的好坏，及时肯定幼儿的回答。
	3. 引导幼儿观察图谱，理解图谱的意思。 师："图谱中有哪些乐器？你觉得鼓代表哪种声音？铃鼓和哑铃呢？铃鼓可以有哪几种演奏方式？分别代表哪种声音呢？"	5分钟	在观察图谱中请幼儿自己发现其中的特点，观察打击乐器中什么乐器的声音适合不同细菌的演奏。
	4. 幼儿自行分组扮演不同"细菌"。 请一名幼儿击鼓，其他幼儿分为铃鼓组、响板组和哑铃组。	3分钟	根据幼儿意愿进行分组，选择打击乐器。
	5. 请幼儿听音乐看图谱，分组演奏乐器。	8分钟	幼儿开始演奏，尝试合奏。
结束部分	6. 教师指挥，幼儿合奏《细菌大战》，并进行师幼小结。 师："胜利的有益菌将要成为人类身体的好帮手，完成帮助身体促进食物营养的吸收，提高身体免疫力的小任务。"	6分钟	教师需用手势指挥幼儿按图谱加入合奏，提醒幼儿不同乐器的表现力度不同。

六、活动延伸与拓展

将材料投放到表演区，鼓励幼儿用各种形式来表现音乐中的有益菌和有害菌。

七、活动花絮

图 2-181　通过音乐区分有益菌和有害菌

图 2-182　幼儿尝试用各种乐曲表现不同的细菌

活动五　艺术：你好，小乌龟！

一、设计意图

习近平总书记在生态文明思想的生动实践中提到，要建设人与自然和谐共生的美丽家园。小乌龟是孩子们生活中较为常见的小动物，由于它的普遍性导致它频繁出现在各种幼儿游玩场所，并成为孩子们的“玩物”。孩子们天生就喜欢亲近小动物，饲养小动物，轻而易举就能得到小动物，让他们失去了对生命的珍视。教师希望通过此次活动，让幼儿更深入地了解小乌龟的物种特点，以及巴西龟对环境的影响，让幼儿能从身边的小乌龟开始，爱惜生灵，敬畏生命，为拥有和谐自然的环境贡献自己的力量。

二、活动目标

1. 萌发爱护善待小乌龟的情感。
2. 了解巴西龟对生态环境的影响，知道不能随意放生。
3. 能按照正确的步骤制作纸工小乌龟。

三、活动重难点

1. 了解巴西龟对生态环境的危害。
2. 能自己动手制作小乌龟。

四、活动准备

1. 知识经验准备：有养过小动物的经验。
2. 物质材料准备：巴西龟科普视频、宠物乌龟、彩纸、胶棒。

五、活动过程

表 2-92　你好小乌龟

环节	活动过程	时间	实施要点
导入部分	1. 猜猜我是谁。 (1)观察图片(乌龟蛋)，猜动物。 师：“咚咚咚，咚咚咚，蛋里面的宝宝要破壳出生啦!”(出示乌龟局部图片，引导幼儿猜测。) (2)自由讨论，请小朋友大胆介绍小乌龟的外形特征以及生活习性。	4 分钟	利用局部的乌龟图激发幼儿探索的兴趣，鼓励幼儿大胆猜测，并讨论自己对小乌龟的了解。
教学与练习部分	3. 观看巴西龟科普视频，了解巴西龟对环境、对人的危害。 小结：巴西龟会大量掠夺同类的食物，会破坏自然生态环境，被列为最危险的入侵物种之一。	4 分钟	通过视频和讨论，加深幼儿对巴西龟的认识。
	4. 给乌龟找朋友。 (1)观看折纸视频学习折叠小乌龟。 (2)幼儿自主创作。 班上的一只小乌龟好孤单呀，我们一起动动手做一些乌龟朋友来陪伴它吧。	15 分钟	通过视频学习和自主创作，激发幼儿给乌龟找朋友的意愿。
结束部分	5. 作品展示，幼儿交流评价。 (1)师：“小朋友们都把小乌龟完成了呢！现在大家把自己的小乌龟放在桌子上，看看能不能站起来。” (2)幼儿相互欣赏同伴的作品并点评。 (3)教师小结：“小朋友们要爱护我们的动物，如果养了小乌龟，请善待它，不要抛弃它，不能随意放生巴西龟这种外来入侵物种。”	8 分钟	教师肯定幼儿的作品，鼓励幼儿相互点评，感受小乌龟的可爱，并理解善待小动物的意义。

六、活动延伸与拓展

为小乌龟创设一个温馨的小家，并将其安放在自然角中，供幼儿饲养和观察。

七、活动花絮

图 2-183　根据方法和步骤进行小乌龟折纸

图 2-184　幼儿在同伴面前展示自己的作品

科学：地球上最孤独的动物

一、设计意图

随着自然环境的不断恶化，野生动物的生存空间面临着严重的威胁，一些动物即将濒临灭绝，人与动物和谐共处的局面也即将被打破！保护濒危动物是我们人类共同的责任，为了让幼儿了解濒危动物的种类，更重要的是让幼儿形成保护濒危动物的危机感，知道基本的动物保护措施，并理解保护环境对动物生存的重要性，教师特设计了本次活动。

二、活动目标

1. 激发幼儿保护濒危动物的意识。
2. 了解几种濒危动物的名称、典型特征、生活习性，理解“濒危”的含义。
3. 能说出保护濒危动物的措施。

三、活动重难点

1. 了解几种濒危动物的特点。
2. 探讨保护濒危动物的方法。

四、活动准备

1. 知识经验准备：幼儿了解关于濒危动物的知识。
2. 物质材料准备：常见濒危动物的图片、资料以及视频《濒危》。

五、活动过程

表 2-93　地球上最孤独的动物

环节	活动过程	时间	实施要点
导入部分	1. 设疑导入，激发幼儿的兴趣。 师："你们知道什么是世界上最孤独的动物吗？今天我们就一起来了解濒危的动物。"	4 分钟	通过设疑吸引幼儿的关注和兴趣，鼓励幼儿大胆用自己的语言表达自己所了解的动物。
教学与练习部分	2. 幼儿分享自己知道的濒危动物。 (1)幼儿理解"濒危"的含义。 师："地球上生存着各种可爱的动物，在我们生活中常常会见到狗、猫、兔子等，但有些野生动物因为人类对环境的破坏而失去了生存的环境，无法在地球上生存，所以非常稀少。" (2)师："你们知道在我们中国有哪些濒危动物吗？他们为什么会成为濒危动物呢？"	8 分钟	教师通过情景化的语言，让幼儿感受恶劣环境对动物的影响及危害，理解"濒危"的含义，
	3. 感知濒危动物的生存状态。 幼儿观看视频了解大熊猫、藏羚羊、白鱀豚等因为人类破坏环境而濒临灭绝。 熊猫：人类不断地砍伐树林，造成森林的减少，熊猫的生存家园也不断减少。 藏羚羊：盗猎者为了自身的利益捕杀藏羚羊，割掉它们美丽的羊角，使可可西里逐渐没有了藏羚羊的身影。 白鳍豚：人类在海上的工程以及水域的污染使白鳍豚越来越少。	10 分钟	通过幼儿比较熟悉的动物个案，让幼儿理解环境与动物之间的依存关系，感知保护自然环境的重要性。
	4. 师生共同观看课件，交流和讨论如何保护濒危动物。 师："全国人民都在努力地保护这些濒危动物，我们要怎么保护这些濒危动物呢？"	5 分钟	引导幼儿大胆表达自己的想法，激发幼儿对动物的爱护和怜悯之心。
结束部分	5. 活动总结。 这些动物因为人类的破坏行为一步一步走向灭亡，因此我们一定要好好地保护它们，让它们快乐健康地生活在地球上。	3 分钟	通过师幼一起总结，巩固本次活动的学习内容，激发幼儿珍惜现有的珍稀动物。

六、活动延伸与拓展

鼓励幼儿收集我国其他濒临灭绝的动物的图片，共同布置“珍稀动物”图片展。

七、活动花絮

图 2-185　带领幼儿思考“没有买卖就没有杀害”的含义

图 2-186　与同伴讨论动物灭绝的原因

活动七　语言：苏丹的犀角

一、设计意图

《苏丹的犀角》是一本讲述珍稀物种濒临灭绝的绘本。这本书中关于偷猎杀戮、孤独无奈、警戒保卫的内容让孩子对野生大自然生活充满了敬畏和好奇。在过往的阅读中，绘本世界里充满着美好正义、善良纯美，即便是冲突和死亡也都被包装得温和自然。而设计本次活动，希望每名幼儿通过这个故事知道不要等到物种消失了才应该珍惜，能够爱护身边最珍贵的人和物，以及与我们每个人生存息息相关的大自然。

二、活动目标

1. 感受苏丹一生的悲情色彩。
2. 理解苏丹经历三次断角的原因。
3. 能复述故事主要情节，选择正确的方式帮助苏丹“长角”。

三、活动重难点

1. 理解故事内容，了解犀牛苏丹的一生。
2. 能复述故事主要情节，正确选择环境保护问题答案帮助苏丹“长角”。

四、活动准备

1. 知识经验准备：幼儿前期了解犀牛的外形特征及生活方式，听过完整的《苏丹的犀角》这一绘本故事。

2. 物质材料准备：绘本《苏丹的犀角》、PPT、犀牛头饰。

五、活动过程

表 2-94　苏丹的犀角

环节	活动过程	时间	实施要点
导入部分	1. 情境导入，引发幼儿思考 师："今天给大家带来了一位老朋友，大家来看看它是谁(犀牛苏丹的图片)?"教师出示犀牛苏丹的图片并提问："你还记得苏丹经历过哪些事情吗?"(请幼儿简单讲述)	5 分钟	通过观察封面，引发幼儿回忆故事内容。
教学与练习部分	2. 请幼儿为故事图片排序，理解故事内容 (1)出示主要部分的故事图片，请幼儿初步为故事进行排序，边排序边引导幼儿说一说为什么要这样排?这个图片表示了哪一部分故事? (2)幼儿倾听完整故事视频，分小组再次为故事排序，组内先排序图片共同讲述故事，再派代表上台分段讲述完整故事。引导幼儿进一步感受苏丹每一次断角的情绪，知道故事所表达的是保护濒危动物的重要性。 (3)教师提问："听完了故事你们有什么感受?"	10 分钟	通过拼图的方式回顾完整的故事以加深孩子们对绘本内容的理解，并在拼凑的过程中发展幼儿的语言表达能力，体会苏丹失去犀角的痛苦，让幼儿能复述苏丹三次断角的原因，及其给苏丹带来的伤害。
	3. 分组游戏：帮助苏丹"长角"。教师讲述游戏规则，幼儿分六组，每一组分发一张自然保护问题的图片纸，每正确回答一题，相应获得一张苏丹断角的图片，直到获得全部断角的图片，游戏胜利。之后幼儿开始自主活动，教师巡回指导。	8 分钟	利用游戏激发幼儿对保护环境的思考，增强游戏的趣味性并锻炼幼儿动手动脑能力。
结束部分	4. 总结讨论。 没有买卖就没有杀害，让我们保护动物的呼声聚沙成塔，呼吁身边的人爱护动物，保护动物，不要购买任何动物制品，守护不同形态的生命，与大自然和谐共处。	5 分钟	通过对故事的理解，鼓励幼儿大胆表达自己的感受，如何通过自己的努力去做一些改变，让幼儿产生共情，知道动物与人一样有情感，害怕孤独。

六、活动延伸与拓展

1. 回家和家人分享绘本故事《苏丹的犀角》，做一名犀牛的守护者。

2. 搜索、了解关于真实的北部白犀牛的信息。

七、活动花絮

图 2-187　引导幼儿帮助犀牛长角

图 2-188　师幼共同探索保护犀牛的方法

健康：害羞的穿山甲

一、设计意图

2020 年初，突如其来的新型冠状病毒改变了人们的生活方式，它到底从何而来？是否与我们人类捕食野生动物有关？这一点值得我们去深思。为了让幼儿重视环境保护，关注野生动物的生存状态，我们设计了这样一次活动。希望幼儿通过参与公益互动，了解正确对待野生动物的方法，懂得如何保护野生动物，使幼儿萌发关爱野生动物的意识。

二、活动目标

1. 使幼儿萌发保护穿山甲的意识。

2. 尝试扮演穿山甲的角色，完成钻山洞的动作。

3. 能手脚着地，屈膝向前爬行过障碍物。

三、活动重难点

1. 不碰到洞壁，直身钻过 50cm 山洞。

2. 能掌握动作要领爬行过障碍物。

四、活动准备

1. 知识经验准备：幼儿知道穿山甲是国家一级保护动物，初步了解其生活习性。

2. 物质材料准备：楼梯拱形桥 2 个、拱形门 2 个、软垫若干、场地布置。

五、活动过程

表 2-95　害羞的穿山甲

环节	活动过程	时间	实施要点
导入部分	1. 情境导入。 小穿山甲出来找食物，一不小心就和妈妈走散了，它很想回家，可是又很害怕，路上会遇到很多的山洞，该怎么办呢？ 教师提问："你认识穿山甲吗？你想怎样帮助小穿山甲？"	3 分钟	通过情境导入，让幼儿知道穿山甲是国家一级保护动物，数量稀少，激发幼儿保护穿山甲的欲望。
教学与练习部分	2. 热身运动。 师："穿山甲胆子小，不敢跟小朋友一起，我们都变成穿山甲，跟它们做朋友吧！"	3 分钟	请幼儿自由想象，模仿穿山甲的动作钻、爬，活动身体和四肢。
	3. 送穿山甲回家。 穿山甲自述："我家要爬过一座小山，过一座独木桥，钻过一个山洞就到了。" (1)爬山。 请个别幼儿示范游戏路线及爬的动作要领。 (2)走过独木桥。 走独木桥时，双臂伸直保持身体的平衡。 (3)钻山洞。 钻的过程中要弯腰低头，身体不要碰到山洞。	6 分钟	教师提醒幼儿模仿穿山甲的爬行方式，掌握正确的钻、爬动作，有基本的自我安全保护意识。钻山洞的时候重点指导幼儿不要碰到山洞壁。
	4. 幼儿自主游戏。 玩法：排头幼儿完成全部动作后快速回到队尾，直至全体幼儿都完成动作。	10 分钟	此环节重在让幼儿掌握动作要领，自主运动达到运动量，教师注意提醒幼儿遵守规则，有序游戏。
结束部分	5. 放松活动。 所有的穿山甲都回到妈妈身边了，我们顺利地完成任务啦！	3 分钟	此环节重点指导幼儿放松腿部。

六、活动延伸与拓展

在图书角投放更多关于保护野生动物的图片及书籍。

七、活动花絮

图 2-189　幼儿模仿穿山甲越过小山

图 2-190　幼儿模仿穿山甲钻过山洞

四、绿色生活：美丽中国我在行动

活动一　健康：健康小达人

一、设计意图

《3—6 岁儿童学习与发展指南》中指出，要教育幼儿爱清洁，讲卫生，注意保持个人和生活场所的整洁和卫生，密切结合幼儿的生活进行安全、营养和保健教育，提高幼儿的自我保护意识和能力。小朋友即将进入小学，如何让他们有一个健康的体魄，用愉快的心态迎接今后新的学习生活。“健康小达人”活动，让幼儿知道怎样做才有利于健康，让幼儿懂得健康对人很重要，增强做健康娃娃的意识。

二、活动目标

1. 使幼儿萌发做健康小达人的意识。
2. 初步了解让身体健康的小常识及重要性。
3. 能保持健康的生活方式。

三、活动重难点

1. 幼儿懂得健身小常识。
2. 知道哪些生活方式是健康的，并将良好习惯保持下去。

四、活动准备

1. 知识经验准备：幼儿了解一些保护五官的方法。

2. 物质材料准备：《国王生病啦》故事动画视频课件、歌曲《健康歌》、希沃白板单机游戏“健康达人”、“健康小达人”勋章若干。

五、活动过程

表2-96　健康小达人

环节	活动过程	时间	实施要点
导入活动	1. 播放绘本故事视频《国王生病啦》。教师提问：“国王为什么生病啦？他的病如何好的呢？”	5分钟	此环节利用好听、好看的视频动画故事激起幼儿兴趣，引出主题。
教学与练习部分	2. 结合课件内容出示图片，引导幼儿说出如何让身体保持健康的方法。	10分钟	利用图片直观地引导，让幼儿知道保持健康的方法。
	3. 情景表演，说一说应该怎样做。 (1)不洗手吃东西，吃东西不细嚼。 (2)总是爱喝饮料。 (3)晚上睡前不刷牙。 (4)挑食、专吃零食。 (5)晚上看电视很晚睡，早上不愿意起床。	5分钟	此环节进行情景表演的小朋友表现力一定要强，能把不好的生活习惯动作表现出来。
	4. 游戏活动“健康达人”。利用希沃白板制作单机游戏，进行小组PK赛，哪组分数高获胜，评选“健康小达人”。	5分钟	此环节通过有趣的PK竞赛游戏，生生互动，巩固幼儿对健康生活方式的认知。
结束部分	5. 播放音乐《健康歌》，幼儿在动感音乐下跟随老师到户外做简单的健身操。	5分钟	此环节可以带孩子做小学生眼保健操、课间操，有利于孩子更好地适应小学生活。

六、活动延伸与拓展

1. 在平时的生活中让小朋友多看看绿色植物，放松眼睛。在每天早上课后带孩子做一次眼保健操，让孩子舒缓眼部。

2. 亲子阅读绘本《牙齿大街的新鲜事》，督促小朋友坚持早晚刷牙。

3. 家园合作：亲子尝试绘制表格，制作小朋友的“一周运动记录表”。

七、活动花絮

图 2-191　幼儿参与情景表演

图 2-192　一起来做放松操

语言：生态旅游

一、设计意图

《幼儿园教育指导纲要(试行)》中指出："环境是最重要的教育资源，应通过环境的创设和利用，有效促进幼儿的发展。"节假日的时候家长们都会选择带孩子外出旅游，开阔孩子的视野，增长知识面，但一些不文明的举动给原本秀丽的景色画上不好的一笔。由此，教师抓住教育契机设计了本次活动，通过说一说、情景表演、小组设计等多种形式，引导幼儿进行生态文明旅游，让他们知道旅途中文明出游的重要性和必要性。

二、活动目标

1. 感受低碳生活方式带来的益处，具有初步的环保意识。
2. 了解在旅游过程中存在的不文明行为。
3. 能通过小组讨论方式合作完成文明旅游公约。

三、活动重难点

1. 能分辨旅游过程中存在的不文明行为。
2. 幼儿协商讨论并合作完成文明旅游公约。

四、活动准备

1. 知识经验准备：幼儿有外出旅行的经历，收集旅游图片。
2. 物质材料准备：文明出行公益广告、旅游景点中的不文明现象的场景创设、记号笔、绘画纸、KT 板制作的"文明旅游公约"牌。

五、活动过程

表 2-97 生态旅游

环节	活动过程	时间	实施要点
导入部分	1. 谈话引入主题。 (1)教师提问:“周末时,家人都带你们在哪里玩啊?今天老师带小朋友们一日游武汉三镇。” (2)制订出游计划,做好准备。提醒幼儿收拾旅行所需物品,并计划好出行方式。	3分钟	此环节小朋友需要有外出游玩的经历,还需要有为自己收拾物品的经验,或者看过家人收拾物品。
教学与练习部分	2. 创设情境,感知人们出游中的不文明行为,交流正确做法。 小朋友表演情景一:准备出发。汽车内人很多,上来一位抱小孩的阿姨,我们应该如何文明乘车?	3分钟	此环节引导幼儿观察场景,知道文明乘车礼仪,乘车时有序排队,主动让座。不大声喧哗、打闹。在车内不进餐,为老、弱、病、残、孕让座。
	3. 图片展示一:东湖风景区。 利用东湖绿道背景图片,观察水面上的白色垃圾。幼儿结合生活经验,交流自己对白色垃圾的看法。	3分钟	此环节重在激发幼儿保护家乡湖泊水源情感。
	4. 小朋友表演情景二:磨山风景区。 在风景区内一名小朋友跨过护栏,摘磨山上的杜鹃花。看到的小游客在旁边进行阻止。	3分钟	此环节利用场景表演再现,告诉孩子踩踏草坪、攀折花朵是不好的行为。
	5. 图片展示二:磨山景区楚天阁。 图片展示游客攀爬楚天阁门口的假山,还有小朋友拿树枝在楚天阁圆柱上画画。	3分钟	此环节突出乱涂乱画,不爱护经典风景的现象,让幼儿回顾自己是否有类似行为。
	6. 情感体验,大胆表达。 看见乱扔垃圾、踩踏小草、攀折花木、乱涂乱画、攀爬标志性建筑物的情况,你们心里有什么感受?	5分钟	此环节,幼儿将看到一些常见的不文明现象,情感冲突容易达到顶点,内心萌发保护环境的主观意愿。
	7. 播放视频“文明出行公益广告”,呼唤文明旅游。 师:“我们看看他们旅行时,是如何做的?”	2分钟	此环节为制定文明旅行公约环节做情感铺垫。
结束部分	8. 制定文明旅行公约,促进文明旅游。 (1)播放舒缓背景音乐,请幼儿为旅行中不文明行为提出解决办法。 (2)幼儿分小组自主讨论,设计文明旅游公约宣传海报。	8分钟	教师鼓励幼儿变身成为文明旅游小使者,传播文明出游的美德。

六、活动延伸与拓展

1. 引导幼儿在亲子旅游时做一个生态文明旅行者和小小监督员。
2. 小小宣传员在社区广场宣传自己设计的文明出行海报。

七、活动花絮

图 2-193　幼儿进行爱护花草的情景表演

图 2-194　幼儿进行公交让座的情景表演

科学：绿色消费

一、设计意图

我国现在倡导“科学购物，绿色消费，提倡绿色生活方式”，为了让孩子成为一个绿色小公民，我们现在就要帮助孩子树立正确的绿色消费观念。如：不要过多购买物品，能使用的物品暂不购买，节约地球资源等。教师将有趣的数学游戏与绿色购物相结合，通过多个情境的创设，让幼儿运用简单的记录表进行实际操作，感受数学运算与人们生活的相关联系，使幼儿萌发理性、合理消费的意识。

二、活动目标

1. 萌发合理消费的意识，逐渐养成节约的习惯。
2. 了解绿色消费的方式，有计划地购物。
3. 能将 20 以内的加减法运用到生活购物中。

三、活动重难点

1. 了解绿色消费方式，能将记录采购单和采购记账单进行比对。
2. 有计划地记录采购单，进行合理购物，养成节约的习惯。

四、活动准备

1. 知识经验准备：幼儿已有与家长外出购物的经历、亲子制作简单仿真钱币（1元、2元、5元、10元、20元）若干。

2. 物质材料准备：收集闲置学习文具、笔、玩具、学习物品并贴上标签、购物单。

五、活动过程

表 2-98　绿色消费

环节	活动过程	时间	实施要点
导入部分	1. 情境导入：文具商店。 教师以文具商店老板身份出现对工作人员提出要求：能又快又好地将商店内物品进行分类，并且按标志将物品放在货架上。	1 分钟	活动主题以商店购物角色游戏为主线，活动鲜明又融入生活性。
	2. 以招聘商店收银员的形式来复习 20 以内的加减法。	2 分钟	首先教师出示混合运算答题卡，幼儿快速抢答。根据幼儿答题情况招聘收银员。
教学与练习部分	3. 学习记录采购单。 老板讲述自编故事，引导幼儿学习记录采购单。	3 分钟	学习如何记录采购账单的方法，遵守超市规则，培养文明购物能力。
	4. 游戏：快乐大采购。 游戏玩法：将幼儿分为收银员和采购顾客两组，每位顾客 20 元钱消费。合理规划花最少的钱购买所需物品，顾客进去文具商店选好所需物品，收银员和顾客一起计算用了多少钱，还剩多少钱，收银员能正确将剩余的钱找给顾客。每次购物结束，顾客要记录采购记账单，才能第二次到文具商店。	5 分钟	角色扮演游戏添加了趣味性。通过此游戏环节让孩子学习有规划性地购物和理性购物。
	5. 评选优秀收银员和节约小顾客。 (1)组织幼儿交流展示自己的记账单，讨论：小朋友用同样多的钱，为什么有的小朋友买的物品数量多，有的小朋友买的物品数量少？ (2)交流分享，共同评选优秀收银员和节约小顾客。	9 分钟	看小朋友购买的物品种类是否丰富，有没有重复消费和浪费，从而引导幼儿有计划地进行购物，并萌发合理绿色消费意识。
结束部分	6. 教师小结：介绍“绿色消费”方式。	10 分钟	通过不同形式让幼儿充分体验在玩中学，在学中玩的乐趣。

六、活动延伸与拓展

1. 家长带孩子到超市亲身实践合理绿色消费。

2. 在小区、幼儿园开展跳蚤市场，将自己的闲置商品进行互换。

七、活动花絮

图 2-195 幼儿到文具商店了解物品价格

图 2-196 幼儿参与购物的游戏

活动四 社会：旧物换换乐

一、设计意图

孩子们的生活中有很多不想再玩的玩具，不想再看的图书，如果就这样放在那里或者扔掉，是一种资源的浪费。为了增强幼儿节约资源的意识，教师设计了本次活动，希望通过活动，帮助幼儿树立资源共享、环保节约的意识，在与同伴交换玩具的时候，增进友谊，促进交往能力的发展和规则意识的培养。

二、活动目标

1. 体验与同伴交换物品的快乐，并初步树立资源共享意识。
2. 懂得节约资源，了解旧物交换的意义。
3. 能够通过集体商议，制定交换规则并主动遵守。

三、活动重难点

1. 懂得节约资源，了解旧物交换的意义。
2. 会制定换物规则并自觉遵守。

四、活动准备

1. 知识经验准备：有物品交换的相关经验。
2. 物质材料准备：幼儿准备交换的旧玩具、旧图书，宣传海报《旧物换换乐》。

五、活动过程

表 2-99 旧物换换乐

环节	活动过程	时间	实施要点
导入部分	1. 海报回顾导入。 教师出示海报，根据海报内容提问，幼儿介绍物品。	3 分钟	讲述旧物交换的环保意义，引出主题“旧物换换乐”

续表

环节	活动过程	时间	实施要点
教学与练习部分	2. 集体讨论并制定交换规则。 规则：一对一交换物品，向他人介绍自己带来的玩具玩法和图书内容。交换完成的玩具和图书不再要回。	5分钟	制定规则时，教师重点指导幼儿注意礼貌用语，不与对方发生争吵，遵循自愿原则。
	3. 幼儿自主游戏环节。 (1)第一次游戏：请幼儿分组在玩具展示区域挑选自己喜欢的玩具。交换结束后，请幼儿提出遇到的问题，大家讨论解决办法。 (2)发现游戏问题、总结经验。 幼儿自主讨论每个物品可以交换多少次？如果你不想和他交换，是否愿意送给他？	8分钟	教师鼓励幼儿与玩具主人多交流，争取交换玩具，教师注意关注幼儿的交换情况。
	4. 幼儿再次游戏。 幼儿自主游戏，教师观察并指导。	6分钟	再次游戏时，教师重点观察讨论解决的问题是否得到解决。
结束部分	5. 游戏结束，幼儿分享。 (1)幼儿自由分析今天的收获。 (2)教师总结活动的意义。	5分钟	重点指导幼儿了解本次活动的意义，节约资源不浪费。

六、活动延伸与拓展

1. 鼓励幼儿在家和爸爸妈妈一起多收集不用的玩具，定期开展此类活动。
2. 开展相关的绘画活动，制作海报，带动其他班级一起开展相关活动。

七、活动花絮

图2-197　幼儿到跳蚤市场挑选喜欢的物品

图2-198　与同伴进行旧物交换体验

活动五　科学：我是时间小管家

一、设计意图

俗话说：“一寸光阴一寸金，寸金难买寸光阴。”对于“珍惜时间”这个话题，孩子们并不陌生。然而，在平时生活中，家长们常常反映孩子做事情没有时间观念，喜欢拖拖拉拉。显然，说和做存在一定差距。由此，在幼小衔接阶段，为了帮助幼儿初步树立时间概念，知道遵守时间的重要性，学会如何合理安排自己的时间，教师设计了本次活动。希望幼儿通过猜想，在验证中体会一分钟的长短，初步感受时间流逝是一去不复返的，从而懂得珍惜时间。

二、活动目标

1. 感受珍惜时间的重要性。
2. 感知一分钟的长短，树立时间概念。
3. 能够制订合理的作息计划，并按计划执行。

三、活动重难点

1. 学习如何合理制订作息时间计划，并按计划完成，养成做事情不能拖拉的好习惯。
2. 在亲身猜想、操作和实验中体会一分钟的长短。

四、活动准备

1. 知识经验准备：幼儿有一定的猜谜经验。
2. 物质材料准备：视频《一分钟》、《一分钟能干什么猜想表》人手一张、《作息时间计划表》人手一张、铅笔人手一支。

五、活动过程

表 2-100　我是时间小管家

环节	活动过程	时间	实施要点
导入部分	1. 猜谜语导入。 小小骏马不停蹄，日日夜夜不休息。蹄声哒哒似战鼓，提醒人们争朝夕。	2 分钟	兴趣是最好的老师，活动开始以谜语的方法有效激发幼儿学习热情。
	2. 播放故事视频《一分钟》，理解故事内容。 初步感受时间是流逝的，是一去不复返的。	3 分钟	观看短片《一分钟》，从故事各个紧扣的环节中体会时间的重要性。
教学与练习部分	3. 一分钟的猜想与验证。 (1)大胆猜想一分钟时间能做什么？ (2)出示记录表，请幼儿按照自己的猜测结果在记录表问号栏记录下来。 (3)幼儿验证并且记录。 小组成员一名幼儿拿闹钟，一名幼儿负责实施记录表内容，小组其他成员按照记录表内项目共同验证一分钟时	15 分钟	此环节幼儿在猜想、操作和验证中亲身体会一分钟时间的长短，并知道要珍惜时间。

续表

环节	活动过程	时间	实施要点
教学与练习部分	间可以完成的项目。如果能够完成的请在灯泡栏格子里画勾，如果不能完成就画叉。 (4)幼儿交流自己记录的实验，教师小结："一分钟时间其实可以干许多事情，我们小朋友平时在生活中一定要珍惜每一分钟的时间。"		
	4. 制定作息时间计划表，养成不浪费时间的好习惯。 (1)教师提问："小朋友马上要进入小学了，如何珍惜每一分钟，请制定一份从早上起床到进入小学的时间表。" (2)小组讨论：早晨必须做什么事情呢？如何制定早晨作息时间表。 (3)小组自由推选代表交流讨论结果，教师用简笔画记录。	8分钟	此环节教师提醒幼儿思考早上需要做哪些事情？每件事情需要多长时间？合理安排时间。
结束部分	5. 评选优秀时间表。	2分钟	师幼一起分析哪组最合理，学习他人的优点。

六、活动延伸与拓展

1. 鼓励幼儿制作一张暑期或小学作息时间计划表，每天严格按照计划做事，不浪费一分钟时间。

2. 推荐亲子读物《时间小管家训练宝典》。

七、活动花絮

图 2-199　幼儿进行一分钟的猜想

图 2-200　小组进行一分钟的猜想验证

活动六　社会：电“离家出走”的一天

一、设计意图

组织幼儿上下楼梯的过程中，我们发现了一个现象，就是幼儿喜欢用手来进行感知，特别喜欢去按楼梯里的开关，可能是纯属感觉好玩，殊不知这样的行为，也是一种浪费电的行为。电是人们生活中用得最为广泛的一种资源，生活中处处都离不开电。随着人们生活水平的提升，人们对电的浪费现象越来越普遍。为了让幼儿懂得珍惜资源，节约用电，教师设计此次活动。希望通过活动让幼儿了解电的作用，懂得节约用电，从而培养幼儿良好的环保行为习惯。

二、活动目标

1. 萌发主动节约用电的情感。
2. 了解电与人们生活的关系及带来的便利。
3. 能制作节电小标志，并大胆说出节约用电的方法。

三、活动重难点

1. 重点：了解电与人们生活的关系及带来的便利。
2. 难点：能制作节电小标志，并大胆分享。

四、活动准备

1. 知识经验准备：幼儿对生活中需要用电的地方有初步了解。
2. 物质材料准备：课件“没有灯光的城市”、节约用电标志若干、游戏材料（玩具、书本、学习用品、电器图片若干）。

五、活动过程

表 2-101　电“离家出走”的一天

环节	活动过程	时间	实施要点
导入部分	1. 教师提前关灯，请幼儿观察教室里有什么不一样。 音频：“哈哈哈！我是‘电宝宝’，我‘离家出走’啦！哼！想要找到我的话，需要小朋友们齐心协力共同闯关，找到两把金钥匙，我才会回来帮助你们恢复光亮。”	3 分钟	此环节教师关灯并播放电宝宝音频，更加直观有趣地引出主题，让幼儿愿意参与其中。
教学与练习部分	2. 播放课件“没有灯光的城市”，让幼儿了解电对人类的重要性。 （1）电为什么想“离家出走”呢？ （2）没有电，我们可以靠什么发电呢？	5 分钟	通过播放课件，让幼儿明白电在我们生活中的重要作用，进而引发对节约用电的思考。
	3. 头脑风暴讨论节约用电的方法。 （1）帮助“电宝宝”寻找节电的方法。		

续表

环节	活动过程	时间	实施要点
	(2)音频："聪明的小家伙们，谢谢你们帮助我找到了如何节约用电的方法，恭喜你们获得了第一把金钥匙，为了奖励你们，我将点亮四盏灯，帮助你们恢复一半的光明！不过，你们可别得意得太早，我的第二把金钥匙可没那么容易给你们哦！"	7分钟	通过交流讨论，让幼儿习得更多节约用电的方法。
	4. 制作节约用电的标志。 (1)观察教室和幼儿园内有哪些地方需要节电标志？ (2)制作节电小标志	10分钟	本环节由近及远，引导幼儿从我做起，从身边做起，践行节电行为。
结束部分	5. "电宝宝"回家。 (1)热气的科普。 (2)幼儿分享节电小标志并消除热气。音频："你们竟然能够制作出这么厉害的节电小标志来帮助我，还清除了我身上散发出来的热气，减少了空气污染，你们可真厉害，那这第二把金钥匙我就放心地交给你们了！"	5分钟	幼儿通过分享节电小标志想出消除热气的方法，加深幼儿节约用电的意识。

六、活动延伸与拓展

1. 请幼儿在科学区尝试用蔬菜水果进行发电科学小实验。

2. 在班级内开展"家庭争做省电小卫士"活动，看看谁家用的最少，大家相互交流节电小妙招。

七、活动花絮

图2-201　介绍没有电的城市是怎样的

图2-202　什么是节电小标志

视频 14：电“离家出走”的一天(庹斯颖，大班) 

活动七　社会：你说公平不公平

一、设计意图

《奥林匹克宪章》指出，奥林匹克精神就是相互了解、友谊、团结和公平竞争的精神。大班幼儿对公平意识有了一定的了解，但现在大多数幼儿是独生子女，他们的行为意识经常是以自我为中心，喜欢争第一，竞赛活动中也非常喜欢赢，常常因为输了而生气。这一现象引发了教师的思考，如何让幼儿了解公平的意义，树立公平的意识呢？教师通过本次健康活动，让幼儿在竞赛中感受公平、了解公平，并愿意接受失败。

二、活动目标

1. 感受公平的意义，建立维护公平的情感。
2. 知道公平的意义以及如何树立公平的意识。
3. 能在跳圈活动中公平参与游戏。

三、活动重难点

树立公平的意识，能公平参与游戏。

四、活动准备

1. 知识经验准备：幼儿有过比赛的经验。
2. 物质材料准备：跳圈 16 个、与幼儿人数匹配的抽签条。

五、活动过程

表 2-102　你说公平不公平

环节	活动过程	时间	实施要点
导入部分	1. 师幼比赛，引出主题。 (1)教师邀请同伴进行跑步比赛。 (2)幼儿输掉比赛，教师引导幼儿说出这个比赛不公平。 (3)小结：老师跑得快、小朋友跑得慢，小朋友应该跟小朋友比赛才公平。	5 分钟	师幼游戏，让幼儿切身体会公平与不公平的感受。

续表

环节	活动过程	时间	实施要点
教学与练习部分	2. “跳圈乐”。 (1)教师提出游戏：“跳圈乐”，教师说：“我们现在要选两个小朋友来玩‘跳圈乐’，怎样选才比较公平呢?” (2)幼儿自由讨论，发表意见。 (3)师幼小结：大家都想参加“跳圈乐”，我们可以用抽签、商量、轮流、猜拳的方法来决定。	3分钟	初步体验游戏前的机会平等。
	3. 初次游戏，体验规则的公平。 (1)教师将跳圈分为两组，一组跳圈10个、一组跳圈6个。幼儿游戏，一个幼儿先跳到终点。 (2)教师提问：“这个小朋友先跳到终点获胜，你们同意吗?” (3)幼儿自由讨论，这场比赛不公平。 (4)教师提问：“那怎样让这个游戏变公平呢?”幼儿说出自己的想法，即两边的跳圈数量一样才公平。	8分钟	教师将两组跳圈分为不一样的数量，请幼儿进行游戏。重点指导幼儿在游戏中体验规则公平的重要性。
	4. 再次游戏，公平竞争。 (1)幼儿有序抽签，抽到画有圈圈标志的幼儿参加比赛。 (2)幼儿比赛。 (3)师幼共同讨论比赛的输赢，知道任何比赛都要公平，不仅选择选手要公平，游戏规则也要公平。	8分钟	幼儿在自己制定的公平游戏规则下，能公平地遵守游戏规则，输了也能乐观面对。体验比赛中遵守规则的重要性，并且能做到公平竞争。
结束部分	5. 放松环节。 (1)师幼总结公平游戏的重要性。 (2)师幼共同放松小腿。	4分钟	重点指导幼儿放松小腿。

六、活动延伸与拓展

1. 和爸爸妈妈在家做游戏时，一起制定公平的游戏规则。
2. 在美工区活动时，制作宣传“公平游戏”的海报。

七、活动花絮

图 2-203　幼儿跳圈竞赛游戏

图 2-204　幼儿探索游戏规则

健康：低碳出行

一、设计意图

习近平总书记在建设美丽中国行动中提出我们要倡导绿色、低碳、循环、可持续的生产生活方式，绿色低碳生活理念已然深入人心。践行绿色低碳生产生活方式，自觉履行节能减排义务，我们每个人都势在必行。幼儿生态文明教育倡导幼儿从我做起，从身边做起，保护我们的生存环境，共同建设美丽家园。因此，教师设计了此活动，引导幼儿用行动支持低碳出行，并感染身边的人，倡导大家一起参与行动！

二、活动目标

1. 乐意低碳出行，使幼儿萌发环保意识。
2. 知道低碳出行的多种方式。
3. 能在骑行时避开障碍物并安全到达终点。

三、活动重难点

1. 知道低碳出行的各种方式。
2. 能根据游戏规则完成骑行大赛。

四、活动准备

1. 知识经验准备：幼儿已经学会骑自行车。

2. 物质材料准备：场地设置、节奏音乐、《低碳贝贝》歌曲、自行车 4 辆、坡道、障碍物牌(人群、其他自行车辆、绿色景观)。

五、活动过程

表 2-103　低碳出行

环节	活动过程	时间	实施要点
导入部分	1. 情境导入。 (1)带领幼儿来到活动场地。 师："今天我们来到了东湖绿道参加骑行大赛，你们知道为什么要提倡大家骑自行车吗?"(低碳出行) (2)幼儿交流低碳出行的各种方式。(乘坐公共交通、走路、骑自行车)	3分钟	利用熟悉的景区情境导入，激发幼儿参与健康活动的兴趣，并交流对低碳出行的理解。
教学与练习部分	2. 热身活动。 (1)播放节奏音乐，带幼儿活动身体的腿部关节。 (2)将幼儿分成两组，并做好标记。	3分钟	利用有节奏的音乐活动幼儿的腿部，锻炼骑行力量。利用黄色、绿色衣服区分两队。
	3. 幼儿进行骑行大赛的尝试练习。 (1)平路骑行。 (2)过坡道骑行。 (3)绕障碍过坡道骑行。 设置其他车辆、绿化景观等障碍物，幼儿排好队一个接一个地骑车过坡道绕过障碍物。	6分钟	教师提醒幼儿遵守大赛规则，注意活动事项。在活动中观察幼儿状态，保证幼儿在安全健康的情况下进行游戏活动。
	4. 骑行大赛游戏开始。 (1)幼儿根据难易程度进行尝试。 (2)分组比赛。	15分钟	鼓励幼儿积极大胆地参与比赛并与同伴协作完成任务。
结束部分	5. 放松运动。 带幼儿活动身体的各个关节，肯定幼儿的表现。	4分钟	对幼儿的表现进行点评，并给予肯定，鼓励幼儿大胆地参与体育运动。

六、活动延伸与拓展

1. 家长与幼儿共同制作"低碳生活"的手抄报。
2. 鼓励幼儿与家长进行一次有意义的节能减排环保活动。

七、活动花絮

图 2-205　幼儿在进行热身活动

图 2-206　幼儿进行骑车比赛

第三章　幼儿生态文明教育区域游戏

《3—6 岁儿童学习与发展指南》中指出，要珍视游戏和生活的独特价值，同时在各领域目标中渗透环保教育理念，如：形成文明的生活方式；日常生活中鼓励幼儿多走路、少坐车；充分利用各种自然、废旧材料和常见物，爱护身边的环境，注意节约资源；等等。《幼儿园工作规程》也指出，“游戏是对幼儿进行全面发展的重要形式”。从前期幼儿园研究中就不难发现成人的生态文明知识都是比较匮乏的，幼儿更是如此。简单的讲授并不利于知识的记忆和巩固，因此，在幼儿园阶段，用区域游戏的方式强化幼儿的生态文明意识，让幼儿有一个积极的生活态度，感知生命的愉悦，关心周围环境，珍惜自然资源，爱护自然界生物，懂得一定的环境保护技能是学前教育的使命。

生态文明教育区域游戏秉承游戏“自主”“愉快”“生态”的理念，按小、中、大三个年龄阶段，围绕环境认知、生态理解、生态保护、绿色生活四大板块，教师有目的、有计划地从游戏的发展与价值、材料准备、环境布置与管理、游戏玩法与指导、游戏延伸几个环节入手，形成了角色区、建构区、表演区、体育区、美工区等各区域共 96 个游戏活动，让幼儿通过游戏体验、感知人与人、人与动物、人与植物、人与社会、人与地球之间的关系，并了解物种保护、资源保护、绿色消费等相关内容，向幼儿普及基本的生态文明知识，帮助其树立正确的生态观，并养成生态文明行为习惯。

生态文明区域游戏实施过程中教师要关注幼儿游戏过程，把握介入时机，选用适宜的指导方法；还要善于观察，根据幼儿的个体差异使用相应的指导策略；内容需根据幼儿兴趣，与幼儿共同商定，并将游戏设置为有多种玩法且可反复进行的常态化游戏；对幼儿游戏过程中的进步和生活中表现出来的良好的生态文明行为进行激励，促使幼儿充分认识到该行为习惯的正确性并加速养成习惯。

希望这套游戏能带给幼儿生态文明教育更多的活力，提升教师与幼儿的生态文明意识，让“小手牵大手”带动社会的文明进步，为幼儿健康快乐成长、为人类能拥有地球上的碧水蓝天、清新空气而作出贡献！

第一节　小班(3—4岁)生态文明教育区域游戏

一、环境认知

角色区：神奇的中药

游戏名称：神奇的中药

游戏区域：角色区

年龄段：3—4岁

游戏的发展与价值：

认识常见的中草药，初步了解中草药的药用价值，传承中医文化。

材料准备：

捣药罐；菊花、枸杞、胖大海等常见中草药；小药童服装、帽子、秤、脉枕、药柜。

环境布置与管理：

1. 将废旧纸盒搭建成药柜，贴上对应药材图片及名称；将不同中草药分别装进透明塑料袋中保存。
2. 用各种大型废旧盒子拼成诊脉台，KT板做成中药门牌。
3. 定期检查、晾晒中草药，避免长虫。

游戏玩法与指导：

1. 小药童。能将中草药分到透明塑料袋中，再放进与药柜上图片对应的药柜中，了解中草药的各种名称。
2. 捣药小帮手。为客人捣碎草药，帮助客人打包药品。
3. 制药小能手。当药柜中的草药用完时，将新鲜的草药炮制成中草药，并用秤来称重。

游戏延伸：

1. 回家收集区域中没有的中草药并带来幼儿园，跟小朋友讲解自己了解到各种中草药特征和名称。
2. 在日常生活中，请家长带领幼儿认识常见中草药。

游戏照片：

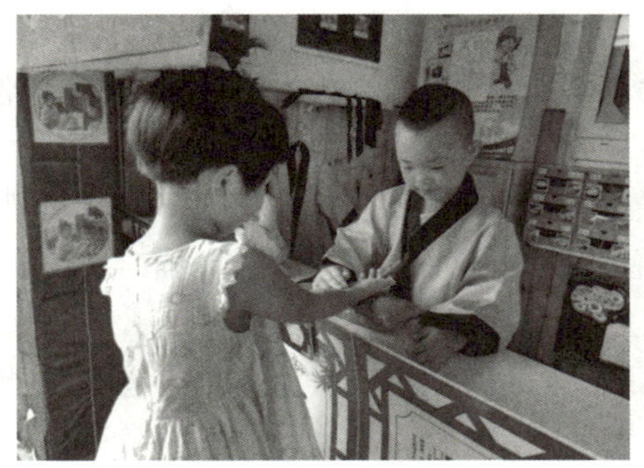

图 3-1　幼儿利用脉枕进行诊脉

图 3-2　幼儿用捣药罐捣碎药材

图 3-3　幼儿用牛皮纸和麻绳打包药材

图 3-4　幼儿将草药对照图片分类摆放

活动二　阅读区：大熊猫回家

游戏名称：大熊猫回家

游戏区域：阅读区

年龄段：3—4 岁

游戏的发展与价值：

了解大熊猫的生存现状，关爱各种小动物，感受人与自然和谐共处的关系。

材料准备：

熊猫娃娃、山猫娃娃、黑熊娃娃、绘本故事《迷路的大熊猫》、熊猫手指偶、小舞台、故事《迷路的大熊猫》连环画、彩纸杯、固体胶。

环境布置与管理：

1. 将废旧纸盒用彩纸包装做成动物小舞台，用绿色彩纸杯连接做成竹子。

2. 将故事《迷路的大熊猫》连环画作为装饰，贴在墙面上。

3. 在书柜贴上图书与娃娃标志，方便幼儿对应收整。

游戏玩法与指导：

1. 迷路的大熊猫。幼儿认真阅读绘本故事《迷路的大熊猫》，了解大熊猫迷路的原因。

2. 熊猫妈妈去哪了。幼儿通过绘本知道熊猫家园被破坏，熊猫妈妈不见了的严重后果，带上手指偶，一起扮演动物伙伴，讨论发表自己的想法，帮助熊猫宝宝找回妈妈，保护家园。

3. 重建家园。用彩纸杯与固体胶制作竹子，帮助熊猫宝宝重建家园，感受人类爱护自然环境的重要性。

游戏延伸：

1. 幼儿收集资料除大熊猫以外的其他珍稀动物，了解这些动物的生存环境，丰富幼儿的角色经验。

2. 在日常生活中，请家长引导幼儿学会正确关爱各种小动物。

游戏照片：

图 3-5　幼儿阅读绘本故事《迷路的大熊猫》

图 3-6　幼儿分享，讨论熊猫妈妈去哪了

图 3-7　熊猫故事扮演

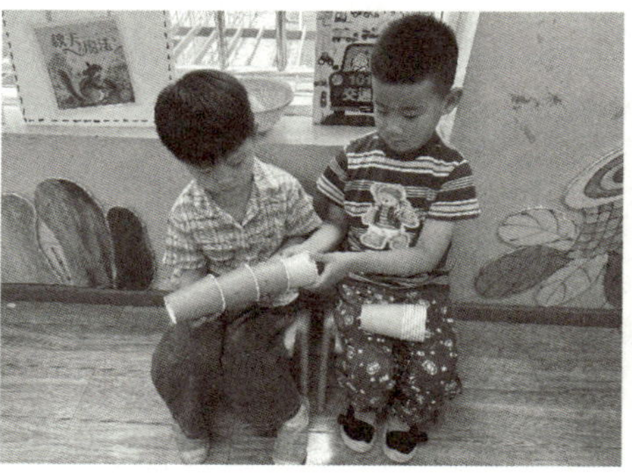

图 3-8　幼儿制作竹子

美工区：海底世界

游戏名称：海底世界

游戏区域：美工区

年龄段：3—4岁

游戏的发展与价值：

了解目前海洋动物生活的环境，萌发幼儿保护海洋生态环境的意识。

材料准备：

炫彩棒、安全剪刀、彩色纸、固体胶棒、废纸篓、各类鱼的图片、iPad。

环境布置与管理：

1. 将各类鱼的图片布置在美工区墙面。
2. 各类美术用具放置区域玩具柜中。
3. iPad放置桌面，播放故事《小鱼生病了》的视频。

游戏玩法与指导：

1. 神秘海底。教师引导幼儿去想象各种鱼不同的外形特征，并且观察图片，增强幼儿对海底生物的兴趣。

2. 保护海洋宣传员。观看视频，讨论视频中海洋里的小鱼为什么生病，从而强化幼儿保护海洋、保护小鱼宝宝的意识。幼儿分组设计宣传保护海洋海报，并请幼儿上来讲讲自己的设计理由。

游戏延伸：

1. 幼儿将自制保护海洋的海报带回家，与父母交流自己心目中的海洋及保护海洋的方法。

2. 请家长带幼儿去海洋馆了解海洋里的生物。

游戏照片：

图3-9　观察海底鱼类特征

图3-10　绘制心中的海底世界

图 3-11 将作品粘贴在作品栏

图 3-12 海底世界作品

活动四 美工区：各种各样的鸟

游戏名称： 各种各样的鸟

游戏区域： 美工区

年龄段： 3—4 岁

游戏的发展与价值：

使幼儿萌发保护小鸟的情感，知道小鸟是我们的朋友，能观察并发现周围鸟类的多种多样。

材料准备：

树枝树叶、羽毛、鸟类模型、彩色卡纸、固体胶、超轻粘土、炫彩棒。

环境布置与管理：

1. 将鸟类模型放置桌面。
2. 将各鸟类羽毛、卡纸、固体胶、超轻黏土、炫彩棒、树枝树叶等放置材料盒中。
3. 游戏后将美工用具还原，并分类摆放。
4. 将小鸟作品放到展示区展示。

游戏玩法与指导：

1. 我们的小鸟朋友。认识各种不同的鸟类，能仔细观察不同鸟类特征，用彩色笔画出自己最喜欢的小鸟模样。

2. 黏土小鸟大集合。利用超轻黏土捏出不同的小鸟身体，并给小鸟装饰上羽毛，突出不同鸟类特征。

3. 自由飞翔。利用彩色卡纸折出自己喜欢的小鸟，并在室外用折纸小鸟进行飞行比赛。

游戏延伸：

周末与父母去公园或者湖边观鸟，可以准备一些碎玉米粒给小鸟喂食，增进小朋友与小动物间的亲密感。

游戏照片：

图 3-13　了解鸟类特征

图 3-14　幼儿开始创作

图 3-15　黏土小鸟

图 3-16　折纸小鸟

活动五　益智区：小动物捉迷藏

游戏名称： 小动物捉迷藏

游戏区域： 益智区

年龄段： 3—4 岁

游戏的发展与价值：

认识生活中常见的动物，初步了解动物生活环境的差异性。

材料准备：

大盘子、环境图卡若干、动物图卡若干、纸杯、黑布。

环境布置与管理：

1. 将纸盘上分别贴上“空中”“水里”“地上”的图卡卡片。
2. 在纸杯底部贴上各种不同的小动物图片，在大盘子里摆放整齐。

3. 墙面贴上动物不同生存环境的对比图。

游戏玩法与指导：

1. 动物好伙伴。观察桌面上的纸杯动物，将相同的纸杯动物放在一起。

2. 动物对对碰。两名幼儿合作找出“水里”“地上”“空中”不同生活环境的动物，并将动物与生活环境的图卡对应，同时对动物进行辨认和简单的表述，例如：“生活在地上的动物有小猫、小狗、兔子。”当所有动物与生活环境对应上并表述正确即挑战成功。

3. 动物捉迷藏。幼儿双人游戏，观察桌面上所有纸杯动物，一名幼儿闭眼，另一名幼儿用黑布遮住一只小动物纸杯，引导幼儿相互问答，找到藏起来的小动物。

游戏延伸：

1. 鼓励幼儿在家了解各种小动物的生存环境，并能跟爸爸妈妈表述出来。

2. 在日常生活中，请家长引导幼儿认识常见的动物，了解其基本特征。

游戏照片：

图 3-17　认识各种纸杯动物

图 3-18　找动物朋友比赛，看谁找得快

图 3-19　幼儿玩“动物捉迷藏”游戏

图 3-20　水、陆、空、动物配对

活动六　科学区：小动物的冬天

游戏名称：小动物的冬天

游戏区域：科学区

年龄段：3—4 岁

游戏的发展与价值：

萌发关心爱护小动物的情感，知道有的动物要冬眠，了解不同动物的冬眠方式。

材料准备：

小动物卡片若干，山洞、树洞、土地卡片。

环境布置与管理：

1. 将冬眠动物和不冬眠动物卡片混合投放到科学区中。
2. 游戏结束后，将动物卡片收纳整齐。

游戏玩法与指导：

1. 动物观察员。观察动物们冬天冬眠的情况，并在各种图片中找出动物冬眠的图片。
2. 动物对对碰。了解动物们不同的冬眠方式，操作动物卡片将冬眠的动物和不冬眠的动物正确分类。
3. 小动物找家。幼儿自主选择小动物卡片，根据动物冬眠的习性将小动物卡片分别粘贴到山洞、树洞、土地里。在游戏中引导幼儿互相合作，共同讨论小动物为什么有不一样的冬眠方式。

游戏延伸：

1. 在图书区提供有关动物生活特征的绘本故事，加深幼儿了解小动物冬眠的方式。
2. 去探索小动物们冬天的生活习性，了解动物们有的冬眠有的不冬眠。

游戏照片：

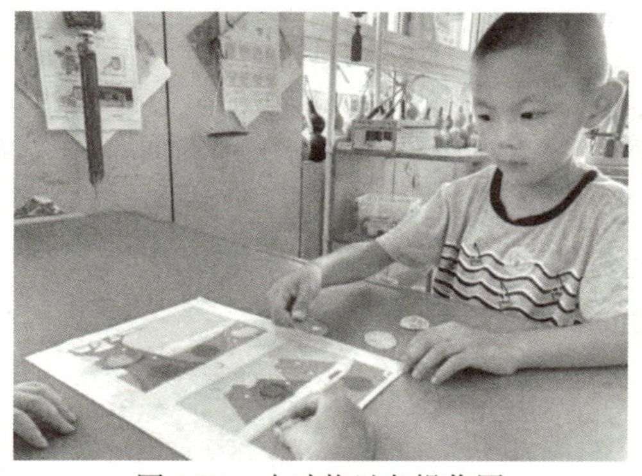

图 3-21　小动物过冬操作图

图 3-22　讨论动物冬天的生活习性

图 3-23　帮助小动物找家

图 3-24　观察动物冬眠情况

活动七　体育区：竹竿欢乐多

游戏名称：竹竿欢乐多

游戏区域：体育区

年龄段：3—4 岁

游戏的发展与价值：

了解竹竿舞的基本练习方法，掌握敲竹的节奏，体会黎族人的合作精神和黎族音乐独特的风格。

材料准备：

竹竿舞视频、竹竿若干、软垫。

环境布置与管理：

1. 准备空旷无障碍的场地。
2. 提前检查竹竿的安全性能。
3. 播放竹竿舞的视频和音乐。

游戏玩法与指导：

1. 有趣的竹竿舞。欣赏舞蹈视频，感受黎族人民跳竹竿舞时的快乐场面，激发幼儿学跳竹竿舞的欲望。

2. 学习跳竹竿。幼儿先尝试，教师指导幼儿集体讨论跳竹竿舞的脚步并进行练习，教师通过喊节拍口令放慢节拍速度让幼儿学跳竹竿舞。

3. 竹竿舞。音乐整合跳竹竿，配上音乐，幼儿分组进行竹竿舞表演。

游戏延伸：

请幼儿收集黎族文化资料，了解中国是一个拥有多民族、多元文化的国家。继续探究竹竿的多种玩法，将创编出的玩法用绘画的方式展现出来，将其布置在体育区中供其

他幼儿学习。

游戏照片：

图 3-25　幼儿欣赏竹竿舞

图 3-26　幼儿尝试跳竹竿

图 3-27　幼儿学习操作竹竿

图 3-28　幼儿分组表演竹竿舞

活动八　表演区：探秘皮影戏

游戏名称：探秘皮影戏

游戏区域：表演区

年龄段：3—4岁

游戏的发展与价值：

知道皮影戏是我国传统民间艺术，了解皮影的特征及制作过程。

材料准备：

皮影戏操作台、iPad、手电筒、皮影三套《西游记》《熊出没》等。

环境布置与管理：

1. 利用皮影箱、手电筒为幼儿搭出一个皮影戏台。

2. 备好故事皮影件。

3. 准备一段皮影艺人的表演视频，供幼儿欣赏学习。

游戏玩法与指导：

1. 皮影找朋友。每位小朋友选择一个皮影人物，拿到相同皮影人物的小朋友手牵手。

2. 表演皮影戏。幼儿分小组，合作选择一个故事进行皮影表演，1 名幼儿进行旁白，另外 3~4 名幼儿协商选好皮影角色进行表演。

3. 设计皮影戏。设计一个自己形象的皮影，并设计台词，可讲讲自己的爱好、亲人或是发生在自己身上的有趣的事，利用皮影将它们表演出来。

游戏延伸：

1. 皮影件投放在表演区，在皮影表演时同时配以打击乐器，进行风味更加浓厚的影子戏表演。

2. 利用手工材料制作自己喜欢的故事里的人物皮影。

游戏照片：

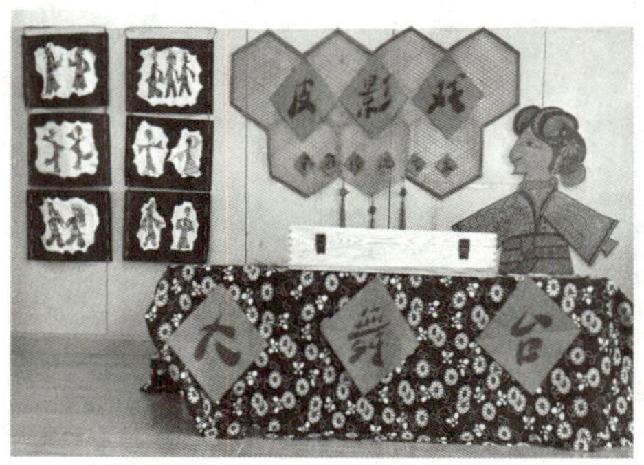

图 3-29　皮影戏介绍区域

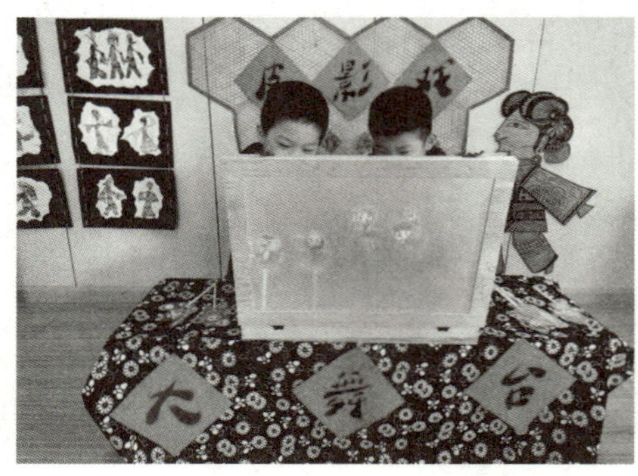

图 3-30　感受皮影戏台

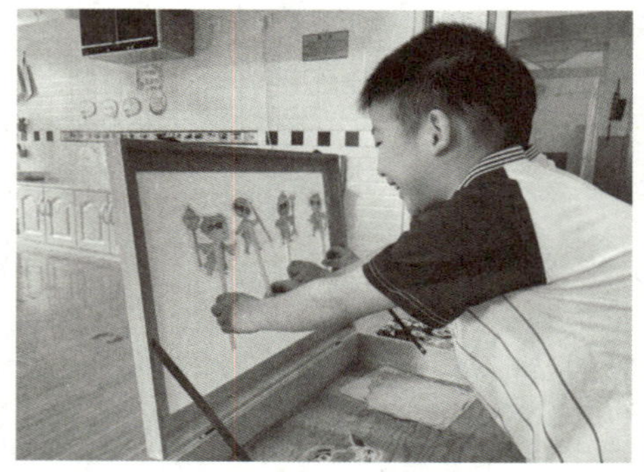

图 3-31　幼儿皮影戏演出

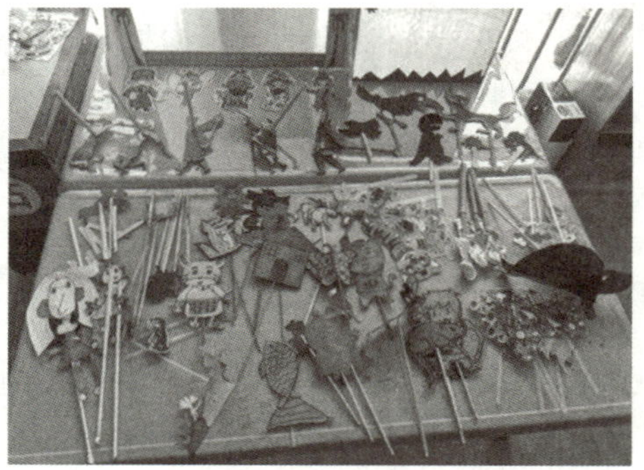

图 3-32　幼儿自制皮影

二、生态理解

阅读区：如果地球被我们吃掉了

游戏名称： 如果地球被我们吃掉了

游戏区域： 阅读区

年龄段： 3—4岁

游戏的发展与价值：

增强幼儿观察周围环境的意识，促进幼儿环保行为的形成。

材料准备：

地球仪、《如果地球被吃掉了》绘本、动物玩具、图片、轻柔音乐。

环境布置与管理：

1. 播放轻音乐，幼儿在安静舒适的环境中阅读绘本故事《如果地球被吃掉了》。

2. 幼儿游戏后将书本摆放整齐。

游戏玩法与指导：

1. 守护地球联盟。引导幼儿阅读绘本，并讨论没有了地球动植物会怎样。

2. 地球保护中心。启发幼儿思考并讨论保护地球的多种方法，培养幼儿保护地球、保护环境的情感。

3. 保护地球家园。教师通过分享绘本故事引导幼儿了解地球是人类的家，及自然环境与人类的关系，并尝试说出保护地球家园的方法。

游戏延伸：

幼儿回家将绘本故事讲述给家长听，加深幼儿了解人类与环境之间相互依存的关系。

游戏照片：

图 3-33　场景布置

图 3-34　幼儿共同阅读绘本故事

图 3-35　幼儿讨论没有地球会怎么样

图 3-36　教师进一步讲解绘本

活动二　美工区：我们保护非洲象

游戏名称：我们保护非洲象

游戏区域：美工区

年龄段：3—4 岁

游戏的发展与价值：

认识非洲象，了解野生动物的生存现状，能用自己的方式爱护野生动物。

材料准备：

蜡笔、彩笔、彩纸、非洲象视频、图片、非洲象画报、纸筒、卡纸、黏土、象牙。

环境布置与管理：

1. 在美工区墙面贴上非洲象的画报，柜子上摆放非洲象图卡。
2. 在美工区柜子上摆放用泡沫做成的非洲象牙以及 iPad，幼儿能随时拿取观看。
3. 用黏土制作成非洲象，放置在柜台上。

游戏玩法与指导：

1. 迷你非洲象。观察非洲象的外貌特征，用纸筒与卡纸制作非洲象。
2. 珍贵的象牙。通过 iPad 看非洲象视频，了解非洲象牙的价值，用黏土制作象牙。
3. 非洲象宣传画。自主创编保护非洲象宣传画。通过宣传画呼吁人类爱护非洲象，保护野生动物。

游戏延伸：

1. 在日常生活中，请家长带幼儿了解陆地上最大的哺乳动物非洲象。
2. 鼓励幼儿运用简单的语言与同伴间相互交流保护非洲象的方法。

游戏照片：

图 3-37　为非洲象的家园添上自己的创意

图 3-38　幼儿了解非洲象的生存环境

图 3-39　幼儿制作纸筒非洲象

图 3-40　幼儿制作珍贵的象牙

活动三　表演区：我是讲礼貌的小朋友

游戏名称：我是讲礼貌的小朋友

游戏区域：表演区

年龄段：3—4 岁

游戏的发展与价值：

愿意学习并使用礼貌用语，以正确使用礼貌用语为荣。

材料准备：

各类服饰、职业服装、头饰、蛋仔机器人、地图。

环境布置与管理：

1. 区域中创设两个环境“人类王国”和“机器人王国”。

2. 各类人员服饰，如警察、医生、导购员等服装投放至“人类王国”，蛋仔机器人投放至“机器人王国”。

3. 游戏后将游戏材料还原，并分类摆放。

游戏玩法与指导：

1. 蛋仔机器人。利用机器人的儿歌故事系统，欣赏并学习儿歌《我是礼貌的小宝宝》

2. 我学小蛋仔。利用编程卡片与蛋仔机器人礼貌交流，并学习蛋仔机器人的礼貌用语。

3. 我会讲礼貌。在区域游戏时与他人使用礼貌用语交流。

游戏延伸：

幼儿可与同伴共同表演有关文明礼貌的故事。

游戏照片：

图 3-41　区域材料准备

图 3-42　幼儿与蛋仔进行桌面交流

图 3-43　蛋仔编程走迷宫

图 3-44　游戏：蛋仔旅游

活动四　自然角：神奇肥皂果

游戏名称： 神奇肥皂果

游戏区域： 自然角

年龄段： 3—4岁

游戏的发展与价值：

了解无患子的作用，知道植物对环境及人类的良好作用，乐意探索植物的作用。

材料准备：

无患子、科学实验眼镜、藏宝图、衣架、捣药罐、盆子、水、篮子、空洗手液瓶、脏衣服、袜子。

环境布置与管理：

1. 利用废旧纸盒来装废旧衣服、袜子等。

2. 在植物角墙面贴上无患子洗手液制作流程图。

游戏玩法与指导：

1. 寻宝游戏。拿着藏宝图在植物角搜集无患子宝藏，将找寻的宝藏与同伴分享，摸一摸，闻一闻。

2. 无患子洗手液。将找来的无患子洗净，把无患子的果肉拨开，取出果核，戴上科学实验的眼镜，防止捣果肉时汁液溅入眼中，把果肉放进捣药罐中加水碾压，最后装进空洗手液瓶。

3. 我是清洁小能手。将剩下的果肉放进水盆中，把搜集来的脏衣服放入水盆中搓洗，最后挂到小衣架上晒干。

游戏延伸：

在日常生活中，请家长引导幼儿认识各种植物，收集相关资料并在班级里与同伴分享。

游戏照片：

图3-45　幼儿寻找无患子

图3-46　幼儿剥无患子果肉

图 3-47　幼儿利用捣药罐将无患子捣碎

图 3-48　将捣碎的无患子加水倒入洗手液瓶中

活动五　建构区：小动物 T 台秀

游戏名称：小动物 T 台秀

游戏区域：建构区

年龄段：3—4 岁

游戏的发展与价值：

1. 知道动物之间食物链的关系，区分肉食动物与素食动物，并分别搭建房屋。
2. 了解自然界动物的生存本能，能合理运用现有资源，保护生态平衡。

材料准备：

纸筒、薯片桶、纸板、KT 板、泡沫垫、纸杯、塑料玩具。

环境布置与管理：

1. 将废旧纸板、泡沫垫和纸筒放置建构区地面，供幼儿搭建 T 台。
2. 在玩具柜上张贴动物拼搭步骤图，便于幼儿拼搭动物。
3. 在建构区的墙面上张贴幼儿常见的房屋建筑图片。

游戏玩法与指导：

1. 小动物模特。观察动物拼搭步骤图，用塑料玩具拼搭动物模特。

2. 动物的新房。了解一些动物受到伤害的原因，明白肉食动物与素食动物生存方式的不同。利用薯片桶、纸板、泡沫垫等废旧材料进行垒高、平铺，将肉食动物与素食动物分开建家。

3. 动物 T 台秀。用废旧纸质类、泡沫垫拼搭动物 T 台，将拼好的动物模特按肉食动物和素食动物区分开，摆放至 T 台上，开展动物 T 台秀，介绍各种动物的生存本领，感知动物之间相互制约、相互依存的关系。

游戏延伸：

在日常生活中，请家长继续引导幼儿认识食物链，了解不同动物之间的关系。

游戏照片：

图 3-49　幼儿用玩具代替小动物上演 T 台秀

图 3-50　幼儿利用废旧物搭建地基

图 3-51　幼儿用废旧物给小动物搭建新房

图 3-52　幼儿制作动物模特

活动六　体育区：人类的朋友小蚯蚓

游戏名称：人类的朋友小蚯蚓

游戏区域：体育区

年龄段：3—4 岁

游戏的发展与价值：

了解蚯蚓的生活特征，知道蚯蚓松土可以促进植物生长，明白动植物之间相互依存的关系。

材料准备：

地垫、自制沙包、小蚯蚓图片、音频《爬呀爬》、蓝牙音箱。

环境布置与管理：

1. 将地垫和沙包放置在一起，创设小蚯蚓松土情境。

2. 在体育区的墙壁上张贴小蚯蚓松土的图片，给幼儿提供模仿的范本。

3. 将蓝牙音箱放至体育区角，供幼儿比赛游戏时使用。

游戏玩法与指导：

1. 小蚯蚓松土。利用地垫和沙包创设小蚯蚓松土情境，在游戏中引导幼儿自由探索，发现泥土和动植物的关系。

2. 小蚯蚓爬爬。看小蚯蚓图片，幼儿相互观察、交流小蚯蚓的生活习性，鼓励幼儿模仿小蚯蚓爬行。

3. 看谁爬得快。幼儿们自由分组比赛，播放音乐《爬呀爬》，幼儿在地垫上模仿小蚯蚓向前爬行，谁先爬到终点谁就取得胜利。

游戏延伸：

在日常生活中，请家长带领幼儿多观察和认识不同的动植物。

游戏照片：

图 3-53　幼儿扮演小蚯蚓向前爬行

图 3-54　幼儿游戏：看谁爬得快

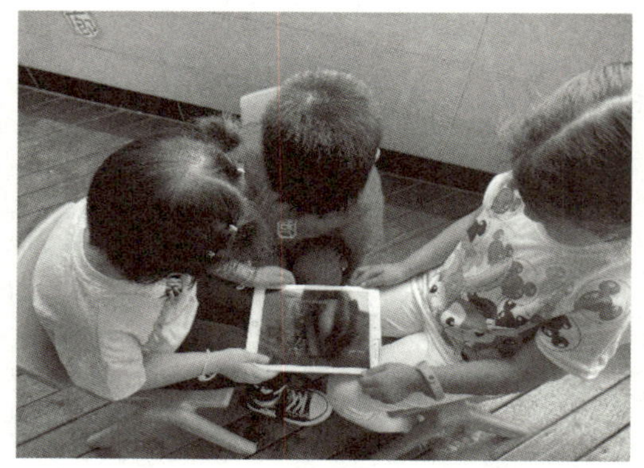

图 3-55　通过 iPad 看蚯蚓松土视频

图 3-56　幼儿寻找蚯蚓

活动七　表演区：严防外来物种

游戏名称： 严防外来物种

游戏区域： 表演区

年龄段： 3—4岁

游戏的发展与价值：

认识巴西龟是外来物种，了解外来物种入侵的危害，不随意饲养或放生外来物种，懂得保护生态平衡的重要性。

材料准备：

各种外来物种的图片、草龟、巴西龟、iPad、外来物种捕食视频、各种动物的头饰、小板凳、小帐篷。

环境布置与管理：

1. 将自然角饲养的草龟与巴西龟拿到表演区供幼儿观察。
2. 将iPad固定在墙面，iPad中缓存好各种外来物种的捕食视频，方便幼儿点击查看。
3. 墙面贴上各种外来物种动物图片，供幼儿认识和了解。

游戏玩法与指导：

1. 巴西龟的旅行。通过视频了解巴西龟与其他龟的不同之处，感知巴西龟对生态环境的破坏性，鼓励幼儿自主探索，在与同伴交流中懂得生态平衡的重要性。
2. 寻找巴西龟。幼儿自由分配角色，并戴好头饰分别扮演“饲养员”和“巴西龟”，装扮头饰后，扮演饲养员的小朋友要及时制止巴西龟的破坏行为，并找回失踪的巴西龟，直到所有巴西龟全部找到即为获胜。
3. 动物食物链。场地中布置好各种障碍物，幼儿自由分配角色，当扮演动物天敌的小朋友出场时，其余幼儿快速找到障碍物躲避天敌。

游戏延伸：

请家长与幼儿共同收集食物链图片与影像资料。

游戏照片：

图3-57　幼儿观察并感知巴西龟与草龟的不同之处

图3-58　幼儿饲养巴西龟并给巴西龟喂食

图 3-59　幼儿观察并绘制巴西龟

图 3-60　幼儿游戏“躲避天敌”

活动八　自然角：种植大蒜

游戏名称：种植大蒜

游戏区域：自然角

年龄段：3—4 岁

游戏的发展与价值：

学会种植和照顾大蒜，了解大蒜与蒜皮对人类的益处。

材料准备：

大蒜若干、小铲子、泥土、水壶、空花盆、瓶子、大蒜的妙用图片。

环境布置与管理：

1. 在种植区中摆放未种植的大蒜以及水壶、泥土、空盆子。
2. 在自然角中摆放已种植的大蒜，并在墙面上准备植物观察记录表。
3. 在自然角的墙面上张贴大蒜浑身都是宝的图片。

游戏玩法与指导：

1. 大蒜宝宝回家啦。幼儿拿一个空花盆，再拿一个大蒜，将大蒜种植在花盆中，观看大蒜浑身都是宝的图片，了解大蒜与蒜皮的作用。

2. 小小记录员。幼儿观察、记录大蒜的生长过程，并用手摸一摸泥土，泥土干了给大蒜浇水。

3. 剥蒜小能手。幼儿将大蒜放入瓶中，盖上瓶盖，用力摇晃瓶子，直到蒜皮自动剥开再打开瓶盖。

游戏延伸：

鼓励幼儿每天观察记录大蒜的生长过程。

游戏照片：

图 3-61　幼儿观察大蒜的生长过程

图 3-62　幼儿种植大蒜

图 3-63　幼儿给大蒜建一个温馨的小房子

图 3-64　记录大蒜的生长过程

三、生态保护

活动一　角色区：好朋友来做客

游戏名称：好朋友来做客

游戏区域：角色区

年龄段：3—4 岁

游戏的发展与价值：

能自主扮演主人与客人，学习礼貌用语，并与他人友好相处。

材料准备：

各种蔬菜和水果若干、餐具若干。

环境布置与管理：

1. 将角色区划分为厨房、活动室，把材料投放到相应区域内。

2. 幼儿游戏后将材料归类还原，以便后续游戏继续使用。

游戏玩法与指导：

1. 朋友来做客。幼儿回忆以前在家里接待客人的经验，为接下来的游戏做准备。

2. 礼貌的小主人。幼儿提前构思招待客人的方式和游戏过程中要使用的文明礼貌用语。

3. 我是小厨神。幼儿扮演小厨师，照顾客人的感受，用礼貌用语询问客人喜欢的食物，并为客人制作美食。

游戏延伸：

鼓励幼儿在日常生活中学习使用更多的文明礼貌用语。

游戏照片：

图 3-65　跟客人聊天

图 3-66　带客人散步

图 3-67　与客人一起玩游戏

图 3-68　为小客人制作美食

活动二　阅读区：我们不是餐桌上的食物

游戏名称：我们不是餐桌上的食物

游戏区域：阅读区

年龄段：3—4 岁

游戏的发展与价值：

喜欢阅读绘本，通过绘本认识各种野生动物，并知道拒绝食用野生动物。

材料准备：

《我们不是餐桌上的食物》绘本故事、野生动物图卡、小动物手偶、小舞台背景、小动物头饰。

环境布置与管理：

1. 在阅读区墙面贴上各种野生动物的图片以及名称。
2. 用废旧纸盒制作小舞台，将动物手偶放置在舞台侧边，方便幼儿拿取。
3. 图书架放置绘本故事《我们不是餐桌上的食物》。

游戏玩法与指导：

1. 猜猜我是谁。幼儿自由结对，一名幼儿闭上眼睛，一名幼儿帮其戴野生动物头饰并描述动物特征，闭眼的幼儿根据描述猜一猜自己头上是什么小动物。
2. 动物宇宙。幼儿阅读绘本故事，引导幼儿了解较常见的野生动物，以及野生动物的生存环境，知道不能食用野生动物。
3. 动物新闻联播。幼儿自由分配角色，扮演受伤的野生动物，并自由讨论，探讨保护野生动物的方法。

游戏延伸：

1. 鼓励幼儿关爱身边的动物。
2. 在日常生活中，请家长与幼儿收集野生动物相关的资料，了解野生动物的外形及其生活习性。

游戏照片：

图 3-69　游戏：猜猜我是谁

图 3-70　游戏：动物宇宙

图 3-71　幼儿播报动物新闻联播

图 3-72　幼儿扮演小动物讨论保护野生动物的方法

活动三　美工区：不怕冷的企鹅

游戏名称：不怕冷的企鹅

游戏区域：美工区

年龄段：3—4 岁

游戏的发展与价值：

运用不同创作方法制作小企鹅，了解企鹅的生存现状以及冰川融化对企鹅的影响。

材料准备：

企鹅过冬的图片和各种不同动物过冬的图片、用纸筒制作完成的企鹅、企鹅制作流程图、制作工具(彩纸、固体胶、剪刀、炫彩棒等)。

环境布置与管理：

1. 在美工区墙面上张贴企鹅的图片。
2. 在美工区墙面贴上手工绘制企鹅的制作流程图，方便幼儿观察操作。
3. 将各种动物过冬的图片放置在美工区柜台上。

游戏玩法与指导：

1. “我”不怕冷。幼儿观察企鹅过冬的图片，并讨论企鹅过冬的方法，将其画在纸上。

2. 冰川去哪了。观察图片，幼儿了解企鹅家园被破坏后的生活状况，初步了解冰川融化对企鹅的影响，绘制宣传画，呼吁人类爱护环境。

3. 萌宝企鹅。在幼儿观察与讨论的过程中了解企鹅的外形特征，并运用不同创作方式制作企鹅。

游戏延伸：

1. 观看关于南北极的纪录片，了解两极环境的现状。
2. 在日常生活中，请家长带领幼儿了解各种动物的过冬方法。

游戏照片：

图 3-73　幼儿观察企鹅宝宝过冬的照片

图 3-74　冰川企鹅

图 3-75　幼儿讨论企鹅的生活环境

图 3-76　纸筒企鹅展示

活动四　益智区：动物发明家

游戏名称：动物发明家

游戏区域：益智区

年龄段：3—4岁

游戏的发展与价值：

认识各种发明物，初步了解动物与人类的密切关系。

材料准备：

动物图卡若干(蝙蝠、鸟、鲸鱼、壁虎、猫头鹰、河豚、黄蜂等)、发明物图卡若干(飞机、吊车、潜水艇、船、雷达等)、动物发明物配对表、动物发明对照表。

环境布置与管理：

1. 制作一张动物发明物配对表，可以将动物与相关发明物放在框中。
2. 将各种动物与发明物品的图卡打印剪裁分两个盒子摆放。

3. 游戏结束后将物品归还原位。

游戏玩法与指导：

1. 能干的小动物。引导幼儿自主探索动物的特殊本领，将有特殊本领的小动物选出来，并能用语言表达出来。

2. 动物发明家。观察图卡，幼儿猜想动物的特殊本领对人类发明有什么启发，引导幼儿了解几种人类发明的由来，并用语言表述因受动物特殊本领启发而产生的人类创造带来的便利，然后将动物与对应的科技发明摆放在配对表中。

3. 动物连连看。分组比赛，把所有图卡摆放在一张大网格中，幼儿将对应的动物和发明物图卡选出即可加 2 分，表格中全部图卡选完后并对照动物发明对照表检查，谁正确得多即为获胜。

游戏延伸：

1. 鼓励幼儿了解各种动物的特殊本领。

2. 在日常生活中，家长可带领幼儿到动物园亲身观察不同种类的动物。

游戏照片：

图 3-77　幼儿自主探索动物的特殊本领

图 3-78　幼儿用语言表述动物的特殊本领

图 3-79　幼儿将动物与对应的科技发明摆放在配对表中

图 3-80　幼儿自主游戏

活动五　科学区：给小动物送食物

游戏名称： 给小动物送食物

游戏区域： 科学区

年龄段： 3—4 岁

游戏的发展与价值：

关爱动物，了解不同动物的生活习性。

材料准备：

动物图片若干、相关食物图片若干、数字卡片。

环境布置与管理：

1. 将动物图片及实物图片贴上粘胶。
2. 可随游戏内容变化增加不同动物图片以便于循环使用。

游戏玩法与指导：

1. 喂食小能手。看谁最快且准确地找到小动物喜欢吃的食物。
2. 喂小动物吃饭。引导幼儿根据不同数字给小动物喂相对应数量的食物。

游戏延伸：

1. 鼓励幼儿收集各种各样的动物资料并了解动物们的习性。
2. 引导幼儿多照顾、保护身边的小动物。

游戏照片：

图 3-81　寻找动物喜欢的食物

图 3-82　喂小猫吃鱼

图 3-83　根据数字喂食对应数量的竹子

图 3-84　给不同的动物喂食

活动六　科学区：垃圾分类我能行

游戏名称：垃圾分类我能行

游戏区域：科学区

年龄段：3—4 岁

游戏的发展与价值：

认识几种垃圾分类标记，懂得垃圾分类的方法，有初步的环保意识。

材料准备：

垃圾分类平面玩具一套、垃圾分类四色垃圾桶、实物垃圾、垃圾卡片若干。

环境布置与管理：

1. 投放各种类型的垃圾图片，并按垃圾种类分好。
2. 在区域墙壁上张贴垃圾分类海报。
3. 幼儿游戏后将卡片和玩具垃圾桶还原，并分类摆放好。

游戏玩法与指导：

1. 垃圾分类连连看。利用垃圾分类平面玩具进行游戏，请幼儿将不同颜色的垃圾桶与各种垃圾图标进行连线，加强幼儿对垃圾分类的认知。

2. 我会分垃圾。分辨垃圾的种类，将垃圾投放到相应的垃圾桶中。投放正确积 1 分，错误不加分。2~3 名幼儿进行游戏，2 名幼儿比赛，1 名幼儿当裁判。

3. 垃圾对对碰。利用垃圾卡片进行游戏，两个同种类的垃圾放在一起则可消除，两个幼儿面对面比赛，在规定时间内正确率最高的小朋友获胜。

游戏延伸：

1. 在家与父母一同准备好分类垃圾桶，垃圾桶上的标志可自己画。
2. 周末与小伙伴一同到社区广场为垃圾分类作宣传，并引导大家进行垃圾分类。

游戏照片：

图 3-85　教师自制分类垃圾桶

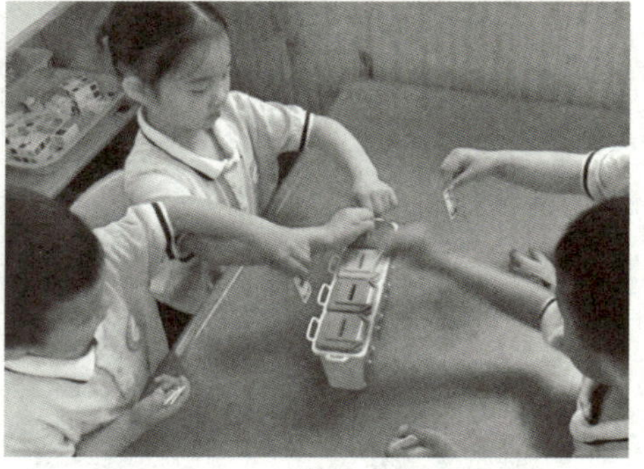

图 3-86　我会分垃圾

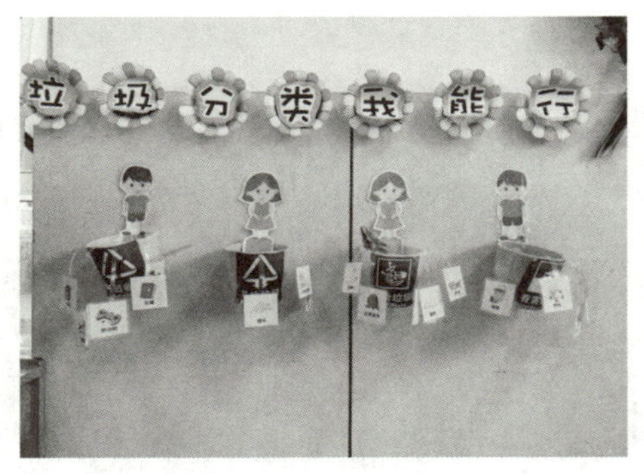

图 3-87　认识各类垃圾

图 3-88　游戏：垃圾对对碰

活动七　体育区：爱护小树

游戏名称：爱护小树

游戏区域：体育区

年龄段：3—4 岁

游戏的发展与价值：

初步了解植物与人类的密切关系，知道树木对人类的重要性。

材料准备：

小动物头饰、小树头饰、充气棒、空场地、《爱护小树苗》儿歌、自制小树、板凳、龟背旋转盆、平衡木。

环境布置与管理：

1. 将户外捡的树枝以及树干捆起来制作成一棵“小树”并刷上颜料。

2. 将体育区布置成种植园地，画上小圈，可种植小树。

3. 将各种材料靠墙摆放，幼儿游戏后收拾整理好材料。

游戏玩法与指导：

1. 小土坑。创设凹凸不平的路，鼓励幼儿利用越过、跳过、走平衡等方法走凹凸不平的路。

2. 我们来护树。游戏前小朋友们熟悉儿歌《爱护小树苗》。扶着树的小朋友随机挑选一位小朋友说：“×××，请你来护树。三、二、一！”说完迅速放开小树跑回自己的原位，被点名的小朋友此时要快速上前护住小树不让其倒下则护树成功，小树倒下则护树失败。

3. 运送小树苗。幼儿进行分组比赛，哪组能安全将小树苗送到目的地即为获胜。

游戏延伸：

1. 活动结束后，引导幼儿了解树木的作用。

2. 教师利用户外活动增加给树除虫及冬天给树穿衣服的环节，了解保护树木的不同方式。

游戏照片：

图 3-89　游戏：我们来保护树

图 3-90　幼儿齐心种小树苗

图 3-91　幼儿围绕小树玩小土坑游戏

图 3-92　幼儿齐心协力运送小树苗

活动八　表演区：小熊住山洞

游戏名称：小熊住山洞

游戏区域：表演区

年龄段：3—4 岁

游戏的发展与价值：

学习小熊保护树林的行为，知道树木与人类生活的密切联系。

材料准备：

动物手偶、小树图片若干。

环境布置与管理：

1. 将动物手偶投放到表演区内，幼儿根据角色选取手偶进行表演。
2. 游戏后，幼儿整理材料并将其归还到区域材料筐中。

游戏玩法与指导：

1. 小小故事王。幼儿回忆故事内容，自主分角色表演并以提问形式帮助同伴熟悉

故事情节及进行角色对话。

2. 表演大师。运用语言和简单的动作表现角色特点，并能互相交流、学习表演方法。

3. 绿色小精灵。幼儿根据故事情节的推进自由选择喜欢的角色并完整地进行故事表演。

游戏延伸：

请家长带幼儿参与植树绿化活动。

游戏照片：

图 3-93　幼儿自主选择角色

图 3-94　回忆角色对话

图 3-95　共同表演故事《小熊住山洞》

图 3-96　和小熊一起守护树林

四、绿色生活

角色区：光盘在行动

游戏名称：光盘在行动

游戏区域：角色区

年龄段：3—4岁

游戏的发展与价值：

体验实施“光盘行动”带来的成就感，并养成勤俭节约、不铺张浪费的好习惯。

材料准备：

玩具炉子、平底锅、厨具、自制食物、菜谱、围裙、打包盒。

环境布置与管理：

1. 区域墙面张贴实物金字塔和菜单，营造用餐氛围。
2. 准备一套厨房玩具和不同角色的衣物。
3. 游戏后将食物和厨具还原，并分类摆放好。

游戏玩法与指导：

1. 设计宣传画。幼儿自行设计并绘制光盘行动的宣传海报，然后张贴在区域墙壁上。

2. 小小服务员。告诉小客人按量点菜，做到吃多少就点多少，不浪费粮食，知道光盘行动的意义。

3. 我是小厨师。根据客人点的餐在小厨房进行制作，然后为客人送餐，提醒客人打包未吃完的餐点带回家食用，杜绝浪费。

游戏延伸：

开展“光盘行动”的用餐活动，请班上用餐习惯良好的幼儿担任“用餐检查员”。每次餐后检查幼儿的餐具内是否还有剩饭剩菜，并提醒幼儿要爱惜粮食。

游戏照片：

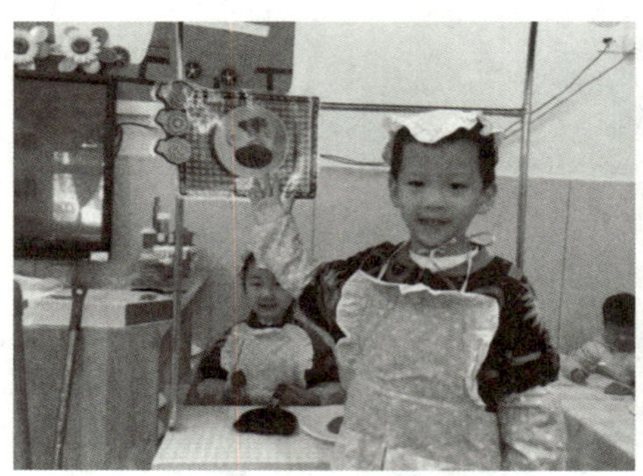

图 3-97 小厨师介绍今日推荐餐品

图 3-98 水果拼盘真香啊

图 3-99 看看我们小厨师煎的牛排

图 3-100 张贴自制光盘行动海报

活动二　阅读区：图书漂流

游戏名称：图书漂流

游戏区域：阅读区

年龄段：3—4 岁

游戏的发展与价值：

愿意把自己家的图书带来和小朋友们分享，体验与他人分享的快乐。

材料准备：

绘本、图书漂流卡。

环境布置与管理：

1. 在区域中设置图书漂流中转站。
2. 为参与“漂流”的图书贴好标签。
3. 幼儿阅读完绘本后放回原处。

游戏玩法与指导：

1. 图书漂流卡。幼儿自行 DIY 设计图书漂流卡，并与图书区中的小伙伴交流分享自己的卡片内容。

2. 图书管理员。请幼儿担任“图书管理员”，并提醒其他幼儿要爱惜同伴的书，如发现有破损，要及时修补并告诉班级老师。

3. 图书漂流。幼儿将家中带来的图书贴好图书漂流卡后放到图书区中分享。

游戏延伸：

在阅读区中设置一个今日绘本推荐板块，请当日分享的幼儿进行绘本分享。

游戏照片：

图 3-101　幼儿认真阅读绘本

图 3-102　幼儿图书分享

图 3-103　模仿绘本中的小表情

图 3-104　图书修补员

活动三　美工区：文明过斑马线

游戏名称：文明过斑马线

游戏区域：美工区

年龄段：3—4 岁

游戏的发展与价值：

能利用绘画或撕纸的方式制作斑马线，学会遵守基本的公共规则。

材料准备：

画纸、刮画纸、木棒、彩笔、超轻黏土、剪刀。

环境布置与管理：

1. 创设活动情境，设立红绿灯，在墙面上粘贴马路环境。
2. 将画纸、彩笔、剪刀、超轻黏土放在桌子中间。
3. 游戏后将各类用具还原，并分类摆放整齐。

游戏玩法与指导：

1. 文明过斑马线。将纸条粘贴在黑卡纸上制作出斑马线，或是用绘画的形式画出斑马线，并用黏土制作出小人粘贴在斑马线上。

2. 我懂交通安全。引导幼儿了解交流交通安全知识，并分组进行交通安全知识宣传画创作。

游戏延伸：

1. 请幼儿收集简单的交通标志卡片，将收集到的交通标志卡片带来幼儿园与其他幼儿交流分享，引导幼儿了解更多的交通规则。

2. 开展设计制作“交通安全宣传旗”的小活动。请每位幼儿设计制作交通安全宣传旗，宣传遵守交通规则的重要性。

游戏照片：

图 3-105　幼儿认识并了解斑马线

图 3-106　幼儿分工合作使用纸张制作斑马线

图 3-107　用马克笔绘制斑马线

图 3-108　作品展示：《文明过马路》

活动四　生活区：我为灾区献爱心

游戏名称：我为灾区献爱心

游戏区域：生活区

年龄段：3—4 岁

游戏的发展与价值：

愿意帮助弱者和有困难的人，做一个有爱心的人。

材料准备：

师幼收集的旧衣物、玩具以及纽扣、串珠、糖纸、剪刀等手工材料。

环境布置与管理：

1. 区域内张贴红十字标志，将区域设置成为红十字中心。
2. 将旧衣物放置在玩具柜中，纽扣、串珠等材料放置在桌面。
3. 游戏后将纽扣、串珠、糖纸、剪刀还原，并分类摆放。

游戏玩法与指导：

1. 糖果大师。正确使用糖果纸包糖果，并将制作好的糖果捐献给灾区小朋友。
2. 小裁缝。幼儿用纽扣、串珠等材料装饰旧衣物，捐献给灾区的人。
3. 我的爱心计划。幼儿制订自己的捐献计划，并制作礼物捐给灾区。

游戏延伸：

在生活区内设置捐赠箱，适当捐献自己的旧衣物及玩具，为需要帮助的人献爱心。

游戏照片：

图 3-109　幼儿包的糖果

图 3-110　给衣服装纽扣

图 3-111　准备捐献的衣物

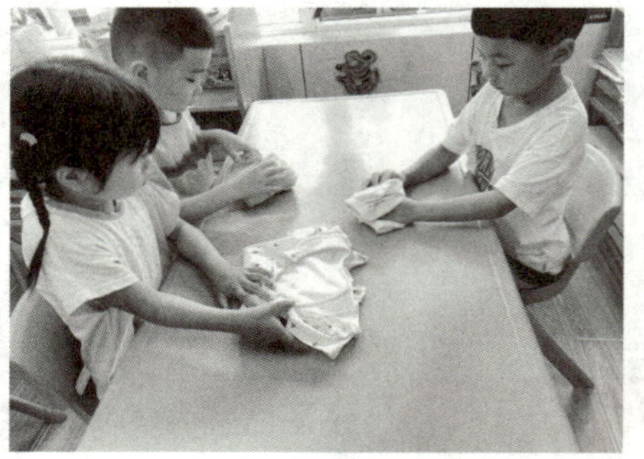

图 3-112　将衣服叠放整齐

建构区：文明小乘客

游戏名称：文明小乘客

游戏区域：建构区

年龄段：3—4 岁

游戏的发展与价值：

学会用环保材料建构汽车，并遵守交通规则。

材料准备：

积木、纸盒、薯片筒、牛奶罐、轮胎、纸杯、卫生纸卷筒。

环境布置与管理：

1. 区域墙面张贴汽车、红绿灯、斑马线的图片，将区域创设成马路和汽车厂的场景。

2. 将积木和环保建构材料整齐摆放在玩具柜上。

3. 游戏后将建构材料还原，并分类摆放。

游戏玩法与指导：

1. 汽车建构师。分组合作利用不同材料搭建不同的汽车。

2. 文明小乘客。幼儿扮演小乘客在拼搭的汽车中游戏，根据自己的已有认知制定相关交通规则。

游戏延伸：

家长与幼儿在家模拟游戏“公共汽车站”，并引导幼儿在公共场所遵守搭乘公共交通的规则。

游戏照片：

图 3-113 幼儿设计汽车构建方案

图 3-114 幼儿分组搭建

图 3-115 通过小乘客引出建构主题

图 3-116 让座的文明小乘客

活动六 建构区：小小生态园

游戏名称： 小小生态园

游戏区域： 建构区

年龄段：3—4 岁

游戏的发展与价值：

能运用架空、垒高等多种建构技能搭建生态园，知道废旧物品的多种用途。

材料准备：

废旧竹棍、木块、纸盒、塑料桶、图片。

环境布置与管理：

1. 将生态园的相关图片布置在建构区墙面上，供幼儿观察并提供搭建经验。

2. 幼儿游戏后收整建构材料。

游戏玩法与指导：

1. 公园艺术品创作。使用废旧材料进行创意拼搭，拼搭完后幼儿相互介绍、欣赏、评比。

2. 拼搭生态园。共同构思一个大的主题，讨论生态园里有哪些建筑或物品，并合理分工，围绕主题共同合作拼搭。

游戏延伸：

在日常生活中多使用废旧物品进行“变废为宝”的活动。

游戏照片：

图 3-117　幼儿分工合作搭建

图 3-118　利用废旧竹筒、木板拼搭

图 3-119　纸筒搭建生态园建筑

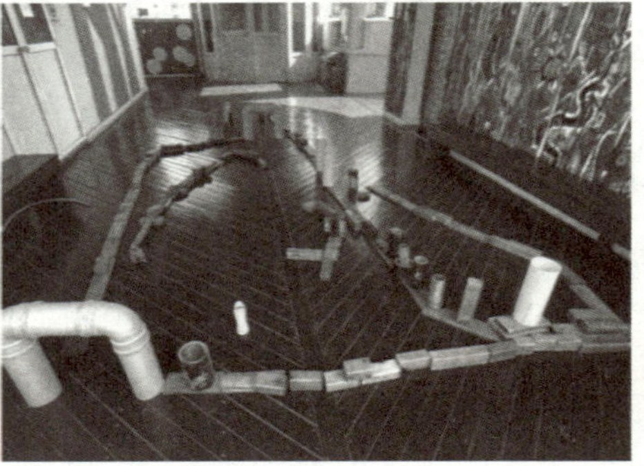

图 3-120　生态园大功告成

活动七　体育区：趣玩气泡膜

游戏名称： 趣玩气泡膜

游戏区域： 体育区

年龄段： 3—4岁

游戏的发展与价值：

幼儿运用废旧气泡膜创编体育游戏，体验变废为宝的乐趣。

材料准备：

快递盒子中的气泡膜、游戏记录表若干。

环境布置与管理：

提供空旷、安全的游戏场地，供幼儿自主游戏。

游戏玩法与指导：

1. 气泡膜怎么玩。认识废旧气泡膜的外形特征，鼓励幼儿与同伴共同利用气泡膜合作游戏，合作探索多种游戏玩法，并进行竞赛活动。

2. 玩法大集合。幼儿演示游戏玩法，教师归纳并演示，推广有创意的玩法，让大家一起学习。

3. 谁的坦克最快。引导幼儿利用气泡膜玩开坦克游戏，并和同伴共同竞赛，看哪组的坦克跑得最快。

游戏延伸：

鼓励幼儿大胆利用气泡膜涂色、剪贴创作艺术作品并装饰在美工区。

游戏照片：

图3-121　气泡膜变彩虹

图3-122　和气泡膜做游戏

图 3-123　气泡膜手脚着地爬

图 3-124　气泡膜爬行游戏

活动八　生活区：玩具分享会

游戏名称：玩具分享会

游戏区域：生活区

年龄段：3—4 岁

游戏的发展与价值：

愿意与同伴交换玩具，利用闲置玩具体验以物换物的快乐。

材料准备：

幼儿从家里带来闲置玩具、标签贴。

环境布置与管理：

1. 在区域中创设玩具交换点。

2. 幼儿游戏后分类摆放、收拾玩具。

游戏玩法与指导：

1. 我的玩具很特别。幼儿边示范边介绍自己带来的玩具，使幼儿萌发想玩的兴趣和愿望。

2. 玩具分享会。请幼儿用适当的方法与同伴分享、交换玩具，并学会爱惜不同的玩具。

3. 玩具宝宝快回家。小朋友用标签贴标记不同类型的玩具，放入相应类型的玩具筐中。

游戏延伸：

在班级里面创设“玩具分享角”，鼓励幼儿在日常生活中，继续与同伴分享、交换玩具。

游戏照片：

图 3-125　区域类材料准备

图 3-126　幼儿相互介绍自己带来的玩具

图 3-127　幼儿交换玩具

图 3-128　幼儿交流不同类型的玩具

第二节　中班(4—5 岁)生态文明教育区域游戏

一、环境认知

活动一　角色区：疫苗研究所

游戏名称：疫苗研究所

游戏区域：角色区

年龄段：4—5 岁

游戏的发展与价值：

初步了解疫苗对人类抗击病毒的作用，了解人类是一个命运共同体，愿意与他人分享实验成果。

材料准备：

纸箱、纸盒、推车、实验步骤图等实验器材；科研人员防护服、防护眼镜、防护手套等防护工具。

环境布置与管理：

1. 在角色区里创设两个“疫苗研发实验室”，并投放实验器材。
2. 大纸箱布置成工作台，推车为疫苗运输车，纸盒为冷冻箱。
3. 游戏后将混合液体倒掉，并清洗实验器材，擦干继续使用。

游戏玩法与指导：

1. 疫苗研发。学会实验器材的使用方法，能将自己的实验步骤记录下来。
2. 协同抗疫。积极帮助其他地区抗疫、将实验成果分享给其他科研人员。
3. 疫苗运输。将研发好的药物及疫苗放入冷冻箱内、运送给各大医院及其他国家和地区。

游戏延伸：

鼓励幼儿与家长一起收集中国政府在疫情中积极帮助其他国家抗疫的相关新闻。

游戏照片：

图 3-129　场景布置

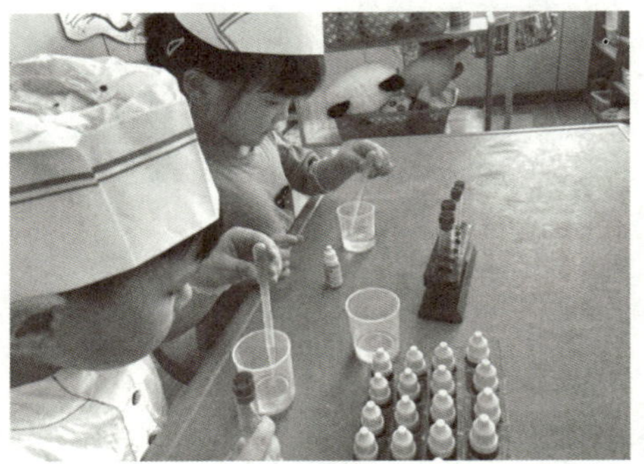

图 3-130　幼儿研发疫苗

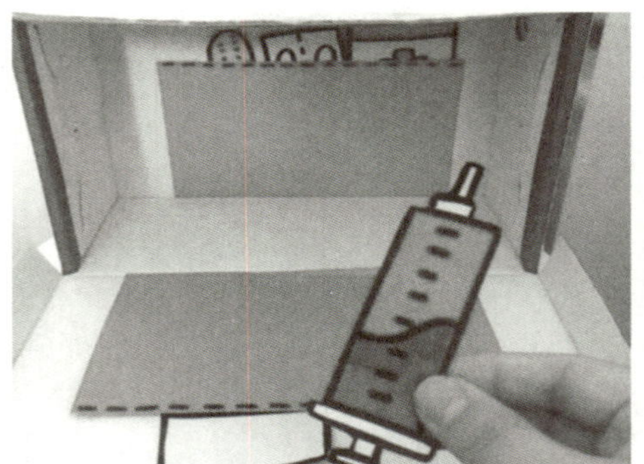

图 3-131　部分实验成果

图 3-132　输送疫苗

活动二　角色区：今天早餐吃什么

游戏名称：今天早餐吃什么

游戏区域：角色区

年龄段：4—5岁

游戏的发展与价值：

能够按需科学合理地搭配有营养的早餐，对武汉的过早文化感兴趣。

材料准备：

废旧报纸制作的面包、蒸饺、糯米鸡、面窝、欢喜坨、豆皮、厨师服饰及餐具。

环境布置与管理：

1. 布置温馨的制作区、备餐区、就餐区环境。
2. 将科学的早餐搭配图片张贴在区角墙面。
3. 游戏结束后，根据不同区域将材料分区投放。

游戏玩法与指导：

1. 手作坊。利用提供的废旧材料按照制作顺序进行早餐的制作，并用可降解包装袋包好。

2. 蔡林记。制作简单的早餐，进行叫卖。在买卖过程中，提醒顾客按需购买，不要浪费。

3. 百货超市。提醒顾客按需采买，并使用环保购物袋。

游戏延伸：

1. 继续投放其他废旧手工材料，供幼儿自由探索，制作出各种各样的营养餐。

2. 餐前进行餐点介绍，并讲解食物给自己带来的好处，知道不浪费，并养成文明进餐的好习惯。

游戏照片：

图3-133　小顾客自选早餐

图3-134　收银员认真整理货币

图 3-135　服务员为顾客送早餐

图 3-136　服务员根据点餐单准备早餐

活动三　阅读区：我会说武汉话

游戏名称：我会说武汉话

游戏区域：阅读区

年龄段：4—5 岁

游戏的发展与价值：

了解武汉方言文化特色，能用武汉话清楚有条理地介绍武汉的风景名胜。

材料准备：

关于武汉名胜古迹及文化宣传的图书。

环境布置与管理：

1. 布置“吉庆街”方言墙面。
2. 幼儿将自己收集到的方言以图画的形式加以展现。
3. 游戏结束后，根据图书标签将图书分类摆放。

游戏玩法与指导：

1. 我是武汉小导游。了解武汉的名胜古迹与风土人情，用武汉话介绍这些旅游景点。
2. “吉庆街”方言墙。快问快答，随机出示一组词语进行武汉话问答比赛。
3. 方言传承人。将自己学到的武汉话教给小伙伴，感受方言中的文化内涵，知道传承家乡话的重要意义。

游戏延伸：

1. 请幼儿收集一些方言知识，掌握几句常用的武汉话，了解武汉话。
2. 引导幼儿在生活活动中区别“汉骂”与“文明用语”，知道用文明的方言与人交流。鼓励幼儿自主探索并进行情景表演，增强幼儿的文明用语。
3. 在平时说话时，引导幼儿意识到方言和普通话各有各的优势之处，都应该会说；知道在不同的地方，面对不同的人群可以选择不同的语言进行对话，这样既可以拉近与交谈者的距离，又可以保留方言在我们身上的印记。

游戏照片：

图 3-137　快速抢答武汉话

图 3-138　我们一起来学习说武汉话

图 3-139　将自己学到的武汉话说给同伴听

图 3-140　用武汉话介绍武汉风土人情

活动四　美工区：树叶大变身

游戏名称：树叶大变身

游戏区域：美工区

年龄段：4—5岁

游戏的发展与价值：

观察发现常见的自然材料性质及其用途，乐于探索大自然。

材料准备：

幼儿收集的各类树叶、彩笔、白纸、胶棒、树叶贴画图片。

环境布置与管理：

1. 将树叶贴画的图片布置在美工区墙面，供幼儿游戏参考。
2. 材料及工具放置桌面供幼儿自由取用。
3. 幼儿游戏后将工具还原，并分类摆放，将树叶贴画作品放到展示区。

游戏玩法与指导：

1. 叶子的秘密。拓印树叶，探索树叶的形状。

2. 树叶贴贴乐。幼儿自由取用材料制作树叶贴画，引导幼儿观察树叶的形状、颜色等，根据其特点进行适宜的创作。

3. 贴画秀秀秀。幼儿向同伴展示自己的树叶贴画作品并布置到展台。

游戏延伸：

1. 请家长带孩子们到社区及公园中观察树叶、收集落叶，并带到幼儿园来。

2. 在幼儿对树叶贴画掌握得比较熟练的基础上，教师可以尝试投放更多自然材料到美工区供幼儿使用，例如石头、沙子、种子等。

游戏照片：

图 3-141　幼儿在幼儿园内拾树叶

图 3-142　幼儿自由创作树叶贴画

图 3-143　提供丰富的材料供幼儿使用

图 3-144　幼儿展示树叶贴画

活动五　科学区：探秘太阳系

游戏名称： 探秘太阳系

游戏区域： 科学区

年龄段： 4—5 岁

游戏的发展与价值：

了解太阳系相关知识，对自然环境感兴趣，并且有探索神秘宇宙的欲望。

材料准备：

太阳系3D全景卡片、太阳系科普绘本、太阳系行星语音投影仪、太阳系行星图片及挂饰、iPad及儿歌《行星转圈圈》。

环境布置与管理：

1. 将幼儿制作的太阳系行星立体装饰布置在科学区墙面，营造游戏氛围。

2. 太阳系3D全景卡片、行星介绍绘本、太阳系行星语音投影仪摆放在收纳柜里便于幼儿自由选择。

3. 制定游戏规则，引导幼儿了解游戏材料的使用和存放。

游戏玩法与指导：

1. 行星小达人。幼儿通过科普绘本了解“以中国人名字命名的星星”，例如钱学森星、屠呦呦星、袁隆平星、张弥曼星等，并大胆地向同伴介绍其外形特征及相关人物典型事迹。

2. 行星转圈圈。通过认识3D全景卡片及学习儿歌《行星转圈圈》，了解各种行星的运行轨道以及行星绕着太阳转一圈所需的时间。

3. 我们的地球。幼儿使用太阳系行星语音投影仪与地球对话，知道地球是太阳系中唯一一颗适合人类生存的行星，在了解地球相关知识的同时，想象未来的地球会是什么样子的。

游戏延伸：

1. 鼓励家长带领幼儿到自然科技馆去收集更多太阳系知识，并制作成太阳系亲子手抄报带来幼儿园与全班幼儿分享。

2. 在班级中可以开展更多与太阳系行星有关的科普活动，将太阳系知识渗透到一日生活中，例如可以用行星名字给幼儿分组命名。

游戏照片：

图3-145　阅读区布置

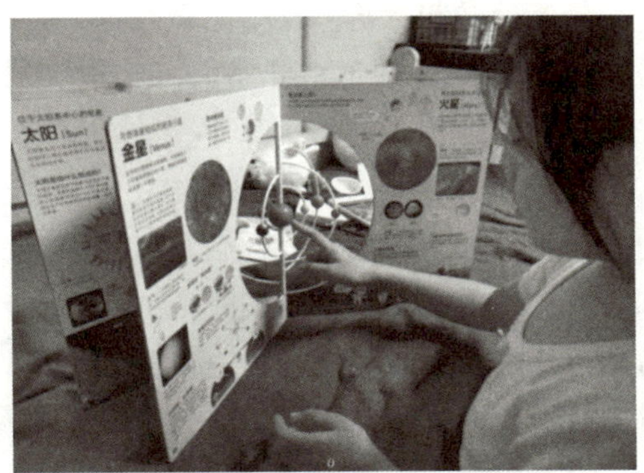

图3-146　幼儿看立体书了解太阳系

图 3-147　幼儿阅读科普绘本

图 3-148　幼儿探秘太阳系

活动六　建构区：未来城市轨道

游戏名称： 未来城市轨道

游戏区域： 建构区

年龄段： 4—5 岁

游戏的发展与价值：

对桥梁的结构及特征有一定了解，知道便利的交通能够减少碳排放。

材料准备：

废旧牛奶罐、木板、饼干盒、墙面图示（武汉城市轨道交通）。

环境布置与管理：

1. 各种各样的奶粉罐，有高有矮、有粗有细。
2. 幼儿利用已有经验用画笔设计图纸。
3. 根据材料图示，将物品有序摆放。

游戏玩法与指导：

1. 未来城市轨道。熟悉武汉轨道交通的特征，能够进行再创造想象，设计富有时代气息的新地标。

2. 未来的桥。了解桥的结构、种类及演变过程，鼓励幼儿大胆创新并利用生活中的废旧物品进行巧妙设计，创造性地表现武汉市未来的桥。

3. 城中的高架桥。了解高架桥的功能性和生态价值，协助能力弱的幼儿确定好自己准备建造什么样的高架桥，选择何种废旧材料来完成。鼓励能力强的幼儿选择多种材料进行搭建，表现自己的设计发明以及附属绿化景观，并宣传节能降碳的理念。

游戏延伸：

1. 鼓励幼儿在以往经验的基础上，合作协商解决游戏中出现的问题，大胆构建一座富有武汉特色的桥梁。

2. 在日常生活中，请家长继续与幼儿将家中的废旧物品收纳整理好，并带去幼儿园参加公益活动。

游戏照片：

图 3-149　幼儿根据经验进行架空

图 3-150　同伴间相互合作挑选材料进行建构

图 3-151　比一比、看一看下坡用哪种材料

图 3-152　为了安全搭建护栏

活动七　表演区：美丽江城欢迎你

游戏名称：美丽江城欢迎你

游戏区域：表演区

年龄段：4—5岁

游戏的发展与价值：

了解武汉的历史文化，使幼儿萌发对武汉的热爱之情。

材料准备：

沙锤、响铃、响板、双响筒、铝板琴、钢琴、歌曲《美丽江城欢迎你》。

环境布置与管理：

1. 用废旧纸板和麦穗制作金色翅膀，将其作为舞台背景。
2. 利用旧裙子、莲蓬制作“荷花仙子”，将其作为环保服装。
3. 游戏结束后，将使用的材料有序摆放。

游戏玩法与指导：

1. 趣说大武汉。关注武汉的历史变迁和人文地理等相关知识，将自己所知道的内容结合响板等乐器，大胆地在集体面前展现出来。

2. 抗疫三句半。了解抗疫故事，尝试用自己的方式再现抗疫情境，进一步感受医护人员和广大志愿者的奉献精神。

3. 美丽江城欢迎你。幼儿根据歌曲的节奏，通过即兴创编表演的形式表现江城武汉的美丽。

游戏延伸：

1. 鼓励家长带领幼儿去观看舞台表演剧。
2. 鼓励家长和幼儿共同阅读关于武汉历史文化的书籍。

游戏照片：

图 3-153　幼儿表演抗疫三句半

图 3-154　歌曲表演美丽江城欢迎你

图 3-155　幼儿轮流展示

图 3-156　趣说大武汉的变化

表演区　彝族娃娃真快乐

游戏名称：彝族娃娃真快乐

游戏区域：表演区

年龄段：4—5岁

游戏的发展与价值：

了解彝族人民的生活习惯，喜欢不同的民族文化，有民族自豪感。

材料准备：

彝族图片、民族音乐、彝族皮影、衣架、彝族乐器。

环境布置与管理：

1. 将彝族图片张贴在表演区内，营造游戏氛围。
2. 设计制作彝族皮影，投放到表演区内。
3. 游戏后将皮影还原，整理表演区。

游戏玩法与指导：

1. 我是彝族娃。幼儿相互之间分享自己知道的关于彝族的知识，在表演区中进行皮影表演。
2. 歌舞青春。伴随音乐模仿彝族对唱山歌、跳舞的情景。

游戏延伸：

1. 请家长带领幼儿收集其他少数民族的资料，引导幼儿了解我国民族文化的多样性。
2. 开展民族服饰大竞赛，幼儿与家长共同收集废旧物品并制作民族头饰。

游戏照片：

图3-157　彝族的墙面布置

图3-158　幼儿模仿彝族对唱山歌

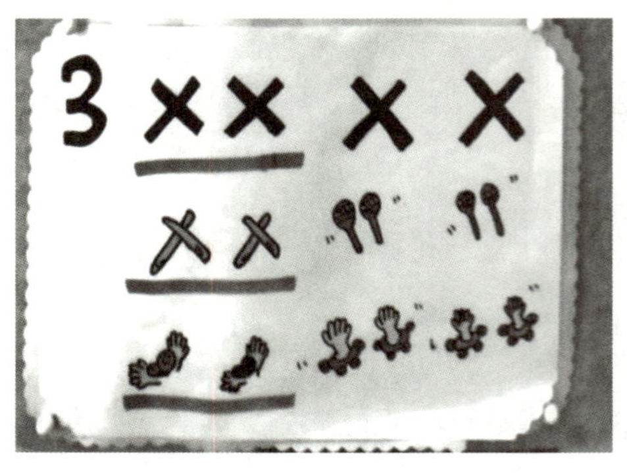
图 3-159　幼儿自制彝族乐曲图谱

图 3-160　玩彝族娃娃皮影游戏

二、生态理解

建构区：绿色医院

游戏名称： 绿色医院

游戏区域： 建构区

年龄段： 4—5 岁

游戏的发展与价值：

能对不同废旧材料进行观察，合理运用组建成不同污物处理器；了解医院污物处理方式，知道医疗垃圾不能随意丢弃以免污染生活环境。

材料准备：

木板、积塑材料、废旧纸盒、牙膏盒、纸巾筒、纸板、PV 管、塑料膜。

环境布置与管理：

1. 幼儿在生活中收集牙膏盒、纸巾筒等废旧材料，消毒后分类投放到建构区内。
2. 运用希沃白板提供医院模型图，供幼儿观察、建构。

游戏玩法与指导：

1. 绿色医院之旅。利用废旧材料搭建医院，并能考虑到医院的选址问题、远离居民楼进行搭建。
2. 医疗垃圾处理站。幼儿根据医疗垃圾的特性，构想医院垃圾处理站的功能及造型，分工合作进行搭建。
3. 医院废水处理站。幼儿共同设计废水处理站图纸，并按照设计图纸搭建废水处理站，利用 PV 管、塑料膜等密封材料对废水处理站进行密封处理，防止废水泄露。

游戏延伸：

继续引导幼儿了解不同废旧材料的用途，鼓励幼儿在游戏中多使用废旧材料。

游戏照片：

图 3-161　利用废旧材料搭建

图 3-162　医院垃圾处理站

图 3-163　医院内的设施

图 3-164　搭建好的绿色医院

活动二　阅读区：宇宙的奥秘

游戏名称：宇宙的奥秘

游戏区域：阅读区

年龄段：4—5 岁

游戏的发展与价值：

了解宇宙及航天相关知识，激发幼儿学科学、爱科学，愿意利用科学知识为人类创造美好生活的愿望。

材料准备：

银河系各大行星示意图、宇宙书籍若干、中国空间站和航天飞船挂饰、iPad。

环境布置与管理：

1. 利用废旧白布和棉花制作的航天发射器。
2. 将星空模型布置到区域内供幼儿参考。
3. 墙面张贴航天科普图及宇航员照片。

游戏玩法与指导：

1. 星际博士。了解一些简单的宇宙小知识，例如：星星为什么会闪烁？月球是怎样形成的？鼓励幼儿在书中大胆探索宇宙，讲述自己的发现。

2. 中国宇航员。利用希沃白板模拟 3D 空间站内景，了解失重条件下物体运动的特点，较为直观地感受各大行星的运行方式。

3. 中国未来空间站。简单了解空间站的内部构造，使用收集的废旧材料大胆地进行再创造。

游戏延伸：

1. 游戏结束后，带领孩子们进一步认识和了解长征火箭家族以及航天英雄。

2. 鼓励家长与幼儿共同搜集我国航天事业的资料。

游戏照片：

图 3-165　幼儿阅读宇宙科普绘本

图 3-166　幼儿制作手工航模

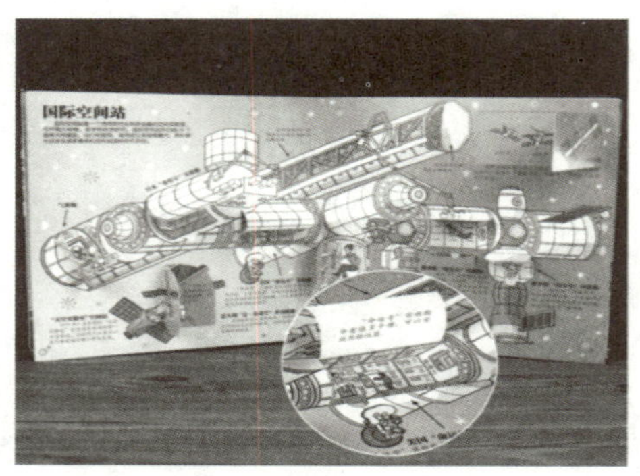

图 3-167　宇宙空间站立体书

图 3-168　幼儿介绍宇宙中的星球

美工区：可爱的金丝猴

游戏名称：可爱的金丝猴

游戏区域：美工区

年龄段：4—5 岁

游戏的发展与价值：

能运用多种艺术方式表现金丝猴的特征；知道金丝猴是濒危动物，了解保护生物多样性的重要意义。

材料准备：

剪刀、卡纸、纸杯、胶棒、画笔、各类装饰材料、彩纸。

环境布置与管理：

1. 在美工区墙面布置粘贴金丝猴的照片，供幼儿欣赏、观察。
2. 创设一个“濒危动物展览馆”，展示幼儿制作的“金丝猴”作品。

游戏玩法与指导：

1. 纸杯金丝猴。根据金丝猴的特征，利用纸杯、彩纸进行创作，制作纸杯金丝猴。
2. 送金丝猴回家。幼儿讨论金丝猴的生活环境，合作运用装饰材料、卡纸等材料制作出金丝猴的家。

游戏延伸：

将幼儿作品挂到作品栏，鼓励幼儿继续收集其他濒危动物的资料。

游戏照片：

图 3-169　幼儿动手操作

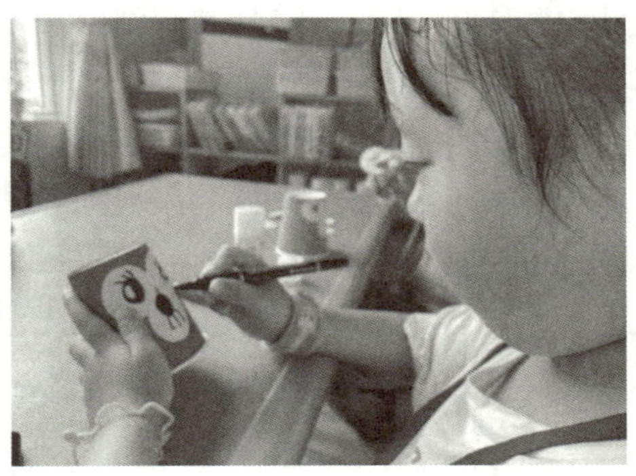

图 3-170　给金丝猴画上表情

图 3-171　制作的纸杯金丝猴

图 3-172　制作金丝猴的家

活动四　美工区：噪声不见了

游戏名称：噪声不见了

游戏区域：美工区

年龄段：4—5 岁

游戏的发展与价值：

1. 能正确区分乐音和噪声，了解噪声的危害，掌握减少噪声污染的方法。

2. 能分辨生活中需要安静的场合，做到不吵闹、轻言细语。

材料准备：

勾线笔、安全剪刀、打印纸、含有乐音和噪声的音带等材料。

环境布置与管理：

1. 在美工区墙面投放声音线条画，供幼儿欣赏。

2. 在美工区内创设一座“居民楼”。

游戏玩法与指导：

1. 乐音和噪声。感受乐音和噪声，用画笔记录噪声和乐音的不同。

2. 噪声变不见。引导幼儿运用材料制作“禁止大声喧哗”“保持安静”等标志，并粘贴到需要保持安静的场地内。

3. 安静的居民楼。幼儿利用卡纸等材料制作大树，放在“居民楼”周围，为居民楼创设安静的氛围。

游戏延伸：

请幼儿找找生活中的噪声，并动脑筋想想解决办法，用自己的行动减少噪声污染。

游戏照片：

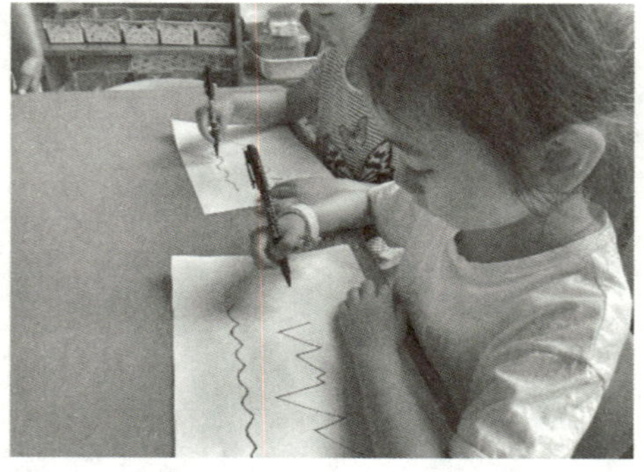

图 3-173　幼儿用线条记录的噪声与乐音

图 3-174　幼儿设计“保持安静”的标志

图 3-175　将标志粘贴到区域规则牌中

图 3-176　制作大树

活动五　科学区：蔬菜电力强

游戏名称：蔬菜电力强

游戏区域：科学区

年龄段：4—5 岁

游戏的发展与价值：

探索蔬菜的发电的秘密，了解植物与人类生活的关系。

材料准备：

土豆、番茄、黄瓜、发电材料包、铁盘、蔬菜发电记录表、彩笔。

环境布置与管理：

1. 将蔬菜分别放到不同的铁盘上供幼儿自由选择，幼儿人手一份发电材料包和蔬菜发电记录表、彩笔。

2. 幼儿游戏后将用来进行实验的蔬菜丢进厨余垃圾桶内，清洗好实验材料并分类摆放。

游戏玩法与指导：

1. 说说我拿到的蔬菜。幼儿开始游戏后自由选择想要用来实验的蔬菜，并向同伴简单介绍自己所选择的蔬菜。

2. 记录蔬菜发电。幼儿自由运用发电材料包来进行蔬菜发电实验，并在蔬菜发电记录表上做好相应的记录。

3. 谁的电力强。幼儿之间互相竞赛，比一比谁的小灯泡最亮，并交换蔬菜继续游戏。

游戏延伸：

1. 鼓励幼儿回家后与父母共同收集蔬菜发电的相关资料，理解简单的蔬菜发电原理，知道能源对城市生活的重要性。

2. 请家长带领幼儿探究日常生活中还有什么物品能发电。

游戏照片：

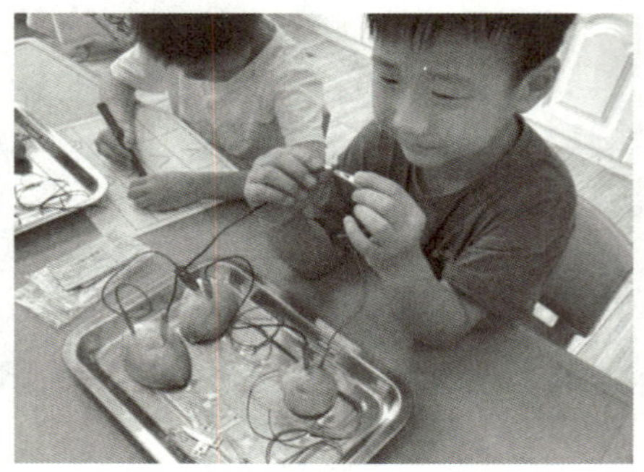
图 3-177　幼儿使用土豆发电

图 3-178　幼儿记录蔬菜发电结果

图 3-179　幼儿合作游戏

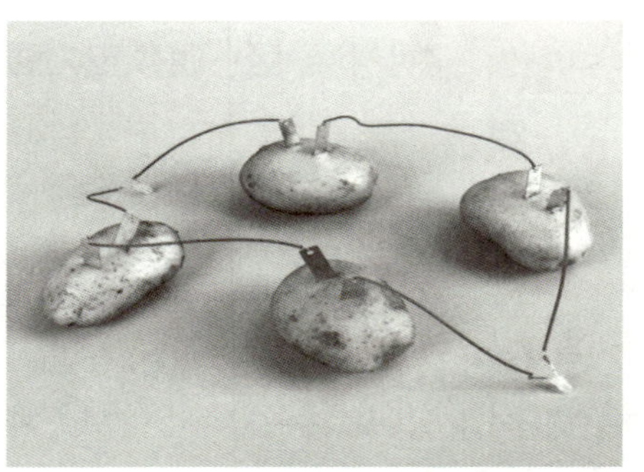
图 3-180　蔬菜发电材料

活动六　建构区：动物救护站

游戏名称：动物救护站

游戏区域：建构区

年龄段：4—5 岁

游戏的发展与价值：

愿意保护野生动物，了解野生动物的生存处境，知道保护野生动物的基本知识。

材料准备：

各类积塑玩具、动物卡片、牛奶罐子、轮胎、树枝。

环境布置与管理：

1. 将动物救护站的图片布置在建构区墙面，供幼儿游戏参考。
2. 利用动物卡片和动物模型营造游戏氛围。
3. 幼儿自由取用游戏材料，游戏后将游戏材料还原，并分类摆放。

游戏玩法与指导：

1. 创想动物城。幼儿互相之间分享建构动物城的想法，自由组合结伴建构。

2. 我的动物救护站。利用积塑玩具、牛奶罐子、轮胎、树枝等材料，建构动物救护站。

3. 动物城堡大 PK。幼儿互相之间交流、评价建构完成的动物救护站，投票选出动物城设计师。

游戏延伸：

在日常生活中，请家长带领幼儿收集更多废旧物品投放到建构区。

游戏照片：

图 3-181　幼儿收集建构用的废旧物品

图 3-182　用牛奶罐搭建动物城堡

图 3-183　幼儿使用轮胎建构城墙

图 3-184　救助站宣传海报

活动七　表演区：袋鼠跳

游戏名称：袋鼠跳

游戏区域：体育区

年龄段：4—5 岁

游戏的发展与价值：

发展双脚并拢行进跳的动作，体验变废为宝的快乐。

材料准备：

蛇皮袋、平衡木、泡沫地垫、筐子、饮料瓶等废旧物品。

环境布置与管理：

1. 幼儿与家长共同收集蛇皮袋与饮料瓶，并根据幼儿身高将蛇皮袋改造成跳袋。

2. 提供空旷、安全的活动场地，在场地内创设"森林"的情境。

游戏玩法与指导：

1. 袋鼠跳跳跳。幼儿共同商讨游戏任务，教师重点指导幼儿控制自己的动作，站在蛇皮袋里面双脚并拢，安全地跳跃前进。

2. 袋鼠旅行。创设森林情境，幼儿借助蛇皮袋模仿袋鼠跳去森林旅行，穿过小河、小山，幼儿合作克服旅行途中的困难。

游戏延伸：

鼓励幼儿与家长在蛇皮袋上进行创意袋鼠画。

游戏照片：

图 3-185　幼儿自主探索蛇皮袋的玩法

图 3-186　袋鼠跳比赛

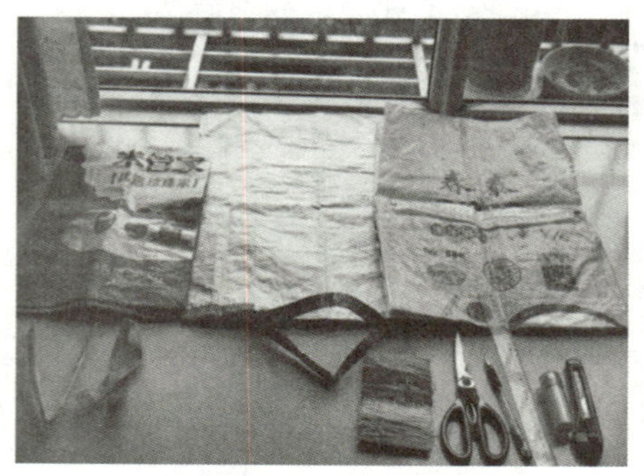

图 3-187　制作环保袋准备

图 3-188　亲子制作环保跳袋成品

活动八　表演区：种树恰恰恰

游戏名称：种树恰恰恰

游戏区域：表演区

年龄段：4—5岁

游戏的发展与价值：

通过游戏模仿守林员巡林的过程，了解守林员工作的不易；知道树木对动植物及人类生活的益处。

材料准备：

守林员服装、动植物头饰、自制沙锤等乐器、表演服装、恰恰舞曲 *Cha Cha Cha*。

环境布置与管理：

布置表演场地，在表演区墙面粘贴恰恰舞曲节奏图。

游戏玩法与指导：

1. 我们去种树。感知恰恰舞曲的风格，熟悉音乐，体验种树的快乐。

2. 丛林保护员。幼儿根据音乐来创编巡护森林的动作，完成守林人的任务。

3. 种树恰恰恰。幼儿根据自己的意愿选择角色，共同设计打击乐图谱，并根据设计出的图谱进行“种树”打击乐表演。

游戏延伸：

鼓励幼儿与家长收集有关守林员的资料，了解守林员的工作内容。

游戏照片：

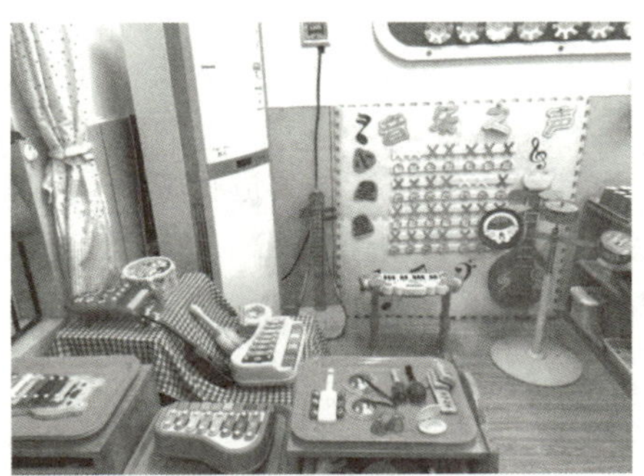

图3-189　材料丰富的表演区

图3-190　幼儿跟随音乐进行演奏

图3-191　幼儿自主分配角色

图3-192　集体表演“种树恰恰恰”

三、生态保护

活动一　角色区：垃圾回收站

游戏名称： 垃圾回收站

游戏区域： 角色区

年龄段： 4—5 岁

游戏的发展与价值：

懂得如何进行垃圾分类，知道生活垃圾对环境造成的危害。

材料准备：

纸箱、垃圾回收站图片；纸杯、纸盒等可回收垃圾；各类积木、塑料玩具等。

环境布置与管理：

1. 将纸箱分为四大类垃圾盒，做成垃圾小人。
2. 游戏材料投放到公共区域中，供全园幼儿共同使用。

游戏玩法与指导：

1. 垃圾分类我知道。收集垃圾回收站的有关资料，熟悉垃圾分类知识。
2. 垃圾逃不掉。幼儿扮演成回收机器进行垃圾分类回收。
3. 垃圾变宝藏。将回收的无纺布袋进行创意制作，改造成服装进行表演。

游戏延伸：

鼓励幼儿与家长共同参观垃圾回收站，深入了解不同垃圾的回收方法。

游戏照片：

图 3-193　场景布置

图 3-194　垃圾回收盒

图 3-195　收集生活中的垃圾

图 3-196　分类回收垃圾

活动二　阅读区：吃垃圾的小怪兽

游戏名称：吃垃圾的小怪兽

游戏区域：阅读区

年龄段：4—5岁

游戏的发展与价值：

了解垃圾分类的知识，萌生爱护环境的情感。

材料准备：

绘本《吃垃圾的小怪兽》、小怪兽头饰若干、四色垃圾桶、不同类型垃圾。

环境布置与管理：

1. 布置安静且舒适的阅读区域，将不同类型的垃圾和四色垃圾桶分布在阅读区四周，营造游戏氛围。

2. 头饰和绘本放置在柜子上供幼儿自由取用。

3. 幼儿游戏后将绘本和垃圾还原，并整理阅读区。

游戏玩法与指导：

1. 垃圾桶的独白。每个幼儿选取一个垃圾桶，并介绍这是什么类型的垃圾桶，能装什么垃圾。

2. 吃垃圾的小怪兽。幼儿阅读绘本，并互相讲述故事内容。

3. 小怪兽大能量。幼儿选取一个垃圾桶并扮演吃垃圾的小怪兽，表演故事内容。

游戏延伸：

1. 在活动后开展垃圾分类科普活动，引导孩子们了解更多的垃圾分类知识。

2. 鼓励幼儿用不同的方法进行垃圾分类，并请幼儿与同伴共同制定游戏规则。

3. 在活动中请幼儿扮演不同类型的垃圾桶来“吃”垃圾，鼓励幼儿交换角色，增进对不同类型垃圾的了解。

游戏照片：

图 3-197　垃圾分类回收材料

图 3-198　阅读《吃垃圾的小怪兽》绘本

图 3-199　幼儿交流不同垃圾桶的用法

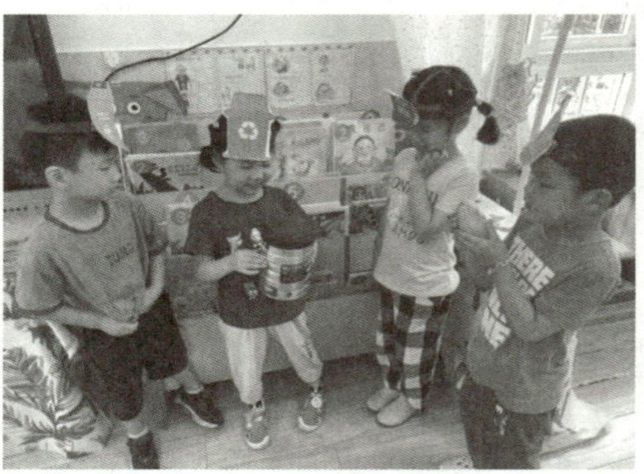
图 3-200　幼儿分角色饰演吃垃圾的小怪兽

活动三　美工区：彩色鱼回来啦

游戏名称：彩色鱼回来啦

游戏区域：美工区

年龄段：4—5 岁

游戏的发展与价值：

了解鱼类的生活环境并保护其生活环境，能尊重一切生命。

材料准备：

白纸、彩笔、彩色废旧纸杯、各类鱼的图片、海洋污染图片。

环境布置与管理：

1. 将各类鱼的图片和海洋污染的图片布置在美工区内供幼儿参考。
2. 幼儿人手一张白纸，彩笔、纸杯放在桌子中间自由取用。

3. 幼儿游戏后将彩笔、纸杯还原，并分类摆放。

游戏玩法与指导：

1. 多种多样的彩色鱼。幼儿互相讨论自己喜欢什么样的彩色鱼，邀请同伴共同制作。

2. 回来吧彩色鱼。情境设置，海洋垃圾污染了彩色鱼的生存环境。幼儿根据自己的理解制作宣传画——珍爱海洋生物，保护海洋资源。

3. 废旧材料大变身。幼儿利用收集的彩色废旧纸杯来装饰自己的鱼，让它重返海洋。

游戏延伸：

1. 鼓励幼儿收集更多废旧材料来装饰自己的彩色鱼，比如纽扣、毛线等。

2. 请家长带幼儿到海洋馆了解更多海污染对海洋生物的影响。

游戏照片：

图 3-201　幼儿画出彩色鱼的外形

图 3-202　幼儿制作折叠画

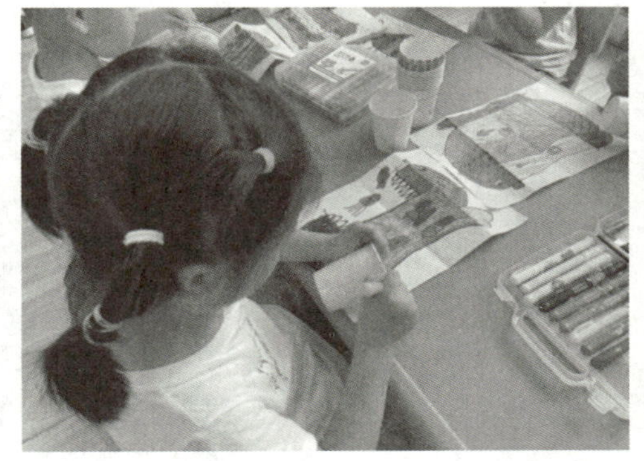

图 3-203　利用废旧材料装饰彩色鱼

图 3-204　幼儿展示手工彩色鱼

活动四　美工区：节水小标志

游戏名称： 节水小标志

游戏区域： 美工区

年龄段： 4—5 岁

游戏的发展与价值：

愿意向周围的人进行节水宣传，懂得节约用水对保护环境的重要性。

材料准备：

节水宣传片、超轻黏土、纽扣、木棒、废旧纸杯纸盘等。

环境布置与管理：

1. 将纸盘、纽扣、冰棍棒分类投放到美工区内。
2. 将幼儿制作的节水标志张贴在墙面上。
3. 幼儿游戏结束后，将物品分类整理后物归原处。

游戏玩法与指导：

1. 节水小标志。利用废旧材料制作节水标志，呼吁人们要节约用水和一水多用。

2. 节水宣传海报。引导幼儿用不同的绘画方式表达画面内容，吸引更多的人加入节水行动。

3. 节水树。利用废纸板裁出大树的形状，并将废报纸和卫生纸包在大树纸板上做成一棵大树，将孩子们的节水寄语挂在“节水树”上。

游戏延伸：

1. 在活动前请幼儿与家长一起收集我国水资源的相关知识。
2. 幼儿将制作出来的节水标志张贴到幼儿园各处水龙头上面，提醒大家节约用水。

游戏照片：

图 3-205　幼儿自由挑选材料装饰节水标志

图 3-206　幼儿作品展示

图 3-207　幼儿自由设计节水标志

图 3-208　看看我们的节水标志吧

活动五　益智区：餐桌文化环保棋

游戏名称： 餐桌文化环保棋

游戏区域： 益智区

年龄段： 4—5 岁

游戏的发展与价值：

了解生活中的文明餐桌行为，懂得餐桌文化是中国礼仪文化的传承。

材料准备：

餐桌行为图片若干、棋盘两幅、棋子若干、骰子一个。

环境布置与管理：

1. 用废旧纸板画出棋盘，用超轻黏土制作棋子。
2. 利用废旧纸张设计文明环保棋的规则。
3. 张贴分类图片，引导幼儿将物品分类摆放。

游戏玩法与指导：

1. 餐桌文化环保棋。从幼儿的实际经验出发，鼓励幼儿自主探索制定新的游戏规则与玩法。当棋子行进到文明行为时行进几格，当棋子行进到不文明行为时是停止还是后退，由幼儿自由制定。

2. 餐桌文化翻翻乐。将文明图片与不文明图片以十六宫格的形式背面朝上放好。当拿到两张相同的文明行为图片时收为自己所有，当拿到不文明行为的图片时放回原位。比较游戏结果，谁的手上文明行为图片多谁获胜。

3. 快速反应“破”。将所有准备好的图片背面朝上依次摆好，幼儿交换翻图片，当翻到文明餐桌行为图片时，将其贴在“文明墙上”；当翻到不文明餐桌行为图片时要快速地说出“破”，并口头纠正图片中的行为。

游戏延伸：

1. 活动结束后引导幼儿观察画面内容并判断对与错，反思自己在生活中有没有出现同样的情况。

2. 在就餐环节中，引导幼儿愉悦地练习文明进餐行为，养成文明进餐的好习惯。

游戏照片：

图 3-209　幼儿自由分组进行游戏

图 3-210　骰子上的数字是多少就走几步

图 3-211　餐桌文化翻翻乐

图 3-212　自由制定游戏规则进行游戏

活动六　体育区：我给"一线"运送物资

游戏名称：我给"一线"运送物资

游戏区域：体育区

年龄段：4—5 岁

游戏的发展与价值：

使幼儿萌发热爱人民解放军的情感，能较熟练掌握助跑跨跳动作。

材料准备：

废旧毛线绳、泡沫垫、收纳筐、独木桥、泡沫棒。

环境布置与管理：

1. 将废旧毛线编成"面包"支援"一线"。

2. 将泡沫板任意摆放，设置成各种各样的障碍。

3. 游戏结束后，将物品分类摆放好。

游戏玩法与指导：

1. 增援“一线”。引导幼儿练习一定距离的双脚并拢跳远，不怕苦不怕累，将“食物”成功运送。

2. 小小解放军。利用助跑跨跳等技能越过障碍物，前往灾区解救受灾的人和动物们。

3. 重建灾区。引导幼儿利用肩扛物体走过独木桥向灾区运送物质，帮助灾区人民重建美好家园。

游戏延伸：

1. 游戏结束后，带领幼儿观看解放军叔叔抗震救灾的视频资料。

2. 请家长给幼儿讲述一些典型的抗震救灾的事件，例如：汶川大地震、98抗洪抢险。

游戏照片：

图 3-213　幼儿运送物资重建灾区

图 3-214　解救小动物

图 3-215　将动物送至安全地点

图 3-216　幼儿勇过障碍物

活动七　体育区：萌宝护长江

游戏名称： 萌宝护长江

游戏区域： 体育区

年龄段： 4—5 岁

游戏的发展与价值：

能够手眼协调沿直线推小推车，有保护水资源的意识。

材料准备：

活动场地“长江”、塑料瓶若干、推车、音乐《长江之歌》。

环境布置与管理：

1. 将塑胶跑道布置成长江，定义蓝色跑道为水体。
2. 塑料瓶被丢弃在“长江”水面，造成水污染。
3. 幼儿游戏后将物品还原，并收整体育区。

游戏玩法与指导：

1. 长江之歌。幼儿跟随《长江之歌》舞动身体，做准备活动。
2. 守护长江。幼儿分队竞赛，利用推车来清理“江面”垃圾。
3. 我是环保小达人。幼儿念环保口诀做环保操。

游戏延伸：

1. 活动结束后，鼓励幼儿探索用不同的方法去保护长江，并请幼儿与同伴共同制定游戏规则，为下次活动做准备。

2. 请家长带幼儿到武汉科技馆去了解更多与水资源相关的知识。

游戏照片：

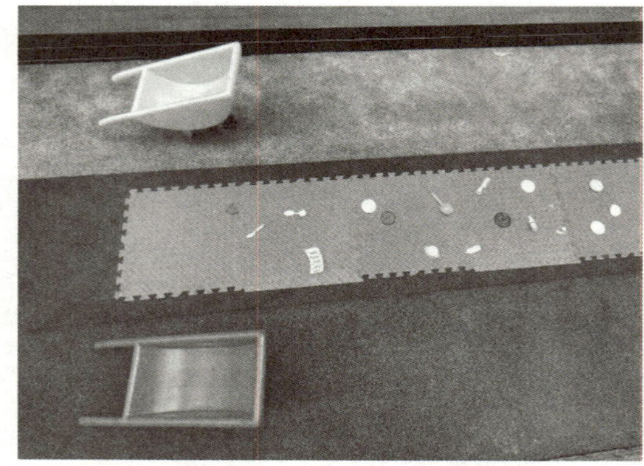

图 3-217　利用跑道布置“长江”场地

图 3-218　幼儿进行“守护长江”的游戏

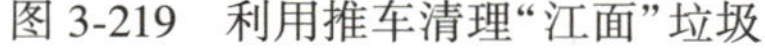

图 3-219　利用推车清理“江面”垃圾

图 3-220　幼儿清理水面垃圾

活动八　自然角：给昆虫朋友做个家

游戏名称： 给昆虫朋友做个家

游戏区域： 自然角

年龄段： 4—5岁

游戏的发展与价值：

知道昆虫的数量正随着生态的破坏在逐渐减少，愿意关爱昆虫朋友，保护生态平衡。

材料准备：

木块、竹棍、稻草、树枝、松果等自然材料。

环境布置与管理：

1. 师幼共同布置昆虫的家，营造美好的自然氛围。
2. 将“昆虫之家”观察箱投放到种植区内。

游戏玩法与指导：

1. 珍贵的昆虫朋友。寻找植物角里的昆虫，并向同伴介绍其在自然生态中起到的作用。
2. 昆虫朋友的家。用竹棍、木块等自然材料搭建昆虫屋，并放在平整的地面上，给昆虫一个适宜的居住环境。

游戏延伸：

1. 请幼儿和家长一起查阅其他昆虫的特点和生活习性。
2. 收集更多的自然材料，并为不同的昆虫做居住的地方。

游戏照片：

图 3-221　准备的自然材料

图 3-222　昆虫旅馆参考图

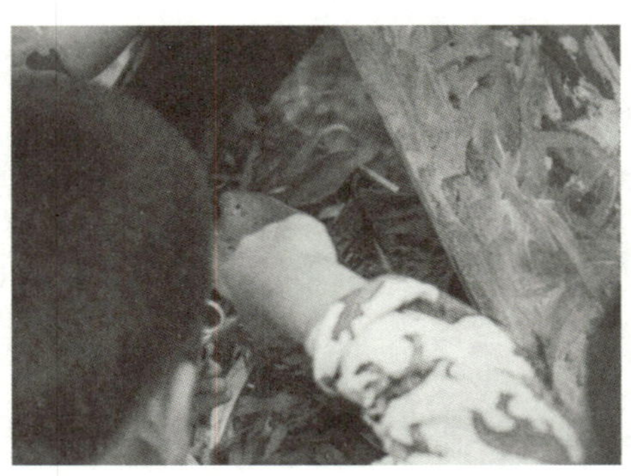

图 3-223　为昆虫做的小家

图 3-224　幼儿设计昆虫旅馆

四、绿色生活

活动一　角色区：十八里铺

游戏名称：十八里铺

游戏区域：角色区

年龄段：4—5 岁

游戏的发展与价值：

能利用废旧纸张制作货币进行买卖游戏，并根据需要适度消费。

材料准备：

废旧牛奶箱、废旧纸张、废旧的布、竹席、泥浆、超轻黏土若干、仿真蔬果、自制

游戏货币若干。

环境布置与管理：

1. 创设“超市”“布庄”等游戏情境，供幼儿自主游戏。

2. 幼儿游戏后将物品还原，并分类摆放。

游戏玩法与指导：

1. 蔬果铺。客人购买时要学会砍价，购买后要将食物合理搭配、烹饪吃光、不浪费。

2. 天下布庄。为客人量身定制衣服，学会节约，并利用废旧多余的布匹制作其他服饰。

3. 泥人钟。循环利用泥浆，并根据客人需要来制定相关造型。

4. 在游戏中能根据物品的性质制定相关价格，使用自制游戏货币进行买卖。

游戏延伸：

1. 鼓励幼儿在生活中观察售货员及收银员的职业及语言特点，丰富幼儿角色经验。

2. 在日常生活中，请家长引导幼儿用废旧物品进行以物换物或废旧物改造。

游戏照片：

图 3-225　蔬果铺

图 3-226　天下布庄

图 3-227　泥人钟

图 3-228　废旧纸张制作的货币

活动二　阅读区：图书修补员

游戏名称：图书修补员

游戏区域：阅读区

年龄段：4—5 岁

游戏的发展与价值：

掌握修补图书的基本方法，养成良好的阅读习惯及专注细心的学习品质。

材料准备：

纸板、纸张、瓶盖、彩纸、透明胶带、胶棒、双面胶带、安全剪刀、订书机。

环境布置与管理：

1. 用废旧材料制作图书修补的方法牌挂在阅读区供幼儿参考模仿。
2. 将设计的图书编号标签张贴在书架上，便于存放图书。
3. 创设“图书医院”区域。
4. 幼儿结束游戏后，按图书编号将书本还原。

游戏玩法与指导：

1. 图书医生。幼儿在“图书医院”进行图书修复工作，提醒幼儿要爱护图书。
2. 爱书海报。指导幼儿制作“爱书海报”并张贴在各班图书区，倡议全园幼儿一起爱护图书，成为“图书医院”的一员。

游戏延伸：

鼓励幼儿在后续阅读活动中能够持续爱惜图书。

游戏照片：

图 3-229　幼儿耐心修补图书

图 3-230　“图书医生”检查书本情况

图 3-231　根据书本情况选择适宜修补方式

图 3-232　同伴协助补书

活动三　美工区：自然物大变身

游戏名称：自然物大变身

游戏区域：美工区

年龄段：4—5岁

游戏的发展与价值：

尝试根据自然物的特有属性进行再创造活动，能够珍惜并节约自然资源。

材料准备：

旧报纸、麻绳、纽扣、木片、冰棒棍、石头、胶水。

环境布置与管理：

1. 投放石头画、木头房子、木头小马、葫芦等装饰物。
2. 摆放利用废旧物品制作的半成品。
3. 游戏结束后，将物品分类投放到美工区中。

游戏玩法与指导：

1. 石头画。利用各种形状大小不一的石头，制作自己想要的石头画。
2. 木头小人。利用废弃的木头做出各种动作造型，了解人与人之间的多动作沟通交往技巧。
3. 小动物的聚会。利用自然材料制作自己喜爱的小动物，并向同伴介绍其生活习性。

游戏延伸：

在美工区投放多种低结构材料，供幼儿创作。

游戏照片：

图 3-233　小木头和纽扣大变身

图 3-234　水粉笔下的小石头

图 3-235　涂涂画画变身成功

图 3-236　小石头的花花世界

活 动 四　科学区：我是造纸小能手

游戏名称：我是造纸小能手

游戏区域：科学区

年龄段：4—5 岁

游戏的发展与价值：

体验制作再生纸的乐趣，养成节约用纸的好习惯。

材料准备：

干净的水、废纸、搅拌机、造纸机、各色颜料。

环境布置与管理：

1. 将废旧纸张用搅拌机搅碎，并浸在清水中待用。
2. 到户外收集自然物，如：落叶、小花、羽毛等。
3. 根据柜面张贴的材料图片，收拾整理游戏材料。

游戏玩法与指导：

1. 再生纸的制作。引导幼儿熟悉、了解再生纸的制作流程：制浆、抄纸、压水、揭纸和晾干，并制作再生纸。
2. 小小创意师。在再生纸风干的过程中，可以用颜料轻点上色，或者将干花、叶子等贴在纸浆上。
3. 我是小画家。利用风干后的再生纸，尝试画出自己喜欢的图画。

游戏延伸：

1. 鼓励幼儿自由探索制作纸的多种材料，尝试将用过的废纸再造出新纸。
2. 教师组织幼儿观看视频《来之不易的纸》。

游戏照片：

图 3-237　熟悉造纸机的结构

图 3-238　开始搅拌纸浆

图 3-239　碾压制作纸张

图 3-240　将纸浆用小镊子夹出平铺在纱网上

活动五　建构区：垃圾回收大行动

游戏名称：垃圾回收大行动

游戏区域：建构区

年龄段：4—5 岁

游戏的发展与价值：

能够利用废旧材料进行围合、拼搭，了解垃圾回收、循环利用的相关知识。

材料准备：

奶粉罐子、木块、各类塑料玩具、拱门、垃圾回收站图片。

环境布置与管理：

1. 将垃圾回收站的图片布置在建构区墙面，供幼儿游戏参考。
2. 建构材料分类投放在活动区内供幼儿自由取用。
3. 游戏后将建构玩具还原，并分类摆放。

游戏玩法与指导：

1. 小小设计师。幼儿向同伴描述自己想要搭建的垃圾回收站，互相分享建构创想。
2. 快乐建筑师。幼儿自由分工，取用材料搭建垃圾回收站。
3. 玩转垃圾回收站。让搭建好的垃圾回收站“工作”起来，幼儿演示垃圾回收站怎么回收垃圾。

游戏延伸：

1. 鼓励家长与幼儿收集垃圾回收站的有关资料，加深对垃圾回收的认识。
2. 请家长在日常生活中引导幼儿了解垃圾回收对生态环境及人类生活的作用。

游戏照片：

图 3-241　墙面图片《垃圾回收站》

图 3-242　幼儿设计垃圾回收站

图 3-243　幼儿探索废旧材料的使用方法

图 3-244　幼儿合作搭建垃圾回收站

活动六　体育区：饮料瓶变废为宝

游戏名称：饮料瓶变废为宝

游戏区域：体育区

年龄段：4—5岁

游戏的发展与价值：

体验用废旧瓶子游戏的乐趣，了解物品循环使用的益处。

材料准备：

废旧塑料瓶、棍子、报纸球、垒球。

环境布置与管理：

1. 将收集的塑料瓶洗干净消毒后投放到体育区中。
2. 用塑料瓶和棍子制作成小锤子与纸球摆放一起。
3. 游戏后将材料分类摆放。

游戏玩法与指导：

1. 废旧瓶子怎么玩。幼儿积极探索废旧瓶子的多种玩法，充分发挥幼儿自主性，教师加以规范的动作指导。

2. 有趣的保龄球。将塑料瓶子变身为保龄球，幼儿之间比赛，看谁的球碰倒的瓶子最多。

3. 赶小猪。设定目的地，幼儿比赛，利用自制锤子将报纸球赶到目的地，即为胜利。

游戏延伸：

将收集的瓶子投放到美工区，供幼儿制作手工。

游戏照片：

图 3-245　场景布置

图 3-246　幼儿创编的游戏

图 3-247　瓶子保龄球

图 3-248　瓶子爬爬乐

活动七　表演区：我的 T 台我的秀

游戏名称：我的 T 台我的秀

游戏区域：表演区

年龄段：4—5 岁

游戏的发展与价值：

能够利用废旧材料设计富有个性的环保服饰进行 T 台秀，了解废旧物品回收利用的价值。

材料准备：

环保时装若干、羽毛、麻绳、树叶、瓶盖、环保购物袋、欢快的音乐。

环境布置与管理：

1. 游戏前将制作好的环保时装分类挂好。
2. 幼儿利用废旧物品给环保时装设计相关配饰。
3. 使用完的环保时装用衣架挂好后，放在指定区域。

游戏玩法与指导：

1. 环保时装设计师。利用周边随手可得的废旧材料，如旧衣服、废报纸、纸盒、环保购物袋等，设计富有新意的环保服饰，传达可持续发展理念。

2. 环保时装店。推销自己设计的环保服饰，了解环保服饰使用的材料及细节的处理，让顾客知道每一件废旧物品都可能是“宝贝”。

3. 环保时装秀。幼儿使用自制环保服装进行T台秀。

游戏延伸：

鼓励家长带领幼儿自制故事表演剧本，并投放至表演区。幼儿可以穿上自制的环保服饰根据剧本内容进行故事表演。

游戏照片：

图3-249　幼儿自制环保服装

图3-250　幼儿服饰集体展示

图3-251　幼儿集体展示

图3-252　幼儿T台秀

活动八　自然角：小小园艺师

游戏名称： 小小园艺师

游戏区域： 自然角

年龄段： 4—5 岁

游戏的发展与价值：

能够使用不同的废旧材料进行园艺装饰，掌握多种废旧材料的循环使用方法。

材料准备：

各种各样的植物、轮胎、石头、木桩、剪刀、洒水壶。

环境布置与管理：

1. 将废旧的轮胎进行涂色后投放到区角中。
2. 幼儿用贝壳设计本区域货币。
3. 张贴植物图片，按照图片摆放植物。

游戏玩法与指导：

1. 有氧植物店。了解植物的各种属性，根据顾客的需求售卖植物。
2. 小小园艺师。幼儿利用废旧材料制作容器并种上自己喜爱的植物。
3. 植物写生。感受植物种类的多样与形态的各异。用线描画的形式进行写生，自然地渗透科学知识及生态文明理念。

游戏延伸：

1. 师幼共同用废旧材料打造出更有创意的植物角。
2. 开展走进大自然活动，帮助幼儿熟悉各类植物的小知识以及养护要求，鼓励幼儿发现周围事物的变化。

游戏照片：

图 3-253　废旧的塑料盒也能成为小花盆

图 3-254　一起观察土豆发芽

图 3-255　火车花盆出发啦

图 3-256　幼儿细心照顾植物

第三节　大班(5—6岁)生态文明教育区域游戏

一、环境认知

活动一　角色区：探秘中医馆

游戏名称：探秘中医馆

游戏区域：角色区

年龄段：5—6岁

游戏的发展与价值：

对中草药感兴趣，认识了解不同的中草药及其用途，并掌握基本的配药过程。

材料准备：

中草药材、小铜秤、倒药筒、打包药材用的牛皮纸和绳子、诊脉枕、针灸娃娃。

环境布置与管理：

1. 利用废旧材料搭建中医馆，并划分为抓药区、面诊区与针灸区。
2. 游戏后将材料还原、整理。

游戏玩法与指导：

1. 小小药剂师。自由选择角色，并根据角色要求称药材、动手捣药、打包药材。
2. 我是小中医。模仿中医望闻问切的样子给病人看病。
3. 针灸馆。为需要的病人针灸，及时给针灸材料消毒。

游戏延伸：

利用种植区的艾草等草药自制驱蚊水，知道中草药对人的健康有不同的作用。

游戏照片：

图 3-257　场景布置

图 3-258　不同的中药

图 3-259　幼儿称药材

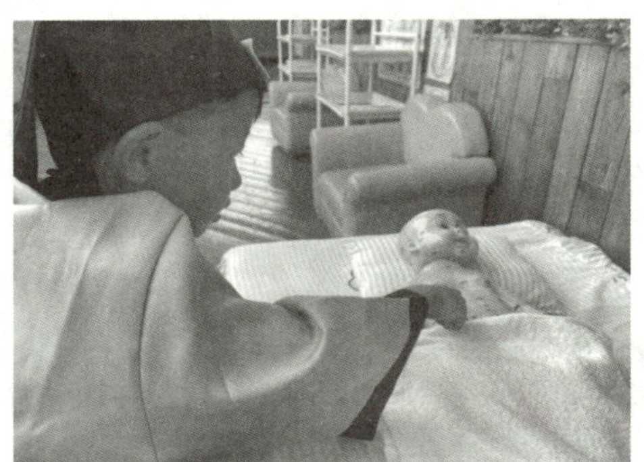

图 3-260　为需要的病人针灸

活动二　阅读区：我们的肤色不一样

游戏名称：我们的肤色不一样

游戏区域：阅读区

年龄段：5—6 岁

游戏的发展与价值：

认识不同肤色的人，愿意与不同肤色的人交朋友。

材料准备：

不同肤色娃娃的书籍、各种国家的传统服饰、头饰。

环境布置与管理：

1. 将收集到的不同肤色娃娃的书籍投放到区域里。
2. 张贴粉色墙纸，摆放沙发创造一个舒适的读书环境。
3. 游戏后一起整理书籍。

游戏玩法与指导：

1. 快乐读书。根据兴趣选择不同的书籍，并与他人交流图书内容。

2. 好朋友的肤色。用各种手偶模拟不同肤色的小朋友一起玩耍、生活的情景。

游戏延伸：

1. 幼儿收集自己感兴趣的肤色人种的相关文化资料，并与大家分享他们不一样的舞蹈、习俗。

2. 创作主题画作《我们都是好朋友》，并引导幼儿与人和睦相处，做到珍惜朋友间的友谊。

游戏照片：

图 3-261　幼儿对比图书中的人物肤色的不同

图 3-262　比比自己肤色的不同

图 3-263　向大家介绍多元文化

图 3-264　幼儿作品《我们都是好朋友》

活动三　美工区：宇宙世界

游戏名称：宇宙世界

游戏区域：美工区

年龄段：5—6岁

游戏的发展与价值：

能用各种材料制作宇宙行星，乐于探索宇宙的奥秘。

材料准备：

画纸、油画棒、黏土、颜料、卡纸、长方体大水缸、咖啡豆、泡沫球、报纸、球形废旧垃圾壳等。

环境布置与管理：

1. 将各种宇宙的图片贴在墙面上；布置美工区，使其符合宇宙的色调。

2. 将大量咖啡豆放入长方体大水缸里，模拟小型宇宙银河的样子。

3. 爱护材料，按需取用自己所需的材料。活动后能自主收拾整理区域。

游戏玩法与指导：

1. 想象中的宇宙。在白纸上绘制出自己想象中的宇宙的样子，利用水彩、油画棒等材料进行填色。

2. 宇宙有什么。观察宇宙中的事物，利用黏土、颜料和各种环保材料，如泡沫球、报纸等制作立体的宇宙行星。

3. 我们的小宇宙。将制作好的行星根据大小、顺序放入小型宇宙银河中，完成小型宇宙世界的制作。

游戏延伸：

1. 在家里与父母共同制作亲子手工“小型宇宙世界”。

2. 收集资料，了解自己制作的行星名称和行星特点，如：太阳在太阳系里，属于中心天体，而太阳系中又有着许多其他行星以及星际尘埃等。

3. 鼓励幼儿把自己制作的小型宇宙拍摄下来，或请自己的朋友到家里来，向朋友科普宇宙世界以及自己认识的行星。

游戏照片：

图 3-265　幼儿将手工制作的行星放到银河里

图 3-266　幼儿介绍自己制作的行星

图 3-267 幼儿作品《想象中的宇宙》

图 3-268 亲子手工作品

活动四 益智区：我的身体我做主

游戏名称：我的身体我做主

游戏区域：益智区

年龄段：5—6 岁

游戏的发展与价值：

了解自己的身体，知道自己身体各部位、器官的作用，加深自我认同感。

材料准备：

身体外部器官部位和内部器官的头饰、身体轮廓图、各个身体外部部位和器官的拼图(与轮廓图相符)、红箱子(装有各种身体部位的卡片)、黑箱子(装有各种身体器官模型)。

环境布置与管理：

1. 将益智区分成两个操作区，身体内部操作区和身体外部操作区。地面张贴身体轮廓图，模拟身体。

2. 游戏后将物品还原，摆放整齐。

游戏玩法与指导：

1. 身体外部部位的作用。在红箱子里抽取卡片，抽到哪张卡片就寻找哪个部位的头饰，并说一说这个部位的作用，以及如何保护该身体部位。如：抽中了手部，寻找手部头饰，向大家打招呼："大家好，我是小手，我能拿东西、洗碗……"

2. 人体内部器官的作用。在黑箱子里抽取卡片，抽到哪张卡片就寻找那个器官的头饰并戴在头上，然后说一说这个器官的作用，以及保护该身体部位的方法。如：抽中了内部器官"胃"的幼儿，需要从头饰中寻找"胃"的头饰，扮演"胃"向大家介绍："大家好，我是胃，我能帮助大家储存食物和更好地消化食物，还能消灭食物中的细菌呢！"通过该游戏倡导大家不要暴饮暴食，合理安排饮食，保护肠胃。

3. 我的家在哪里。玩法一：每人扮演一个身体部位或器官，找出自己属于哪个地方，并把相关身体外部部位和器官的拼图放上去；玩法二：找出身体轮廓拼图空缺的地方是哪个部位或者是哪一个器官的家。

游戏延伸：

1. 收集关于各种身体部位、器官的资料。
2. 回家与爸爸妈妈说一说自己的各个身体部位及器官都有哪些作用。

游戏照片：

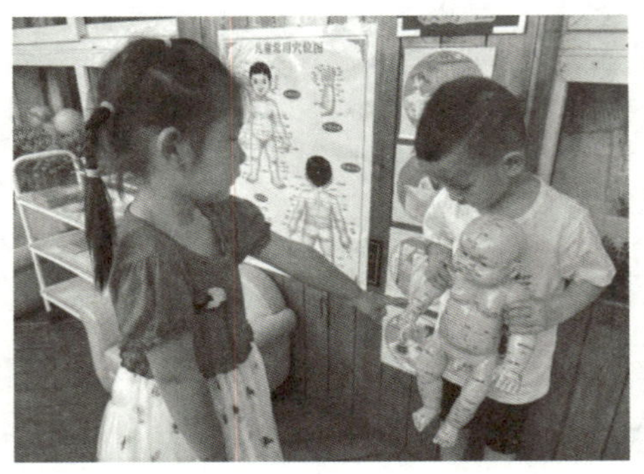

图 3-269　幼儿指出身体各器官位置

图 3-270　幼儿玩人体拼图游戏

图 3-271　与同伴玩游戏“我的身体”

图 3-272　幼儿自制健康饮食海报

活动五　科学区：彩虹桥

游戏名称：彩虹桥

游戏区域：科学区

年龄段：5—6 岁

游戏的发展与价值：

初步了解彩虹桥的制作步骤，对大自然的奇妙现象感兴趣。

材料准备：

盘子、水彩笔、卫生纸若干份、水。

环境布置与管理：

1. 将湿纸巾放入稀释的颜料中，搭建起彩虹桥。
2. 活动结束后，将用过的水倒掉，清洗盘子，并将桌面清理干净。

游戏玩法与指导：

1. 我喜欢的彩虹桥。欣赏彩虹七种色彩的搭配，用水彩笔在纸巾的底端画出自己喜欢的彩虹颜色。
2. 小小实验员。将画好的纸巾底端放入盛满水的盘子里，仔细观察实验现象。
3. 彩虹出现啦。实验成功的幼儿分享彩虹桥成功的方法与需要注意的细节。

游戏延伸：

在雨后晴天出现彩虹的时候，教师带领幼儿去户外观察天空中靓丽的彩虹。

游戏照片：

图3-273 往水杯里滴颜料

图3-274 制作彩虹桥

图3-275 多次试验并记录

图3-276 幼儿制作彩虹桥

活动六 建构区：武汉的建筑

游戏名称：光的好与坏

游戏区域：科学区

年龄段：5—6岁

游戏的发展与价值：

了解光的用处和光污染，学会保护眼睛。

材料准备：

记录表、记号笔、放大镜、彩灯、反光的物品若干（光滑的调羹、手表、金属材质的脸盆、光盘、不锈钢茶杯、表面光亮的金属、玻璃物品）、不能反光的物品若干（书、表面粗糙的石头、各种面料的衣服、各种形状的物品、透光板）。

环境布置与管理：

1. 创设两个空间盒子，A 盒子里装有各种亮的物品；B 盒子里装有柔和、不反光的物品。

2. 利用透光板、电筒、镜子，设置利于反光的场景。

3. 维护区域材料，游戏后收拾整理游戏区域。

游戏玩法与指导：

1. 光的反射。利用不同的材料进行反光，了解什么材料能反光，什么材料不能反光并进行记录。

2. 光的污染。用眼睛感受 A、B 两个空间，通过对比初步认识光污染。

3. 好看的光。摆放收集来的物品，利用光的反射创作出美丽的光影作品。

游戏延伸：

1. 鼓励幼儿搜集资料，可自主选择亲子收集或是幼儿合作收集，进一步加深幼儿对于光污染的认识。

2. 引导幼儿制作简易护目眼镜。

游戏照片：

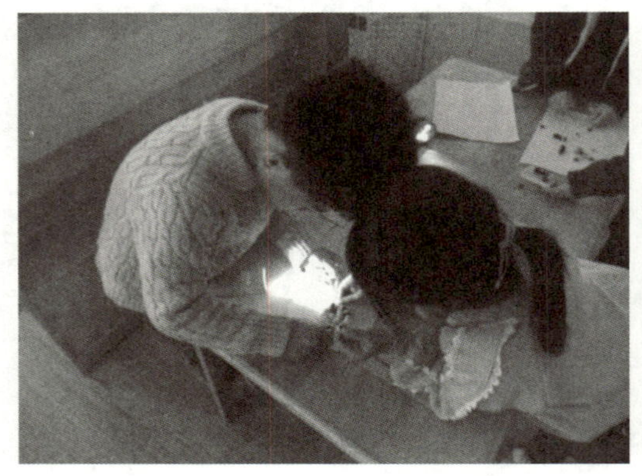

图 3-277　幼儿了解光污染

图 3-278　探索光的秘密

图 3-279　美丽的光影作品

图 3-280　美丽的光影作品

活动七　建构区：武汉的建筑

游戏名称： 武汉的建筑

游戏区域： 建构区

年龄段： 5—6 岁

游戏的发展与价值：

感受武汉的美，对武汉的建筑有一定的了解，能用建构材料搭建武汉的建筑。

材料准备：

设计图纸、木块、PU 管、竹筒、空旷的场地。

环境布置与管理：

1. 将武汉各种特色建筑的照片张贴在区域内。
2. 创设半成品建筑“归元寺”。
3. 游戏后将制作的成品拍照并放置在区域内，然后把材料收拾整理好。

游戏玩法与指导：

1. 武汉的建筑。2~3 名幼儿交流想法，确定自己想要搭建的武汉建筑，如：黄鹤楼、古琴台、晴川阁、归元寺等。拿取所需材料进行拼搭，在游戏中引导幼儿注重建筑的结构问题、安全性、所需要的设施等，鼓励幼儿进行建构创想并自主探索，增强幼儿对结构的把控。

2. 我的新尝试。在成功搭建后，尝试运用其他材料展示武汉建筑的变化，建设更加美丽的武汉，给武汉增添新地标等。

3. 作品展示。将搭建好的武汉建筑与幼儿进行分享，并大方地向其他幼儿进行介绍。

游戏延伸：

1. 幼儿收集关于武汉特色建筑的各种资料，了解武汉的特色建筑，为今后的建构活动打下良好的基础。

2. 请家长带幼儿去特色建筑处观摩，收集更多利于搭建的材料。

游戏照片：

图 3-281 幼儿设计未来城市图纸

图 3-282 幼儿利用废旧材料进行建构

图 3-283 搭建未来的城市

图 3-284 幼儿展示自己的作品

活动八 自然角：西红柿成长记

游戏名称：西红柿成长记

游戏区域：自然角

年龄段：5—6 岁

游戏的发展与价值：

观察了解西红柿的生存环境与习性，增强幼儿对周围环境的观察能力。

材料准备：

西红柿、记录表、彩笔、卷尺。

环境布置与管理：

1. 在种植区内设置土培区用来种植西红柿。
2. 设置观察区，供幼儿观察记录。

游戏玩法与指导：

1. 西红柿成长的变化。通过触摸、闻、观察等多种方式去了解西红柿的生长变化过程。

2. 成长记录员。在游戏中提醒幼儿仔细记录西红柿的生长情况，用绘画的方式表达出来。

3. 西红柿大不同。通过观察西红柿的大小、颜色和所在环境，讨论适宜西红柿生长的环境。

游戏延伸：

在日常生活中，请家长引导幼儿认识各种植物，了解各类植物的生长环境与生长过程。

游戏照片：

图 3-285　幼儿观察西红柿的生长过程

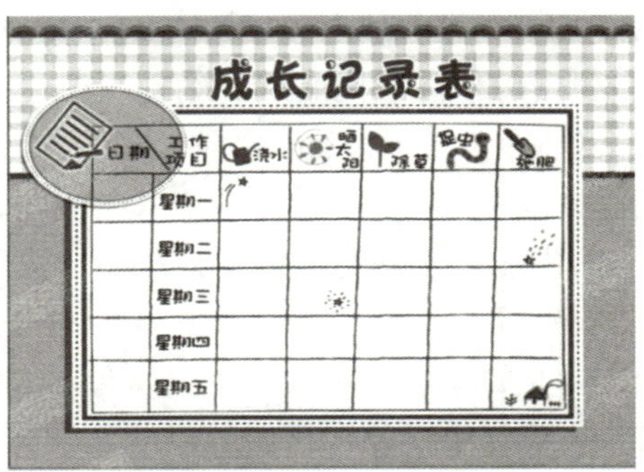

图 3-286　西红柿成长记录表

图 3-287　幼儿采摘西红柿

图 3-288　幼儿探讨并绘制西红柿的生长环境图

二、生态理解

阅读区：树真好

游戏名称： 树真好

游戏区域： 阅读区

年龄段： 5—6 岁

游戏的发展与价值：

了解树与人类生活的紧密联系，知道保护树木能让自然环境变得更美好。

材料准备：

《树真好》绘本、背景音乐。

环境布置与管理：

1. 播放轻音乐，幼儿在安静舒适的环境中阅读绘本故事《树真好》。

2. 幼儿游戏后将书本摆放整齐。

游戏玩法与指导：

1. 护绿小卫士。在阅读绘本的过程中，教师启发幼儿思考并讨论：如果我们的周围没有树会怎样呢？同时引导幼儿了解爱护树木的重要性，培养幼儿保护大自然、保护环境的意识。

2. 故事大王。幼儿讲述有关爱护树木的故事，通过讲述能更多地了解树，知道树和我们的生活有着密切的关系，从而增强幼儿保护树木，争做“护绿小卫士”的情感。

游戏延伸：

1. 幼儿回家将绘本故事讲给父母听。

2. 表演区中投放大树服装供幼儿表演，促使幼儿对“树和人类的关系”有更深一步的认识。

游戏照片：

图 3-289　区域内绘本摆放整齐

图 3-290　安静阅读绘本故事

图 3-291　一起和同伴讨论故事内容

图 3-292　幼儿分享护绿小故事

活动二　美工区：我给地球降降温

游戏名称：我给地球降降温

游戏区域：美工区

年龄段：5—6岁

游戏的发展与价值：

知道常见的环境问题，增强幼儿保护环境、爱护地球的情感。

材料准备：

彩纸、剪刀、水彩笔、固体胶、装废纸和碎纸的小盒子。

环境布置与管理：

1. 每位幼儿一支勾线笔，自选彩笔进行创作绘画。
2. 幼儿在活动中自主选择废旧材料装饰绘画作品。

游戏玩法与指导：

1. 地球环保画。幼儿观看图片并了解地球气候变暖后给人类带来的伤害，提出保护地球的建议，发挥想象并绘制地球环保画。

2. 守护地球宣传员。教师与幼儿共同欣赏绘画作品，幼儿上台讲讲自己的设计与想法，说一说怎样为地球降温。

游戏延伸：

1. 鼓励幼儿向家人与同伴宣传保护环境的知识。
2. 教师与幼儿共同制作保护地球的宣传牌，并将宣传牌安放到户外。

游戏照片：

图3-293　绘画材料准备

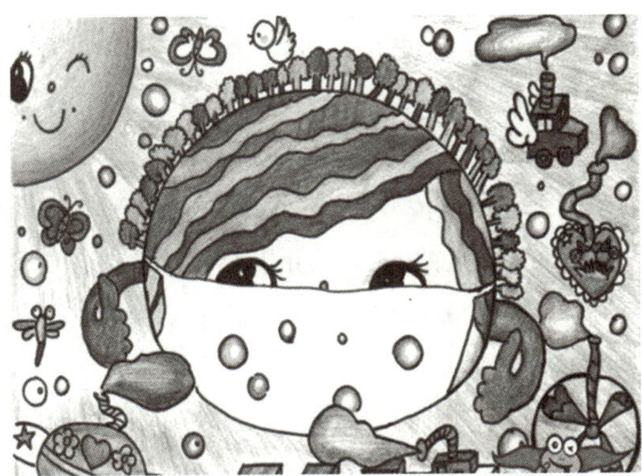

图3-294　绘画作品《地球变热啦》

图 3-295 守护地球宣传员

图 3-296 将作品粘贴在作品栏

活动三 益智区：我认识的濒危动物

游戏名称：我认识的濒危动物

游戏区域：益智区

年龄段：5—6 岁

游戏的发展与价值：

观察、了解濒危动物的相关知识，知道人类行为对动物生存的影响。

材料准备：

濒危动物图卡、动物连连看图板、KT 板、子母扣、废旧纸箱和纸板、积分表、铁盘。

环境布置与管理：

1. 在废旧纸板上画出棋盘格并固定在墙上，用子母扣将濒危动物图卡粘贴在棋盘格内。
2. 每个幼儿一张积分表、一个铁盘。
3. 幼儿游戏后将图卡还原，整理好动物连连看图板。

游戏玩法与指导：

1. 我是动物小达人。幼儿互相分享认识的濒危动物，交流动物外形和习性。
2. 动物连连看。幼儿两人一组玩游戏，取出两张相同的动物得一分。
3. 保护濒危动物。幼儿看科普卡片了解濒危动物逐渐减少的原因，并设计保护濒危动物海报。

游戏延伸：

1. 家长周末带幼儿到动物博物馆去认识更多的动物。
2. 在后期开展活动时让幼儿观看濒危动物公益片，了解更多人类活动与濒危动物的相关知识。

游戏照片：

图 3-297　互相制定游戏规则

图 3-298　动物连连看游戏

图 3-299　幼儿介绍墙面濒危动物

图 3-300　展示濒危动物并说出它的特征

活动四　科学区：风力发电

游戏名称：风力发电

游戏区域：科学区

年龄段：5—6 岁

游戏的发展与价值：

理解简单的风力发电原理，知道能源对城市生活的重要性。

材料准备：

底板、立杆、电机、小风叶、电池、白乳胶、小灯泡、风力发电步骤图等。

环境布置与管理：

1. 将实验材料投放到科学区中。

2. 幼儿游戏后将实验材料还原。

游戏玩法与指导：

1. 神奇的风能。收集风力发电的有关资料，并了解风能与生活的联系。

2. 制造风能。认识各种实验器材与作用，根据步骤图将风力发电器材正确地固定安装，并尝试用风能发电。

3. 小小科学家。幼儿讨论生活中其他风力发电的运用，并设计风力发电图纸投放在科学区。

游戏延伸：

鼓励幼儿与家长收集资料，了解更多的可再生能源。

游戏照片：

图 3-301　了解不同实验器材的作用

图 3-302　连接发电管道

图 3-303　转化风能让灯泡变亮

图 3-304　风力发电图纸

活动五　体育区：泥石流我不怕

游戏名称： 泥石流我不怕

游戏区域： 体育区

年龄段： 5—6岁

游戏的发展与价值：

能勇敢完成游戏任务，通过游戏了解泥石流形成的过程以及泥石流对环境的影响。

材料准备：

若干份雪花片、沙包、圈圈、铲子、动物图片、立体小树等。

环境布置与管理：

1. 将材料投放到体育区中。
2. 用圈圈来布置泥块区，幼儿清理的泥块可放入泥块区内。
3. 幼儿游戏后将材料分类整理好并还原。

游戏玩法与指导：

1. 拯救村庄。帮助被泥石流淹没的村庄搬走多余的泥块，并在村庄里种上小树。幼儿分组，同时进行游戏，率先完成的小组获胜。

2. 营救小动物。救助被泥石流淹没的小动物，幼儿手持铲子，将道路中间的沙包铲起来，并用手投掷到4米远的泥块区中，投掷成功后跑到终点找出动物图片，找到最多动物图片的幼儿获胜。

游戏延伸：

在日常生活中引导幼儿与家长收集泥石流资料，掌握遭遇泥石流山体滑坡时的逃生方法。

游戏照片：

图3-305　幼儿搬运泥块

图3-305　搬走多余泥块

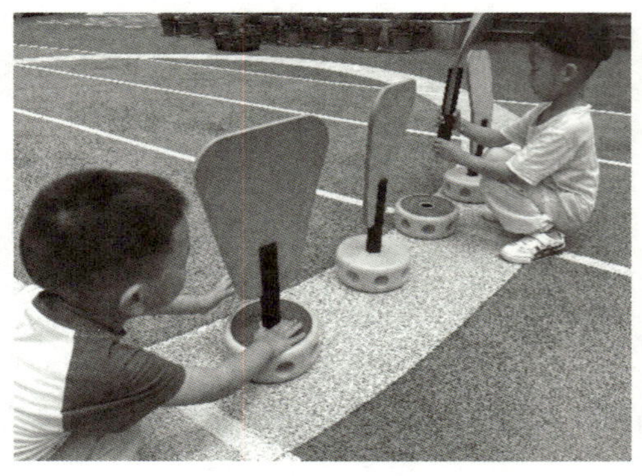

图 3-307　在村庄种上大树

图 3-308　投掷泥块

活动六　表演区：食物链

游戏名称： 食物链

游戏区域： 表演区

年龄段： 5—6 岁

游戏的发展与价值：

能发现自然物之间的食物链关系，增强幼儿保护生态平衡的意识。

材料准备：

草原背景图、草原上动物的头饰(狐狸、兔子、鹰、狼、牛、羊)。

环境布置与管理：

1. 区域里投放各类草原动物头饰。
2. 表演背景图片投放至区域中。
3. 幼儿游戏后将物品还原，并分类摆放。

游戏玩法与指导：

1. 我是动物守护者。在表演过程中，“守护者”保护动物不被伤害，维持食物链的平衡。教师在游戏中鼓励幼儿大胆表现自己，生动地表现动物的特征。

2. 食物链模仿秀。幼儿戴上动物的头饰，根据食物链的关系进行故事创编并表演。

游戏延伸：

1. 在阅读区中投放保护生态环境和保护野生动物的图书，加深幼儿保护生态平衡的意识。

2. 在游戏结束后教师引导幼儿去了解大自然中还有哪些其他的食物链，鼓励有兴趣的幼儿深入探索食物链之间的关系。

游戏照片：

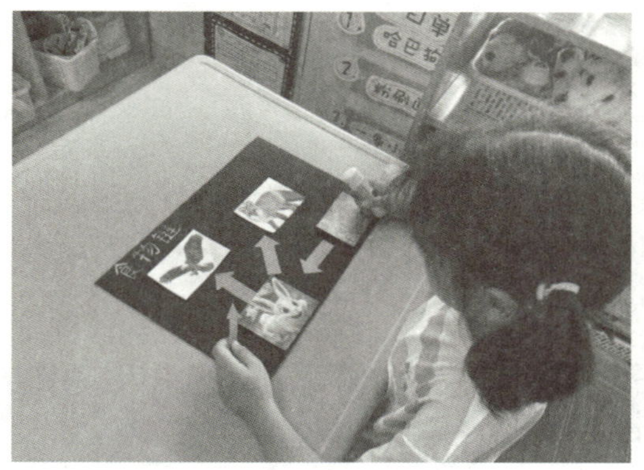

图 3-309　幼儿设计表演剧本

图 3-310　食物链示意图

图 3-311　幼儿表演《如果小兔没有了》

图 3-312　幼儿保护小动物

活动七　表演区：赶走沙尘暴

游戏名称： 赶走沙尘暴

游戏区域： 表演区

年龄段： 5—6 岁

游戏的发展与价值：

能自主进行表演，加强幼儿的环境保护意识。

材料准备：

头饰(骆驼、植物、沙尘暴)、乐器、故事图片、风沙声背景音乐。

环境布置与管理：

1. 创设沙城暴的场景。
2. 幼儿游戏后将头饰和乐器还原，并分类摆放整齐。

游戏玩法与指导：

1. 沙尘暴来啦。教师创设沙尘暴来了的情境，引导幼儿商讨对策，并进行如何有效预防沙尘暴的表演。

2. 沙漠守护者。幼儿共同讨论治理沙尘暴的方法，创编沙漠守护者的小剧场，并分角色演出。

游戏延伸：

引导幼儿用多种方式呼吁身边的人来保护我们共同的家园。休息时可以帮助幼儿园的保洁阿姨捡操场的垃圾，帮助社区的保洁阿姨维护社区环境卫生。

游戏照片：

图 3-313　表演背景图

图 3-314　幼儿情景表演

图 3-315　共同制作大树预防沙尘暴

图 3-316　幼儿模拟种树防沙

自然角：守护绿色家园

游戏名称：守护绿色家园

游戏区域：自然角

年龄段：5—6 岁

游戏的发展与价值：

了解干旱给人类和动植物带来的危害，知道通过种植可以避免土地荒漠化。

材料准备：

土壤、花盆、小树苗、铲子、水壶等种植工具。

环境布置与管理：

1. 将种植工具投放到四楼种植园，供幼儿自主取放。
2. 活动后将工具放回原处。

游戏玩法与指导：

1. 植物宝宝喝水记。结伴给园内的植物浇水、除枯叶。
2. 创建绿色家园。学习不同植物的种植方法，为种植做准备，选择种植工具，在自然角内种植自己喜欢的植物。

游戏延伸：

引导幼儿在日常生活中要继续守护绿色家园，如：节约水电等资源、爱护花草树木等。

游戏照片：

图 3-317 帮助植物除草

图 3-318 给植物浇水

图 3-319 给植物去除枯叶

图 3-320 幼儿种植的草药

三、生态保护

活动一　角色区：动物保护协会

游戏名称： 动物保护协会

游戏区域： 角色区

年龄段： 5—6 岁

游戏的发展与价值：

使幼儿萌发保护野生动物的意识，懂得保护野生动物与人类发展的重要关系。

材料准备：

动物头饰、彩带、音乐、动物图、鼓、音响。

环境布置与管理：

1. 将废旧纸箱拼搭成音响，使用废旧的布料布置舞台。
2. 创设野生动物消失后的情境。
3. 幼儿游戏后将物品还原，并分类摆放。

游戏玩法与指导：

1. 动物们的家。教师引导幼儿表演片段《动物没有家》，幼儿自主创编剧情，帮助小动物安家。

2. 保护动物联盟。引导幼儿加入保护野生动物联盟，共同探讨如何保护野生动物，并表演出来。

游戏延伸：

1. 观看保护野生动物公益宣传片。
2. 请家长带幼儿了解野生动物的生存环境。

游戏照片：

图 3-321　幼儿自主选择角色

图 3-322　幼儿情景表演

图 3-323　小动物被保护

图 3-324　亲子创作保护动物的手抄报

活动二　阅读区：关爱流浪动物大行动

游戏名称：关爱流浪动物大行动

游戏区域：阅读区

年龄段：5—6 岁

游戏的发展与价值：

关注身边动物的生存环境，萌发爱护动物的情感。

材料准备：

绘本《给我一个家》、流浪狗和猫的图片及头饰、塑料篮子、棉花。

环境布置与管理：

1. 布置安静且舒适的阅读环境，将流浪猫狗的图片贴在图书区墙面，营造良好的阅读氛围。

2. 绘本《给我一个家》供幼儿阅读，流浪猫狗头饰、篮子，棉花放置在图书区内的柜子上供幼儿自由取用。

3. 幼儿游戏后将绘本和头饰、篮子还原，并分类摆放。

游戏玩法与指导：

1. 我会阅读。幼儿安静阅读绘本《给我一个家》。

2. 生活中的流浪动物。幼儿回顾绘本故事，与同伴分享生活中见过的流浪动物。

3. 流浪动物的家。利用废旧塑料篮子和棉花给流浪动物做个家。

游戏延伸：

请家长带幼儿观察小区里流浪猫狗的情况，并拍照带来与其他幼儿分享。

游戏照片：

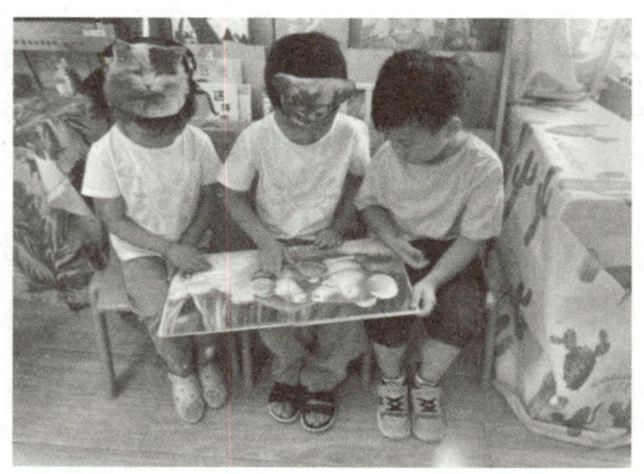
图 3-325 阅读绘本《给我一个家》

图 3-326 幼儿分角色体验流浪动物的故事

图 3-327 为流浪动物做个家

图 3-328 幼儿展示给流浪动物做的家

活动三 益智区：有趣的环保棋

游戏名称：有趣的环保棋

游戏区域：益智区

年龄段：5—6 岁

游戏的发展与价值：

在游戏中辨别自身行为的对与错，懂得环保行为对环境保护的重要意义。

材料准备：

骰子、棋盘、红蓝棋子、有关环保知识的图片若干。

环境布置与管理：

1. 墙面张贴环保知识图片，骰子、棋盘、红蓝两色棋放置在桌面上。
2. 幼儿活动结束后，将物品和棋盘收整齐。

游戏玩法与指导：

1. 一起来玩环保棋。幼儿自由分组，并介绍游戏规则，引导幼儿一边下棋一边讲述图片上的内容，丰富幼儿的环保知识。

2. 游戏规则我来定。游戏中教师引导幼儿互相探讨游戏过程中发现的问题，并在棋盘上做相应的调整，共同制定游戏规则。

游戏延伸：

鼓励家长带领幼儿共同制作环保棋并在家开展游戏。

游戏照片：

图 3-329　幼儿自由玩环保棋

图 3-330　幼儿自由绘图商定游戏规则

图 3-331　幼儿愉快游戏

图 3-332　发现问题集中讨论解决方法

益智区：绿精灵的生态棋行

游戏名称：绿精灵的生态棋行

游戏区域：益智区

年龄段：5—6岁

游戏的发展与价值：

能准确判断游戏中的行为是否正确，懂得如何在日常生活中保护环境。

材料准备：

废旧纸张、笔、骰子、地垫。

环境布置与管理：

1. 将骰子与纸张组成棋盘，多余的废旧纸张可供幼儿在上面设计图纸。
2. 游戏后，整理棋盘与骰子。

游戏玩法与指导：

1. 棋盘设计师。鼓励幼儿设计游戏棋盘，并制定规则。
2. 垃圾分类棋盘。在棋盘中增加不同垃圾的图片，幼儿根据垃圾的可回收性选择前进或者后退。
3. 文明行为棋盘。在棋盘中增加不同行为的图片，幼儿判断该行为的正误，判断正确前进，错误则后退。

游戏延伸：

鼓励家长和幼儿一起利用废旧纸板制作家庭生态棋盘。

游戏照片：

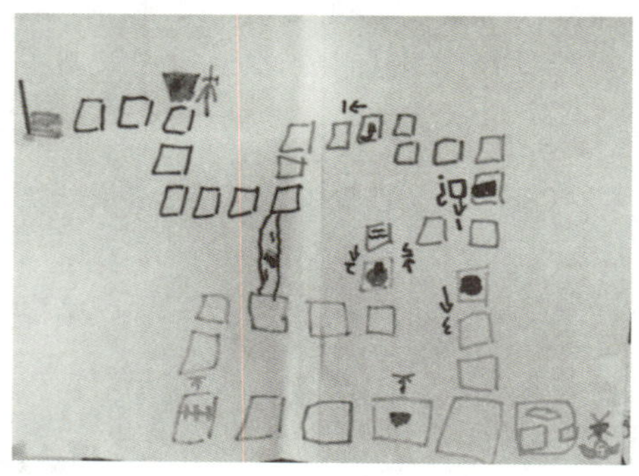

图 3-333　幼儿设计的棋盘

图 3-334　幼儿游戏垃圾分类棋盘

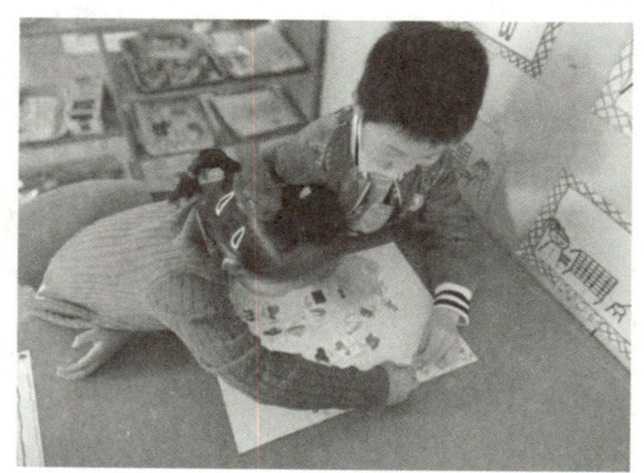

图 3-335　幼儿游戏文明行为棋盘

图 3-336　幼儿玩垃圾分类游戏

科学区：保护文物

游戏名称：保护文物

游戏区域：科学区

年龄段：5—6 岁

游戏的发展与价值：

学会如何保护文物，懂得历史文物与人类文明之间的关系。

材料准备：

文物历史资料、仿真化石、有损坏的各类型的仿真文物、铲子、刷子、报纸、木块、麻绳、胶水。

环境布置与管理：

1. 将挖埋、修补、清理沙土的工具投放到科学区中。

2. 打造仿真文物馆并设立文物修复区域。将化石、文物等物品埋放在土、沙中，投放损坏的各类型的仿真文物及修补材料、工具。

3. 幼儿游戏后将环境整理干净。

游戏玩法与指导：

1. 寻找化石。幼儿利用手边的工具进行化石的搜寻游戏。

2. 复原文物。利用修补材料及修补工具修补破损的文物。

3. 文物博物馆。了解自己收集到的文物、化石，并向他人介绍文物、化石。

游戏延伸：

请家长带领幼儿搜集有关我国历史的文物资料，并制作《历史文物》小报，然后将其带来幼儿园与其他小朋友分享。

游戏照片：

图 3-337　挖掘化石

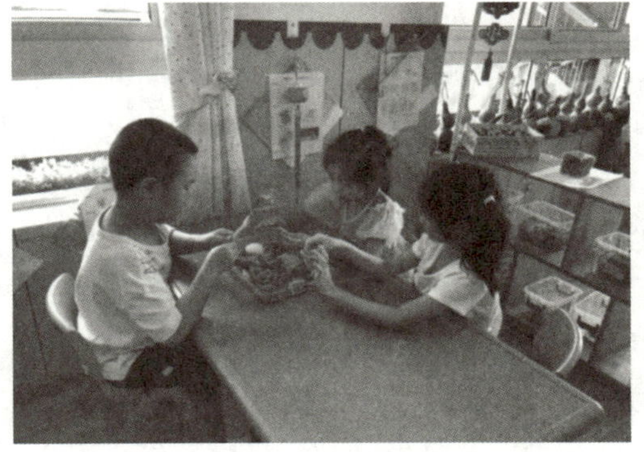

图 3-338　清理化石周围的灰尘

图 3-339　观看仿真化石并猜测化石品种

图 3-340　展示化石并为大家讲解

活动六　建构区：城市美容师

游戏名称：城市美容师

游戏区域：建构区

年龄段：5—6 岁

游戏的发展与价值：

学会用废旧材料建构，愿意为保护环境贡献一份力量。

材料准备：

木板、积塑材料、废旧纸盒、废旧牙膏盒、废旧纸巾筒、废旧纸板、废旧纸箱、废旧软管。

环境布置与管理：

1. 设计情境“脏王国”和“干净王国”。
2. 游戏后将制作的成品整理摆放好。

游戏玩法与指导：

1. 拯救脏王国。幼儿设计为“脏王国”美容的工具，2~3 名幼儿自由选取所需材料并交流想法，合作拼搭。
2. 保卫干净王国。幼儿设计保护王国环境的各种机器人，幼儿自由选取所需材料创作保护王国的机器人或城墙。
3. 王国大作战。幼儿进行模拟作战，把脏王国变干净，保卫干净王国不受垃圾侵袭。

游戏延伸：

鼓励家长带领幼儿积极做环保小卫士，在社区及周边积极践行，如：捡垃圾、宣传垃圾分类、提醒居民不将物品堆放至消防通道内等。

游戏照片：

图 3-341 幼儿设计铲除垃圾的工具

图 3-342 与同伴合作进行建构

图 3-343 分派战士保卫干净王国

图 3-344 幼儿作品展示

活动七 体育区：保护河堤

游戏名称：保护河堤

游戏区域：体育区

年龄段：5—6岁

游戏的发展与价值：

能够通过助跑跨跳过障碍物，知道保护河堤就是爱祖国、爱人民、爱家乡的表现。

材料准备：

手脚垫、抗洪抢险图片两张、积木、纸筒树。

环境布置与管理：

1. 把积木当作河堤，用纸筒制作树。
2. 协商决定手脚垫的间隔距离。
3. 活动结束后，将物品分类归还原处。

游戏玩法与指导：

1. 修复河堤。幼儿修复破损河堤并进行加固，保护堤内居民的生命安全。

2. 植树护河堤。了解河堤绿化工作，在河道两旁种树，增强河堤防洪、防汛的措施。

3. 我会运送物资。幼儿用助跑跨跳动作完成过小沟、运积木的挑战。

游戏延伸：

幼儿与家长一起了解抗洪的历史事件，并参观江滩的抗洪纪念馆。

游戏照片：

图 3-345　幼儿越过障碍物修建河堤

图 3-346　在河堤旁植树造林

图 3-347　越过障碍运送树苗

图 3-348　河堤两旁种树能够保护河堤

活动八　表演区：救助动物宝宝

游戏名称：救助动物宝宝

游戏区域：表演区

年龄段：5—6 岁

游戏的发展与价值：

了解环境污染，学会保护环境。

材料准备：

动物头饰若干、白色污染物品、被污染的环境背景布。

环境布置与管理：

1. 创设各种被垃圾污染的海洋环境。
2. 幼儿游戏后将表演材料放回原位。

游戏玩法与指导：

1. 海洋里的垃圾袋。表演片段：有人在沙滩玩耍、吃东西，并将吃完的垃圾袋直接扔进了海里，导致小海豚被塑料袋蒙住眼睛找不到回家的路。请幼儿更改剧情，让小海豚能够回家。

2. 动物身上的束缚。表演片段，废弃铁丝卡在了小猫的头上，导致小猫的半边脸再也长不大了。请幼儿创编后续剧情及台词，让小猫健康成长。

游戏延伸：

1. 请家长及幼儿收集关于白色污染的资料，呼吁身边的人拒绝白色污染。

2. 鼓励幼儿从身边的小事做起，买东西不用一次性塑料袋，应用帆布袋代替；少吃垃圾食品，减少白色垃圾产生。

游戏照片：

图 3-349　材料准备

图 3-350　幼儿情景表演

图 3-351　幼儿说一说怎样救助小动物

图 3-352　亲子制作塑料瓶飞机

四、绿色生活

活动一　阅读区：图书馆之旅

游戏名称： 图书馆之旅

游戏区域： 阅读区

年龄段： 5—6 岁

游戏的发展与价值：

了解图书馆的规则，学会遵守社会规则。

材料准备：

书架、关于图书馆的绘本若干、坐垫、标志牌、借阅卡、身份卡。

环境布置与管理：

1. 创造舒适的阅读环境，设立班级图书馆的规则。
2. 游戏后与管理员一起整理书籍。

游戏玩法与指导：

1. 我是图书管理员。幼儿提前了解图书管理员要做的事情，开馆前记录馆内有多少书籍。记录他人借阅情况，游戏结束后整理图书馆环境。

2. 我爱看书籍。幼儿提前了解在图书馆看书需要遵守的规则，借书时填写借阅卡，不在看书时大吵大闹。

3. 遵守规则，我最行。在图书区张贴注意遵守班级图书区规章制度的标志，每次游戏推选一名管理员，督促幼儿遵守借阅图书的规则，学会看书、学会爱书、学会爱看书，养成一系列好习惯。

游戏延伸：

鼓励幼儿与家长收集图书馆的有关资料，去图书馆办理借阅卡，初步了解图书馆的借书流程，感受图书馆的阅读氛围。

游戏照片：

图 3-353　文明阅读绘本故事

图 3-354　礼貌地向管理员借书还书

图 3-355　图书管理员对借书进行登记

图 3-356　图书管理员整理书籍

活动二　美工区：报纸变变变

游戏名称： 报纸变变变

游戏区域： 美工区

年龄段： 5—6 岁

游戏的发展与价值：

能使用废旧报纸进行再制作，体验变废为宝的乐趣。

材料准备：

废旧报纸、剪刀、固体胶、纸绳、叶子。

环境布置与管理：

1. 布置环保时装秀场。
2. 将幼儿的作品陈列到展览区中。

游戏玩法与指导：

1. 报纸时装秀。幼儿利用废旧报纸设计时装，进行环保时装走秀。
2. 报纸创意大赛。幼儿用画、粘、剪等方法创作手工作品，进行展览、交流、评比。

游戏延伸：

将一部分报纸投放到体育区中，引导幼儿自主探索游戏。

游戏照片：

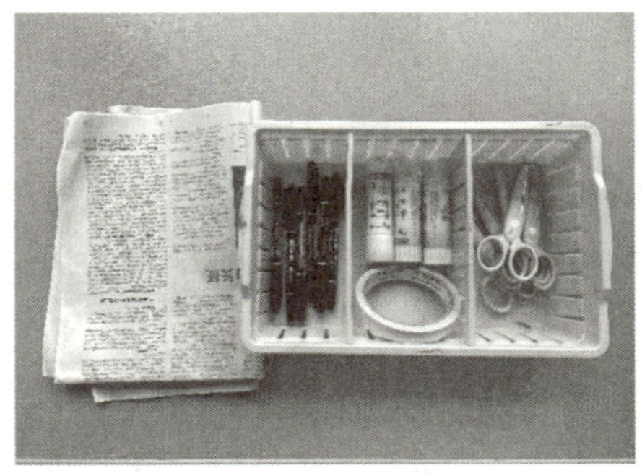

图 3-357　场景布置

图 3-358　报纸时装秀

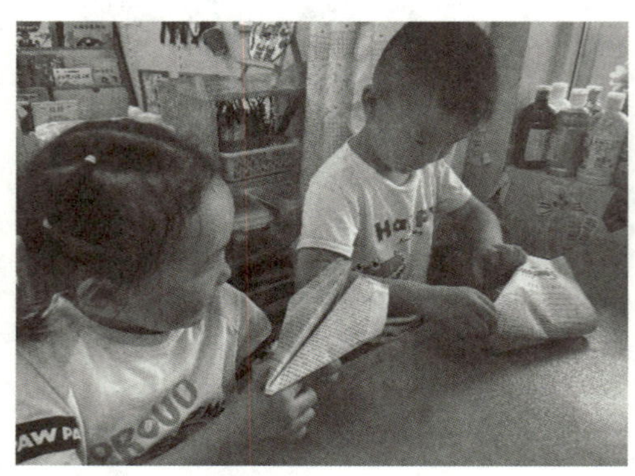
图 3-359 制作报纸手工

图 3-360 报纸手工作品

活动三 美工区：我的一日卫生习惯计划

游戏名称：我的一日卫生习惯计划

游戏区域：美工区

年龄段：5—6 岁

游戏的发展与价值：

学习用绘画的方式做计划，养成良好的卫生习惯。

材料准备：

记号笔、能拨动指针的道具钟表、一日卫生习惯计划表、卫生习惯图片若干。

环境布置与管理：

1. 将卫生习惯的图片布置在班级墙面，如盥洗室、活动室、午睡室等，潜移默化地影响幼儿卫生习惯。

2. 将一日卫生习惯计划表张贴到班级墙面。

游戏玩法与指导：

1. 卫生习惯有哪些。幼儿画一画生活中的卫生习惯，并与同伴相互讲述。

2. 设计我的一日卫生习惯计划表。幼儿根据自己的一日生活，设计相关的卫生习惯行为，并把它画在表格上。

3. 展示我的计划表。幼儿设计完成后，向身边的幼儿介绍自己的一日卫生习惯计划。

游戏延伸：

师幼设计主题墙，让幼儿能够更好地展示自己的一日卫生习惯计划，并向身边的人介绍自己的计划并实施。

游戏照片：

图 3-361　幼儿制订一日卫生习惯计划

图 3-362　幼儿展示自己的一日卫生习惯计划

图 3-363　幼儿分享一日卫生习惯计划

图 3-364　将好的卫生习惯向大家分享

活动四　科学区：自制陀螺

游戏名称：自制陀螺

游戏区域：科学区

年龄段：5—6 岁

游戏的发展与价值：

能将身边的废旧物品进行再利用，有生态保护意识。

材料准备：

“陀螺转转转”实验记录表、水彩笔、废旧光盘、颜色多样的即时贴、火柴棒。

环境布置与管理：

1. 将陀螺制作图投放至区角，供幼儿游戏参考。
2. 幼儿活动结束后，将活动区材料收纳整齐。

游戏玩法与指导：

1. 光盘大变身。幼儿用各种颜色的即时贴装饰光盘，观察光盘上即时贴的颜色变化。

2. 陀螺转转转。自制陀螺、玩陀螺，讨论、记录陀螺旋转时间长短的变化，增强幼儿对废旧材料制作玩具的兴趣。

游戏延伸：

幼儿与家长利用生活中的废旧材料制作多样的环保玩具，了解废旧材料的多种用处。

游戏照片：

图 3-365　幼儿观察制作陀螺

图 3-366　幼儿自制陀螺

图 3-367　共同讨论陀螺旋转时的变化

图 3-368　陀螺大比拼

活动五　建构区：未来环保桥

游戏名称：未来环保桥

游戏区域：建构区

年龄段：5—6 岁

游戏的发展与价值：

体验利用废旧材料进行建构环保桥的乐趣，有节约资源的环保意识。

材料准备：

废旧磁带盒、积塑、杯子、薯片盒子、设计图纸。

环境布置与管理：

1. 布置方便幼儿建构的空旷场地。
2. 制定规则，幼儿游戏后将材料还原，并分类摆放。

游戏玩法与指导：

1. 小小设计师。幼儿设计环保桥建构图纸，并分享自己的设计及建构的桥有什么环保功能。

2. 我们的环保桥。幼儿分组合作建构环保桥，并共同商讨建构中出现的问题。

游戏延伸：

1. 在教育活动中向幼儿介绍武汉著名的桥和世界各国各地的桥。
2. 将各类桥的图片张贴在建构区墙面上，供幼儿参考搭建。

游戏照片：

图 3-369 幼儿画出所需材料

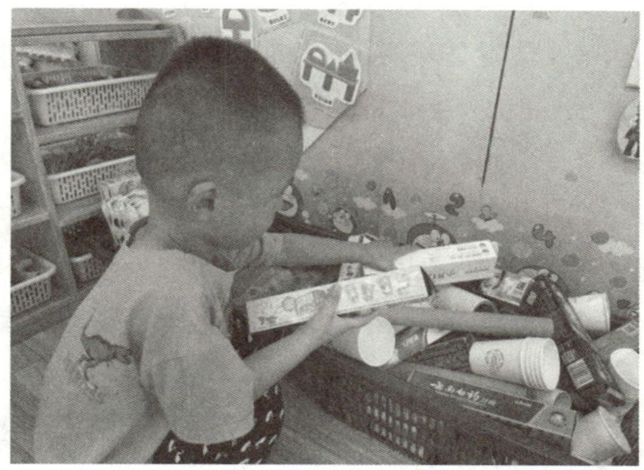

图 3-370 幼儿选择材料

图 3-371 分工搭建环保桥

图 3-372 搭建完成

活动六　体育区：共享单车

游戏名称：共享单车

游戏区域：体育区

年龄段：5—6 岁

游戏的发展与价值：

了解共享单车的使用规则，知道绿色出行方式。

材料准备：

各种体育器械、共享小单车、仿真扫码仪器、共享单车二维码、宣传标语、迷宫路线图。

环境布置与管理：

1. 丰富区域材料，营造骑车游戏氛围。
2. 教师打印制作共享单车二维码，以及扫码宣传标语。
3. 制定游戏规则，游戏后将共享单车停在指定区域。
4. 布置单车迷宫，将单车摆放在不同位置。

游戏玩法与指导：

1. 快乐扫码。幼儿按照规则扫码取车进行游戏。
2. 单车接力赛。使用共享单车进行接力游戏，注意在接力时要将单车停放好，不能随意扔给他人。
3. 单车迷宫。幼儿根据迷宫路线图在单车迷宫内骑行，骑出迷宫的幼儿获胜。

游戏延伸：

在日常生活中，鼓励家长和幼儿提醒身边的人做到扫码取车并爱护小单车，在规定的地方停放单车。

游戏照片：

图 3-373　进行扫码取车

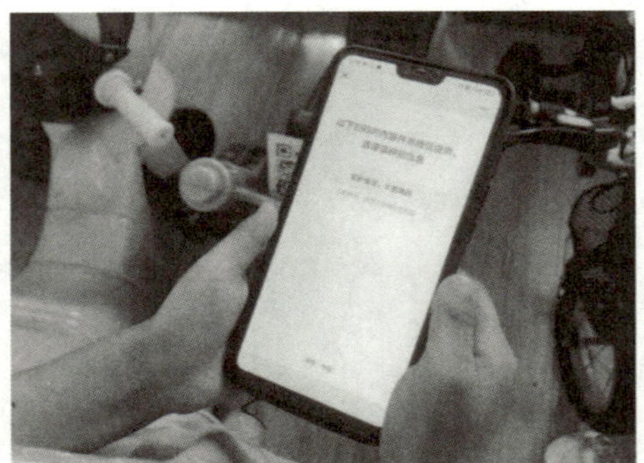

图 3-374　扫码后出现文明共享单车的宣传标语

图 3-375　骑单车进行游戏

图 3-376　幼儿将共享单车摆放整齐

活动七　表演区：低碳出行，争当文明小游客

游戏名称：低碳出行，争当文明小游客

游戏区域：表演区

年龄段：5—6 岁

游戏的发展与价值：

知道绿色出行的方式，能践行文明行为。

材料准备：

表演服饰、导游帽、导游旗、话筒、节目单、废旧纸盒。

环境布置与管理：

1. 用废旧纸盒做出公共交通路牌，并设置旅游路线图。
2. 创设武汉琴台大剧院场景，为特色歌舞表演做准备。
3. 制定规则，游戏后整理道具。

游戏玩法与指导：

1. 我是小导游。一名幼儿扮演小导游，其他幼儿扮演乘客，带领“小游客”了解琴台大剧院的历史文化，提示大家旅游时注意安全，根据路线图乘坐公共交通到达目的地。

2. 我是文明游客。教师指导幼儿尽量选择绿色出行的方式，旅游时不乱扔垃圾、不大吵大闹，观看演出时安安静静，做个文明游客。

游戏延伸：

1. 请家长带领幼儿多去看看武汉的建筑，并向幼儿介绍武汉的名胜古迹和旅游景点的来历。

2. 家长带领幼儿根据自己的经验，制定合理的旅游计划表，并做到绿色出行。

游戏照片：

图 3-377　小乘客有序上车

图 3-378　导游向大家介绍琴台大剧院

图 3-379　导游介绍表演舞台

图 3-380　小旅客上台表演

活动八　自然角：绿色生活宣传队

游戏名称：绿色生活宣传队

游戏区域：自然角

年龄段：5—6 岁

游戏的发展与价值：

理解人们的生活与植物紧密相连，能主动宣传环境保护理念。

材料准备：

各种植物、植物宣传单、彩纸、油画棒、剪刀。

环境布置与管理：

1. 布置美丽的植物角。
2. 设立保护植物小分队。

游戏玩法与指导：

1. 照顾植物。幼儿为植物浇水、松土、施肥，观察植物的生长过程并记录。

2. 爱护植物小分队。向各个班级分发关爱植物的宣传单，并向其他幼儿讲解如何爱护身边的植物。

游戏延伸：

请幼儿与家长收集更多环保的小知识，通过宣传让同伴树立保护环境的意识。

游戏照片：

图 3-381　幼儿制作的环保宣传单

图 3-382　照顾小植物，与小植物说说话

图 3-383　幼儿向他人宣传环保行为

图 3-384　幼儿向他人进行科普

第四章　幼儿生态文明教育环境与一日活动

环境对幼儿的影响是潜移默化的，空间、材料、氛围的多重刺激可以丰富幼儿的认知，促进幼儿的全面发展。幼儿在环境中的所见、所闻、所感处处蕴藏着生态文明教育契机，它们发挥着积极的作用，让幼儿通过自主探索、互助交流、动手操作，情感体验等方式获得环境认知与生态理解，从而产生生态保护和绿色生活的行为。除此之外，生活活动作为幼儿园活动的重要组成部分，对幼儿的身心健康发展起到良好的促进作用，具有多元化的教育价值，是提升幼儿生态文明素养的重要途径。

幼儿园环境主要分为主题环境、区域环境和公共环境这三个部分，教师充分利用幼儿园的空间布局进行创设，结合生态文明教育内容来进行优化。比如用废旧材料组成的大型生态建构园、可满足幼儿游戏需求的绿色生活体验馆、富有浓郁生态气息的空中草药廊，极具环保特色的班级主题墙和区域角等，让幼儿与环境进行无声的交流，并产生积极的影响。而幼儿生态文明生活活动，则充分来源于幼儿的一日生活。它将幼儿从环境中获得的生态认知、生态理解转化为保护生态和绿色生活的行为。如懂得粮食的来之不易，从而发起光盘行动；了解水资源的宝贵，从而开始节约用水；知道垃圾分类的重要意义，从而进行社会实践；等等。幼儿生态文明生活活动与幼儿园环境之间起到相互补充和相互促进的作用。

此案例集将幼儿园环境与幼儿的一日生活相结合，呈现丰富的生态环境照片与生活活动案例，突出生态文明教育的重要价值，根据环境认知、生态理解、生态保护、绿色生活这四个维度进行目标设定，再围绕故事缘起、多元活动、分析反思这三个环节逐步进行。以萌发幼儿生态文明意识，培养幼儿生态文明情感，促进幼儿生态文明行为出发点，通过“捕捉幼儿生态文明教育契机”“观察分析幼儿生态文明行为”“实施相关生态文明教育”“评价生态文明教育效果”等途径，让幼儿自主参与、充分体验、协作探索、分享交流，逐渐发现人类的文明行为与生态的健康发展息息相关，从而形成良好的生态文明意识，并将这种意识转化为生态文明情感，促使幼儿不断地发生生态文明行为。

教师在实施的过程中应当充分尊重幼儿发展需求、细心观察幼儿生活，在环境创设与幼儿的一日生活中，善于把握生态文明教育契机，帮助幼儿养成文明的生活习惯，促进幼儿形成良好的生态文明理念。

第一节 环境认知

活动一 战疫小可爱

活动缘起：

疫情防控，重任在肩。幼儿园在疫情之下尽全力做好新冠肺炎疫情防控工作，但入园时仍有孩子没有戴口罩。

活动目标： 错峰上学，路途上全程佩戴口罩，入园注意消毒防疫。

活动实录：

片段一：拥堵的校门

在没有疫情时，很多小朋友们和接送的家长早早来到幼儿园门口等待入园。有的小朋友爬上幼儿园大门、校园围栏，比谁爬得高；有的小朋友看到老师大声地呼喊老师。当快入园时门口已经人山人海，幼儿园门口被堵得水泄不通，小朋友们都急着赶快入园。

片段二：错峰上学

疫情防控期间，小朋友按要求分年龄段错时段入园，校门口变安静了，不再拥堵了。入园前，小朋友排队时发现有的带了口罩，有的没有佩戴口罩。入园时小朋友自己取下口罩放入小书包，来到规定的地方进行小手消毒，然后到校医跟前做晨间检查，有序根据红、黄、绿路标指引进行测体温。

片段三：病毒我不怕

早餐过后，老师和孩子一起进行晨间谈话活动，谈论我们为什么要戴口罩。小朋友说有病毒，所以要戴口罩。另一名小朋友说爸爸妈妈他们都戴口罩，小朋友可以不用戴。老师说："现在外面有一种像是一朵长满花瓣的花的病毒，只要人说话、打喷嚏、咳嗽、吐痰的时候会产生飞沫，感染者的飞沫中可能就带有这种病毒。"小朋友自由讨论有什么好办法可以预防病毒。有的小朋友说要戴好口罩，有的说要勤洗手。老师演示如何正确佩戴口罩，小朋友认真观察老师是如何佩戴口罩的。第二天很多小朋友入园前都纷纷戴起了口罩，进入班级第一件事就是跟老师炫耀自己今天戴了小恐龙口罩，并告诉老师自己不怕病毒了。

反思与评价：

入园为什么不再拥堵？小朋友都喜欢上幼儿园，每天都想着当第一名，所以在入园时都拥挤在门口，抢第一名入园，结果造成了入园拥挤。现在错峰入园了，小朋友知道外面有病毒不再随便摸外面的东西，就没有爬围栏的情况了，幼儿园门口也不再堵得水泄不通。

疫情防控期间，校园疫情防控工作是关系每个孩子的大事，教师通过餐后谈话和幼儿一起谈话交流，向幼儿普及新冠肺炎疫情防控知识，提高幼儿的自我防护意识和能力。小朋友的防疫意识，取决于家长的重视程度，就像不戴口罩的小朋友说的，爸爸妈妈戴了口罩小孩就不用戴口罩。而在晨间谈话活动中小朋友知道了病毒会有很多种，戴口罩可以很好地阻隔病毒。通过宣传戴口罩的重要性，每天戴口罩来园的小朋友越来越多。

活动照片：

图 4-1　幼儿分时间段入园

图 4-2　幼儿排好队进行手部消毒

活动二　水表的秘密

活动缘起：

餐前洗手时间，盥洗室一反常态地“热闹”，只见琪琪大声说：“快来看，我发现水管上面有一个表，它的针一直在走！”其他孩子围着看了起来，有孩子不解道：“为什么水管上面有表呢？”老师走过去看了看他们说的“表”，原来是盥洗室的水表。这时，笑笑着急地说：“你们快看，针不走了，停在中间不动了！”“这个表到底是什么呢？”孩子们对水表依然困惑不解。

活动目标：萌发节约用水的意识，懂得珍惜水资源、不浪费水。

活动实录：

片段一：奇怪的表

为了解答孩子们心中的疑问，老师请他们继续看着“表”，而老师在旁边打开水龙头洗手，这时表针又走了起来，孩子们恍然大悟：“原来这是水表，只有在水龙头打开流水时才会走动。”“但是，水表有什么作用呢？”孩子们又产生了新的好奇……

回到活动室后大家开始收集水表的相关资料，通过图片、解说等多种影像资料，孩子们不仅知道了水表的外形特征及作用，还了解了水表的旋转方式，他们发现水表中针转的圈数越多，表示用水量越大。为了抓住“水表”这一教育契机，老师向孩子们抛出了问题：“小朋友洗一次手，水表的针会走几圈呢？”孩子们的回答五花八门，但大家都想用事实说话。

片段二：有趣的用水实验

于是“水表实验”活动就这样展开了。实验前，幼儿集体学习如何记录水表的圈数，

实验中两名幼儿为一组，一名幼儿洗手，另一名幼儿帮忙记录水表圈数，洗完后互相交换。很快实验结果出来了，大多孩子洗手时水表走了四圈到六圈，孩子们显然没想到洗一次手水表的针要走这么多圈数。基于此次实验结果，老师在班级里结合相关绘本故事及影像资料开展了节水教育活动，引导幼儿了解水资源的来之不易、珍惜水资源。经过节水教育活动，幼儿对自己平时的洗手行为进行了反思，纷纷表示能够用更少的水洗手，做到不玩水、不浪费。

片段三：节水小能手

很快，第二次实验开始了，这一次孩子们信心满满，他们在洗手时不仅改变了用力拧水龙头的习惯，还在打泡沫时知道要及时关掉水龙头。经过孩子们的努力，这一次水表圈数记录显示所有孩子洗手时水表只走了两到三圈。面对这次结果，孩子们都非常开心且有成就感，老师也及时对他们的节水行为进行了肯定与赞赏。但是，实验的过程中也出现了一个小问题，有孩子为了“减少水表走的圈数”而忽视了“把手洗干净”，手上的肥皂泡沫还没完全冲洗干净，就急着关水龙头去看水表圈数记录。于是，老师拍摄了两名幼儿不同的洗手方法，投屏到一体机上，引导幼儿观看对比老师拍摄的视频，于是孩子们发现小朋友洗手时会检查自己手上是否有残留的泡沫，确认没有泡沫后再结束洗手。

反思与评价：

经过一次偶然的“水表”事件，孩子们对“洗手”和“水表”产生了很多好奇和疑问，而教师抓住教育契机，引导孩子通过简单的数学计算方法，直观地反馈出孩子的用水量，让孩子们更清晰地体会到水的来之不易。这样不仅能有效地规范孩子们洗手时用水量过大的行为，还能激发孩子们节水的热情。

活动照片：

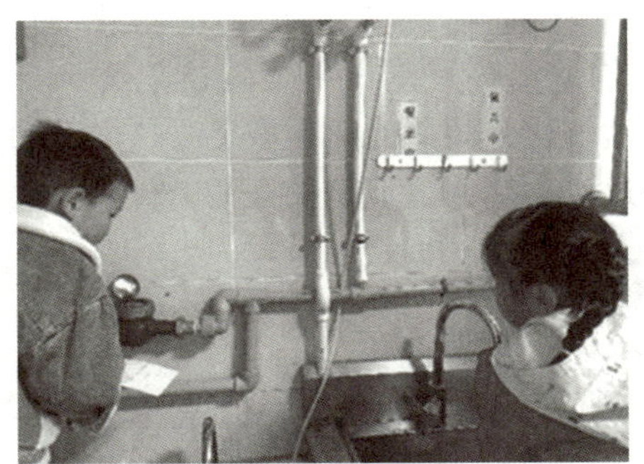

图 4-3 幼儿互相记录水表圈数

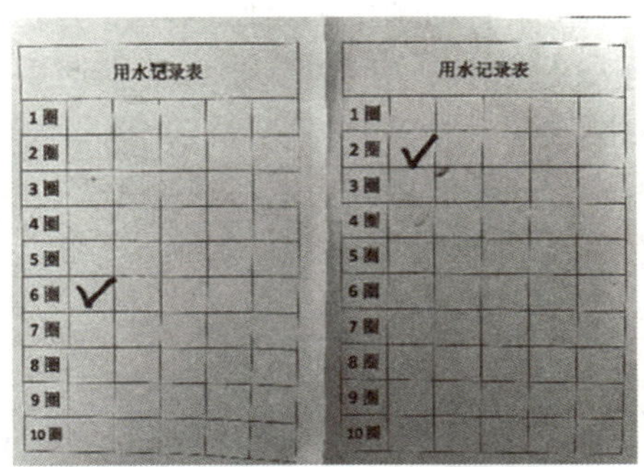

用水记录表	
1圈	
2圈	
3圈	
4圈	
5圈	
6圈	✓
7圈	
8圈	
9圈	
10圈	

用水记录表	
1圈	
2圈	✓
3圈	
4圈	
5圈	
6圈	
7圈	
8圈	
9圈	
10圈	

图 4-4 幼儿两次洗手水表圈数对比

漱口用处大

活动缘起：

一次午餐后，保育老师放了两个桶在活动室里，里面都装了清水。她告诉孩子们其中一个是漱口桶，可以将漱口水吐进去，而另外一个是准备浇花的清水桶。孩子们一直是在水池边漱口，他们对新来的漱口桶好奇极了，迫不及待地取出水杯准备漱口。

活动目标：了解及时漱口对身体的好处。

活动实录：

片段一：水怎么变脏了

当所有小朋友漱完口后，大家有了一个重大发现，漱口桶里的清水变成了脏水。孩子们围过来观察，并展开了议论："这两桶水不一样，一个很干净，一个很脏。""这个漱口桶的水里有东西了。"老师问："这些东西藏在哪儿啦？"他们说："藏在小朋友的嘴里，因为这是小朋友漱口的水。""藏在舌头底下。""是粘在牙上的。""藏在牙缝里的。"……孩子们观察完，老师便把装着漱口水的桶放进了盥洗室。

片段二：难闻的味道

等下午孩子们去盥洗室洗手时，桐桐小朋友捏着鼻子说："这里是什么味，真难闻。"老师好奇地走进盥洗间，发现漱口桶旁边围着几个小朋友，他们正在议论："是什么呀？真臭。"原来漱口水已经变臭了。见孩子们一脸的惊讶，老师问："你们想一想，这些东西在嘴里会怎么样？"孩子们回答说："也会变得这样臭，生出许多细菌来。"有的说："嘴里有了细菌，牙齿就会生病。牙齿病了可难受了，什么东西也不想吃。"还有的说："原来我们的牙齿就是这样被弄坏的！那吃完饭快把嘴漱干净。"有一位小朋友说："我回家告诉爸爸妈妈，让他们吃完饭后也一定要漱口。"其他小朋友也附和着说："我也告诉他们，要不然他们也会牙疼的。"自从这次观察活动后，孩子们漱口再也不用老师提醒了。

反思与评价：

通过这件小事，教师把日常生活中抽象的漱口知识和道理转化成直观的、易被幼儿接受和体验的东西，其效果要比老师空讲大道理强得多，就这样，孩子们仅仅通过半日观察，不仅了解到漱口的大作用，还从漱口时的"能逃则逃"转变为了主动漱口并呼吁周围的人及时漱口。所以，在日常生活中，我们应给孩子创设一个能让他们亲自去感知、去操作、去体验的环境，把教育要求巧妙地转化为幼儿的切实需要。这样，幼儿才能真正体验到养成良好生活习惯的重要性，并逐渐把这种认识变成自觉的行动。

活动照片：

图 4-5　幼儿发现漱口桶里的水变脏了

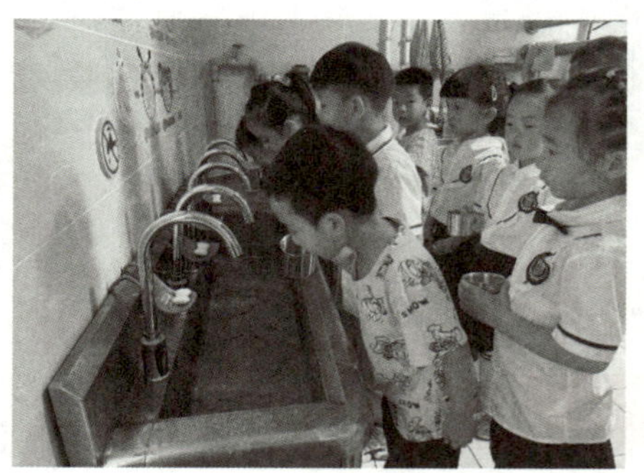

图 4-6　幼儿自觉排队漱口

如厕公约

活动缘起：

如厕过后，老师听到保育员在厕所里面询问是谁把擦了屁股的纸巾扔在了地上，旁边的孩子都说不是自己扔的，老师走过去时又闻到了一些难闻的气味，发现是从厕所的坑位传来的。

活动目标：能遵守如厕公约，做到文明如厕。

活动实录：

片段一：文明如厕我知道

当孩子们发现有用过的纸没有被扔进垃圾桶里时，都知道要垃圾入桶，但是却没有做到，还有的孩子上完厕所以后没有冲厕所的好习惯，总是会忘记这件事情。教师利用睡前时间，让幼儿聆听故事《小猪上厕所》，了解如果不文明如厕会造成什么样的后果，让孩子们了解文明如厕的重要性，并回家和父母分享故事，和父母共同讨论还有什么如厕规定可以让如厕更加文明，并用画笔记录下来，带到幼儿园与同伴分享。

片段二：我们的如厕公约

晨间活动时，老师和班级幼儿进行了一场关于如厕的谈话活动，请他们说一说自己回去和父母一起讨论出来的如厕规定，孩子们都很积极地分享了自己用画笔记录下来的如厕公约，帮助所有的小朋友再次巩固了上厕所应该遵守什么样的规则。然后老师把孩子们的表收集起来，与孩子共同制作了一张大的如厕公约。

片段三：绘制如厕文明标志

区域游戏时，老师鼓励美工区的幼儿为我们的班级制作简单的如厕标志，并在区域结束后的评价环节，面向集体介绍自己的标志，最后请幼儿将标志张贴在班级厕所里。

片段四：竞选班级“所长”

每周一我们班会评选出一位厕所管理员，督促班级幼儿文明如厕，如果有小朋友做出了不文明的行为，所长需要及时帮助那个小朋友纠正错误，共同维护班级的文明如厕环境。

反思与评价：

孩子们在家里都习惯了有人帮他们擦屁股、冲水，这让他们在独自上厕所时缺乏良好的如厕习惯，因此需要多种方法帮助他们学习并记住文明如厕的要求。通过听故事、谈话、竞选等各种方法，我们班的幼儿在如厕方面的卫生习惯已经有了显著的提升，他们会主动做到如厕后冲水、用过的纸巾扔进垃圾桶、对准坑位尿尿、不在厕所里面疯闹闲谈，还能做到相互督促、相互提醒，而且孩子们自己制作的如厕标志，能帮助他们记住并遵守这些小规定，提醒他们争做一位文明好宝宝。

活动照片：

图 4-7　幼儿制作如厕公约

图 4-8　幼儿张贴如厕公约

活动五　蔬菜宝宝我最爱

活动缘起：

午餐时间到了，孩子们就像一个个小恶狼，吃得有滋有味，老师看在眼里喜在心里。可是慢慢地发现有些小朋友只吃米饭、喝汤、吃荤菜，蔬菜都孤零零地剩在碗里，而且过了很久都没有被“消灭”掉，一直磨蹭到快要午睡时还没吃下去。

活动目标：明白均衡饮食的重要性，爱吃蔬菜不挑食。

活动实录：

片段一：认识蔬菜宝宝

在午餐时，第一组很多小朋友找老师告状，原来是豆豆把秋葵都挑出来扔了，她看着老师说：“这个菜我不喜欢吃。”老师问她：“那你知道这是什么蔬菜吗？”她摇摇头表示从来没见过这个菜，旁边有的小朋友说出了秋葵的名字，也有一些小朋友并不认识秋葵。于是在班级发起了认识蔬菜宝宝的活动，请家长带领幼儿收集各类蔬菜宝宝的信息，在幼儿园每天的餐前活动时间我们借助故事、视频、图书等形式让幼儿了解有关蔬菜的知识，明白各种食物都有它的营养。

片段二：小小播报员

认识了很多蔬菜宝宝后，小朋友们明显对午餐兴趣大增，他们总会问老师今天我们吃什么，于是老师在班级中开展餐前播报活动，由值日生在家中和家长一起收集第二天食谱的相关营养知识，在每餐前当小小信息播报员，向全体同伴播报当餐的食谱及其营养价值，让幼儿了解每种菜对自己身体生长的好处，营造孩子想吃、乐吃、爱吃的心理暗示。当保育员把饭端到班上时，老师用饭菜的香味再次调动孩子们的食欲。

片段三：我是蔬菜大王

一天午餐时有青椒，在播报员介绍完餐点后圆圆大声地说：“我最喜欢吃青椒了。”旁边的小朋友也跟着附和“我也喜欢！我也喜欢！”。平时不受孩子们欢迎的青椒现在变

成了“香饽饽”。孩子都喜欢模仿同伴的行为，老师请爱吃蔬菜的孩子津津有味地品尝蔬菜，激发孩子进食的兴趣和愿望，利用集体的氛围感染他们，为他们树立榜样。这样，他们看到自己周围的朋友吃得这么香，受到感染和鼓舞，渐渐地也吃得快，吃得香了。

反思与评价：

合理均衡的膳食是幼儿健康成长的前提，利于幼儿养成好的生活习惯。但是很多幼儿有偏食、挑食的情况，所以教师设计了一系列活动帮助幼儿找回对蔬菜的喜爱。

在活动中教师利用调查法让幼儿主动地去探索蔬菜，在班级中创设情境，通过实物观察法让幼儿与蔬菜亲密接触增进对蔬菜的了解。又通过游戏互动的方法，让幼儿能够乐在其中，在一次次餐点播报和吃蔬菜竞赛中，幼儿对蔬菜的了解越来越多，他们渐渐喜欢跟蔬菜做游戏了。

在循序渐进的活动中幼儿对蔬菜的抵抗情绪慢慢消失不见，取而代之的是对蔬菜的喜爱之情，他们现在能够主动地介绍蔬菜，并且了解蔬菜对人体的益处，乐于谈蔬菜、吃蔬菜。之后教师还将邀请幼儿在种植区种蔬菜，让他们亲身体验蔬菜的来之不易，进而能够更加珍惜粮食。

活动照片：

图 4-9　小小播报员介绍餐谱

图 4-10　蔬菜大王做榜样

活动六　小水滴，笑嘻嘻

活动缘起：

教学活动开展完后，老师便提醒幼儿去上厕所和喝水。这时，饮水机处传来了一个声音：“谁没有关水龙头呀？”原来是伦伦发现有小朋友没有关水龙头。仔细询问后，原来是乐乐小朋友喝完水后没有关水龙头就直接端着水杯回座位了。

活动目标：感受水与人类生活密不可分的关系，做到不浪费水，能够用自己的行为保护水资源。

活动实录：

片段一：伤心的小水滴

了解乐乐的行为后，老师并没有第一时间去批评他，而是表扬伦伦及时发现问题并告诉了老师。接着，老师轻轻地将耳朵凑到水龙头旁小声地问道："听，小水滴在哭！它为什么会哭呢？""因为小朋友没有关紧水龙头。"小朋友说道。"是啊是啊！你没有拧紧水龙头，我们刚刚都听见水宝宝在哭了，我们不能浪费水，要节约用水，随手拧紧水龙头！"听见小朋友这样说，乐乐惭愧地低下了头说："我以后一定记得随手关水龙头。"

片段二：保护小水滴

在午餐活动前老师给幼儿讲了一个关于节约用水的绘本故事。故事以生动直观、通俗易懂的语言讲述了水是怎样形成的，水对于人们有哪些用处，为什么现在世界上的淡水资源会越来越少，以及该如何保护水资源等一系列问题。听完故事后，幼儿纷纷举手你一言我一语地说："我们喝水的时候要喝多少接多少。""接完水后要记得随手关水龙头。""洗碗的水可以用来冲厕所。"

片段三：我爱小水滴

接下来的一段时间里，孩子们像是商量好了似的，带来了自己在家设计的节水标志，有的画了节水画，还让爸爸妈妈配上了文字说明；有的拿来了小水滴的贴贴，告诉老师可以贴在胸前提醒自己节约用水……孩子们将带来的节水标志分别张贴在了饮水机和洗手池旁，提醒全班小朋友保护水资源，从我做起！

反思与评价：

幼儿一日生活的饮水环节中，幼儿既要保证饮水量，也要做到不浪费水，知道水与人类生活密不可分的关系，并做到节约用水。教师通过谈话、绘本故事、家园共育等活动引导幼儿节约用水，从身边的小事做起，促进幼儿良好行为的养成，从而提升幼儿的生态文明素养。当幼儿在生活中出现了不良行为时，教师要善于运用适合幼儿的方法对幼儿实施教育，让幼儿产生文明行为。

活动照片：

图 4-11　幼儿互相监督节约用水

图 4-12　幼儿互相提醒拧紧水龙头

我是穿衣小能手

活动缘起：

正值冬季，孩子们的衣服越来越多，也越来越厚，所以在午睡起床后，孩子们常常对衣服的正反有一些范迷糊。“老师，嘟嘟的衣服穿反了！”可乐大声地跑来告诉老师。老师走过去一看，原来，是嘟嘟在穿毛衣的时候误把背面当成了正面穿在了身上。

活动目标：了解如何区分衣物的正反面。

活动实录：

片段一：我的穿衣方式

发现了嘟嘟的行为后，老师没有很直接地说她，而是走到她身边轻声地跟她说：“嘟嘟，你这件毛衣穿上后有没有什么不舒服呀？”嘟嘟低着头跟老师说：“有的。”“哪里不舒服呢？”老师问道。嘟嘟还是低着头说：“脖子前面不舒服，感觉有东西勒住我了。”听到嘟嘟说的话后，老师问道：“嘟嘟，你平时是怎么穿衣服的呢？”“就直接把头套进衣服的领口穿。”嘟嘟说。这下老师明白了，嘟嘟平时的穿衣方式就是直接把头套进衣服的领口，没有区分正反这一步骤，所以才会导致衣服有时候会穿反。于是，老师告诉了嘟嘟正确的穿衣方式，嘟嘟也知道了，每次穿衣服前要先看看正反。

片段二：如何正确穿衣

在教会了嘟嘟后，老师发现班里其实还有不少孩子存在这样的问题。于是，在午休后，老师拿出一只洋娃娃，向班上的孩子们求救，想请孩子们帮帮这个洋娃娃，将衣服穿好。这时，沐沐自告奋勇地说：“老师，我来帮助他，我知道怎么穿衣服是正确的。”“那就请你来帮帮他吧！”老师说道。沐沐上来后，先将洋娃娃的上衣脱下来，然后拿着洋娃娃的衣服，拎起她肩膀的衣服，仔细查看，然后，将衣服的前后调换了过来，告诉老师：“老师，我分好了，洋娃娃现在可以穿衣服了！”“那你能教教大家如何区分正反吗？”老师问道。“可以先用手拎起肩膀位置的衣服，看看衣服的领口，领口低的那一边就是穿到正面的！”沐沐边指边说到。

片段三：区分正反我知道

孩子们学会了如何区分上衣的正反，这时橙子说：“老师，我不知道裤子怎么区分正反。”“有哪个小朋友愿意来帮帮他？”老师询问道。“我来帮助他。”雅雅说道。“我有两个方法，第一个方法是看裤子后面的商标，一般在裤子松紧带的地方，会有一个白色的商标，有那个商标的一面就是穿在后面的，另一面就是穿在前面的。第二个方法就是看荷包，如果是正面的话，裤子的前面会有两个斜着的口袋，如果是反面，口袋就会是正着的。”雅雅一边说，一边跟同伴们做演示。

反思与评价：

教师带着孩子们认识了自己的身体部位，并对如何区分衣服和裤子正反面进行了详细地讲解，由于衣服和裤子的样式不同，教师讲解了几种常见的方法，并请小朋友们来扮演孩子和妈妈，因为妈妈需要帮助孩子穿衣服，在之后几天的起床中，教师通过仔细地观察，发现毛衣和裤子穿反的现象明显减少了。

活动照片：

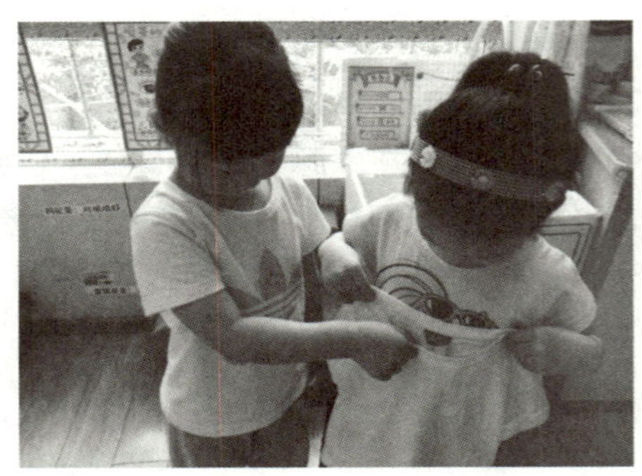
图 4-13　孩子们拎着衣领区分正反

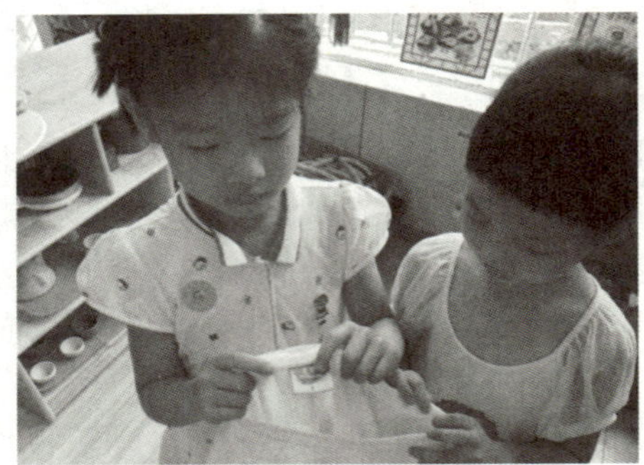
图 4-14　孩子们认识商标区分正反

活动八　午睡小贴士

活动缘起：

每天中午进入睡房的那一刻，总是最热闹的，嬉笑声、喊声此起彼伏。睡觉是保证孩子们充足睡眠，养好精神的关键，睡眠的好坏直接影响着幼儿的生长发育。一天中午一一跑来告诉老师："老师，我睡不着！他们好吵啊！"原来一一旁边的小朋友衣服还没有脱下来就在打闹。

活动目标：知道睡觉时不能打扰和影响身边的同伴休息。

活动实录：

片段一：我的睡前小习惯

发现了小宝和哲哲有打闹的行为后，老师没有大声地呵斥他们，而是走到他们两个人的身边，轻轻地坐在床边，摸了摸他们的头，对他们说："小宝，哲哲，你们看看其他的小朋友在干什么呀？"小宝和哲哲环顾了四周后，告诉老师："老师，我看见其他的小朋友正在睡觉。""那你们睡觉的时候，需要一个什么样的环境呢？"老师反问道。"需要一个安静的环境"小宝抢答道。"那你们刚刚的行为，能够让身边睡觉的小朋友睡得着吗？"老师问道。"不行！"哲哲说。老师通过与孩子们进行交流，让他们自己找到答案，而不是老师通过教育的方式直接告诉他们答案。通过交流小宝和哲哲明白了在睡觉的时候大声打闹是不文明的行为。小宝和哲哲也立刻答应在午休的时候要安安静静。

片段二：睡房的约定

午睡结束后，老师播放了一个关于吵闹而无法入睡的小朋友的视频，引导孩子们对于视频里面的片段进行讨论。"我认为这样的行为是不对的！"沐沐说。"睡房是睡觉的地方，应该安安静静。"轩轩说。老师听到孩子们的发言后问道："那我们有什么方法可以让我们的睡房安安静静呢？""我们可以商量出一个睡房的规则，就是进入睡房就要不吵闹，很安静。"雅雅说。"那你们有什么好的规则和约定吗？"老师好奇地问道。"进入睡房要快速地脱衣服。""在睡房里面不能站在床上。""在睡房不能乱丢小朋友的枕头。"

孩子们七嘴八舌，说出了许多关于睡房的约定。

片段三：制作睡房小贴士

在孩子们通过商量约定关于睡房的规则后，悠悠突然向老师提出："老师，我们可以一起制作关于睡房约定的小贴士，我们自己来画画，贴在睡房里面，这样如果有的小朋友不小心忘记了，他们进来睡房看见小贴士，就能够想起来了！""老师，我觉得这个建议真好。"大宝说。于是孩子们开始潜心制作睡房小贴士，有的使用勾线笔，有的使用彩笔、剪刀、固体胶……制作完成的孩子们，将小贴士贴在了睡房里。

反思与评价：

教师首先利用与孩子谈话的方式，让孩子自己找到自身的问题，从而自我改正。在发现这个现象后，教师利用小视频的形式让幼儿观看，让孩子们产生一定的共情能力，从而让孩子们自己决定制作一些关于睡房的规则。睡房的约定制作完成后，孩子们能够自发地想要制作睡房小贴士用来提醒自己的。这一系列行为的发生，教师在其中只起一个引导作用，其中睡房的约定和睡房小贴士，是孩子们通过自己的讨论自发产生的，教师在其中要善于引导幼儿。

活动照片：

图 4-15 制作午睡小贴士

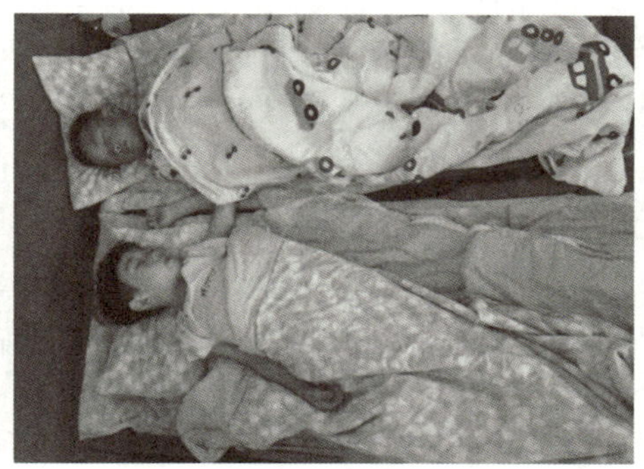

图 4-16 制作了小贴士后遵守约定按时睡觉

第二节 生态理解

活动一 入园安全我知道

活动缘起：

清晨，孩子们纷纷入园。晨检时，老师摸到小雨的衣服口袋里有个硬硬的小东西，拿出来一看，是一个玻璃珠。小雨告诉我，这是她昨天在家和哥哥玩游戏时放口袋里的，忘记拿出来了。老师不禁后怕，万一她不小心把玻璃珠吞进肚子里，那该多么危险呀！旁边的小朋友看到老师从小雨的口袋里摸出了一颗玻璃珠，纷纷自觉地检查起自己的口袋。

活动目标：知道小物品可能会给自己带来危险，懂得入园时不带危险品。

活动实录：

片段一：危险物品我知道

早餐过后，老师问孩子们："哪些物品是危险物品不能带到幼儿园来呢?"天天说："小刀不能带，会不小心划破手，流很多的血。"贝贝说："玻璃珠也不能带，玻璃珠吞进肚子里，肚子会很痛很痛的。"嘟嘟说："绳子等尖尖的东西也很危险，不能带到幼儿园来。"孩子们展开了激烈的讨论。

老师又问孩子们："我们应该怎样避免携带危险物品来到幼儿园呢?"孩子们说道："我们出门前要检查口袋。""还要检查书包。""还可以跟爸爸妈妈说，让他们提醒我。"

片段二：对危险物品说"不"

第二天幼儿入园时，幼儿走到活动室门口，有个别幼儿自己主动检查口袋，有的幼儿自豪地说："我的荷包里什么也没有!"有的幼儿低落地说："我的玩具卡片忘了拿出来。"相比以前，幼儿携带危险物品的情况好多了，但是还是有个别幼儿把家里的糖果、小玩具等带来。于是老师想了个办法，与幼儿共同设计并制作了"禁止危险物品"提示图，并将提示图张贴在活动室门口，提醒幼儿进活动室之前检查自己的口袋、书包。同时，还放了一个小盒子在门口，请幼儿把糖果、玩具等放进盒子里，放学的时候再带回家。

片段三：小小提示，作用大

接连几天，幼儿每天入园时看到活动室门口的提示图，都会自觉地检查口袋，大多数幼儿的口袋都是"空空如也"，几乎再也没有幼儿将危险物品带来幼儿园。

反思与评价：

对于幼儿而言，安全是第一位，安全是底线。加强幼儿园安全教育，培养幼儿的自我保护能力十分重要。教师从小小的危险物品开始，通过一系列活动，帮助幼儿建立安全防范意识，通过谈话、设计提示图等活动，幼儿的行为得到了良好的改善。安全不仅关系到每个幼儿的安全与健康，同时也关系到每个家庭的幸福平安，教师和家长都应该防患于未然，消除一切可能发生在幼儿身边的危险因素，防止意外事故的发生，让幼儿都能够健康、安全地成长。

活动照片：

图 4-17　幼儿自觉检查口袋

图 4-18　小小提示作用大

活动二　洗手池不拥挤

活动缘起：

每天餐前洗手时，盥洗室总是最热闹的，水声、嬉笑声、喊声此起彼伏，直到有一天，老师将香喷喷的饭菜端到班里等待开餐，还有小朋友没洗完手。这时，盥洗室传来一阵争论声："我先来的，我先洗！""老师，他插队！"于是，一场讨论开始了……

活动目标：意识到排队洗手效率更高，能一个接着一个地排队洗手。

活动实录：

片段一：怎么还没开始吃饭

端端："为什么还不开始吃饭，我都闻到香味了！"

祎祎："紫色组的小朋友还在洗手，还没有回座位。"

溪溪："我们红色组一下就洗完了，我们排队洗的。"

老师："为什么有的小朋友快，有的小朋友慢呢？"

小班的幼儿初入幼儿园，没有排队如厕、洗手的意识，常常会出现拥挤、碰撞、推拉的现象，经过 3 个月的集体生活锻炼，孩子们已经有了排队意识，尽管老师多次提醒，但多数幼儿还只是停留在意识层面，言行不一。今天，小朋友们在等待用餐时终于意识到这个问题。

片段二：挤来挤去太慢啦

今天洗手前，老师特意问小朋友们："你们肚子饿了吗？要抓紧时间去洗手哦。"小朋友们都纷纷说道："这次我一定先洗了出来！"

于是洗手间再次出现拥挤的景象，大家都火急火燎地急着洗手，本就狭小的洗手池这下更拥挤了。直到香喷喷的饭菜再次端到教室，讨论又开始了……

溪溪："蓝色组、黄色组都还在洗手！"

宸宸："我看见他们在里面挤来挤去，都没好好洗手！"

老师："那怎样能让小朋友们不挤来挤去呢？"

溪溪："我觉得要排队，这样每个人都可以洗得很快。"

简简："我看到地面上贴了小脚印，我们踩上去排队！"

小朋友们这次不仅意识到排队会洗得更快，而且发现了地上的小脚丫可以帮助他们排好队。

吃午点前的洗手时间，萱萱和轩轩在为谁先洗手而争吵。老师问："怎么了？"轩轩说："老师，我想先洗手。"萱萱说："那你是后面来的，你应该排队，我在洗的时候，你应该站在后面的小脚丫上，等我洗完了你再来，一个跟着一个洗。"后来轩轩发现地上的小脚丫，并站在小脚丫上，等萱萱洗完以后再踩着地上的小脚丫过去洗手。

片段三：排队洗手效率高

第二天，又到了洗手的时候，老师将警察的帽子戴在溪溪头上，告诉她："今天你是小警察哦，你来维持洗手的秩序。”

于是，洗手间传来她维护秩序的声音。洗手的时间也大大缩短了。

反思与评价：

由于小班幼儿的年龄特点，大多是以自我为中心，喜欢与同伴争抢，同时喜欢模仿，不能用简单的说教。小班的幼儿刚从家庭的呵护中走出来，他们的自我中心意识比较强，不懂得谦让，所以在和同伴相处的过程中会为了谁第一个洗手而发生争抢，大多数幼儿还没养成良好的秩序感，不知道前面有人需要排队，而教师通过环境暗示法，引导幼儿知道前面有人要排队，排队时小脚要站在相应的脚丫上，再加上“小警察”的辅助，大大提高了洗手的效率。

活动照片：

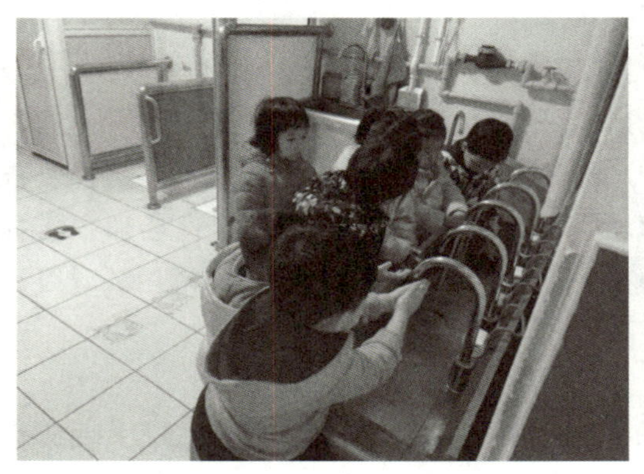

图 4-19　幼儿排队洗手

图 4-20　监督员有效监督

活动三　公筷公勺好习惯

活动缘起：

你听！“叮叮叮，叮叮叮”可不是演奏开始了，是要开饭了。筷子和碗之间发出了“叮叮叮”的响声，孩子们觉得有趣就开始模仿起来，声音越来越大。

依依：“不能敲碗，这样是不文明的。”

夏天：“这个好像演奏音乐。”

歪歪：“我敲一下你的碗，声音不一样。”

朗朗：“老师，歪歪把筷子伸到了我的碗里。”

豆豆：“停，你知不知道公勺公筷？”

伴随孩子们的趣味演奏和争论，我们的故事就这样开始啦！

活动目标：了解公筷公勺的作用进而形成文明健康进餐的习惯。

活动实录：

片段一：进餐中的小插曲

午餐时间到，孩子们都陆续开始进餐了。正当孩子们快乐地吃着饭的时候，老师发现夏天却拿着筷子不动，还在碗边敲来敲去。于是老师小声提醒她进餐，她不情愿地吃了一小口。过了一会，突然听到悦悦说："老师，我刚刚吃得好好的，夏天突然把她的菜夹到我碗里来了，我不让她放，她偏要放，我好生气。"

片段二：显微镜下的菌落

餐后，老师将孩子们使用过的筷子集中在一起。组织孩子们利用显微镜观察筷子上的细菌，孩子们都跃跃欲试。很快就有了新发现。歪歪惊讶地说："我看到啦，我看到啦，有一大片黑乎乎的东西。"朗朗看后皱着眉头说："你说什么给我也看一下，好恶心，那团黑乎乎的东西表面很粗糙，坑坑洼洼的地方隐藏了很多的菌落，居然还有食物的残渣。"

片段三：好习惯要慢养成

接下来的几天里，孩子们在进餐环节中都在有序地进餐，没有出现敲打碗筷的幼儿，同时也没有将自己的筷子伸到别人碗里，将不喜欢的菜夹到别人碗里的现象了。对于孩子们出现的不文明行为，教师要及时有效地进行教育。后续的班级活动中，教师与孩子们共同制作了"公筷公勺我行动"行为记录表，每日一更新，每日一小结。

反思与评价：

这次的生活活动让幼儿明确了使用公筷公勺既是对他人关爱，又是对自己负责的道理；倡导他们以实际行动带动更多的家庭参与其中；同时，也是为打赢疫情防控攻坚战贡献自己的力量，让公筷"夹"出城市的文明。使用公筷公勺，是安全卫生用餐的重要保障，既可以直接阻断疾病传播，防止交叉感染，防范病从口入，又可以促进健康饮食、减少食物浪费。小公筷，大文明，一双公筷，健康常在。让我们一起行动起来，守护健康，使用公筷，从我做起！做"公筷行动"的推动者、践行者、参与者。让安全、健康、文明的用餐方式惠及个人和每一个家庭，通过"小餐桌"带动"大文明"。

活动照片：

图 4-21 光盘行动我践行

图 4-22 大手牵小手，家庭齐光盘

活动四 节约粮食不浪费

活动缘起：

餐后，孩子们都到室外去活动了，只听见美美一边擦桌子一边说："这么多米饭，怎么浪费了这么多的米饭。"好好连忙说："你看，地上也有很多米饭，农民伯伯知道了肯定会生气的。"听到她俩可爱的对话，我不禁想起了上周我们刚刚开展的活动"光盘行动"，可是活动后依然有孩子撒饭。于是，一场关于"节约粮食不浪费"的活动开始了。

活动目标：理解农民劳动的辛苦，知道要爱惜粮食。

活动实录：

片段一：营养食谱用心制作

早上八点二十分，孩子们在教室里安安静静地享用自己的早餐。餐桌上，新张贴了文明用餐、节约粮食的标语。鸡蛋、牛奶、馒头由老师分成大份和小份，根据孩子日常的食量发放。通过色彩、形状等对食物进行精细化处理，让孩子想吃、喜欢吃。同时，园方会对每个班级饭菜剩余量进行分析、统计，再针对性地进行营养食谱的调整，让孩子们文明用餐、不浪费。

片段二：五谷杂粮营养丰富

米饭有不同的种类，孩子们开始发现我们每天吃的米饭有小米、黑米、薏米等，不同米饭的种子是什么样子的？孩子们对其产生了浓厚的兴趣，于是老师为了拓展幼儿认知，开始了解不同的米饭，从颜色、味道、作用、营养价值等方面对米饭进行深入认识，满足幼儿求知欲的同时，也让幼儿了解了粮食的来之不易。

片段三：节约粮食从我做起

怎样才能够节约粮食、不撒饭呢？孩子们开始动脑筋想办法，分享自己的做法。于是老师开始用评比的方式激励孩子不撒饭，如每天的餐后，桌子最干净的组会获得节约粮食小能手的牌子，孩子们可根据得到的牌子兑换奖励。从种子——秧苗——稻穗——稻谷——米饭，经历了漫长的过程，孩子们通过探索、交流、提升，懂得了要爱惜粮食、不撒饭。

反思与评价：

根据幼儿日常生活中的表现及时发现教育契机，引导幼儿主动参与讨论，在讨论中逐渐明白吃饭对身体的重要性，知道农民生产粮食的不容易，明白要养成爱惜粮食的好习惯。吃好吃饱和节约并非对立存在，而在节约粮食的过程中，每个人都扮演着重要的角色，只有人人都能出自己的一份力，尽自己的一份心，方能不让空盘成为空谈。活动的开展使得孩子们知道了粒粒皆辛苦，并在今后的进餐环节中做到桌上、地上、身上没有一粒米，不小心把米饭掉在地上还会一边捡进餐盘，一边说"对不起，农民伯伯，我下次会注意"。教师从点滴出发，引导幼儿真正做到节粮、爱粮、惜粮。

活动照片：

图 4-23 保持正确的姿势安静进餐

图 4-24 自觉做到不撒饭、不浪费

生水不能喝

活动缘起：

户外活动后，孩子们一如往常地进班喝水。“老师，轩轩接水龙头的水喝！”“水龙头里的水是生水，不能喝的。”“生水喝了会肚子疼的！”孩子们议论纷纷，只见轩轩还站在洗手的地方，水杯里已经接了一大杯水，嘴巴里不开心地嘟囔着：“我只是感觉太热了，太渴了，想喝点凉的……”

活动目标：了解生水的来源和基本成分，知道生水不能喝，应该喝干净的白开水。

活动实录：

片段一：生水从哪儿来？

基于轩轩接生水喝的行为，在晨谈环节，老师问孩子们：“水龙头中流出来的生水到底从哪里来的呢？”孩子们议论纷纷，桃子说：“我认为生水是从水管中流出来的，因为我看到卫生间里有一些水管连接的水龙头。”声声说：“我认为是从大海里抽出来的吧！”“应该有一个专门的自来水厂用来供水，我在动画片里看过。”旭旭竖起他的食指认真且自信地说。看到孩子们热火朝天地讨论着，老师对孩子们说：“生水通过自来水厂沉淀、过滤、消毒后，再通过水管传到千家万户的水龙头，看似很干净的生水还是会含有少量的病菌物质。那么我们能够喝生水吗？”孩子们异口同声地说：“不能！生水里有细菌，喝了生水会肚子疼的！”

片段二：显微镜下的生水与白开水

科学区里，果果和旭旭正在用显微镜观察一杯生水和一杯开水。“哇！我看到了这杯生水里有好多正在游动的小东西，这些东西是不是细菌啊！好恐怖啊！”旭旭说。果果也凑过去观察了显微镜下的生水，便说："看来我们真的不能喝生水，这么多细菌如果喝到我们的肚子里，我们一定会肚子疼的……"于是，他们又将白开水放在显微镜下观察，之后旭旭说："刚刚一些游动的小东西已经没有了，但是还是存在一些细小的东西，看来细菌已经没有了，那么那些细小的东西是什么呢？"果果也抓脑袋："应该是已经被杀死的细菌吧！"看到孩子们遇到了困难，老师走过去告诉他们："水没有烧开时，你们会观察到很多细菌、虫卵等，但是水烧开后，你们可以发现虽然细菌、虫卵及其他有害物质被杀死了，但是还是会保留一点其他物质，比如水垢、重金属离子等，人们长时间喝这样的水同样也会不利于健康。"他们俩听了点点头，说："看来我们不能喝生水，得喝烧开的水。"区域活动结束后，旭旭和果果在喝水的时候将自己在科学区的发现告诉了其他小朋友，并提醒其他小朋友不要喝生水，孩子们纷纷点头，说："不能喝生水，生水会让我们肚子疼，我们应该喝白开水……"

反思与评价：

教师结合幼儿的生活经验，通过谈话、实验、游戏、讨论等形式引导幼儿知道生水从哪里来以及生水里面有什么，从而知道生水不能喝。其实大部分幼儿都知道生水是不能喝的，但是生水为什么不能喝？这是一个值得幼儿共同探讨的话题。通过师幼共同探讨生水的由来、成分，以及了解实验过程，引导幼儿真切感受到生水是不能直接饮用的。因此，当幼儿在生活中出现了不良行为时，教师要善于运用适合幼儿的方法对幼儿实施教育，生活中的点滴引导是非常重要的，教师要善于发现教育契机，利用多种方法来促进幼儿发展，教师可以在以后的活动中深入挖掘此次活动的教育价值，比如：引导幼儿了解除了将生水烧开可以喝以外，还可以用过滤器过滤水让水变得更有利于身体健康。同时为了进一步加强幼儿生态文明的环保理念，教师引导幼儿通过观察过滤器，以及在生活中寻找过滤器，让幼儿知道在生活中应该保护生活中的水资源，不做污染水的事情。

活动照片：

图 4-25　幼儿讨论生水从哪儿来

图 4-26　幼儿观察显微镜下的生水和白开水

活动六 大自然的天气预报员

活动缘起：

天气阴晴变幻莫测，天气预报已经成为人们生活中的重要依赖信息。可如果没有先进的仪器设备，要怎么预测天气？没关系，大自然就有天生的天气预报员。自然界中的动植物，为了自己的生存，体内的器官会逐渐适应外界环境的变化。这种“适应性”代代遗传下来，形成了一种对外界环境变化的感知能力。其中，有些动植物在天气变化之前能表现出特有的反应，可以预示冷暖或晴雨。

活动目标：了解一些动物习性变化与天气之间的关系。

活动实录：

片段一：蚂蚁搬家要下雨啦

一次午间散步时，幼儿关注在地上爬行的蚂蚁，在一次大雨之前，幼儿惊喜地发现成群结队的蚂蚁，一个个都非常惊奇地关注着忙忙碌碌的蚂蚁，甚至有的幼儿看到很多只蚂蚁合作搬运一块食物困难前行时，主动帮助蚂蚁将食物送到蚂蚁的洞口，孩子们十分热情。

片段二：蜻蜓低飞要下雨啦

户外活动时，孩子们兴致勃勃。

“哎呀，这是什么虫子，老飞在我头上?”

“这是蜻蜓。”

“我见过蜻蜓。”

“我们小区有很多蜻蜓呢!”

“蜻蜓低飞是要下雨的。”

这是孩子们在幼儿园里发现蜻蜓、讨论有关蜻蜓的趣事。从幼儿的言语中发现孩子们对蜻蜓的了解各不相同，有的孩子对蜻蜓一无所知，有的只知道名字，还有的知道蜻蜓低飞所预示的信息。在个别幼儿说出“蜻蜓低飞要下雨”这一信息时，老师们很诧异，“哇！这么厉害，连蜻蜓低飞要下雨都知道。”这使老师对孩子们如何知道这个信息、对其原因是否知晓产生了好奇。当蜻蜓出现在孩子们的视野里时，强烈的好奇心激发了孩子们探究的热情，也打开了孩子们的话匣子。

反思与评价：

自然界里，小动物的生活习性和天气变化的关系都是孩子们值得探索的主题。它们在天气变化之前会有一些特殊的表现，并有一定的规律，能起预报天气的作用。大自然是孩子们探索世界、认识世界的重要途径，一个新奇的发现会成为孩子们兴趣的推动点。兴趣的支持，不仅能够激发孩子们亲近自然、喜欢探究的热情，也能让孩子们逐步感知人们的生活与自然环境的密切关系，从而懂得要保护自然环境。环境和材料的支持，能够帮助幼儿感受科学探究的过程和方法，体验发现的乐趣。

活动照片：

图 4-27　看蚂蚁搬家

图 4-28　看蜻蜓低飞

活动七　食物链

活动缘起：

午餐时间到了，今天又是孩子们都爱吃的土豆烧鸡和西兰花炒胡萝卜。这时，琰琰看见最喜欢吃的鸡肉，不等老师把饭菜添完，便抱起菜碗，拿起筷子夹了一块鸡肉狼吞虎咽起来。一旁的果果看着琰琰狼吞虎咽的样子皱起了眉头却迟迟不吃，老师便走过去问果果："怎么了，怎么不吃呀？是不是有哪里不舒服呀？"没想到果果回答老师："小鸡宝宝每天给我们打鸣喊我们起床，我们却吃了它，是不是太残忍了呢？"

活动目标：了解食物链，懂得大自然中食物链的规律。

活动实录：

片段一：初识食物链

听见幼儿这样问，老师感到惊讶的同时，也被她的纯真所打动。老师蹲下来摸摸她的头笑着说："我们吃鸡肉就像青蛙吃蚊子，狼吃小羊一样，是有一个自然规律的，咱们把这种规律叫作食物链，自然界中有许多这样的食物链，它们维持着自然生态的平衡。同样我们吃肉也是符合自然规律的，因为肉类能给我们身体提供营养。"果果似懂非懂地点了点头，小口小口地吃起了鸡肉。

片段二：了解食物链

看见果果的反应，老师想只靠老师说的这段话肯定不能让她了解到食物链的概念，为了更多幼儿能懂得自然界中食物链的规律，老师制作了一幅食物链规律图，在某一天的餐前活动中利用老师制作的食物链规律图给幼儿更直观地讲解了大自然中食物链的规律，听完老师的讲解后，便利用园本游戏的时间，带着孩子们玩起了"谁吃谁"的小游戏，幼儿扮演食物链中的动物，根据食物链的规律进行游戏。边玩边说："狼是吃小羊

的。”“你抓错了，老鹰是吃小鸡的。”通过游戏发现幼儿对食物链已经有了清晰的认识。

片段三：熟悉食物链

在之后的进餐环节中，孩子们看见碗里的鸡肉，一边吃一边说：“小鸡吃米，老鹰吃小鸡，我们也可以吃小鸡，鸡肉还能给我们提供蛋白质呢……”从幼儿的进餐表现看得出来幼儿已经对食物链这个自然规律掌握得非常熟悉了。

反思与评价：

在一日生活环节中通过言语引导、图片呈现、游戏体验等方式让幼儿了解食物链，懂得大自然中食物链的规律，让幼儿明白自然中遵循这个自然规律才能保持生态平衡，同时也克服了幼儿吃鸡肉是伤害小鸡的愧疚心理。

活动照片：

图 4-29 幼儿努力克服挑食心理

图 4-30 大口大口地吃起了鸡肉丸

第三节 生态保护

活动一 月饼盒“归”哪里

活动缘起：

“老师，给你，这是我家昨天吃月饼的盒子。”一天早上，苗苗小朋友带着月饼盒来园，老师问她：“你把这个盒子给我干嘛呢？”她便兴奋地跟老师讲起了月饼盒上的故事，还跟老师说她的月饼盒是立体的，吃完月饼后扔了挺可惜。老师对她的举动给予了肯定，还鼓励她上楼后将月饼盒上的故事讲给小朋友们听，再说说自己带月饼盒的原因。

活动目标：了解垃圾回收、循环利用的相关知识，能够充分将废旧材料进行再利用。

活动实录：

片段一：神奇的月饼盒

上楼后，老师跟孩子们说："今天苗苗带来了一个神奇的月饼盒，我们一起来看看它神奇在哪里？"苗苗拿着月饼盒进行一番介绍后便讲了盒子上的故事，孩子们听得津津有味。浩浩说："我们家也有这样的月饼盒。"老师立刻问："那你怎么没拿来呢？"他说："爸爸当垃圾丢了。"苗苗立刻说："为什么丢了啊，你应该也像我这样带到幼儿园，我们可以把它放到图书角当图书看，它还可以装饰我们的图书角呢。"听完孩子们的对话后，老师继续追问："苗苗的想法很好，现在的月饼包装盒都做得非常好看，但是确实很多家庭吃了月饼后，就把盒子扔掉了，你们还有什么好的办法吗？""月饼盒大多数都是很厚的纸做的，我们可以把它当纸盒进行垃圾回收。""也可以放到美工区进行装饰。""我们家还把它留着装一些小物品呢。"孩子们七嘴八舌地说了好多种方法。根据大家提的方法，老师建议孩子们进行一轮投票，从孩子们的想法中提炼出了三项内容，一是扔到垃圾箱，二是留作它用，三是不选。最后投票结果统计为，45%的幼儿选择了扔到垃圾箱，45%的幼儿选择了留作它用，10%的幼儿不选。

片段二：废品大改造

家长和孩子们一起用废旧纸盒、塑料瓶制作成了各种各样有趣的工艺品。一大早，孩子们兴高采烈地将制作的"工艺品"带到了幼儿园。走进教室，孩子们都纷纷介绍着自己带来的"工艺品"。玟玟小朋友高兴地捧着自己用沐浴露瓶制成的小猪："老师，这是我外婆和我一起做的小猪，是用沐浴露瓶子做的，你看可不可爱？"老师给予了肯定，其他的孩子纷纷投来羡慕的目光，也开始介绍自己带来的工艺品。"这是我和爸爸用月饼盒子做的电脑，我们可以把它放在餐厅，这样就可以用电脑操作结账啦！""这是我和我妈妈用牙膏盒做的小汽车。""这是我用塑料瓶做成的火箭，帅气吧……"孩子们热火朝天地介绍着自己带来的用废旧材料制作成的工艺品。

片段三：废品回收献爱心

一大早，孩子们拎着自己和爸爸妈妈们收集的可回收物品走进了幼儿园，老师和孩子们将带来的可回收物品进行分类并有序摆放在操场上，有废旧电器、废旧纸张纸盒、废旧塑料、废旧衣物等。孩子们根据自身经验将自己带来的可回收物品进行分类，接着便等待物品回收的叔叔们给垃圾称重。户外活动时间，老师带着孩子们来到操场，引导孩子们说说今天带来了哪些可回收物品。孩子们立即回答："我带了废旧报纸！""我带了装零食的盒子。""我把家里的旧衣服带来了！"听了孩子们的回答后，老师告诉孩子们，生活中的这些物品，都是可以回收再利用的，并问道："我们今天带来的这些可回收物品，除了可以制作工艺品以外，还可以用来干什么呢？""可以通过工厂加工后再利用！""可以卖钱，将钱捐给有困难的人。"

反思与评价：

教师以苗苗带来的月饼盒为契机，围绕废旧材料的回收利用，通过谈话、投票、分

享、实践体验等形式，引导幼儿了解废旧物品的回收利用，懂得在生活中做到正确有意义地回收垃圾。幼儿在活动中讨论月饼盒“归”哪里，分享与父母制作的“工艺品”，体验垃圾回收献爱心，从而知道生活中的垃圾通过回收利用可以做这么多有意义的事情。因此，教师应该在幼儿一日生活中抓住点滴的教育契机，用适合幼儿的教育方法促进幼儿生态文明意识和行为的发展。接下来，教师将会引导幼儿了解如何正确将生活中的可回收物品进行打包分类，从而强化幼儿积极动手、自觉参与垃圾分类的意识和行为。

活动照片：

图 4-31　幼儿介绍自己的“工艺品”

图 4-32　幼儿寻找月饼盒

活动二　亲亲水宝宝

活动缘起：

盥洗活动是幼儿园一日生活中的重要内容，勤洗手，用正确的方法洗手，这些对于幼儿来说尤为重要。每次洗手，都会有小朋友在盥洗室发生争吵，有时是因为水龙头开得太大，打湿了衣袖，有时是因为打肥皂不关水龙头，水花四溅，引起大家的不满。

活动目标：有初步的节水意识，懂得珍惜水资源。

活动实录：

片段一：袖子打湿了

晨间活动结束后，小朋友放完书包，男孩子们走进了盥洗室。

王梓轩：“天天，你这边水龙头的水开得太大了，水都溅到我脸上了。”

杜易林：“恩恩，你手都洗半天了，还没有洗完吗?”

煦煦放声大哭，走到老师面前：“乐乐把我的袖子打湿啦。”

玩水是孩子们的天性，但浪费水是很不好的习惯。借着这个契机，我给小朋友讲了一个《水宝宝，不哭了》的故事，告诉小朋友水资源很可贵。听完故事后小朋友纷纷说：“我们再也不浪费水啦。”

片段二：水从哪里来

亲近水是每个孩子的天性，我们要尊重孩子的天性，给他们提供充足的玩水机会，然后安排小值日生监督，让孩子们洗手时做到不玩水，不浪费水，洗手打肥皂时拧紧水龙头，培养幼儿节约用水的良好习惯。由于班级内幼儿较多，我们还将幼儿分组，让孩子们轮流洗手，避免了过于拥挤的情况。

反思与评价：

美国心理学家威廉·詹姆斯说："播下一个行动，收获一种习惯；播下一种习惯收获一种性格；播下一种性格，收获一种命运。"幼儿时期习惯的养成是非常重要的，孩子们从家庭走进幼儿园，在集体中如何养成一些良好的习惯，需要老师的耐心引导与教育。小小的洗手环节，看似不起眼，但既可以培养孩子节约用水的意识，又能培养孩子的卫生习惯，还能培养孩子从小养成做事排队的良好习惯，意义重大。希望每个幼儿教师都要重视起来。

幼儿天性好玩、好动，规则意识不强，所以单纯的说教是行不通的。在对小班幼儿进行教育时，可以利用幼儿的泛灵心理，赋予一些物体以鲜活的生命，从而让幼儿产生共鸣，这样会更好一些。

活动照片：

图 4-33　打肥皂时关掉水龙头

图 4-34　幼儿洗手不玩水、不浪费水

活动三　对野生动物说"No"

活动缘起：

餐后活动时，小朋友们发现了防疫墙上的野生动物，开始了一系列的讨论活动。

活动目标：知道保护野生动物，不进食野味。

活动实录：

片段一：有意思的防疫墙

在幼儿餐后活动休息时，孩子们相互坐在一起玩雪花片，璐璐没有拿雪花片，只静

静地坐在板凳上东看看西看看，过了一会儿，我发现璐璐的眼睛定格在了班级的防疫墙上，仔细地观察防疫墙上的每一个动物。这时候刚吃完饭的凡凡坐在璐璐旁边，璐璐对凡凡说："凡凡，你看！这些动物都是野生动物呢，就是有人吃了它们才出现了病毒，所以我们都戴起了口罩，对不对？"凡凡说："再也不能跟原来一样了！"然后身边的小朋友听到了附和说："对啊，我们现在每天上幼儿园都要消毒和测体温了。"

片段二：阅读野生动物绘本

于是第二天老师在孩子们的餐后活动中，安排孩子们阅读关于野生动物的系列丛书以及关于保护自然的相关绘本，孩子们在阅读后和老师进行了讨论：

成成说："哦，原来野生动物身体上都有好多好多病毒啊！"

轩轩说："对，还有寄生虫！那它们怎么不会生病呢？"

看到孩子们一脸惊讶的表情，老师说："它们在大自然生活，可以跟病毒共同生存，所以不会生病。但是我们人类可不一样哦，那如果野生动物当了食物会怎样呢？"

君君说："那就会感染新冠病毒，生各种各样的病！"

每一个动物都是生命，每一个生命都值得敬畏和尊重，野生动物是人类赖以生存的生态系统的重要组成部分，保护和合理利用野生动物资源，对于维护生态平衡，改善自然环境，促进社会经济持续、稳定发展具有重大意义。

反思与评价：

2019 年，在全球范围内多个国家爆发了新型肺炎疫情，为加大对野生动物保护的宣传力度，提高广大幼儿及家庭对野生动物的爱护意识，教师让孩子们在生活中，利用会说话的防疫墙面以及每天常规餐后活动阅读、手指游戏等潜移默化地让孩子感知和感受疫情给我们生活带来的改变，让孩子们树立正确的环保理念，增强他们爱护野生动物的意识。

活动照片：

图 4-35　观察防疫墙上的标志

图 4-36　阅读有关野生动物的绘本

活动四 大家的美好“食”光

活动缘起：

最近发现孩子们吃饭比较慢，喜欢一边吃饭一边讲话。如果有老师在旁边督促，情况会好一些，但如果老师不在旁边督促，他们就会偷偷聊天，从而导致吃饭越来越慢。午餐时间结束，发现有的孩子桌子上、地上都洒了饭粒，有的孩子碗里的饭还没吃干净，就匆匆放碗了。

活动目标：知道用餐时要保持清洁、安静进餐、节约粮食，养成用餐的好习惯。

活动实录：

片段一：探讨进餐礼仪

既然要养成文明用餐、懂礼仪的好习惯，就应该从孩子自身出发。在午饭前，教师开展了餐前谈话活动，通过用餐不当的图片引发谈话内容，请孩子们说一说图片中小朋友的行为是否正确？孩子们踊跃地发言，能够明确地指出对错。“宝贝们，你们认为怎样做才是文明进餐呢？”“我会在吃完饭的时候把桌面的米饭收拾干净。”“我会提醒小朋友不浪费食物。”“我们排队的时候不能讲话，要排好队。”“在家的时候妈妈说要吃多少打多少。”孩子会主动说出他们会怎样做。在交谈中，孩子们逐渐知晓了在进餐时应该遵守哪些进餐礼仪以及该怎样做。

片段二：环境改变习惯

都说环境可以改变一个人的行为，老师提议将幼儿探讨的结果做成一份“文明进餐懂礼仪”的表现记录表，孩子们对这个提议明显有很大的兴趣。“宝贝们，那我们一起来完成这个任务吧。”首先，明确探讨的内容，确定进餐时需要注意的四个方面，即餐前分发餐具、排队取餐、安静就餐、餐后整理桌面碗勺。其次，向幼儿讲解清楚记录表应怎样记录。“宝贝们，每天都有值日生，值日组长负责检查小组的情况并进行贴星记录。每组的小组长观察组员吃饭的表现，餐后进行贴星记录。”最后，将进餐礼仪以图画的形式绘制成两份小组表，请孩子自己根据表现用贴纸来记录。

片段三：记录点滴习惯

在两周的时间内，老师除了观察幼儿的表现情况外，还通过图片、视频、文字等记录每位幼儿用餐的进步点和出现的问题。在每日午餐后老师会组织幼儿一起沟通他们认为自己进步的地方，并用文字记录下来。半个月的时间内，将积累的素材整理为视频，在一次餐前活动时播放给幼儿看。当他们在视频里看到了自己的进步时，老师对有进步的幼儿给予奖励并针对个别幼儿进行生活指导。

反思与评价：

播下一个行动，收获一种习惯；播下一种习惯，收获一种性格；播下一种性格，收获一种命运。积极倡导勤俭节约、反对浪费的文明新风，以传承中华民族勤俭节约的传统美德，让幼儿从小懂得节约用餐、礼貌用餐，养成文明进餐的好习惯。教

师通过谈话、环境创设、自主记录等形式引导幼儿正确文明地进餐，通过一系列活动，幼儿知道用餐时要保持桌面清洁、安静进餐、节约粮食，养成用餐的好习惯。因此，教师应该根据幼儿日常生活中的各种表现及时发现教育契机，引导幼儿主动参与其中，发现自己不正确的行为，并通过实际行动去改正。希望我们能将美好的礼仪小种子播种在每个幼儿的心田，待他们慢慢发芽，在未来成长的日子里开出更多更美的礼仪之花！

活动照片：

图 4-37　幼儿文明进餐

图 4-38　幼儿饭后漱口并保持口腔清洁

小鸡球球你好

活动缘起：

早晨入园时，何礼靖带来了自己家的小鸡宝宝到班级自然角观察，照顾新朋友成了孩子们每天的必修课。

活动目标：文明养宠，学会关心爱护、照顾小动物们。

活动实录：

片段一：欢迎，小宝贝

小假期结束后，孩子们收到了一份礼物——靖靖小朋友带来了一只鸡宝宝。对于新朋友的到来，小朋友们特别开心，相伴而生的问题也来了。

溪溪：“为什么鸡宝宝是毛茸茸的，像一个毛球？”

宸宸：“鸡宝宝能吃什么呀？”

文文：“我们怎么抓小虫子给它吃呢？”

轩轩：“它的耳朵在哪里啊！”

沐沐：“鸡宝宝会和乌龟宝宝一起游泳吗？”

孩子们一言我一语对鸡宝宝有着问不完的问题。动物是孩子们最喜欢的朋友。于是，大家留下了这个新朋友，让孩子们肩负起了饲养它的责任。

片段二：你好，球球

饲养小鸡的第二天，孩子们一来幼儿园别提有多兴奋了。早餐后孩子们都围住小鸡，都想跟小鸡玩，孩子们不停地喊小鸡小鸡，小鸡都不理睬大家，突然嘉多宝问老师："我们是不是要喊小鸡的名字，它才会理我们？"老师说："它还没有名字呢，要不你们给它取一个好听的名字。"有的说叫宝宝，有的说它全身毛茸茸的就叫茸茸吧，另一个孩子说它身体像毛球，就叫它球球吧。大家听了都连连点头同意。

片段三：我来当妈妈

饲养小鸡的第三天，早餐后孩子们在外面晒太阳时又围住小鸡球球的小房子，老师连忙引导孩子们观察球球的外形特征，这时孩子们急切地问："老师，球球为什么不出来晒太阳啊？能让球球出来走走吗？你刚才不是说要经常晒晒太阳补补钙，多锻炼身体才会更健康吗？"然然说，小鸡在小鸡笼已经关了一天了，要让它出来活动活动。老师同意了孩子们的想法后，然然激动地打开笼子的门，可是球球怎么都不愿出来，于是孩子们想了些办法：

方法一：拿落叶逗它。

方法二：拿心爱的玩具吸引它。

方法三：轻声叫球球的名字，发出叽叽的声音。

这些方法都没有奏效！捡树叶拿到笼子外，引它出来，球球看到了走了几步，又叽叽叫了一会儿。这时轩轩想到垃圾盘里有小朋友掉落的米饭，抓了一些跑到球球笼子外，球球看到米粒马上就跑了出来，大家都说他的办法好。连续几天，小朋友都会从家里带来米粒，吃完饭就会迫不及待地去植物角给小鸡球球喂食物。

反思与评价：

生命教育，应该从儿童做起，培养孩子的爱心，应该从爱护小动物开始，只有这样，孩子们才能从珍爱小动物到珍爱大自然，再到珍爱自己的生命，珍爱他人的生命。饲养小动物恰恰可以丰富儿童的生活内容、培养儿童的责任心，有助于儿童性格的多方面发展。因此，教师通过小朋友带来小动物的契机，在一次次出现问题时，让大家一起讨论、想办法。整个过程，教师都在培养孩子对小动物的关爱品质。通过关心爱护小动物培养孩子的爱心。和孩子一起饲养一些小动物，在照顾小动物的过程中培养孩子的爱心。当看到小动物受伤了，可以和孩子一起想办法去帮助它，小动物生病了，可以带着孩子去照顾它。孩子也从中得到了潜移默化的爱心教育，从关爱小动物开始，逐渐变成关爱身边的人。另外，培养孩子爱护小动物可以丰富孩子的情感，让孩子在照顾小动物的过程中体验各种关于爱的情感。在与小动物接触的过程中，让孩子了解，小动物也是有生命的，它们同样会感觉到痛，会感到不舒服，我们要爱护它们。

活动照片：

图 4-39　幼儿观察小鸡球球

图 4-40　给小鸡喂食物

活动六　让小花小树回到妈妈身边

活动缘起：

户外活动时，钰钰跑来告诉老师琪琪又摘花了。老师过去一看，一朵小小的粉红色的花被琪琪攥在手心里，还有几片绿油油的叶子躺在了小朋友做游戏的小椅子上。

活动目标：让幼儿学会爱护花草树木，不随意采摘。

活动实录：

片段一：小花小树叶去哪儿了

知道了这件事情之后我非常生气："琪琪，老师不是带领大家学过《花儿好看我不摘》的诗歌吗？教过你们要爱护花草，知道不能摘花，不能摘树叶吗？你为什么要这样做？"琪琪哭了："我想用它们做饭。"原来，孩子们在玩娃娃家的游戏，琪琪当妈妈，她把小树叶、小花采回来是要给宝宝做饭的。这一次老师决定改变主意，让孩子们把小花和小树叶带回去。老师对所有的孩子说："我们把它们带回教室吧，小朋友可以天天看着它们。"回到教室，我把这些小树叶和小花装到了一个玻璃瓶子里，摆在教室的窗台上。

片段二：小花小树叶变了

第二天，琪琪告诉我："小树叶好像没有昨天绿了，花瓣有点蔫了。"

第四天，孩子们发现，小树叶的边变黄了。又过了几天，孩子们发现，小树叶变黄了，干枯了，小花发黑发霉了。

片段三：送小花小树叶回到树妈妈的身边

在和小朋友一起亲身经历了小花和小树叶的变化后，老师给他们讲述了关于小花和小树叶的故事。小花和小树叶在树妈妈的怀抱里生活得可幸福了，树妈妈每天都给它们充足的营养和水分，所以小树叶总是绿油油的，充满了生机和活力，花儿总是鲜艳的。可是，有一天，它们被小朋友给拽了下来，小树叶离开了树妈妈，多么伤心呀，树妈妈失去了它的孩子，不能给它们营养和水分，多着急呀！小树叶和小花吃不到食物、喝不到水，慢慢地就会死掉，小花和小树叶多可怜呀！

孩子们听得非常认真，纷纷地说："我再也不摘花了。小树叶真可怜，以后我看到有有摘花就告诉他不可以，这是错误的！"琪琪悄悄地走到老师身边说："老师，我以后再也不摘它们了。我把它们送回去吧！"于是，老师和小朋友们一起，把枯萎的小花和小树叶送回到树妈妈的身边。

反思与评价：

如何让孩子体验错误所带来的后果，如何让全体孩子都能知道这样做的不良后果，引以为戒呢？我们不如让孩子亲自体验一下，将已经摘下的小花和小树叶带回教室，亲自观察它们由生机盎然变枯萎的过程，利用一段感人至深的植物对话，让幼儿深刻地理解孩子和妈妈那种割舍不断的亲情，让幼儿从根本上认识到这是一种错误的行为，以及这种行为所带来的严重后果，同时，唤起幼儿的同情心，让孩子真正地站在树妈妈的角度来想问题，学会从别人的角度考虑问题。

活动照片：

图 4-41　幼儿观察小树叶

图 4-42　猜猜小树叶在说什么

活动七　树叶宝宝不哭了

活动缘起：

早餐过后，孩子们端起小椅子坐到了走廊边，他们有的面对面说笑，有的拿着绘本在阅读，有的在种植角观察植物。就在这时，馨馨和豆豆不见了，当老师四下寻找时，

苗苗跑来告诉老师说："豆豆扯小树叶，豆豆扯小树叶。"原来他们俩跑到了花坛边，一边摘树叶，一边用脚踩着，地上落了许多绿色的叶片。

活动目标：感受小树是有生命的，懂得用正确的方式爱护小树。

活动实录：

片段一：听听小树的声音

发现豆豆和馨馨的行为后，老师没有立刻制止他们，而是轻轻地摸了摸小树的叶子说："小树，小树，你别哭了！我来摸摸你的头，这样你就会好一点。"听到老师这样说，两个孩子立刻停止了自己的行为，睁大眼睛好奇地问："老师，它会说话吗？你怎么知道它在哭呢？"于是我牵着孩子的手说："你们扯下来的是小树的头发，他们痛得直哭，已经告诉我了。"豆豆也贴着小树听了听，她疑惑地说："我没有听见啊？"于是老师告诉孩子们，你们如果想要听到小树的声音，就要和它做朋友，要学会爱护它。豆豆和馨馨立马答应要好好爱护小树，想要和小树做朋友。

片段二：和小树做朋友

户外游戏时，老师带着孩子们来到小树旁，告诉他们小树受伤了，他们的头发被扯了下来，现在很难过，希望能够得到小朋友们的关心。这时孩子们都围了过来，他们摸摸小树的叶子，听着老师讲小树的故事。听完故事之后，孩子们天真地和小树打着招呼，有的关心小树没有喝水，有的担心小树会怕黑，还有的摸着小树叶说悄悄话。老师引导孩子们回忆自己平时是怎么交朋友的，告诉孩子们如果和小树交朋友，就可以听到小树说话的声音了。孩子们立刻回答："不能扯树叶，不能打小树，不能拔小树，不能把衣服压在小树的身上。"孩子们都愿意保护小树，和小树做朋友，豆豆和馨馨也不例外。

片段三：谢谢可爱的小树

家长和孩子一起制作了各种各样的护绿牌，牌子上是孩子用彩笔画出的彩色小树，家长帮忙写上了孩子想对小树说的话。晨间活动时，我们带着孩子来到幼儿园里的各个地方，寻找可爱的小树，并为它们挂上护绿牌。孩子们围着护绿牌仔细欣赏，挥着小手对小树说："小树，小树，谢谢你给我们清新的空气。""谢谢你挡住风沙。""谢谢你为我们挡住太阳。""你要长得高高的，大大的，让小鸟住进你的家。"

反思与评价：

教师充分利用了幼儿的泛灵心理，通过谈话、观察、实践等活动，引导幼儿感知树木是有生命的，从而了解树木在我们生活中的重要作用。孩子们在活动中听树木的故事，与树木产生共情，体验树木受伤之后的难过，从而主动停止了伤害小树的行为。通过一系列的活动，让幼儿感知树木的生长与我们人类之间的关系，引导幼儿关心身边的小树，用自己的方式表达对小树的喜爱之情。当幼儿在生活中出现了不良行为时，教师要善于运用适合幼儿的方法对幼儿实施教育，让幼儿产生文明行为。生活中的点滴引导是非常重要的，教师要善于发现教育契机，利用多种方法来促进幼儿发展。

活动照片：

图 4-43　幼儿和小树做朋友

图 4-44　幼儿表达对小树的感谢

植物养护日记

活动缘起：

午餐后，老师听到值日生关于“咖喱土豆”的一场对话。“为什么土豆可以这么好吃，今天的土豆真是太香了！”“土豆炸成薯条加上番茄酱是我最爱吃的。”“你知道土豆是从哪里长出来的吗？”“应该是从泥巴里面。”“我们一起去问问老师吧。”于是，老师在本周科学活动“植物的生长奥秘”中为幼儿们讲解了植物水培和土培的生长过程，并借助班级值日小组开展了“植物的生长奥秘”的成长日记活动。

活动目标：通过每日值日生浇水，观察并记录土豆的水培和土培两种方式的成长过程。

活动实录：

片段一：值日生的小任务

以更新本学期的植物角创设为契机，在教学活动时请幼儿共同种植了水培土豆和土培土豆，并设计观察记录表放在植物角。

完成种植环节后，通过谈话方式引导幼儿思考怎样照顾土豆宝宝，幼儿分享了很多方法，比如：每天在固定的时间去照顾植物；根据不同的天气进行施肥工作；在放学的时候把植物放在水槽里……结合幼儿的回答，引导幼儿通过值日小组成员两人合作并轮流的形式来照顾植物角的植物，记录好土豆宝宝的成长过程。有了实施方案后，老师设计了一个植物角照料打卡表，通过和幼儿交流的方式，向幼儿展示打卡表的要求和要完成的任务，值日生完成当天的照顾工作后，自己用水彩笔画上一个圈圈。

片段二：今天我来照顾你

观察土豆的生长过程，共同交流植物角照料打卡表情况。

经过 12 天的悉心照顾和观察记录，土培和水培的土豆都发了绿绿的小嫩芽。吃完早餐后，幼儿兴高采烈地跑进教室和同伴们分享这个好消息，饭后消食的时间，老师便组织幼儿一起去植物角观察土豆，同时拍摄植物角图片。幼儿交流了土豆的生长情况后，拿出观察记录表和打卡表，请值日生交流照顾植物角的感受，并说说照顾植物的流程。通过交流活动幼儿知道水培土豆 10 天才能换一次水，要放在太阳的散射光下，同时引导幼儿注意观察其他植物的生长情况。讨论结束后，老师鼓励还没有值日的幼儿要坚持下去，当遇到不会操作的地方可以和同伴及老师交流。

片段三：植物大变身

师幼交流：20 天后的植物角是什么样的？

随着绿绿的小嫩芽长出后，幼儿更加关注它们了。因为疫情原因，居家了一周后复学，幼儿看到植物角的植物大多还存活着，并且土豆都已经长出了长长的小根茎和绿叶，土培土豆比水培土豆的长势更好。植物角其他的植物除了有些泛黄外整体都很健康。经过一个月的时间，幼儿通过值日生的形式，用心照顾植物角，观察到土培和水培的土豆从半块土豆块长出根茎和绿叶的过程。同时老师通过视频、照片等形式记录幼儿种植、照顾植物的过程，并剪辑播放给幼儿看，师幼共同讨论、分享种植感受。

反思与评价：

植物角是幼儿认识自然界的窗口，它为幼儿提供了天天接触、长期观察、亲自管理、动手照顾的机会，培养了幼儿爱自然的美好情感。以值日生照顾植物的方式，让每一位幼儿都可以参与其中，比如：有的幼儿渐渐地知道不一样的植物浇水量不同。但是，因为疫情的缘故，本次活动搁浅了一周，幼儿只观察到了土豆发芽的整个过程，却没有看到土豆长出根茎和长出绿叶的过程。在下一次植物角种植活动中，尝试换成种子类的植物。采用值日生的方式请幼儿参与到照顾植物的活动中，不仅能让幼儿感受和观察到生命的成长历程，而且还能培养幼儿的责任意识，进而体验劳动的快乐。

活动照片：

图 4-45 值日生在浇花

图 4-46 值日生在做记录

第四节　绿色生活

大声与小声

活动缘起：

离园时，孩子们下楼梯很安静，当走到走廊排队准备放学时，孩子们开始有说有笑，檬檬跟园外的爷爷打招呼，朵朵回头和蔡蔡讲话，还有好几个小朋友很激动一边招手一边喊："妈妈、爸爸我在这！"当我开始点名放学时，几个小朋友都没有动，朵朵说："老师，我没有听到你点我的名字呀"。淇淇马上接话说道："都怪你们太吵了，我都听不到了。"

活动目标：能通过分贝测试仪调整自身音量大小。

活动实录：

片段一：噪声的来源

第二次离园，幼儿们排好队准备放学，当看见门外的家长，孩子们的第一反应是特别兴奋，有的幼儿依旧大喊"妈妈！""爸爸！"。有的孩子在说话的时候习惯性地把声音提高八个度，似乎要压过周围的声音。于是在离园的时候，老师没有直接点名放学，而是静静地站着等孩子们安静，这时候桐桐发现我没点名，拍了拍前面在大叫的檬檬，檬檬马上反应过来不出声了，边上的朵朵听着声音渐渐变小，转过身安静排队，这时候老师问："孩子们，我们马上放学了，可是刚刚出现了好大的噪声，是从哪儿来的呢？"孩子们一起回答说："是我们的小嘴巴在大声说话。"老师马上问道："那如果我们都像这样大声说话，你们能听到老师点你们的名字吗？"朵朵这时候说道："听不到的，我昨天就没有听到点名字。"于是老师告诉孩子们，声音过大时发出来的就是噪声。然后问他们是否喜欢噪声，孩子们异口同声地说道："不喜欢噪声。"个别小朋友开始做噤声动作提示身边的孩子安静。

片段二：噪声与乐音

在做完操回到教室休息时，果果突然走到老师面前疑惑地问道："老师，声音很大的是噪声，那不大的时候是什么音呢？"老师笑着告诉她说："声音过大的是噪声，那不太好听的是乐音。"这时候老师发现孩子们能分辨大声和小声，但是讲着讲着就会控制不住越来越大，于是大家开始讨论噪声与乐音。老师拿出分贝测试仪，让孩子们观察，孩子们发现当说话时，上面的数字会变，有时候大，有时候小，于是大家开始玩大声和小声的游戏。当做小声动作时，幼儿小声发出"啊"的音，当做大声动作时，幼儿大声说"啊"并观察分贝测试仪。有幼儿发现，声音越大，分贝测试仪的分数越高；声音越小，分数越低。这时候，老师让幼儿各自分享自己喜欢大声还是小声，并问他们为什

么。这时幼儿们觉得大声说话太吵了，都选择了小声。于是老师把分贝测试仪放在教室，发现孩子们有时候说话会时不时地看向分贝测试仪。

片段三：分贝测试仪

将分贝测试仪带到幼儿离园的地方放好，这次离园时，孩子们都发现了分贝测试仪，当整理好队伍后，孩子们开始主动观察分贝测试仪，当他们发现分贝数字有些高时，很自觉地都安静下来了，同时还会拍拍身边没看到的幼儿，做手势提醒他安静下来。

反思与评价：

孩子为何会这么大嗓门地说话呢？天生就是这样吗？遗传的因素固然有，但更多的是受外界环境的影响。除了离园时，有时几个孩子在共同讨论一个话题，大家都有很强的表现欲，都急于表达。于是争先恐后，互不相让，你一言我一语。而这时，有的孩子为了引起同伴的注意，往往会采用大声嚷嚷的方法，以为只要自己大声地喊，就能超过别人的声音，就能被大家听到。比如："你的声音这么大，我的声音比你还要大。"这样就造成了"一浪高过一浪"的现象。于是老师在放学的时候，利用分贝测试仪，让幼儿明白放学时发出的声音太大，会形成噪声。当幼儿学会观察分贝测试仪，了解噪声与正常音的区别后，在放学时就学会了安静等待。同时，幼儿还会提醒家长们排队时保持安静。

活动照片：

图 4-47　认识分贝测试仪

图 4-48　观察分贝测试仪变化

活动二　低碳绿色出行

活动缘起：

离园时，孩子们一个一个都被接走了，只剩下萱萱、果果和康康还没有人来接。萱萱和果果马上走到长椅上坐下，萱萱对康康说："康康，你快来坐呀。"康康回过头对萱萱说："我爷爷马上就来接我。"这时萱萱说："我的爸爸每次都最后一个来接我。"结果没一会儿，康康的爷爷骑着小电瓶车来了，萱萱看到后叹气说："唉，我的爸爸说他的车很大，路边车很多。"果果说："我希望妈妈快点来接我。"放学时，个别家长开车来接幼儿，由于小区路面较窄，出入车辆较多，容易堵车。

活动目标：知道距离远可开车或乘公交车，距离近可以走路或骑自行车入园。

活动实录：

片段一：探秘交通

离园时间到了，小朋友一个个都安全离园了，这次只有萱萱和果果还在走廊上等待着，于是老师问她们："宝贝们，你们知道今天是谁来接吗?"萱萱说："今天是爸爸来接我。"果果说："今天是妈妈来接我。"老师又问："那你们的爸爸妈妈是怎样来接你们的?"萱萱和果果一起说："开车来接我。"原来，她们都是爸爸妈妈开车接回家的。于是老师带着孩子们来到校门口，看着外面的道路，问孩子们："你们的爸爸妈妈从哪边来接你们?"果果和萱萱指向了同一个方向，顺着手指的方向望过去，路边全是停靠的小轿车。这时候果果问道："老师，路边为什么停了这么多车?"老师笑着说："因为这个小区有很多人住，不出门的时候车就会停在路边呀。"萱萱愁眉苦脸地说："这路边的车也太多了，我爸爸的车好大，会不会进不来?"果果看着萱萱说："我妈妈的车也很大，上次开出去用了好长时间。"于是老师告诉孩子们："我们桃花岛小区路面较窄，路边也有很多停放的车辆，小区内部出入车辆较多，在上学和放学时，也会有很多像你们爸爸妈妈一样开车来的，这更容易造成车辆堵塞，从而导致来晚。"

片段二：低碳绿色出行方式

放学前与幼儿讨论回家的方式，了解到有些幼儿是和家长走路回家的，有些幼儿是和家长骑电动车回家的，还有些幼儿是坐车回家的。这时萱萱说："我的爸爸是开车来接我回家的，但是每次都来晚了。"果果马上举手表示赞同。于是我们一起探讨怎样的出行方式最环保。部分幼儿觉得步行最环保，又有部分幼儿觉得开车环保，于是我们欣赏了绘本故事《汽车睡觉的一天》。马路上所有的汽车都必须在家睡觉，这样城市里就没有汽车的踪影，而行人、动物都可以随心所欲地在大马路上行走、玩耍。在这样的日子里，大家都闻不到难闻的汽车尾气，也听不到汽车的喇叭声，只有新鲜的空气。欣赏完故事后，幼儿们纷纷改变自己的意见，觉得步行和骑车是最环保的，不仅锻炼了身体还减少了汽车尾气排放量。于是我们一起讨论最佳的出行方式，如果去的目的地很近，我们可以走路和骑车，去比较远的地方可以选择乘公交车、地铁或者开车出行。

片段三：安全"童"行

又到离园时间，小朋友们都在走廊上等待家长来接，这时萱萱对果果说："果果，我家就住在对面，我的爸爸这次不开车了，走过来接我。"果果笑着说："我家住得也不远，妈妈答应今天骑车来接我。"萱萱想了一会儿说："那我们一起等等吧。"没过一会儿，就看到萱萱爸爸和果果妈妈来到幼儿园。萱萱开心极了，上去抱着爸爸说："爸爸，你今天来得好早哦。"果果也开心极了，冲过去抱住妈妈说："妈妈骑自行车最

棒啦！”

反思与评价：

低碳生活，绿色出行是节能、环保、绿色、生态、健康的一种生活方式。我们通过幼儿园的围栏观察小区路面，让幼儿了解小区路面情况，初步有一个绿色出行的概念。老师通过绘本故事《汽车睡觉的一天》让幼儿明白乘坐公共汽车、地铁等公共交通工具，合作乘车，环保驾车、文明驾车，或者步行、骑自行车等绿色出行方式可以降低出行中的能耗和污染，同时让幼儿根据自己要去的目的地距离来选择最佳出行交通工具。

活动照片：

图 4-49　一起学习交通规则

图 4-50　一起讨论低碳出行方式

活动三　消失的纸巾

故事缘起：

厕所里的纸总是不翼而飞，从以前的三天一卷变成现在的一天一卷，实在是用得太快了。纸巾到底去了哪里？我们决定一探究竟。

活动目标：知道正确的取纸方法并能做到不浪费纸张。

活动实录：

片段一：纸巾消失了

静静在厕所里面大喊：“老师，纸又消失了。”还没等老师走过去，几个孩子已经围在纸巾旁边讨论了起来。

彤彤说：“我们用得太多啦！”乐乐举手说道：“有很多小朋友在浪费纸。”“我们不能随便浪费纸！”月月大声地说。听完月月说的话，许多小朋友纷纷附和。

于是，老师趁热打铁，说道：“为了让纸巾不再难过，我们要用正确的取纸方法哦！”有的孩子说自己不会扯纸；有的孩子说自己每次用纸都会将纸扯坏，将纸撕成了一条一条的……看来，大家是没有掌握取纸用纸的正确方法，才导致用纸速度很快，浪费了很多纸。

片段二：一起行动吧！

晨间活动时，老师带领孩子们来到操场旁的大树旁，轻轻抚摸大树树干："谢谢你，大树先生，谢谢你给我们带来了许多的纸张。"

小朋友们纷纷凑到大树前，睁大眼睛，摸一摸大树。老师告诉他们："大树先生非常能干，大树先生每天非常辛苦地为我们制作纸巾呢。它希望小朋友们能够不浪费纸巾。"

小朋友们纷纷答应老师，并评选出了一个纸巾监督员，请他督促小朋友们不浪费纸巾。在如厕时，纸巾监督员根据线条标注的使用量进行监督，提醒小朋友们取纸时，注意节约。

反思与评价：

一日生活皆课程，生活活动也隐含着丰富的教育契机。幼儿通过集体讨论的方式，根据幼儿年龄特点采取行动，利用共情的方式，让幼儿明白浪费纸张是不文明的行为。通过一次次活动，幼儿逐渐意识到不能随意浪费纸张，用纸取纸时也会十分注意。教师需要从幼儿角度出发，耐心教育与引导，帮助幼儿养成不浪费的好习惯。

活动照片：

图 4-51 幼儿根据线条标注取纸

图 4-52 小小监督员提醒幼儿节约用纸

活动四 按时睡觉身体好

活动缘起：

幼儿园作息制度中的午睡，是保证孩子有充足的睡眠，利于孩子健康成长的措施之一，幼儿身体正在发育之中，从早晨到中午，由于参加集体教育活动和各种游戏活动，身体一定很疲劳，尤其需要午睡。午睡有益幼儿身心。午睡是幼儿一日生活中的重要环节，从医学保健角度分析：幼儿睡觉时，身体各部位和神经系统都在进行调节，氧和能量的消耗最少，利于消除疲劳，内分泌系统释放的生长激素比平时增加数倍，所以，睡眠的好坏直接影响着幼儿的生长发育、身体健康和学习状况。

活动目标：知道睡觉对身体的好处，养成独立睡觉的好习惯。

活动实录：

片段一：老师，我睡不着

妞妞小朋友是一个可爱漂亮的小女孩，平日里自尊心很强，喜欢听老师表扬她，每天穿自己喜欢的衣服，梳着各种小辫子，可是唯一一点就是不喜欢午睡。随着近期天气变暖了，一开始她能乖乖地上小床上去午休，当大部分小朋友睡熟了的时候，总能看到她躺在那里翻来覆去地睡不着，有时候还搅得旁边的小朋友也睡不着。

片段二：午睡评价牌

因为每个孩子的生物钟、当天的活动量、前一天的睡眠时间都不同，有的孩子经过教师的帮助可以稍晚入睡；有的孩子起得早，或上午运动量充足，可以很快入睡；当然也有一小部分孩子精力特别旺盛，午睡确实有困难。当出现这种情况时，老师允许孩子躺在床上休息，只要做到不发出声音、不打扰其他人睡觉即可。老师在班级生活区设计了"午睡评价牌"，上面分为"睡着了"和"不吵闹"两种，并强调了午睡时的规则。有了这块"评价牌"，很多以前不愿意午睡的孩子，会请求老师帮助自己入睡，这样就可以在起床时把学号牌贴在睡着的地方。当然，实在没有睡着的孩子也能骄傲地说："我今天午睡很安静，没有吵到其他人！"

反思与评价：

学会生活是孩子在园的主要学习内容之一，生活能自理、自律是非常重要的能力。为了让孩子们懂得自律，遵守规则，老师在午睡环节增加了自评。班上的午睡氛围也比较宽松，不强求孩子们午睡。

评价表对孩子们来说是一种积极的暗示，能激励孩子们自觉遵守规则。自从教师将评价表放在了午睡室，孩子们就变得越来越自信了，在集体面前能够自信地进行自我评价，每个人的脸上都洋溢着自豪和骄傲，正向的强化让班级规定也越来越好。教师也从中获益颇多，午睡管理轻松了，说教变少了，赞扬变多了，孩子们也会对老师说："老师，你今天说话的声音好温柔！"每当这时，我们总会报以春风般的微笑！

活动照片：

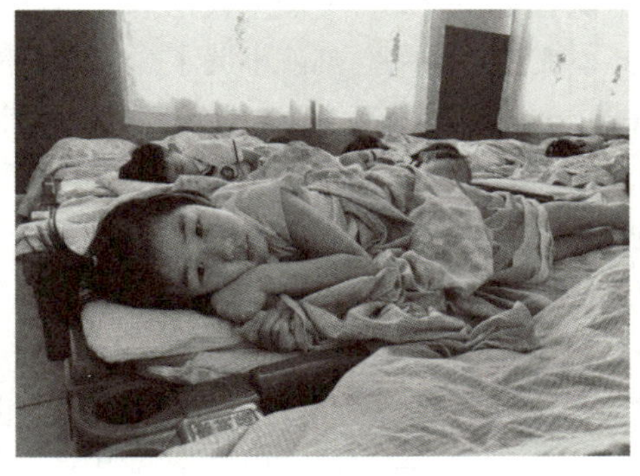

图 4-53　幼儿入睡困难

图 4-54　午睡评价牌

活动五　调皮的光宝宝

活动缘起：

午睡时，旭旭小朋友是睡在窗边的。他的眼睛一眨一眨的，睡得特别不安稳。我问他怎么了，他说太亮了他睡不着。夏天的光线特别明亮，再加上今天是晴天，阳光特别刺眼睛，即使拉上窗帘也不能阻挡光线，光很严重地影响了幼儿的睡眠。

活动目标：避免光污染，拥有健康睡眠。

活动实录：

片段一：认识光宝宝

午睡起床时，老师拉开窗帘，问小朋友们有什么不一样，小朋友们异口同声地说："天亮了"！"为什么会亮呢？"老师追问。艳艳说："因为外面有太阳，所以很亮。"艳艳刚说完，泽泽就接着说："晚上没有太阳，月亮出来了也会亮。"依依说："没有太阳和月亮时，开灯也会亮。"老师说："你们想一想，这些能亮的物体都有什么共同特点呢？"小朋友们想了一会儿说："他们都会发光。"看来小朋友们都观察到光亮和太阳、月亮没有必然关系，而是和光宝宝有关。

片段二：调皮的光宝宝

第二天天很阴暗，像晚上一样，进睡房之前老师开了灯，小朋友脱完衣服和老师互道午安之后，老师就把睡房里的灯关了。这时隐隐约约听到一阵阵哭泣声，原来是果果小朋友害怕黑暗，希望开灯睡觉，听他说完以后，其他小朋友也表示希望老师能开灯。白炽灯、日光灯这类冷色灯光对眼睛的刺激比较大，会影响孩子们入睡。老师没有提前告诉孩子们而是打开了灯让他们自己感受，果然没一会儿旭旭就说："这个光宝宝太调皮了，总在我眼睛上面，我都被照得睡不着了。""我也睡不着。""我也觉得太亮了。"小朋友们开始嫌弃光宝宝了。

片段三：避免光污染

针对孩子们怕黑又怕灯光刺眼的情况，老师试着用小夜灯。一般来说这些小夜灯光线柔和，不会对人体健康产生太大的危害。刚打开小夜灯，果果立刻就不哭了。但随着时间的推移，小夜灯会越来越亮。老师再次做了尝试，小夜灯使用半小时，在这半小时内请所有幼儿尽量入睡。等他们睡着后就关掉小夜灯，若半小时后，小朋友还是睡不着，就再次开灯。每天坚持这样的锻炼，慢慢增加关灯的时间，一段时间后伴灯入睡的问题终于解决了。

反思与评价：

在幼儿园一日生活中，午睡这个环节特别重要，教师要为幼儿营造良好的睡眠环境，培养幼儿良好的作息习惯，保证幼儿拥有良好的睡眠。针对孩子们怕黑又怕刺眼睛的午睡问题，教师采用谈话法先让幼儿认识光宝宝，然后让孩子们亲身体验光污染对生活的不良影响，最后通过系统脱敏法慢慢增加关灯时间，帮助孩子们改掉了伴灯入睡的习惯，并建

立了良好的午睡习惯，提高了午休质量，让每一位小朋友健康、快乐地成长。

活动照片：

图 4-55　幼儿寻找窗外的光宝宝

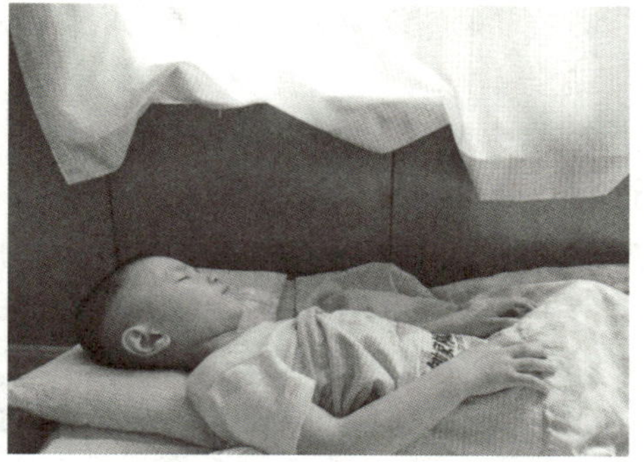
图 4-56　幼儿午睡时光宝宝刺眼睛

正确睡姿很重要

活动缘起：

午睡起床时，逸逸的手发麻，哭了起来。老师着急地问着，逸逸不好意思地说："我睡觉的时候不小心把手放到脑袋下压住了。"原来，是睡觉时把手放在脑袋下导致了手麻，老师意识到睡觉的姿势在整个午睡的过程中也十分重要。

活动目标：午睡时能选择舒服并且健康的睡姿。

活动实录：

片段一：我喜欢的睡姿

午睡之前，老师请孩子们说一说喜欢什么样的睡姿，孩子们七嘴八舌地开始说起来了。雅雅说："我喜欢把手放在被子外面，躺着睡。"乐乐说："我喜欢趴在枕头上睡。"彤彤说："我喜欢侧着身体睡觉。"孩子们的睡姿有很多种，虽然都是孩子们喜欢的睡姿，但也不乏影响孩子们健康的睡姿。

片段二：舒服的睡姿

针对午睡睡姿情况，老师组织了一次谈话活动，孩子们七嘴八舌地开始讨论什么样的睡姿是舒服的？依依说："我觉得手放在两边比较舒服，这样的话我的手不会麻。"泽泽说："我喜欢趴着睡，但是起床会流很多口水，不是很舒服。"默默说："我以前也是因为趴着睡流口水，现在躺着睡就不流口水了，我认为躺着睡最舒服了。"小朋友们有很多看法，也帮助其他小朋友解决了很多午睡的问题。

片段三：健康的睡姿

第二天午睡的时候，老师开始观察孩子们的睡姿，并拍照记录下他们睡觉的样子。组织教育活动时，老师把孩子们不良睡姿的照片给他们看，有趴着睡的，蒙头睡的，还有吃手睡觉的。老师问孩子们这是健康的睡姿吗？为什么？孩子们说这是他们喜欢的，应该是健康的。显然他们对正确的睡姿并不是特别理解，于是老师播放了一段关于正确睡姿的视频，给孩子们观看。瑶瑶说："不能趴着睡觉，会不能呼吸的。"玲玲说："不能蒙头睡觉，这样鼻子不能呼吸。"阳阳说："不能抱头睡觉，手会麻的，睡觉时手要放平。"通过视频，孩子们对健康睡姿的认识明显提升了。

反思与评价：

幼儿午睡时，身体各部位和神经系统都在调节，氧和能量的消耗最少，有利于幼儿消除疲劳和促进生长发育。而正确的睡姿不仅能使幼儿养成良好的午睡习惯，还能带来身体和精神两方面的放松，有利于下午的活动和保持良好的情绪，以促进幼儿身心健康成长。针对班上孩子午睡时出现的问题，我通过幼儿谈话、看视频等方式，让幼儿了解什么样的睡姿是健康的，以及不健康睡姿对身体的危害，孩子们在了解之后，大部分幼儿都能改正之前的不良睡姿，逐步养成良好的午睡习惯。

活动照片：

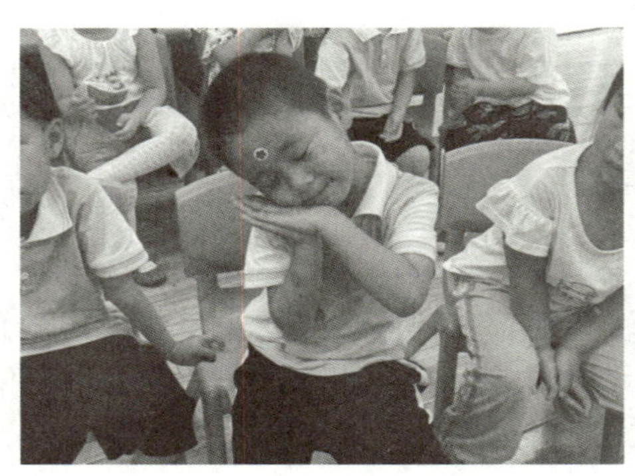

图 4-57　幼儿分享舒服的睡姿

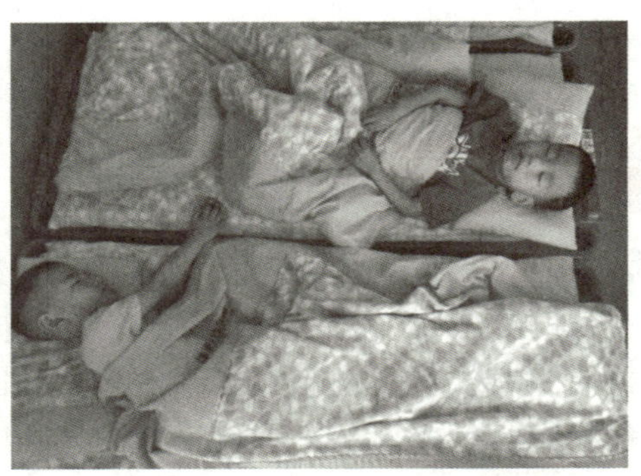

图 4-58　幼儿选择正确的睡姿睡觉

活动七　公共玩具，我们来守护

活动缘起：

户外活动时，孩子们正开心地玩着扔沙包。玩着玩着，突然发现一群孩子围在花坛旁议论着，我叫了几声都没有理会。于是，我走了过去询问了情况，原来是桃子在花坛里发现了一个高跷。

活动目标：有爱护公物的意识。

活动实录：

片段一：高跷别哭了

发现了花坛的高跷后，桃子立马把高跷从花坛里捡起来交到了老师手上，老师把高跷慢慢地放到了老师耳边，认真地听着。班上的小朋友睁大了眼睛看着老师，纷纷问道："老师，老师，你把高跷放在耳边干嘛？""高跷会说话吗？"老师对小朋友说："高跷很伤心地在哭，它说它想家了。"小朋友们抢着说："高跷你别哭了。""高跷，我知道你

的家在哪里，我送你回家”。

片段二：我们来分类

户外活动时姐姐和橙子负责拿今天的活动器械——尾巴，可是存放器械的柜子里器械被丢得乱七八糟，东一个西一个。看到两位小朋友半天没有过来，老师走过去询问情况，她们两个人说找了半天只找到了几条“尾巴”。老师把这件事与班里的小朋友说了，小朋友们纷纷讨论起来，车双好说：“肯定是谁玩完后没有把尾巴归堆放好。”林林说：“有可能有小朋友不是轻轻地把器械摆放整齐，而是随手一扔。”

通过讨论，小朋友们知道了自己日常生活中有一些行为是不对的，也能说出要如何爱护幼儿园的体育器械。

片段三：体育器械——我爱你

户外活动时，小朋友们主动地收拾起体育器械，把所有的器械进行一一分类，在摆放的过程中很小心，好像生怕把它们摔疼了。小朋友们一边分类，一边说：“谢谢你带给我们快乐。”“以后我们不会伤害你。”“我们会好好爱你。”…….

反思与评价：

教师通过谈话、观察、实践等活动，激发幼儿爱护公共物品的欲望。孩子们在活动中感受到爱护公共物品的重要意义，从而知道了爱护体育器械的方法。教师还可以利用一日活动中的各个环节对幼儿实施教育，引导幼儿关注身边的公共物品，从而萌发爱护公物的意识。

活动照片：

图 4-59 快快乐乐玩游戏

图 4-60 幼儿将器械分类摆放好

活动八 养成节电好习惯

活动缘起：

做操的音乐声响起来了，老师带着孩子们在门口排队，突然，雅雅站在教室里大喊：“老师，教室里的灯还没有关！”老师便走进教室，把灯关闭，并当着全体幼儿的面给了雅雅一个大大的赞。

活动目标： 懂得节约用电的方法，能主动节约用电。

活动实录：

片段一：节约用电很重要

吃完早餐后，孩子们在走廊里讨论“地球一小时”的活动，老师也加入了其中。老师问孩子们：“你们觉得电对我们的生活重要吗?”孩子们齐声回答：“重要。”老师又继续问：“为什么重要啊?”孩子们七嘴八舌地说道：“没有电就不能看动画片了!”“到了晚上开不了灯，什么都看不见。”“家里的电器也都用不了了。”在孩子们的回答中，他们也渐渐发现电对我们生活的重要性。

片段二：寻找节电好办法

老师在班级中投放了一份“节电好办法”记录表，请孩子们在幼儿园里寻找节电好方法，在介绍完记录表后，老师带着孩子去观察班级中的电表，并学习在记录表上记录下当日电表上的电量，这样等到第二天在记录电量的时候就可以和前一天进行对比，看看前一天的节电工作是否有好的效果，然后在第二天继续寻找更多帮助节电的办法。

片段三：评选“节电小卫士”

孩子们在寻找节电方法的过程中，发现了很多浪费电的现象。比如户外活动时没有及时关闭教室里的电灯和一体机，孩子们的“光盘电灯墙”一直在发光，离园时教室里的各种插头没有及时拔掉等，这些都成了幼儿最关心的事情，大家开始相互提醒。于是老师在班级中开展了评选“节电小卫士”的活动，请节电小卫士每天离开教室前检查教室里应该关闭的电器，把节电行动持续下去。

反思与评价：

节电记录表的运用使班级幼儿充分认识到节约用电的重要性，也让幼儿在记录的过程中发现省下来的电一天比一天多。不积跬步，无以至千里；不积小流，无以成江海。孩子们从身边的点滴做起，树立随手节电的意识，学会了珍惜电力资源，养成了节约用电的好习惯!

活动照片：

图 4-61 幼儿观察电闸和电表

图 4-62 互相提醒随手关灯

第五章　幼儿生态文明教育家庭活动

家庭教育对提升幼儿的生态文明意识、塑造生态人具有十分重要的意义，家庭是幼儿生态文明教育的重要载体，而生态文明教育作为德育、智育、美育的结合体，在家庭教育中占有重要的地位。家庭成员之间的血缘和信赖关系对孩子的生态文明教育有一种无形的教育力量，家庭成员的生态文明意识在很大程度上决定了孩子的生态文明意识。家长的教育理念与时俱进，不仅要重视家庭教育活动，更要树立言传身教的理念，将前喻文化和后喻文化相结合，家庭教育与幼儿园教育形成合力，共同培养幼儿的生态文明素养。家庭和幼儿园作为教育的主要场所，对幼儿生态文明教育来说，责任与意义重大，二者须相互协调、密切配合才能取得最理想的教育效果。

家庭活动是检验幼儿生活方式和质量的标准之一，同时也是衡量幼儿生态文明教育活动参与水平和认知发展水平的重要维度。家庭活动在幼儿生态文明教育中内容涉及更广、形式更多样，能发挥出幼儿在生态文明教育活动中最大的潜质。生态文明教育家庭活动的内容选择应尊重幼儿的自主性，以幼儿的兴趣爱好为前提，依据幼儿年龄特点和身心发展水平来安排适合的活动，教师和家长应充分利用各种生活现象和资源，扩大幼儿的活动范围，增强幼儿的参与性。本章设计了 32 个家庭活动，从节约资源、爱护动植物、绿色生活、生命教育等维度出发，用观察、记录、手工制作、游戏等方式为载体，让幼儿在家庭活动中体验生态文明教育之趣。生态文明教育家庭活动的形式以体验式为主，多种活动形式有机结合。体验式家庭活动尤其适合学龄前儿童，让幼儿在家庭活动中践行生态文明行为，如：家长带幼儿郊游，亲近大自然，并及时引导幼儿热爱和保护大自然，给幼儿讲解人与自然的关系；家长跟幼儿一起体验家庭垃圾分类、家庭电子垃圾回收、家庭与家庭之间旧物置换等日常生活活动；家长有意识地准备一些生态、自然科学类的书籍，进行亲子共读，讲解有关内容，丰富他们的生态认知等。各种适合家庭活动的方式，都能塑造幼儿正确的生态文明价值观和养成生态文明习惯，并以此来激发幼儿对社会的责任感和对周围生存环境的热爱。

生态文明家庭活动实施过程中，家长要重点关注幼儿在活动中的环境认知、生态理解、生态保护、绿色生活四个维度的发展情况，要放手让孩子去亲身体验，而不是家长包办代替；教师要注意随时跟进家庭活动的进展情况，并制定活动反馈表，及时分析幼儿发展情况总结策略，并给予家长适时地指导，从而通过家园合作提升幼儿和家长的生态文明素养。

第一节　环境认知

活动一　我家的重阳节(3—4岁)

活动背景：

尊老、敬老是中华民族的传统美德，每年的农历九月初九是重阳节，又称“老人节”。重阳节人们会登高、赏菊、吃重阳糕，共同营造敬老、助老、养老的氛围。为了培养幼儿尊老爱老的优良品德，开展传承“绿色”家风的重阳节家庭活动是十分必要的，我们呼吁幼儿用健康有爱的方式表达对老人的关心和爱护，传承“绿色”家风。

共育目标：

1. 幼儿在生活中感受老人也需要关心和帮忙，萌发关爱老人的情感。
2. 透过传承“绿色”家风的活动，了解重阳节的风俗习惯。
3. 幼儿参与家庭敬老活动，用健康有爱的方式向老人表达关爱与尊敬之情。

活动准备：

1. 物质材料准备：分类垃圾桶、纸、彩笔、重阳糕、塑料盆、毛巾、温水、梳子、水杯、相机等生活用品。
2. 知识经验准备：有和老人相处的经历，知道重阳节这个节日，有基本的绿色生活常识。

活动建议：

1. 我为您来捶捶背：为爷爷奶奶捶背、捏腿，和老人交流捶背捏腿的感受。
2. 我为您来梳梳头：用梳子给奶奶轻轻梳头或者为奶奶用染发膏染头发。
3. 我为您来洗洗脚：孩子亲自用盆子接温水，为老人洗脚，按摩脚底，给老人的脚擦滋润霜，为老人穿鞋子，最后将洗脚水冲厕所，做到水的循环利用。
4. 我喂您来尝尝鲜：主动为老人倒茶水，吃重阳糕，剥橘子，剥香蕉皮，洗水果等，和家人做好厨余垃圾的分类工作。
5. 我为您来画幅画：请老人选择一个舒服的姿势坐好，孩子为老人画一幅画像，送给老人。
6. 祖孙一起来合照：孩子和老人一起拍亲子照，打印出照片，然后利用废旧材料自制相框装裱照片，当作礼物送给家人。

温馨提示：

1. 孩子在家做些力所能及的事情，爸爸妈妈注意孩子倒水时的安全，可适当辅助孩子一起给老人染头发。
2. 坚持做些力所能及的事，父母也以身作则，把孝敬老人当成常态，将“绿色”家

风传承下去。

活动照片：

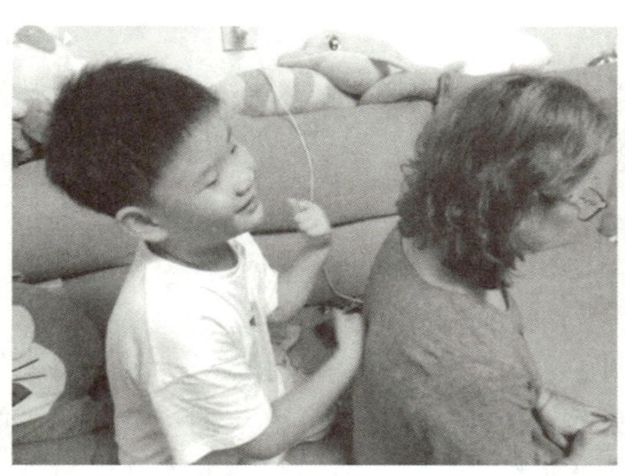

图 5-1　我为您来捶捶背

图 5-2　我喂您来尝尝鲜

活动二　植物翻翻乐(3—4 岁)

活动背景：

幼儿生活的世界是五彩斑斓的，就像各种各样的植物一样。小班的幼儿对各种植物有了初步的了解，但是还不能准确区分植物之间的关系，所以需要在家长的指导下进行认知的拓展。《幼儿园教育指导纲要(试行)》中明确指出："我们要引导幼儿对身边常见事物和现象的特点、变化的规律产生兴趣和探究的欲望。"而家庭游戏是一种很好的渗透方式，在家庭中开展翻翻乐的益智游戏，将植物认知与棋类游戏相结合，既能培养幼儿的观察能力，又能让幼儿在轻松愉悦的家庭氛围中探索自然的奥秘。

共育目标：

1. 愿意和家长一起参与"植物翻翻乐"的游戏。
2. 在游戏的过程中了解植物之间的关系。
3. 能准确说出植物的名称及简单的植物功能。

活动准备：

1. 物质材料准备：瓶盖若干、亲子手绘植物若干、鞋盒、尺、笔。
2. 知识经验准备：幼儿具有翻翻乐的游戏经验、认识常见的植物。

活动建议：

1. 家长和孩子一起利用家中鞋盒盖自制翻翻乐棋盘。
2. 将手绘植物剪成瓶盖大小，贴在瓶盖内侧，在棋盘上摆好。
3. 家长指导孩子认识"植物翻翻乐"的道具，了解植物的名称。
4. 家长与幼儿共同商定游戏规则：依次翻开瓶盖，若出现两个相同的图案，幼儿需要准确说出植物的名称，家长需要说出植物的功能，方可以拿走棋子。

5. 反复游戏，直到幼儿能说出棋盘上所有植物的名称。

温馨提示：

1. 使用剪刀时注意安全。

2. 家长可以经常带孩子去大自然或者植物园，引导孩子了解植物的种类名称及作用功能。

自然笔记(4—5岁)

活动背景：

大自然无时不在展现自己的魅力，气候的变换、四季的更迭，盛放的花朵、飘零的树叶，那么如何记录大自然的魅力呢？这是我们思考的问题。我们将在探索开发自然笔记的过程中，为孩子创造与自然接触的机会，充分激发幼儿探索自然奥秘的兴趣，培养孩子喜欢大自然的情感，帮助幼儿建立与大自然之间的密切联系。自然笔记在记录的过程中不需要强调技法和功底，如记录者是否拥有绘画和文字基础，我们将提倡一切用心观察记录下来的自然笔记就是最好的。我们希望幼儿在记录自然的过程中了解与自然的相处之道，将自己视为自然界的一分子，并懂得善待自然。

共育目标：

1. 乐意进行自然界的探索及记录，热爱自然。

2. 观察记录植物生长的过程变化。

3. 尝试做自然笔记，养成观察记录的习惯。

活动准备：

1. 物质材料准备：尺子、放大镜、手机、铅笔、水彩笔、绘画本。

2. 知识经验准备：有一定绘画经验，能够把自己的感觉器官当作探测器，运用多种感官去观察自然。

活动建议：

1. 自然笔记的对象可以是：天空、风景、动物、植物、岩石等。

2. 自然笔记分为两个部分，一是自然观察；二是图文手记。

3. 在观察的过程中，家长可以和孩子一起测量各种植物的大小，如探索正确测量叶子长度和宽度的方法。用放大镜观察生物的经脉纹理等细节特征。

4. 自然笔记不仅仅是简单的记录，而是需要家长和孩子共同观察，结合自己掌握的知识提出问题，并尝试通过进一步地观察与小实验去解决这些问题。

5. 家长可以引导孩子将观察到的事物和自己的所见所闻，用图画和文字相结合的方式记录下来。通过眼睛看、耳朵听、鼻子闻、手指触摸等方式进行记录。

温馨提示：

1. 家长可以和幼儿一起做种子的发芽试验，观察植物的变化并记录其生长情况，

和孩子一起亲身参与一棵植物的生长。在引导孩子观察时要注重引导孩子观察植物的细节部分，如植物的纹理或者从植物的花瓣、叶子、果实等不同角度来进行观察和记录。

2. 关于自然笔记的三要素，即时间、地点和天气：首先需要标注时间和地点；其次还要记录当时的天气状况、气温等。因为不同的时间、不同的地点、不同的天气所产生的自然现象也不同，所以需要家长指导孩子根据当时的实际情况去记录。

活动照片：

图 5-3 认真观察记录植物的特点

图 5-4 我的自然观察笔记

活动四 有趣的天气预报（4—5 岁）

活动背景：

幼儿天生对大自然充满好奇和探究欲望，开始关心季节的变化、温度和天气。《3—6 岁儿童学习与发展指南》中建议：“引导幼儿关注和了解自然与人们生活的密切关系，逐渐懂得热爱、尊重、保护自然。”家长指导幼儿了解数在不同的地方表示的意义是不一样的，如天气预报中表示气温的数代表冷热状况。设计有趣的天气预报家庭活动，可以让幼儿了解天气与温度的关系。

共育目标：

1. 通过观看天气预报，激发观测天气的兴趣，感受不同天气的特征。
2. 了解简单的气象知识，认识多种天气符号。
3. 能和家长一起完成每日天气记录。

活动准备：

1. 物质材料准备：天气预报节目；一周天气记录表（见本活动附件）、笔、白纸。
2. 知识经验准备：幼儿园开展过有关天气的活动，知道下雨和晴天等天气现象。

活动建议：

1. 每天晚上 7∶35，家长陪孩子看中央电视台播放的“天气预报”。看之前，重点让孩子关注武汉的天气和温度，找找电视中出现的天气符号。

2. 家长和孩子讨论当日天气预报的内容，并做好记录。

3. 记录一段时间后总结主要的天气类型和天气符号：晴、多云、阴、小雪、雨夹雪、中雨、特大暴雨、雾、雾霾、沙尘暴等。

4. 家长和孩子一起画天气符号，和孩子玩“天气播报员”的游戏，家长当观众，孩子当播报员，出示不同的天气符号就播报相应的天气情况。

温馨提示：

1. 家长和孩子一起寻找大自然中可以预报天气的小能手：蜘蛛、蜜蜂、蜻蜓、蚯蚓、蚂蚁等。

2. 坚持每天观看天气预报或从天气预报 APP 上了解每日天气情况。下雨天和孩子打伞、穿雨衣、穿雨鞋到雨中感受下雨的乐趣。下雪天和孩子出去玩雪、堆雪人，在天气与季节的交替中体验大自然的变化。

附件：

一周天气记录表

小朋友，每天看完天气预报，结合第二天的实际天气情况，和家长一起完成下面的天气记录表吧！在温度一栏填写天气预报播报的温度，在相应的天气符号下打“√”，如有其他天气，可在表格中画出来。

时间	天气			
	（晴）	（雨）	（阴）	（温度）
星期一				
星期二				
星期三				
星期四				
星期五				
星期六				
星期日				

活动五　我的家在哪里(4—5 岁)

活动背景：

《3—6 岁儿童学习与发展指南》中指出：“我们要运用幼儿能够理解而且易于接受、

愿意表达的方式来激发幼儿热爱家乡、热爱祖国的情感。”在日常生活中，很多幼儿对自己的家庭住址比较熟悉，那是对狭义的“家”的认知。但是对于家所处的位置，以及周围的环境却知之甚少。基于幼儿对家的认知理解程度有限，我们希望通过家园共育来帮助孩子建立“家”的概念，拓展幼儿对“家”的认知。

共育目标：

1. 乐意和家人一起关注周围标志性建筑，使幼儿萌发爱家乡、爱祖国的情感。
2. 能准确说出具体的家庭住址。
3. 知道家乡所在地具有代表性的建筑景观并记录下来。

活动准备：

1. 物质材料准备：地图挂图、地图游戏拼图、笔、纸。
2. 知识经验准备：知道家乡的民俗特点，热爱家乡的生活。

活动建议：

1. 记住家庭详细住址。引导孩子记牢家庭详细地址，具体到所在街道、楼栋和门牌号。

2. 记住家附近的标志性建筑。家长带孩子出门时，可以引导孩子注意观察家周围的标志性建筑物，并对幼儿进行讲解，如：“一出门，左边是菜场，右边是面馆。”一边说一边指给孩子看，时间一长孩子就能印象深刻。

3. 记住回家的路线。家长可以打开手机定位，将经过的路线用图纸画出来，还可以将记住的标志性建筑画出来，让孩子根据记忆按照在路上经过的顺序摆出来。

4. 知道马路之间的通畅连接。平时，反复带孩子去他熟悉的地方，一定要引导孩子做路线规划，了解目的地，探索到达目的地的方法和途径；还可以引导孩子观察我们沿着路途将会经过哪些地方，有哪些地方是比较熟悉的，等等。一条路熟悉之后，再引导孩子探索其他的路线，让孩子在亲身体验中了解道路是四通八达的。

5. 打印地图，按省份轮廓进行裁剪，每天认识几个省份的轮廓形状，然后让孩子从完整的地图上找一找已经学习过的省份，找一找家所处的省份，同时看看这些省份距离自己所处的省份有多远。认识完所有省份后就可以玩拼图游戏，尝试将中国地图拼出来。用此类方法带领孩子认识世界地图，让孩子感知“世界”的概念，在拼图游戏中孩子会慢慢知道世界上有很多不同的国家，逐渐对世界有初步的了解，知道世界是个“大家庭”的概念。

6. 我们和地图做游戏。家长在家可以和孩子一起玩“猜猜你在哪里呀”的地图捉迷藏游戏，比如：准备一份中国地图的拼图，把地图上的某一个省份拿出来，猜猜消失不见的是哪个省份，可以不断变换省份反复游戏，在游戏中让孩子熟悉我国的地名。

温馨提示：

家长可以在家悬挂中国地图和世界地图，引导孩子对图形产生兴趣。家长可以借机引导孩子了解家庭所在的省份和城市。

活动六 豆芽的秘密(4—5岁)

活动背景：

《幼儿园教育指导纲要(试行)》中指出："我们要尽可能地创造条件让幼儿参加探究活动，感受探究的过程和方法。"大自然的环境是充满生机、充满趣味的。对于幼儿来说，和家人一起种植，是能够直观感受植物生长过程的良好时机。家长和孩子在种植的过程中观察植物，引导幼儿发现植物的特征和变化，能充分激发幼儿探索自然的兴趣及求知的欲望，还能培养幼儿的观察力。我们希望让幼儿通过自己的眼睛，自己的小手，去探索发现植物生长的秘密，以激发幼儿对植物的兴趣，发展孩子的观察、比较能力。

共育目标：

1. 感受和家人一起种植豆芽的快乐，使幼儿萌发照顾植物的爱心与耐心。
2. 了解豆芽的生长，能和家人一起记录豆芽的生长过程。
3. 知道种植豆芽的正确方法，以及生长所需的基本条件。

活动准备：

1. 物质材料准备：自制花盆、豆子、土、水、观察记录表(见本活动附件)。
2. 知识经验准备：知道豆子会发芽长成豆芽。

活动建议：

1. 家长和孩子准备一个容器，可以用废旧的易拉罐、点心盒来种植，并在准备好的容器里放入浸湿的卫生纸或撒入细软土壤，将种子播撒在上面，再用卫生纸或土壤将种子完全覆盖，最后给种子浇上适量的水。

2. 家长重点指导孩子按正确的步骤进行种植，同时思考：种子种在土壤的什么位置最合适？

3. 家长和孩子一起种植2盆豆芽，分别放在阳光充足的地方和没有阳光的地方进行试验，在试验过程中了解种子在发芽过程中需要什么条件，并引导孩子思考记录：种子在什么环境下生长最快？

4. 家长可以和孩子一起观察豆子发芽的过程，还可以和孩子一起制作观察记录表来记录豆芽的生长情况。

温馨提示：

1. 如果在种植过程中出现了问题，家长可以和孩子重新种植。比如在播种环节，就要注意挑选适量的种子，还要提醒孩子撒种子时要均匀播撒，播种完毕后埋土要适量，如果土壤覆盖太多，种子就出不来了。在浇水环节，也要叮嘱孩子：如果水浇得太多，种子会淹死；而浇得太少，种子又会因为缺少水分而发不了芽，一定要让孩子懂得浇适量的水。种好以后将花盆放在有太阳光的地方。

2. 家长除了提醒孩子按时浇水外，还可以一起观察，看看谁种的植物先发芽。家长和孩子还可以一起尝试种植其他豆类、花生等，看看它们的芽有什么不同，哪种植物长得快，等等。

活动照片：

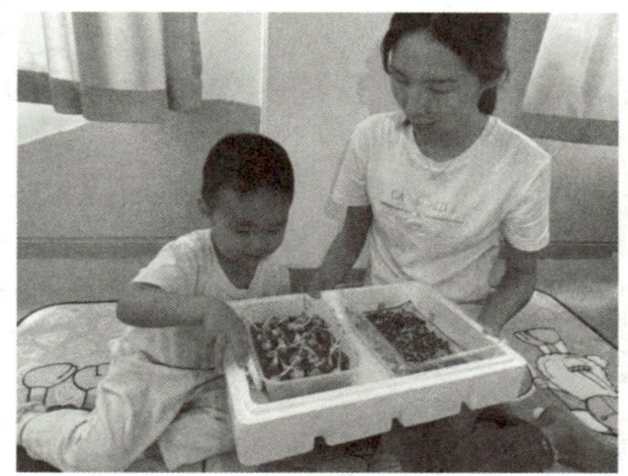

图 5-5　观察谁先发芽

图 5-6　大蒜发芽了

附件：

豆芽观察记录表

生长环境	长高	施肥	健康	浇水
阳光下的豆芽				
黑暗中的豆芽				

制造彩虹(5—6 岁)

活动背景：

《3—6 岁儿童学习与发展指南》中建议："支持幼儿在接触自然、生活事物和现象中积累有益的直接经验和感性认识，给幼儿提供丰富的材料和适宜的工具，支持幼儿在游戏过程中探索并感知常见物质。"彩虹是一种常见的自然现象，雨过天晴时，孩子们见到天空中的彩虹会无比兴奋。教师出于幼儿对这一自然现象的兴趣和好奇设计了此活动。

共育目标：

1. 对彩虹这一自然现象有浓厚的兴趣。

2. 了解彩虹的形成，知道彩虹有七种颜色。

3. 能用多种方式制造出彩虹。

活动准备：

1. 物质材料准备：彩虹科普视频，红、黄、蓝、绿四种颜色的食用颜料，四个小杯子，白砂糖，小注射器，一个透明量杯，水，手电筒。

2. 知识经验准备：幼儿见过彩虹。

3. 环境场地准备：完全黑暗的空间。

活动建议：

1. 家长给幼儿播放制造彩虹的视频。

2. 家长和幼儿共同按步骤制作彩虹：

(1)依次向小杯子里加入白砂糖，第 1 个杯子加 1 勺糖，第 2 个杯子加 2 勺糖，第 3 个杯子加 3 勺糖，第 4 个杯子加 4 勺糖。

(2)将每个杯子里加适量清水，把糖搅拌至溶化。

(3)将四种颜色的食用颜料分别倒入四个杯子中。

(4)依次用注射器将调好的颜料分层注射到同一个透明量杯中，此时 4 种颜料不相溶，形成 4 种层次。

(5)将分层的量杯放在完全黑暗的房间，用手电筒照射量杯，会有一道彩虹色的光反射到墙壁上。

3. 利用不同的工具，与家长一起探索制造彩虹的多种方式。

温馨提示：

家长还可以跟孩子探索更多制造彩虹的办法：

1. 水杯法：阳光充足时，用透明玻璃杯装满一杯水；把杯子放在窗边的桌子上；把一张白纸放置在地板上；用热水把窗户打湿；反复调整杯子直到看见彩虹。

2. CD 法：将 CD 对着阳光或者灯光，即可看到彩虹。

3. 喷水法：喝一口水然后在晴天对着空气喷水，即可在空气中看见彩虹。

活动照片：

图 5-7　准备材料

图 5-8　倒入白砂糖

图 5-9 加入清水搅拌至糖溶化

图 5-10 加入颜料

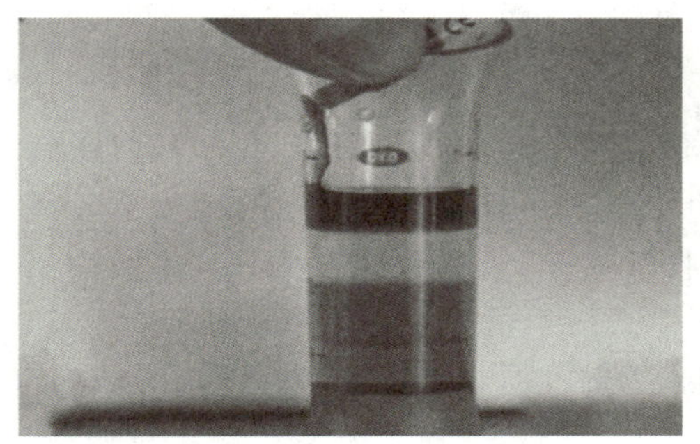
图 5-11 将调好的颜料注射到量杯中

图 5-12 在黑暗环境中用手电筒照射量杯

活动八 热热闹闹过端午(5—6 岁)

活动背景：

每逢阴历五月初五是我国的传统节日——端午节。这一天，人们会在水上举行赛龙舟比赛，还会吃粽子、采艾蒿等。这些活动从古至今一直在延续着。为激发幼儿的爱国主义情感，引导他们了解中国的传统文化，通过开展端午节相关家庭活动，让幼儿在亲子互动中共同感受中国的传统文化及民风民俗。

共育目标：

1. 体验端午传统节日特色文化，丰富节庆生活。
2. 初步了解端午节的习俗。
3. 能和家人一起完成包粽子、做香包、挂艾叶等亲子活动。

活动准备：

1. 物质材料准备：粽叶、糯米、绳子、艾叶、碎布、针线。
2. 知识经验准备：了解屈原的故事，知道粽叶还有消炎抗菌的作用。

活动建议：

1. 包粽子。

(1)取两片粽叶，搭在一起叠压。

(2)将粽叶卷成一个圆锥状。

(3)在圆锥中装入适量糯米。

(4)向下折粽叶，调整粽叶完全包住糯米。

(5)将叶子的两侧捏下去，粽叶尖端向一侧折叠。

(6)用线绳将粽子绑结实。

2. 挂艾草。

有条件的家庭可去农村田间采摘艾草，将三五棵艾草用红绳绑起来，并挂在家门口的两侧，也可以将艾草挂在窗户上。等端午节过后，艾草全部干透，将艾草点燃，可以驱虫杀菌，还可以用艾草泡脚。

3. 做香包：

(1)在家里找废旧衣物的布料制作香包，有利于资源的循环利用，把布裁剪成自己喜欢的形状，缝制成小布袋。

(2)把晾干的艾草放入缝好的小布袋中，收口后一个小香包就做好了。

温馨提示：

1. 家长在和孩子包粽子、做香囊的时候，注意以孩子动手为主，家长辅助即可，注意使用针线时的安全问题。

2. 家长还可带孩子去东湖观看划龙舟，感受划龙舟的热闹氛围。

3. 家长和孩子一起做一些传统食物，如：粽子、绿豆糕、咸鸭蛋等，和家人朋友一起品尝。

活动照片：

图 5-13　做艾草香包

图 5-14　香包赠亲人

第二节 生态理解

活动一 我家的家规(4—5岁)

活动背景：

著名教育家叶圣陶先生曾经说：“教育就是要帮助孩子养成良好的行为习惯。”在日常生活中，行为习惯的养成极其重要。好习惯伴随人的一生，而人生的重要习惯都是在六岁以前养成的，良好的家规非常有利于帮助孩子形成良好的行为习惯，更能为幼儿一生的发展打好坚实的基础。所以，这就需要我们成人对孩子的行为进行约束和规范，让孩子明白怎样做才是好的习惯，并知道该如何去做，从而帮助孩子养成良好的行为规范。

共育目标：

1. 乐意和家人共同参与制定家规的行动中。
2. 养成良好的生活卫生习惯。
3. 能尽力自觉遵守家规。

活动准备：

1. 物质材料准备：家规执行计划表(见本活动附件)。
2. 知识经验准备：有一定规则意识。

活动建议：

1. 家长和孩子一起协商制定家规。

(1)召开家庭会议，商讨家规内容。

在生活卫生方面，让孩子学会独立进餐，做到不挑食、不剩饭剩菜。在吃饭时，不要边吃边讲话，知道饭前便后要洗手，知道要讲究卫生，睡觉前不吃东西，不随地乱扔垃圾。

在文明礼仪方面，让孩子懂得尊老爱幼不说脏话，能用礼貌用语对别人说谢谢、请、对不起，乐意帮助有需要的人，别人说话时懂得有礼貌地倾听，不随意打断别人的讲话，没有经过别人允许，知道不乱翻别人的东西。乐意与人交往，见到熟人能主动问好，知道在公共场合不大声喧哗。家长在教育孩子的过程中应注意培养孩子讲礼貌、举止文雅的良好习惯。

在自我服务方面，从小培养孩子自立的习惯，让孩子从生活中的每一件小事做起，学会生活自理，能够成为独立的社会人。这是我们培养孩子的终极目标。因此，我们需要让孩子从小学会自己刷牙、自己动手洗脸、自己洗澡等，让孩子从生活中的点滴小事做起，养成独立生活的好习惯。

在人际交往方面，让孩子懂得与同伴和睦相处。幼儿在成长过程中，总会经历集体生活，所以在与人的交往中，家长要引导孩子与同伴和睦相处，要帮助孩子建立集体荣誉感，鼓励孩子主动帮助有需要的人，为集体贡献自己的一份力量。如果孩子完成得好，家长应该及时给予孩子鼓励和夸奖。

用完东西知道要放回原处。在生活细节中指导孩子对物品进行整理，尝试将自己的物品有序摆放，学习对自己的物品进行收纳管理的方法和技巧。这些是影响孩子生活和学习的重要习惯与能力。所以，要培养孩子从小养成做事有始有终的好习惯。

做错事情懂得道歉。做错事情要学会道歉和说对不起。这时家长要让孩子明白：对于自己做错的事要勇于承认，并要勇于承担责任，这才是受欢迎的表现。家长应该耐心告诉孩子错在哪里、为什么错了以及如何改正，让孩子懂得知错能改才是好样的。

(2)亲子共同制定家规计划表。

(3)协商家规评价制度。

2. 共同遵守家规。

家人一起执行家规内容，可以将家规执行表张贴在家里，每位家庭成员都需要遵守家规，违反一次扣一分，没有违反奖励一枚贴贴，每周在家庭会议上评比一次。

温馨提示：

孩子完成得好时，可以奖励孩子看一集《人与自然》或者《动物世界》的电视节目，也可以带孩子进行一次生态旅游。

附件：

家规执行表

时间		项目					
		生活卫生	文明礼仪	自我服务	人际交往	物品还原	知错能改
星期一	爸爸						
	妈妈						
	宝贝						
星期二	爸爸						
	妈妈						
	宝贝						
星期三	爸爸						
	妈妈						
	宝贝						
星期四	爸爸						
	妈妈						
	宝贝						

续表

时间		项目					
		生活卫生	文明礼仪	自我服务	人际交往	物品还原	知错能改
星期五	爸爸						
	妈妈						
	宝贝						
星期六	爸爸						
	妈妈						
	宝贝						
星期日	爸爸						
	妈妈						
	宝贝						

特殊的生命教育(4—5岁)

活动背景：

生命是可贵的，也是需要尊重和珍惜的。很多幼儿家里会饲养小动物，比如：金鱼、乌龟、兔子、猫、狗等。在精心饲养的过程中，动物的死亡是孩子们不得不去面对的一件事，为小动物举行特殊的葬礼，进行一场难忘的生命教育，让孩子能够体会和定义“死亡”是家庭教育不可缺少的部分。

共育目标：

1. 通过给小动物举行特殊的“葬礼”，感受生命的脆弱，从而珍惜生命、尊重生命。
2. 知道生老病死是世间常态，学会正确面对死亡。
3. 能用自己的方式给小动物办“葬礼”。

活动准备：

1. 物质材料准备：家养的小动物、小铲子、盒子等。
2. 知识经验准备：看过关于生命教育的绘本书籍。
3. 场地环境准备：户外有土壤的地方。

活动建议：

1. 家长和孩子一起阅读绘本《我永远爱你》，让孩子知道死亡是生命的正常过程，当家里的小宠物离开时告诉孩子可以如何处理。学习绘本中的方式，帮助孩子宣泄自己的伤痛。

2. 家长和孩子讨论，处理小动物尸体的方法：土葬、火葬。

3. 选择一种自己想要的方式给小动物举行葬礼。土葬则将小动物找盒子装起来，或者用布包起来，选择楼下花坛挖一个深坑，将小动物放进去，并向小动物告别，最后用土埋起来。火葬则需要找一家宠物火化机构，进行无污染火化，并向其告别。

4. 葬礼结束后，家长和孩子一起回家收拾小动物常用的物品，洗干净后收藏或转送他人。

5. 亲子阅读关于生命教育的书籍，讨论关于死亡的看法，鼓励孩子大胆表达自己的想法。

温馨提示：

1. 在决定饲养动物之前，要和孩子约定对这个弱小的生命负责，精心照料它。

2. 通过绘本使孩子了解生命的循环：《汤姆的外公去世了》《外公》《爷爷变成了幽灵》《爷爷的天使》《我永远爱你》《一片叶子落下来》等，这些书都坦诚直面悲伤，化哀思为有形，最后传递着温暖、祝福和希望。

3. 允许孩子参与料理后事，尤其是亲近的人去世时，以便幼儿能获得一种圆满结束的感觉。包括参加葬礼或追悼会守灵，以及种纪念树或制作供大家回忆的纪念册。

4. 家长不要试图向孩子隐瞒死亡和临终的事实，可坦率地与孩子谈论那些生命垂危的人，并鼓励孩子与临终者交谈，帮助孩子学习参与其中。如果孩子要去探望临终者，要让他们为即将经历的事情做好准备。如果不允许探望，要让孩子给临终者打电话、寄卡片或写信问候。当有人去世时，不要把孩子打发走，孩子也需要安慰。

大自然的生物多样性(4—5岁)

活动背景：

习近平主席在联合国生物多样性峰会上的讲话中指出：“当前全球物种灭绝，速度不断加快，生物多样性丧失和生态系统退化对人类生存和发展构成重大风险，人与自然是命运共同体，我们要同心协力共建万物和谐的美丽家园。”前期，我园开展了一系列保护生物多样性的相关教育活动，如：“地球上最孤独的动物”“害羞的穿山甲”等，但在开展的过程中，我们发现中班年龄段幼儿对生物多样性层次的理解还有一定难度。而亲子阅读是幼儿最喜欢的方式，在亲子共读中家长有目的地选择有关生物多样性的绘本，既能增进亲子感情又可以帮助孩子了解大自然的生物多样性。所以，我们希望利用家长资源，将教育活动延伸到亲子阅读中，让家长在家指导幼儿阅读有关大自然生物多样性的绘本，帮助孩子进一步了解濒危动物和植物，最大限度地保护地球上多种多样的生物资源。

共育目标：

1. 乐意和家长一起阅读《数不清！大自然的生物多样性》等相关绘本。

2. 知道保护物种多样性的方法。

3. 能在家人的指导下说出故事的内容以及所表达的情感。

活动准备：

1. 物质材料准备：良好的阅读环境，倡议书(见本活动附件)。

2. 知识经验准备：能听懂简单的儿歌故事。

活动建议：

1. 孩子自主阅读一遍，在阅读过程中家长可以和孩子一起探讨发现的有关生物多样性的秘密。大自然里的动植物种类数量非常多，而且，每年还会不断发现许多新的生物，比如斑马章鱼、迷你变色龙、蓝眼斑袋貂等。

2. 家长和孩子一起回忆故事情节，引导孩子说出有关生物多样性的大致内容。如：大自然的生物有哪些种类？消失灭绝的生物又有哪些？

3. 在阅读过程中，家长可以先引导孩子仔细观察图书的每一幅画面，然后结合画面内容与孩子一起讨论故事情节，帮助孩子了解图书画面与保护生物多样性之间的联系。让孩子知道，在地球上的每个角落都有生物。无论是在沙漠中还是在最深的海底，又或是在天空，你能想到或者想不到的地方，到处都有动植物，而且生物之间都是相互依存的。

4. 亲子讨论保护物种多样性的方法，家长可以指导孩子用绘画的方式记录。

5. 家长可以带孩子去自然博物馆了解大自然物种的奥秘。

温馨提示：

1. 提供相对安静的地方让孩子阅读。

2. 家长可以和孩子一起查阅资料，查阅孩子感兴趣的事物或问题，还可以和孩子一起思考探索：如果世界上的物种越来越少，人类还能生存吗？引导孩子思考人与其他生物间的关系。

附件：

保护生物多样性倡议书

亲爱的家长、小朋友们：

你们知道吗？阳光、空气、水是构成生物生存的必要条件，而且大自然的生物是通过食物链、食物网相互依存的，任何一种生物消失都会破坏食物链导致生态失衡。如果没有生物，人类就无法生存，为此，我们发起如下倡议：

1. 通过自身行动最大限度地减少污染产生，珍惜保护每一寸土地、每一滴水、每一缕空气。

2. 积极践行垃圾分类回收再利用的行动。

3. 进大自然和家人一起参加爱鸟护鸟的公益活动，劝阻猎杀野生动物等不文明行为，保护生物多样性。

4. 在日常生活中多关注大自然的生物多样性，向周边传播保护生物多样性的知识，关注自己周边的生态环境，提倡绿色生活，呼吁保护生物多样性。

5. 从你我做起，不吃野生动物，倡导健康绿色的生活方式。呼吁周边的人都投入生物多样性的保护中，唤起人们对环境和生命的关注。

保护大自然的生物多样性，是一项需要我们每个人都主动参与、积极行动的庞大而复杂的长远工程，需要我们每个人的大力支持和积极参与，让我们同心协力为保护大自然的生物多样性、保护我们唯一的家园而努力吧！

地球妈妈看病记（4—5岁）

活动背景：

地球是我们赖以生存的家园，爱护地球是我们每个人的责任。《3—6岁儿童学习与发展指南》建议：在阅读中发展幼儿的想象和创造力，鼓励幼儿用故事表演的方式表达自己对故事的理解。绘本中森林遭到砍伐，河流被污染，地球妈妈生病了。亲子通过演绎绘本内容，让孩子在表演中体会地球妈妈的难过与痛苦，唤起孩子保护地球妈妈的决心，一起加入到保护地球妈妈的行列中。

共育目标：

1. 对地球妈妈生病有感同身受的感觉。
2. 知道地球妈妈生病的原因——生态环境被破坏。
3. 能大胆表达，和家长分角色表演绘本内容。

活动准备：

1. 物质材料准备：绘本《地球妈妈看病记》（见本活动附件），自制地球和外星人头饰、玩具听诊器、玩具电话。
2. 知识经验准备：亲子阅读过此绘本，对故事情节和对话已熟悉。

活动建议：

1. 亲子回顾绘本故事内容，自制地球和外星人的头饰。
2. 自选角色：有“地球妈妈”“外星人”、旁白三个角色，幼儿和家长选自己想扮演的角色，理清对话内容。
3. 开始亲子表演，父母鼓励孩子大胆表达，说出自己的对话内容。
4. 表演结束，父母提问：如何才能治好地球妈妈的病？和孩子一起讨论方法。

温馨提示：

1. 可用废旧纸壳制作头饰，让孩子参与制作，让孩子有参与感和成就感。
2. 选择角色时，家长可让孩子先选择角色，尊重孩子的表演意愿。
3. 表演结束后，家长引导孩子用自己的实际行动去保护动植物，保护身边的环境。比如：参加植树、不乱摘花草、节约用水等。

附件：

故事资源：地球妈妈看病记

一天，地球妈妈脸色发黄，头晕眼花。地球妈妈赶紧给不远处宇宙医院太阳系分院打电话。医院派出外星人医生坐着飞碟到地球给地球妈妈诊治。

外星人拿出听诊器给地球妈妈听诊。外星人医生又给地球妈妈把了把脉。地球妈妈担心地问："我的情况严重吗？"外星人医生点点头，面色沉重地说："很严重。"外星人医生指着地球妈妈的脸说："你看看，因为森林面积越来越少，你的脸色越来越差了。外星人医生又让地球妈妈转过身去，说："因为江河被污染，你的皮肤蓝色减少，黑色毒素增加。"外星人医生又指着地球妈妈背部的很多大洞说："你身上到处都是洞，这些东西差点就刺穿你的心脏，刺破你的动脉。"地球妈妈听到这些，流下了伤心的眼泪。

外星人医生坐上飞碟说："不过你不要担心，从现在起，你的子孙们好好地爱你，你还是有救的。"

活动五 有趣的食物链之斗兽棋(5—6岁)

活动背景：

生物之间相互制约的现象，我们称为生态平衡。大自然的发展需要我们保持生态平衡，坚持可持续发展。前期，大班开展过"食物链"教学活动，幼儿对动物、植物以及人类之间的生态平衡有着浓厚的探索兴趣。为了激发幼儿探索动物界食物链的兴趣，家长可以和孩子通过玩斗兽棋，了解动物间的食物链，激发幼儿关爱动物、爱护生态环境的情感。

共育目标：

1. 幼儿有保护生态平衡的意识，有探索动物食物链的欲望。
2. 了解斗兽棋中动物之间相互制约、相互依存的关系。
3. 在遵守斗兽棋的基本规则的同时，能相对应地摆棋。

活动准备：

1. 物质材料准备：斗兽棋棋盘和棋子，下棋规则步骤(见本活动附件)。
2. 知识经验准备：认识许多常见的动物，幼儿和家长玩过棋类游戏。

活动建议：

1. 家长和孩子观察棋盘中的小动物，说说这些动物的名称和习性。
2. 根据斗兽棋中动物的强弱顺序，尝试给动物排序。
3. 认识斗兽棋的棋盘，和孩子一起摆棋盘，认识棋盘中的小河和陷阱。
4. 家长初步讲解下棋规则，鼓励孩子尝试一起下棋。

5. 在下棋过程中，遇到问题时，家长耐心引导幼儿，为其讲解，并给予鼓励。

附件：

斗兽棋规则

1. 棋盘分为横七列，纵九行，棋子放在格子中。双方都有三个陷阱和一个兽穴，中间有两片水域。

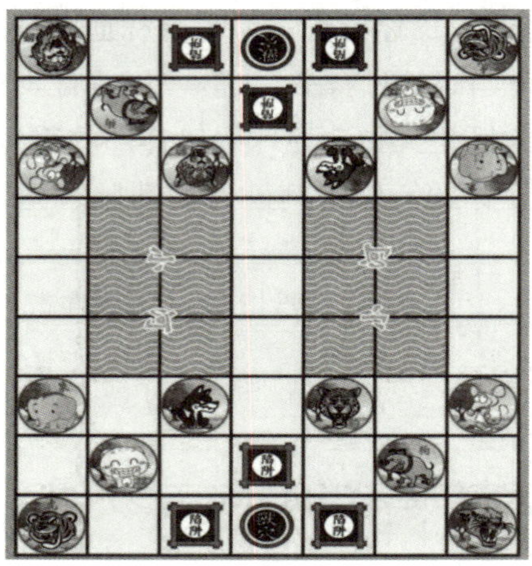

图 5-15 斗兽棋棋格

2. 斗兽棋一共有十六个棋子，分红蓝队伍，双方队伍各有八只一样的棋子。等级从高到低排列为：象→狮→虎→豹→狼→狗→猫→鼠。

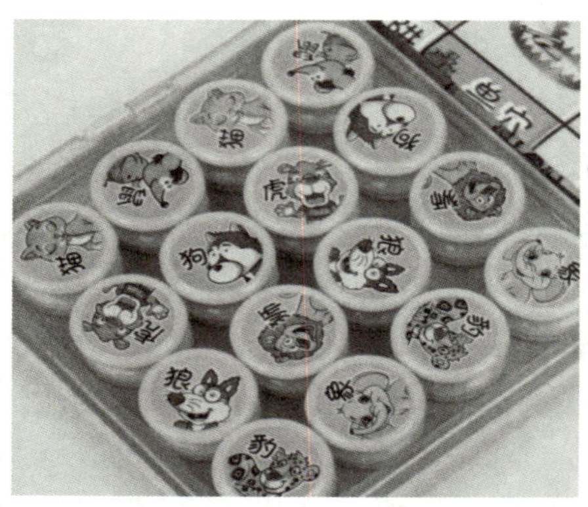

图 5-16 斗兽棋棋子

3. 红方先走，然后轮流走棋。每次走一个方格，前后左右都可以移动，但小河范

围例外。

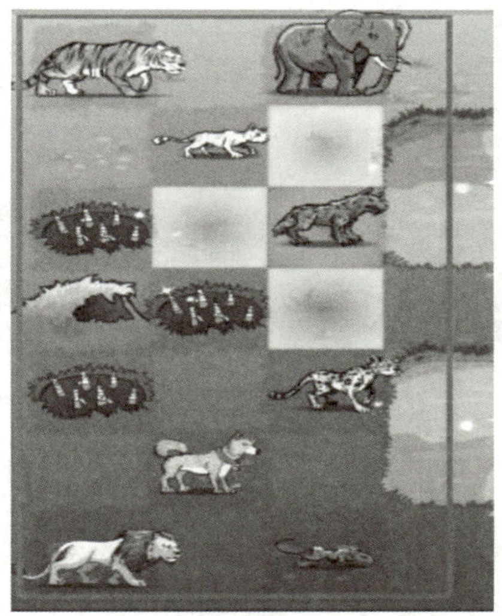

图 5-17 走棋规则(1)

4. 狮虎在小河边时，可以纵横对峙跳过小河，且能把小河对岸的敌方较小的兽类吃掉，但是如果对方老鼠在河里，阻隔了跳的路线时就不能跳。若对岸是对方比自己战斗力强的兽，也不可以跳过小河。

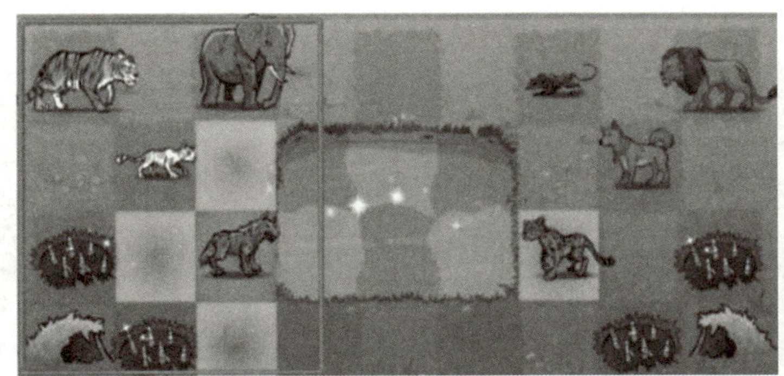

图 5-18 走棋规则(2)

5. 鼠是唯一可以走入小河的兽，走法同陆地上一样，每次走一格，上下左右均可，而且，陆地上的其他兽不可以吃小河中的鼠，小河中的鼠也不能吃陆地上的象，鼠类互吃不受小河影响。

图 5-19 走棋规则(3)

图 5-20 走棋规则(4)

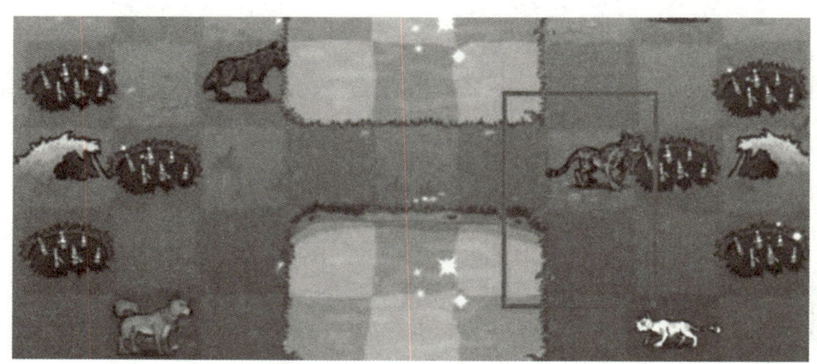

图 5-21 走棋规则(5)

6. 吃法是按照动物等级的高低，等级高的棋子可以吃等级低的。等级相同的棋子可以互相吃(只是吃掉对方)。

图 5-22 走棋规则(6)

7. 猫可以吃猫、鼠。狗可以吃狗、猫、鼠。狼可以吃狼、狗、猫、鼠。豹可以吃豹、狼、狗、猫、鼠。虎可以吃虎、豹、狼、狗、猫、鼠。狮可以吃狮、虎、豹、狼、狗、猫、鼠。象可以吃象、狮、虎、豹、狼、狗、猫。

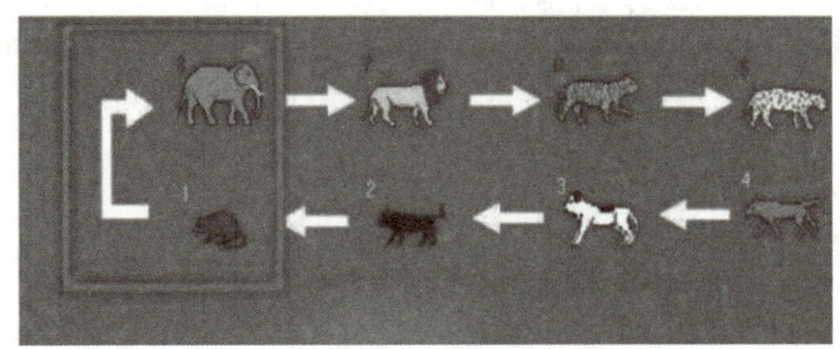

图 5-23 走棋规则(7)

8. 但其中老鼠可以吃象，象不可以吃老鼠。

图 5-24 走棋规则(8)

9. 想要走进兽穴获得胜利的棋子都要走陷阱格子，这时的棋子不分等级，己方可以用任意棋子吃掉陷阱里的棋子。

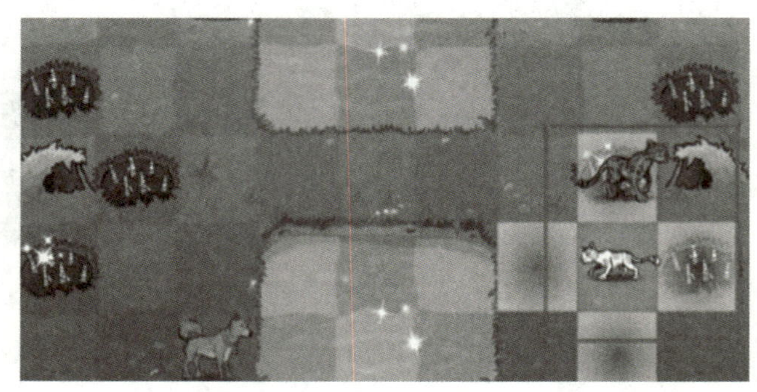

图 5-25　走棋规则(9)

10. 任何一方的兽走入敌方的兽穴就算胜利(自己的兽类不可以走入自己的兽穴)；任何一方的兽被吃光就算失败，对方获胜；任何一方所有活着的兽被对方困住，均不可移动时，就算失败，对方获胜；任何一方走棋时间用完，就算失败，对方获胜；任何一方中途离开游戏，就算逃跑，对方获胜；在双方同意的情况下可和棋。

活动六　亲子自制中草药——陈皮(5—6 岁)

活动背景：

柑橘是生活中常见的一种水果，富含丰富的维生素，有促进我们人体消化和降血脂的功效，大人孩子都很喜欢食用。柑橘不仅肉是宝，它的皮也是宝贝，可制作成陈皮。陈皮也是一味中药，具有化痰、理气健脾等功效。秋天，幼儿园甜甜果园里的柑橘大量成熟，为了不浪费大自然给人类的馈赠，幼儿在教师的带领下对果皮、果肉及其味道进行探究。为了进一步巩固学习成果，传承中医文化，特设计此活动，通过亲子合作自制陈皮，感受食物变成药物给人体带来的神奇功效。

共育目标：

1. 在亲子合作自制陈皮的过程中，感受食物变成药物给人体带来的神奇功效。
2. 知道陈皮的作用和功效，以及制作方法。
3. 能自己动手制作陈皮，并耐心等待制药的过程。

活动准备：

1. 物质材料准备：柑橘、蒸锅、烤箱、刷子、密封罐等。
2. 知识经验准备：孩子和父母一起上网查找关于陈皮的作用和功效。

活动建议：

1. 将新鲜的柑橘剥皮，果肉吃掉后，把皮留下。
2. 用刷子将柑橘的皮刷干净。
3. 将刷干净的橘子皮摆放在蒸锅上，用开水蒸 10 分钟。

4. 在有太阳的天气，将陈皮在太阳下晒干水分；若没有太阳，可用烤箱，将陈皮放入烤箱，以 100℃烘干 45 分钟。

5. 制作陈皮需要“三蒸三晒”，通过蒸和晒来去除陈皮里的芳香素，将 2 和 3 的步骤重复三次。

6. 经过“三蒸三晒”后的陈皮用密封袋或者密封罐保存，天气好的时候可以拿出来晒太阳。

温馨提示：

1. 活动前期，家长和幼儿一起上网查找陈皮的作用和功效，同时可以看看制作陈皮的视频，感受中草药的神奇，了解食药同源的意义。

2. 在“三蒸三晒”的过程中，家长要注意用水用电的安全，不得让孩子独自接触水电。

3. 一段时间后，陈皮制作完成，即可用陈皮煮糖水或者煮粥，一起品尝劳动成果。

活动照片：

图 5-26　将陈皮洗干净摆放在蒸锅

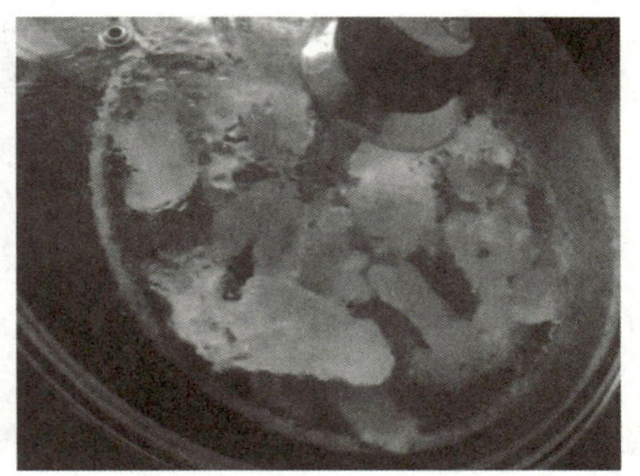

图 5-27　开水蒸 10 分钟

图 5-28　用烤箱烘干水分

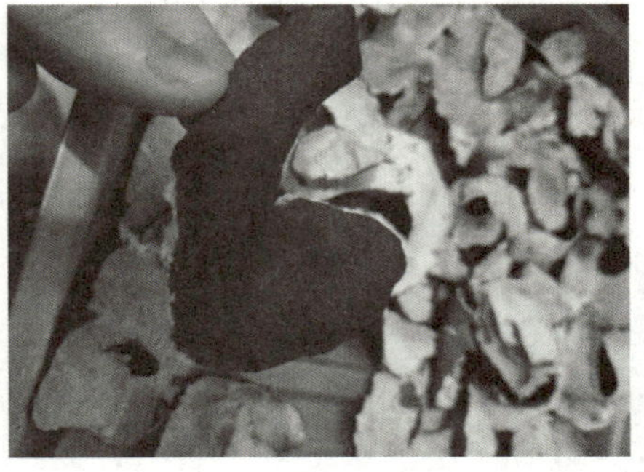

图 5-29　陈皮用密封袋密封

今天我请客(5—6 岁)

活动背景：

如今很多孩子挑食、偏食、浪费粮食，而充足的营养和良好的饮食习惯是促进幼儿生长发育的关键。另外，现在很多孩子都是独生子女，很多孩子不会与人友好相处，不愿意与人分享。因此，为了帮助幼儿养成绿色健康饮食的习惯，学会与人友好相处，自己动手招待客人，文明礼貌待人，特设计了本次活动。

共育目标：

1. 体验独自招待客人的新鲜感和乐趣。
2. 在自己买菜和做菜的过程中了解有关绿色健康的饮食知识。
3. 能与人友好相处，且做到不挑食、不偏食，一起践行绿色健康的饮食习惯。

活动准备：

1. 物质材料准备：环保袋、少许买菜钱、各种餐具等。
2. 知识经验准备：有过在幼儿园玩“娃娃家”招待客人的经验，在家里招待过客人。
3. 环境场地准备：菜市场、自己家。

活动建议：

1. 提前一天，幼儿提前联系自己的好朋友，邀请好朋友到自己家来玩。
2. 请客当天，家长陪同孩子到菜市场购买招待客人需要的食物，尽量选择有“绿色食品”标志的食物，如：蔬菜、水果、新鲜的肉等，用环保袋装好回家。
3. 家长辅助幼儿做简单又营养的菜，如番茄炒鸡蛋、凉拌黄瓜、蒸鱼等。
4. 小客人来家里后，由小主人给客人倒水，请客人就餐，准备公筷和公勺，一起品尝自己的劳动成果，做到光盘行动。
5. 吃完后，由小主人收拾餐具、洗碗、做好厨余垃圾分类。

温馨提示：

1. 家长陪同幼儿采购食材时，记得随身携带环保袋，注意引导幼儿选择绿色又健康且方便烹饪的食物。
2. 随时提醒幼儿使用礼貌用语，文明待客。
3. 在待客过程中，处处体现绿色健康的生活理念。

活动照片：

图 5-30　幼儿采购食物

图 5-31　幼儿给客人倒水

活动八 远离噪声污染(5—6岁)

活动背景：

噪声污染是世界四大公害之一，车辆的鸣笛、发动机的声音、小区里宠物的叫声，这些生活中的噪声都会让我们感到烦躁不安，影响我们的学习、工作、休息和睡眠，危害我们生活的方方面面。因此，我们每个人都要自觉减少噪声的产生，护卫我们安宁祥和的家园。

共育目标：

1. 乐意充当宣传者，通过录制视频呼吁身边人自觉减少噪声的产生。
2. 知道噪声污染的害处，和家人一起录制宣传视频《远离噪声污染》。
3. 在家长的指导下有感情地朗诵故事《静静的诺伊斯城》。

活动准备：

1. 物质材料准备：绘本《静静的诺伊斯城》、手机、三角支架、背景音乐、倡议书(见本活动附件)。
2. 知识经验准备：家长和孩子一起阅读绘本《静静的诺伊斯城》。

活动建议：

1. 家长可以问一问孩子关于绘本故事内容的问题，例如：噪声污染对我们的生活有什么影响？帮助孩子回顾绘本故事内容。
2. 家长可以先有感情地朗诵诗歌，对有助于孩子理解的词句加以重读。家长还可以按照故事内容的顺序制作简单的图谱，帮助孩子记忆，充分激发幼儿对朗诵的兴趣。
3. 结合绘本内容制定远离噪声污染倡议书，制定完成后家长再为孩子解读一遍相关内容，然后和孩子一起诵读，并配上背景音乐录制下来，然后上传到网站进行网络宣传，向大家呼吁：自觉减少噪声产生，远离噪声污染，守护宁静家园每个人都是行动者。

温馨提示：

1. 在录制前先熟悉材料内容。
2. 录制环境安静无噪声，确保录制效果。

附件：

远离噪声污染倡议书

亲爱的家长朋友、小朋友们：

随着社会经济的高速发展，城市化、工业化的进程进一步加快，环境问题日益突出。在各项污染源中，噪声污染严重影响着我们的日常生活，问题日益突出。生活中的噪声污染已经无处不在，时时刻刻对我们的生活造成影响。让我们行动起来，远离噪声污染，守护宁静家园。因此，我们倡议：

1. 不要在公共场所大声嬉笑、大声喧哗、尖叫和打闹。

2. 有宠物的家庭要将自家的宠物妥善管理好，不让宠物到处乱跑更不要让宠物的叫声吵扰到周围的居民。

3. 在家使用乐器时应该注意时段，或者进行其他家庭娱乐活动时，在室内应当控制音量，尽量不要打扰到他人。

4. 在规定的时间段进行装修，尽量避免产生噪声污染吵到周围居民。

亲爱的大朋友和小朋友们，养成文明习惯提高自身素质需要我们自觉行动，让我们从现在做起从自身做起齐心协力行动起来——拒绝噪声污染，创造文明环境。

第三节　生态保护

活动一　低碳出行，文明出行(3—4岁)

活动背景：

春暖花开时节，正是幼儿接触大自然，欣赏美丽风景，感受大自然的美好的好时节。通过开展“低碳出行，文明出行”环保徒步活动，鼓励孩子和家长用徒步和骑行的出行方式，传播爱护家园、低碳出行的健康理念。

共育目标：

1. 幼儿到户外感受自然的美好，放松身心。
2. 了解爱护家园、低碳出行、节能减排的重要意义。
3. 家庭成员能在日常生活中尝试更多低碳出行、文明出行的方式。

活动准备：

1. 物质材料准备：低碳出行倡议书(见本活动附件)、共享单车、儿童滑板车或儿童自行车、垃圾袋、野餐垫、食物。
2. 知识经验准备：了解过低碳出行的多种方式。
3. 活动场地准备：墨水湖公园广场，湖边绿道。

活动建议：

1. 教师在班级群发放《低碳出行倡议书》，呼吁家长带领孩子一起尝试低碳出行的多种方式，爱护我们赖以生存的家园。
2. 家长为幼儿解读倡议书内容，并一起准备物质材料。
3. 利用周末时光，家长和孩子乘坐公共交通(公交车或地铁)到达墨水湖公园。
4. 家长租用共享单车，孩子使用自己的滑板车或自行车，在湖边绿道进行骑行比赛。
5. 在墨水湖公园广场铺好野餐垫，家长和孩子共享野餐，欣赏湖边美景。
6. 野餐结束后共同收拾垃圾，将垃圾分类装进垃圾袋，并投入公园分类垃圾桶中。
7. 最后乘坐公共交通回家，家长和孩子分享交流这一天低碳出行的收获与感受。

温馨提示：

1. 出游前，与孩子进行文明乘车的约定，提醒幼儿注意乘车礼仪。
2. 在骑行比赛前，家长提醒幼儿安全骑行，在保证自己安全的情况下也要避让行人。
3. 服装上尽量穿着休闲，方便活动，注意备齐保暖衣物。

附件：

幼儿园低碳出行倡议书

亲爱的小朋友们、家长朋友们：

为了增强孩子们的环保意识，幼儿园发起了“低碳出行，文明出行”的活动，让我们一起行动起来吧！

一、做“低碳出行，文明出行”的宣传者。低碳生活无处不在，绿色出行就在身边，文明出行人人能做。希望大家提高低碳意识，树立低碳理念，践行低碳出行。向身边人宣传“低碳出行，文明出行”的意义和方式，带动更多的人参与进来，让我们的城市多一片蓝天，多一丝绿色，多一路畅通，多一些文明。

二、做“低碳出行，文明出行”的践行者。请大家尽量选乘公共交通工具出行，秉承“能走不骑，能骑不坐，能坐不开”的出行理念，尽可能采取乘坐公交车、骑自行车或步行的方式出行，减少交通拥堵，让我们共同体验清洁、畅通、高效的城市生活。出行中，人让人，车让人，车让车，让出一份公德和文明。过马路请走人行横道，不在机动车道上拦乘车辆；驾车时按规定系好安全带，不向外抛洒物品，夜间市区行车不使用远光灯，驾车时不接打手机，在市区驾车不随意鸣笛。

三、做“低碳出行，文明出行”的倡导者。希望大家积极参加到“低碳出行，文明出行”文明交通志愿者行列中来，积极开展文明交通劝导活动，共同维护交通秩序，劝阻交通违法，宣传交通法规，营造低碳、清洁、畅通、高效的城市环境。

让我们立即行动起来，从自己做起，从现在做起，以“低碳出行，文明出行”的方式，让我们的环境更美好，城市更靓丽，身体更健康，生活更幸福。

公筷公勺从我做起(3—4 岁)

活动背景：

经历过疫情后，出门时自觉佩戴口罩、勤洗手已成为人们的共识，然而还有一个细节容易被人们忽视，就是进餐时，公勺公筷的使用。市文明办在疫情发生后，大力推广使用公勺公筷，这需要我们每个人切实地参与行动，为大家的健康负责。使用公勺公筷不仅是传递文明的需要，更是呵护健康的需要，因此，让孩子从小养成使用公筷公勺的习惯尤为重要。

共育目标：

1. 乐意参与公筷公勺的活动。

2. 文明进餐，懂得公筷公勺的重要性。

3. 能和家人一起使用公筷公勺夹菜。

活动准备：

1. 物质材料准备：为每个家庭成员都配置在颜色外观上容易辨别的碗筷和水杯、公筷公勺。

2. 知识经验准备：能独立进餐。

活动建议：

1. 家长指导孩子注意使用公筷公勺的礼仪。

2. 亲子共同布置娃娃家场景，进行公勺公筷的角色扮演游戏。

3. 分开清洁公勺公筷，家长指导幼儿进行收整。

4. 亲子共同录制使用公勺公筷的视频，向大家宣传使用公勺公筷。

温馨提示：

1. 一定要注意公筷公勺的清洁、消毒与存放。

2. 不要用嘴喂食孩子，品尝孩子的食物，或用自己的筷子为孩子夹菜，与孩子进餐时餐具一定要分开。

3. 如果外出就餐，要主动要求服务员配备公筷公勺。

活动照片：

图 5-32　和家人一起使用公筷公勺

图 5-33　我会用公勺公筷

 活动三　小乌龟成长记(4—5 岁)

活动背景：

《3—6 岁儿童学习与发展指南》中指出："要了解人们的生活与自然之间的密切关系，知道尊重和珍惜生命，保护环境。"随着主题活动"你好，小乌龟"的顺利开展，幼儿对于小动物有了一定的认识。后续，我们希望利用家长资源让家长和幼儿一起照顾小

乌龟，记录小乌龟的成长过程，充分激发孩子的探索欲望，使幼儿萌发保护小动物的情感。

共育目标：

1. 体验和家人一起饲养小动物的快乐，萌发保护小动物的欲望。
2. 了解小乌龟的饲养方法和生活习性，增长科学知识。
3. 能与家长一起照顾小乌龟，并尝试进行观察饲养记录。

活动准备：

1. 物质材料准备：鱼缸、尺、电子秤、记录表(见本活动附件)、笔、小乌龟。
2. 知识经验准备：了解饲养小乌龟的方法。

活动建议：

1. 家长和孩子一起先挑选出健康有活力的小乌龟，在挑选过程中要注意观察小乌龟张口呼吸是否顺畅，龟壳是否完整无破损，身体是否有伤口，等等。

2. 给乌龟找一个合适的“家”，如鱼缸、水盆、养殖箱。放水时要适量，放到乌龟身体的一半就可以了，还可以适当摆放石头、小桥、植物等景观，给乌龟提供晒背台。

3. 选择通风有阳光的区域饲养小乌龟，但是避免阳光暴晒。

4. 亲子共同照顾小乌龟，了解小乌龟饲料的种类。

5. 家长和孩子一起制作观察记录表，用尺测量小乌龟的身长、给小乌龟换水、喂食，并及时地记录下来。

温馨提示：

1. 家长要告知孩子，小乌龟不能吃肥肉和带咸味的食物。
2. 饲养乌龟的水位一般没过龟背就可以了。
3. 小乌龟排便后的水要及时更换，以保持乌龟生活的环境干净卫生。
4. 当孩子与乌龟亲密接触以后，一定要及时进行手部清洁，注意卫生。

活动照片：

图 5-34 挑选健康的小乌龟

图 5-35 给小乌龟安家

附件：

小乌龟观察记录表

	星期一	星期二	星期三	星期四	星期五	星期六	星期日
身长							
体重							
换水							
喂食							
晒太阳							
洗澡							

杜绝“小浪费”(4—5岁)

活动背景：

节约资源、珍惜资源是我们的共同使命，我们每个人都应树立节约资源的观念。为了让幼儿了解资源的宝贵，从小养成节约的好习惯，我们发动每个家庭参与到节约行动中，一个幼儿带动一个家庭，珍惜每一滴水，节约每一度电，家园携手为建立资源节约型社会不断努力。

共育目标：

1. 体验节约资源带来的快乐与成就感。
2. 养成节约资源的好习惯。

3. 知道节约资源的举措。

活动准备：

1. 物质材料准备：储存生活废水、幼儿园节约资源倡议书(见本活动附件 1)、节水亲子实践记录表(见本活动附件 2)。

2. 知识经验准备：幼儿具有一定的节约意识。

活动建议：

1. 用钱方面：建立零花钱管理小银行、学习管理自己的零花钱。

2. 用电方面：告知家庭成员，一起践行节约用电的举措，如随手关灯、关空调。

3. 用水方面：对家里水电表的起止码进行监测记录，家庭商议节约用水的措施，如用淘米水浇绿植、洗菜水冲厕所、循环利用水资源等。

4. 每个月统计一次水电表，将每个月的水电费记录下来，并告知家庭成员本月节约了多少水电费，将节约资源落到实处。

活动照片：

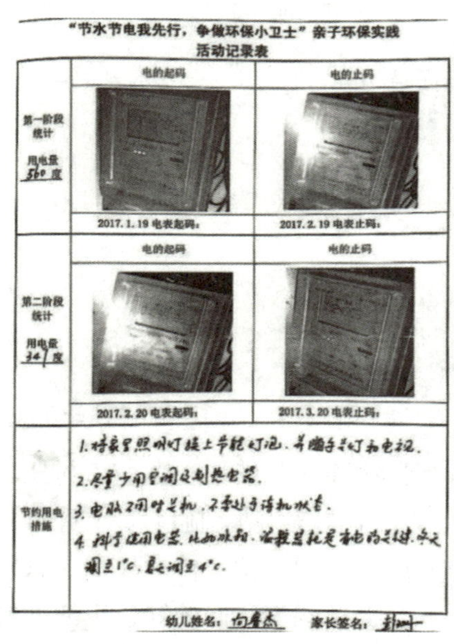

“节水节电我先行，争做环保小卫士”亲子环保实践活动记录表

	电的起码	电的止码
第一阶段统计 用电量 560 度	2017. 1. 19 电表起码：	2017. 2. 19 电表止码：
	电的起码	电的止码
第二阶段统计 用电量 341 度	2017. 2. 20 电表起码：	2017. 3. 20 电表止码：
节约用电措施	1. 将家里照明灯换上节能灯泡，并随手关灯和电视。 2. 尽量少用空调及制热电器。 3. 电脑不用时关机，不要处于待机状态。 4. 科学使用电器，比如冰箱，温控器挂是耗电的关键，冬天调至1°C，夏天调至4°C。	

幼儿姓名：　　家长签名：

图 5-36　电表记录表

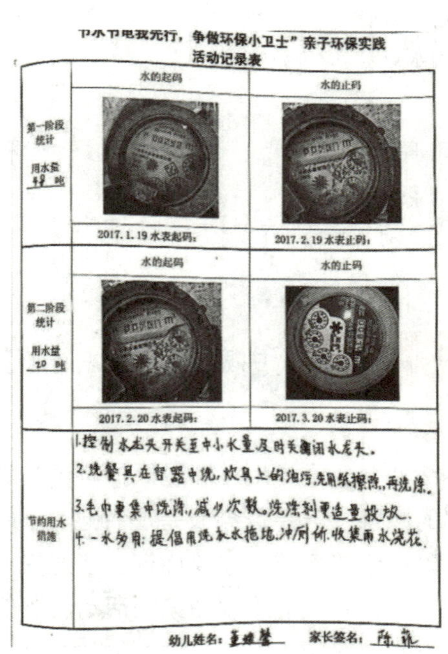

节水节电我先行，争做环保小卫士”亲子环保实践活动记录表

	水的起码	水的止码
第一阶段统计 用水量 48 吨	2017. 1. 19 水表起码：	2017. 2. 19 水表止码：
	水的起码	水的止码
第二阶段统计 用水量 20 吨	2017. 2. 20 水表起码：	2017. 3. 20 水表止码：
节约用水措施	1. 控制水龙头开关至中小水量，及时关闭水龙头。 2. 洗餐具在容器中洗，餐具上的油污先用纸擦除，再洗涤。 3. 毛巾要集中洗涤，减少次数。洗涤剂要适量投放。 4. 一水多用：提倡用洗衣水拖地、冲厕所，收集雨水浇花。	

幼儿姓名：　　家长签名：

图 5-37　水表记录表

附件 1：

幼儿园节约资源倡议书

亲爱的小朋友们、家长朋友们：

我们都知道资源是人类赖以生存和发展的最重要的物质基础和环境要素，但在日常生活中，我们的水电资源存在着相当严重的浪费现象，在此，我们倡议：

1. 增强节约资源意识，认识到节约资源的重要性。

2. 强化节水的责任意识，从自己做起，从身边的点点滴滴做起，积极带头遵守节约用水的规定，努力营造人人关心节水、时时注意节水的新风尚。

3. 养成节约资源的习惯，生活中随手关闭水龙头，从一点一滴做起，努力培养科学、文明、节约的用水习惯。

4. 加强节约资源宣传，对发生在身边的用水浪费现象，互相监督，坚决避免，加强对节约资源的宣传，共同保护好水资源。

节约资源一直是永恒的话题。让我们共同携手，积极投身到节约资源的实践活动中来，为节约资源尽自己的一份力量，为建设资源节约型、环境友好型社会作出自己应有的贡献吧！

附件 2：

“节水节电我先行 争做环保小卫士”亲子环保实践活动记录

第一阶段 用水总量____吨	水表起码	水表止码
第二阶段 用水总量____吨	水表起码	水表止码
节水措施		

井盖穿靓衣(4—5 岁)

活动背景：

经济社会建设与生态环境保护协调发展，人与自然和谐共处的生态城市村庄，是我们共同的愿景。给井盖穿衣是一种创意的文明行为，在井盖上绘制色彩鲜明的公益图案，可以提醒路人有井盖要绕行，注意安全；另外也能起到公益宣传的作用。家长带孩子一起参与在井盖上绘制图案的活动，既能警醒他人，又能为我们的绿色生活、文明社会增光添彩。

共育目标：

1. 乐意与家长共同参与到绘制井盖的活动中。
2. 知道井盖的作用。
3. 能用相应的绘画图案提醒路人。

活动准备：

1. 物质材料准备：小区井盖、颜料、画笔。
2. 知识经验准备：有绘画经验。

活动建议：

1. 亲子共同加入到给井盖绘制公益图案的志愿者活动中。
2. 家长指导孩子用颜料在小区井盖上绘画，向大家宣传绿色生活方式。
3. 了解井盖的作用，一起绘制色彩鲜明的图案，提醒路人此处有井盖，注意避让。

温馨提示：

1. 在绘制井盖的过程中要注意自身安全。
2. 可以设置隔离带提醒路人注意避让，等颜料干透后方可撤销。

活动照片：

图 5-38　亲子共同绘制井盖

图 5-39　亲子绘制垃圾分类图画

活动六　绿色江城在行动(4—5 岁)

活动背景：

当今社会，经济发展持续向好，人民群众的生活质量也越来越高。但我们更应该注意到，大家在尽情消费的同时，垃圾的生产速度和排放量也在与日俱增，环境问题日益凸显。因此，实行垃圾分类刻不容缓，它不仅与广大人民群众的生活息息相关，也是进行生态文明建设的重要举措。让孩子和家长认识到实行垃圾分类的重要性和必要性，同时也希望能够通过学校去辐射家庭，再通过家庭影响社会，最终让更多人行动起来，养成垃圾分类的好习惯，让江城的天更蓝、山更绿、水更清，环境更优美。

共育目标：

1. 乐意和家人共同参与到垃圾分类的行动中。
2. 懂得垃圾分类的必要性和重要性。
3. 能按照标志将家中的垃圾进行分类投放和处理。

活动准备：

1. 物质材料准备：分类垃圾桶、“保护生态环境，争当绿色宣传大使”倡议书(见本活动附件 1)、垃圾分类倡议书(见本活动附件 2)。

2. 知识经验准备：有收集生活垃圾的经验。

活动建议：

1. 家长和孩子可以一起收集生活垃圾，在收集的过程中可以对孩子进行环保知识的随机教育。

2. 家长引导孩子将家里的垃圾按可回收垃圾、厨余垃圾、有害垃圾、其他垃圾进行分类，然后贴上标签。

3. 做好分类后再把其中的纸类、玻璃类、金属类、塑料类，以及电器类进行回收，卖给废品回收机构，实现变废为宝。其他垃圾可以分类投放到小区的集中分类垃圾桶。

4. 家长和孩子一起制定垃圾分类倡议书，向街坊邻居宣传垃圾分类。

附件 1：

“保护生态环境，争当绿色宣传大使”倡议书

尊敬的家长、小朋友们：

保护环境是我们每个公民义不容辞的责任，我们要树立牢固的绿色环保意识，践行环保生态理念，在此，我们倡议：

一、树立环保新风尚。努力学习环保知识，把环保理念贯彻到生活的方方面面，树立“保护环境，人人有责”的良好社会风尚。

二、养成环保好习惯。爱护环境、珍惜资源，从我做起，从现在做起，从点滴做起，从身边事做起：节约每一滴水、每一度电、每一张纸；尽量使用公共交通工具和自行车或者步行；生活中多使用布袋、纸袋、竹篮等环保、可重复利用产品购物、储物；选购绿色有机食品；在家中养成垃圾分类处理、定点投放的习惯，并成为孩子的榜样；教育孩子积极投入到保护环境的活动当中，践行低碳、绿色生活方式和消费模式。

三、共建环保新家园。积极参与“小手拉大手，共建生态园”的活动，小手拉大手，用自己的模范作用去影响和带动身边的人，让家人、邻居、朋友及更多的群众也参与到活动中来，倡导科学文明的健康生活方式，共建绿水蓝天、生态环保的美好家园。您的每一份付出，都会为我们的家乡增添亮色；您的每一份热情，都会唤醒更多人的文明情操；您的每一份坚持，都会凝聚更多人的责任意识。让我们共同携手，从现在做起，从每一件小事做起，从每一个家庭做起，为共建现代、环保、文明的家园作出自己应有的贡献。

附件 2：

幼儿园垃圾分类倡议书

亲爱的小朋友们、家长朋友们：

随着我们生活水平的日益提升，城市生产生活带来的垃圾也越来越多，成分也越来越复杂。生活垃圾的数量正以惊人的速度在增长，不断侵蚀着我们美丽的家园。我们无法阻止垃圾的产生，但我们可以设法去减少垃圾给环境带来的危害，让我们通过垃圾分

类，变废为宝，减少污染，改善环境，通过幼儿园与家庭建立的联通纽带，共同践行垃圾分类的活动，我园倡议：

1. 请您主动关注垃圾分类的宣传片、宣传手册等学习媒介，了解与生活垃圾分类相关的知识，小手拉大手，和孩子一起成长，做好“生活垃圾分类”宣传员。

2. 各班级请积极开展“垃圾分类，从我做起”的主题活动，让幼儿能够认识生活中的垃圾，初步掌握垃圾分类的知识，能够在日常生活中主动、自觉地进行垃圾分类。

3. 请您在日常生活中为孩子树立榜样，做好表率，做到垃圾分类投放，引导孩子按照标志正确地对厨余垃圾、有害垃圾、可回收垃圾和其他垃圾进行分类投放。

4. 请您控制家庭垃圾的数量，养成好的生活习惯，如家庭生活中少用或不用一次性餐具、塑料袋；尽可能少地制造垃圾，特别是不容易降解和有毒有害的垃圾，能循环再用的用品要尽量充分利用。

让我们从此刻做起，从小事做起，用自身的实际行动主动参与垃圾分类的活动，并带动身边的每一个人共同保护生态环境。绿水青山就是金山银山，让我们行动起来吧！

节约水电小卫士(5—6岁)

活动背景：

习近平总书记指出我们要进行生态文明建设，在国家加快发展循环经济，建设节约型社会的背景下，节约水电资源是重要的一条，也是我们每一位公民能做到的最基本的一条。在日常生活中，经常会看到浪费水电的现象。我们希望通过幼儿带动家庭共同设计节约用水、用电标志，让大家都有节约资源的意识，都能自觉加入到节约用水、用电的行动中。

共育目标：

1. 体验设计节水节电标志的快乐。
2. 知道节水节电的重要性。
3. 能节约资源不浪费。

活动准备：

1. 物质材料准备：绘画纸、油画棒、倡议书(见本活动附件)。
2. 知识经验准备：知道节约资源的方式，有一定的绘画基础。

活动建议：

1. 家长可以和幼儿一起讨论在家庭生活中有哪些浪费水的行为。
2. 家长引导幼儿思考节约用水的好方法，并共同制定节约资源倡议书。
3. 亲子一起设计节水、节电的标志，并将标志张贴在相应位置，提醒家人节约用水、节约用电。

温馨提示：

家长和孩子还可以将设计好的标志张贴在小区，倡议周围的邻居加入到节水节电的行动中。

附件：

节约资源倡议书

亲爱的小朋友们、家长朋友们：

现如今，社会在进步，人类的生活质量得到了大大的提高，人类的生存和发展也越来越依赖资源，资源已经成了社会发展和人类生活的必需品。但是，近几十年来，我国的资源消耗量竟然涨了几十倍。今天，我们应该积极响应国家的号召，努力建设生态文明、可持续发展的社会，树立资源快速消耗的忧患意识，养成节约资源、保护环境的良好习惯。所以，我们倡议：

1. 节约用水。洗手、洗抹布时不要把水开得太大，洗完记得关闭水龙头。

2. 节约用电，低碳环保。养成随手关灯的好习惯，做到人走关灯。白天不开灯，晚上少开灯，在不用电脑、电视等电器时应及时关闭电源。

3. 节约粮食。我们要珍惜劳动者的辛勤劳动成果，不能随意倒掉粮食。

4. 垃圾分类。垃圾要进行分类，这样可以对有用的垃圾进行回收，以免造成浪费和环境污染。

5. 爱护公共财物。不能随意乱涂乱画，破坏公共财物。

家庭生态有机肥(5—6岁)

活动背景：

我们发现，在探索自然角的过程中，幼儿总在讨论怎么给植物最有营养的肥料。其实，生活中的果皮、菜叶、鸡蛋壳等厨余垃圾都是很好的沤肥材料。结合幼儿的兴趣，我们将利用家长资源，让家长和幼儿一起制作家庭生态有机肥。希望在亲子自制沤肥箱的过程中，既能满足幼儿的好奇心，还能更好地处理厨余垃圾，实现循环利用，从而达到改善生态环境的目的。

共育目标：

1. 体验自制沤肥箱的快乐，感受废旧资源重复利用的乐趣。
2. 能和家长一起制作生态沤肥箱。
3. 了解生态有机肥的制作方法。

活动准备：

1. 物质材料准备：密封发酵桶一个、厨余垃圾、淘米水。
2. 知识经验准备：幼儿已经见过家用化肥。

活动建议：

1. 可以将家庭废旧的泡沫箱或者塑料箱当作沤肥箱。
2. 家长和孩子一起收集沤肥基础原料，如蔬菜叶、瓜果皮、鸡蛋壳、淘米水、食

物残渣等，将其用于堆肥或者沤肥。

3. 可以将家庭的湿垃圾丢进沤肥箱，再加水、密封、盖好，置于半阴通风处。每5天左右，放一次气体，检查一次发酵情况。2~3个月后，取出发酵液体，稀释之后用于植物追肥。取出沤肥箱底部的沉淀物，晒干，拌入土壤，用于种植前的底肥添加。

温馨提示：

1. 沤肥箱容易产生小毛蠓，可以利用家用杀虫喷雾剂，定期对发酵箱内的发酵物进行喷洒，然后密封存放。夏季半个月喷一次，春秋季一个月喷一次，确保没有小毛蠓。

2. 每年的初冬，是进行沤制的最好时间，因为温度最为适宜。如果选择在春季、夏季进行则不太好，因为这时温度较高，会加速沤制过程中有机物的反应速度，只需要一个月就能完全腐熟，之后就会产生浓烈的刺激性臭味，后续无论是继续沤制，还是取用肥水去浇花，体验都不太好。因此，最好选择在秋冬季节进行沤制。如果实在介意，有条件的可以考虑在室外进行。

活动照片：

图5-40　废旧泡沫箱堆肥

图5-41　厨余湿垃圾堆肥

图5-42　放置堆肥肥料

图5-43　用作植物底肥

第四节　绿色生活

趣玩“纸球”(3—4岁)

活动背景：

废旧报纸是家里常见的物品，将其进行创意加工，即可变废为宝，成为好玩的游戏道具。居家生活期间，我们可以将报纸变成纸球，设计很多有趣的体育游戏，既锻炼孩子的体能和反应能力，还能增进亲子关系。常常在家进行体育游戏，还可以让一家人养成运动健康的生活习惯。

共育目标：

1. 一家人热爱运动，养成健康生活的习惯。
2. 幼儿学会将废旧物品进行改造，动手制作纸球。
3. 能创新多种关于纸球的玩法，锻炼身体。

活动准备：

1. 物质材料准备：废旧报纸、胶带、剪刀、废旧纸袋、废旧纸盒。
2. 知识经验准备：有和家人一起玩球的经历。
3. 环境场地准备：比较宽敞的客厅，或者宽敞的室外。

活动建议：

1. 家长和孩子一起动手制作报纸球，把一整张报纸揉成一个球，再用透明胶粘好。

2. 玩法一：躲避纸球。

让孩子站在指定的区域，家长向孩子投掷“炸弹”，孩子通过身体部位的移动躲开炸弹，记住不要被它击中。

3. 玩法二：纸袋接小纸球。

家长和孩子分别站在桌子或茶几的两边，孩子手拿纸袋，家长拿小纸团，家长将小纸团从桌子的一边，快速滚动到另一边，孩子则用纸袋接住，孩子接住一个小纸团后，家长迅速再滚出第二个小纸团，孩子立即接住，游戏循环进行。当孩子已经基本掌握接球方法后，家长可以加快滚球速度以及不断变换滚球的方向，让孩子左右来回跑动接纸球。也可以把纸袋换成纸杯，增加难度。

4. 玩法三：足球小将。

纸球当作足球，鞋盒当作球门，家长双手把鞋盒固定住，鼓励孩子射门，可根据孩子的能力调整球门和孩子的距离，可互换角色进行游戏锻炼。

5. 玩法四：灌篮高手。

纸球当作篮球，鞋盒当作篮筐，家长双手端住鞋盒，鼓励孩子投篮，可根据孩子的能力调整篮筐高度和增加移动，可互换角色进行游戏锻炼。

6. 玩法五：纸球夹腿跳。

双腿膝盖处夹住纸球，设置好起点和终点，家长和孩子竞技比拼，看谁先抵达再返回。

温馨提示：

家长可根据孩子的年龄和动作发展程度，选择合适的玩法进行纸球大作战，游戏时注意安全。

活动照片：

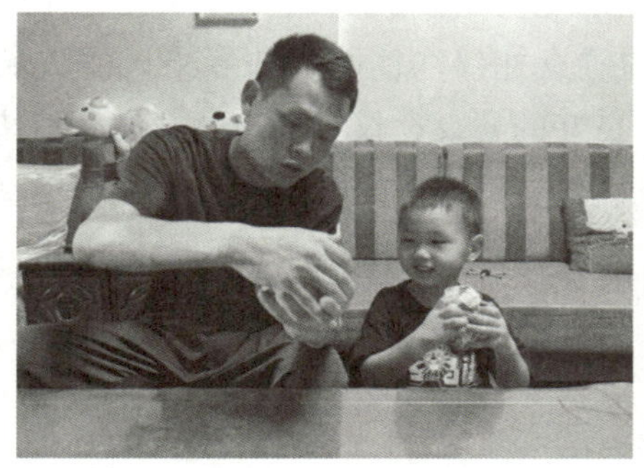

图 5-44 亲子制作纸球

图 5-45 亲子玩躲避纸球游戏

图 5-46 亲子玩纸袋接球游戏

图 5-47 居家足球游戏

图 5-48 居家灌篮游戏

图 5-49 亲子玩纸球夹腿跳

活动二　餐桌礼仪(3—4岁)

活动背景：

家是温馨的港湾，是一个充满爱的地方，也是培养幼儿诸多好习惯的重要场所。良好的餐桌礼仪对于幼儿的健康成长起着至关重要的作用。古人云："不学礼，无以立。"中国自古以来就是文明古国，礼仪之邦，好的餐桌礼仪往往能反映一个人的人品和修养，也能看出其背后的家庭教育和生长环境。良好的餐桌礼仪有助于幼儿健康情绪及良好品格的养成。从小培养幼儿的就餐习惯，既能发展其人际交往能力，又能帮助幼儿建立社会规则意识，并让幼儿受益终身。

共育目标：

1. 乐意遵守餐桌礼仪规范。
2. 初步了解餐桌礼仪的重要性。
3. 能在家长的指导下文明进餐。

活动准备：

1. 物质材料准备：开餐前的餐具准备。
2. 知识经验准备：有独立用餐的经验。

活动建议：

1. 首先教孩子就餐入座的礼仪。比如：家里有人来做客，要先安排客人到上座入席，剩余的人再按照先长后幼的年龄顺序依次入座。入座后保持安静，可以和身边的人交流聊天，但不要大声喧哗。用餐前要遵循先长后幼的原则，家人各就各位，全家人都坐定以后才能动筷子。

2. 家长可以教孩子使用简单的短语，如"请"和"谢谢"，引导孩子在需要帮助的时候说礼貌用语。为了帮孩子养成好的就餐习惯，家长要做好带头作用，一家人都到齐以后再动筷子，不在餐桌以外的地方吃饭，不在进餐时做其他的事情。

3. 进餐时，要教育孩子尽量保持安静，咀嚼饭菜的时候要闭好嘴巴，避免发出咀嚼的声音而影响到其他人。家长要时刻关注孩子吃饭时的坐姿，保持身体直立，不歪歪扭扭地趴在桌子上。规范正确的坐姿不仅能够帮助孩子安全顺利地进餐，而且还有利于消化。用餐过程中，食物残渣不要乱吐乱扔，注意保持桌面的卫生整洁。

4. 家长应要告诉孩子看准了再夹，不要用自己的筷子去翻捡盘中食物，最好使用公筷、公勺，如果筷子上沾有食物时就不要夹菜。

5. 教孩子饭后对准备食物的人表示赞美和感谢，如"奶奶做的食物真是太美味了吧，谢谢您做这么多好吃的，辛苦了！"

6. 餐后要将残渣收拾到自己的碗里面，把坐椅放正，餐后若要先离席，要先和长辈打招呼，如"爷爷，我吃好了"。家长还可以教导孩子学习饭后收拾餐桌、整理餐具。

温馨提示：

1. 在孩子三岁以后，爸爸妈妈就应该开始教他们正确地使用各种餐具了。

2. 孩子餐具使用错误时，不要着急，更不要去喂食，多一点耐心，多给孩子一些锻炼实践的机会，相信他们可以及时纠正错误。

3. 当孩子表现得好时要给予适当的赞美和奖励。好奇是孩子的天性，他们不仅喜欢观察还善于模仿，所以作为父母一定要为孩子带好头，以身作则去帮助孩子学习正确规范的餐桌礼仪。

活动照片：

图 5-50 请奶奶入座

图 5-51 请爷爷奶奶先入座

图 5-52 爷爷奶奶请先吃

图 5-53 我也可以开始进餐啦

我家的绿色旅游计划(4—5 岁)

活动背景：

习总书记一直提倡可持续发展的理念，随着人们观念的转变，很多自然文化遗产得到了有效保护。暑假即将来临，家长们会带幼儿出去旅游，幼儿园提出过文明旅游、不使用一次性用品、光盘行动等倡议，幼儿通过设计“我家的绿色旅游计划”，带动家庭成员一起践行绿色旅游，达成绿色旅游的共识。

共育目标：

1. 家庭成员愿意一起绿色旅游，达成共识。
2. 尝试和家长一起讨论绿色旅游的方式，如选择公共交通、自带洗漱用品、爱护公物、爱护环境等。
3. 亲子共同设计“我家的绿色旅游计划”。

活动准备：

1. 物质材料准备：教师提供“家庭绿色旅游计划表”（见本活动附件）、彩笔。
2. 知识经验准备：家庭成员有一起旅行的经历。

活动建议：

1. 家长和幼儿一起回忆以前旅行吃、穿、住、行的细节。如：吃饭用的是否是一次性餐具，有无浪费食物的现象，酒店使用的是否是一次性的洗漱用品，选择的交通工具，景点的自然风光等。
2. 根据表格中的提示，幼儿和家长共同查找网络资料，商讨假期绿色旅游的方式。
3. 幼儿将商定结果用画画的方式填写在表格中，形成“我家的绿色旅游计划”。
4. 旅行前，幼儿和家长一起收拾行李，包括自带餐具、自带洗漱用品、自带随身垃圾袋等。
5. 家庭成员按照制订的绿色旅游计划，共同执行。

温馨提示：

1. 绿色住宿：节约用水、节约用电、尽量使用自带洗漱用品。
2. 绿色餐饮：尽量不用过分加工及包装的食品，不用一次性餐具。
3. 绿色出行：如果旅行地的生态系统很脆弱，就合理制订旅行计划，避免对当地的环境造成不利影响，减少旅途中产生的生活垃圾。
4. 绿色游玩：当徒步旅行时，要和路上遇到的动物保持安全距离。不要购买濒临灭绝的动植物制作的纪念品，用实际行动向周围的人传播和分享绿色旅游的理念。

附件：

家庭绿色旅游计划

亲爱的小朋友，暑假即将来临，请你和你的家人一起来设计你们的绿色旅游计划，用笔画在下面的图表中，全家一起来执行吧！

幼儿姓名：________

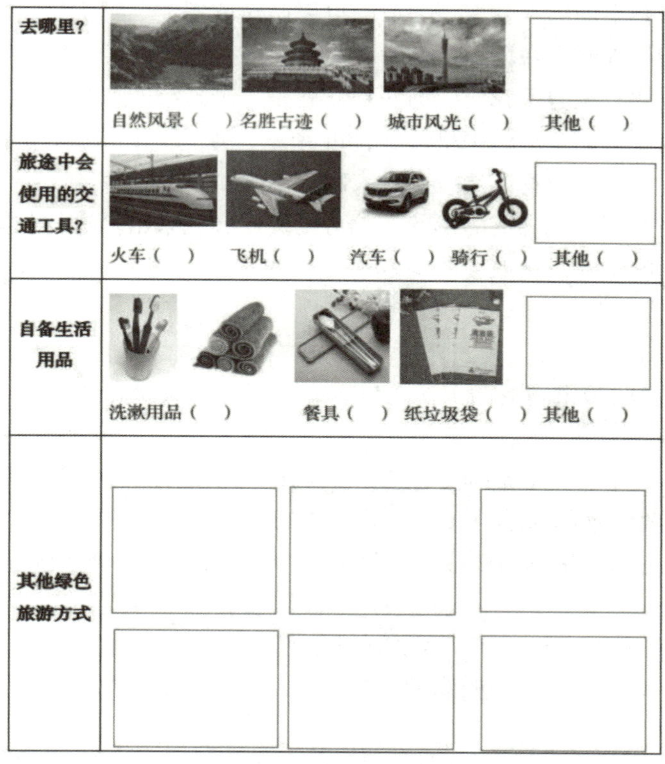

去哪里？	自然风景（ ）　名胜古迹（ ）　城市风光（ ）　其他（ ）
旅途中会使用的交通工具？	火车（ ）　飞机（ ）　汽车（ ）　骑行（ ）　其他（ ）
自备生活用品	洗漱用品（ ）　餐具（ ）　纸垃圾袋（ ）　其他（ ）
其他绿色旅游方式	

图 5-54　家庭绿色旅游计划

活动四　家庭收纳小妙招(4—5 岁)

活动背景：

为进一步弘扬文明、低碳、绿色、环保的理念，倡导低碳生活方式，树立幼儿节能减排的观念，通过各种家庭收纳小妙招，逐步养成文明健康、节约环保的生活习惯，倡导节约光荣、浪费可耻的生活方式。

共育目标：

1. 愿意和家人一起加入节能环保的活动中来。
2. 学习各种家庭收纳小妙招，了解简约环保的生活方式。
3. 能运用多种方法收拾整理家里的杂物。

活动准备：

1. 物质材料准备：卫生纸筒、购置纸袋、水管、纸盒、塑料瓶、酸奶瓶、油壶、剪刀、胶布等。
2. 知识经验准备：幼儿有收拾自己的生活用品的经验。

活动建议：

1. 家里用完的卫生纸筒可以用来收纳电线、有线耳机等。

2. 家里装修剩下的旧水管取下一节，可以制作成各类美发工具收纳支架。

3. 购物纸袋可以固定在墙上，作为随手可及的杂物收纳处。

4. 大容量的饮料瓶剪下花瓣状的底部，就是一个独特的首饰支架。

5. 将塑料水瓶剪成合适的手机形状，再剪一个洞，制作成一个手机充电悬挂袋。

6. 将废旧鞋盒进行旧物改造，变成衣物收纳盒。

7. 将大桶酸奶瓶剪成合适的形状，就可以按照颜色来给笔进行分类了。

8. 家里废旧的塑料袋一般会收集起来当作垃圾袋，用大油壶做成一个垃圾袋收纳盒，每次抽一个塑料袋使用。

温馨提示：

幼儿从小学会收拾整理的四个切入口，家长们可以一起尝试：

1. 整理玩具。

家长给孩子准备一个大玩具收纳盒，告诉孩子，你可以选择自己喜欢的玩具，但数量不能超过这个收纳盒的大小。孩子随着年龄的增长，在整理玩具的时候，家长可以跟他一起做一些断舍离，把不需要或者不符合年龄的玩具，做一些绿色分享。

2. 整理衣服。

家长可以在衣柜门上贴上不同类别衣物的标签，如：T恤、裤子、裙子、内衣、袜子等，让幼儿根据标签收拾自己的衣服。

3. 整理书包。

给孩子准备一个心仪的、方便的书包，建议买一些不同颜色的文件收纳袋，让孩子把不同科目的书本搭配在不同的文件袋里，每天睡前让孩子整理第二天需要用到的书籍和文具。

4. 整理行李箱。

在节假日或者寒暑假带孩子去游玩的时候，建议可以给孩子准备一个行李箱，让他自己独立地去整理收纳。

活动照片：

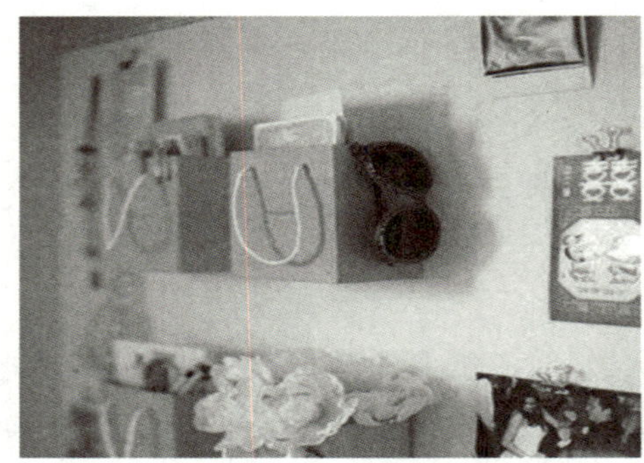

图 5-55　纸袋收纳

图 5-56　饮料瓶收纳

图 5-57 塑料瓶手机袋

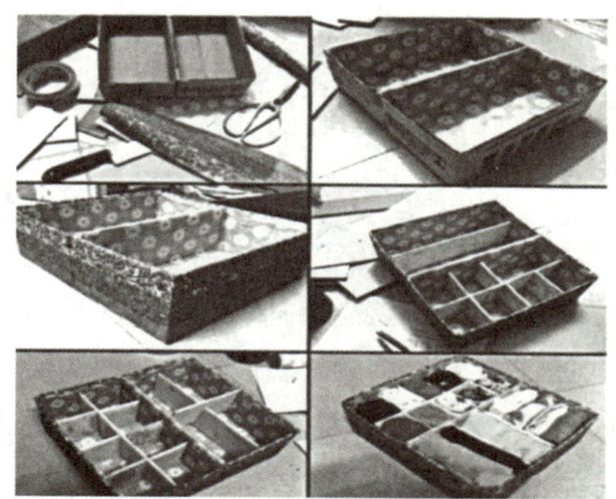
图 5-58 鞋盒收纳

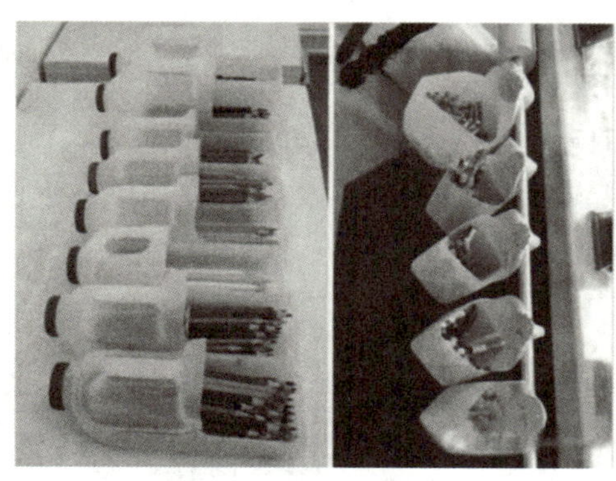
图 5-59 酸奶瓶收纳

图 5-60 油壶收纳

活动五 我家的艺术花盆(4—5 岁)

活动背景：

家庭生活中常常会产生一些废旧物品，不起眼的小盒、小罐等废旧物品也同样能使幼儿从中找到乐趣。亲子利用废旧物品进行花盆制作是发展幼儿动手、思维、想象等多方面能力的有效途径，既能节约资源、节省经费，又能使幼儿体验到制作成功的喜悦，进而增强幼儿的自信心。

共育目标：

1. 一家人养成将家庭生活中的废旧物品进行再次创意利用的习惯。
2. 学习花盆的制作方法。
3. 能发挥想象力，亲子合作改造废旧物品，制作漂亮的花盆。

活动准备：

1. 物质材料准备：完整鸡蛋壳、鸡蛋托、玻璃瓶、洗衣液瓶子、旧鞋子、颜料、剪刀、绳子、双面胶、热熔胶等材料。

2. 知识经验准备：知道花盆的基本构造，即花盆底部有小洞，方便排水。

活动建议：

1. 鸡蛋壳花盆：将用过的鸡蛋壳洗干净，在蛋壳底部开一个小孔，用彩色笔装饰蛋壳，将家里的小型多肉移栽到蛋壳花盆中，最后将做好的蛋壳花盆整齐摆放在鸡蛋托上。

2. 玻璃瓶花盆：将喝完饮料的玻璃瓶洗净擦干，在瓶身上缠满双面胶，把绳子或者纸搓成长条，缠绕在贴满双面胶的瓶身，即可完成装饰。

3. 洗衣液瓶花盆：用马克笔在瓶身上画出自己喜欢的轮廓，家长辅助用裁纸刀沿着轮廓裁出形状，并用颜料装饰瓶身。

4. 鞋子花盆：将废旧雨鞋、童鞋、高跟鞋洗干净，用颜料在鞋子上画一些装饰，将植物移栽到鞋子花盆中。

温馨提示：

1. 在制作过程中，注意安全使用工具。

2. 家长尊重孩子的意愿，鼓励孩子自己动手创作，偶尔可辅助制作。

3. 善于发现生活中的废旧物品，很多物品都是可以改造成花盆的，如：破损的餐具、塑料食品盒子、水管、木块、鱼缸等各种容器。

活动图片：

图 5-61　鸡蛋壳花盆

图 5-62　洗衣液瓶花盆

活动六　光盘行动(4—5 岁)

活动背景：

中华民族历来崇尚勤俭节约的传统美德，随着幼儿园“光盘行动，从我做起”的主题活动的开展，孩子们对光盘行动有了一定认识，知道在日常生活中要节约粮食。为了帮助孩子们进一步养成节约的好习惯，我们将此活动延续到家庭中开展，家长在家指导孩子在

生活中养成节约粮食的好习惯，并用实际行动去影响身边的人，提倡节约，拒绝浪费。

共育目标：

1. 对“光盘行动”活动感兴趣，感受“光盘”带来的快乐和成就感。
2. 知道粮食的来之不易，要爱惜粮食。
3. 做到不挑食不剩饭，和家人一起“光盘”行动。

活动准备：

1. 物质材料准备：餐桌、食物、计划表(见本活动附件 1)、光盘行动倡议书(见本活动附件 2)。
2. 知识经验准备：看过光盘行动的绘本、听过相关的故事。

活动建议：

1. 家长可以通过绘本故事实施教育，与孩子共读一些爱惜粮食的绘本，如：《怕浪费婆婆》《盘中餐》《谢谢你，好吃的面包》《小语种麦子》。
2. 家长还可以带孩子到乡村田野间看看，让小朋友知道粮食是怎么来的，最好能让孩子看到农民伯伯辛勤劳动的过程，这样才能更好地懂得每一粒粮食都是来之不易的，在生活中做到节约粮食，拒绝浪费。
3. 家长可以和孩子一起制作光盘行动计划表，用以奖励“光盘行为”。每天邀请家人参与光盘行动，一起光盘，让孩子来当小评委给光盘者点赞。每光盘一次，可以积赞一个，每周评选一次，并和孩子约定好赞最多的将会被评选为“光盘之星”。
4. 进餐时，家长可以让孩子自己去盛饭，并教育孩子吃多少盛多少，盛了以后就要吃完，做到不剩饭不剩菜。外出就餐时，点菜要适度适量，倡导剩菜打包，做到珍惜每一粒粮食。
5. 家长在家里要以身作则，给孩子做好榜样，时刻提醒并督促孩子吃完自己的饭菜，帮助孩子养成“光盘”的好习惯。家长还可以和孩子一起制作光盘行动倡议书，呼吁每个人都参与光盘行动。

活动照片：

图 5-63　我们在光盘行动

图 5-64　我和妈妈一起光盘

附件 1：

光盘行动计划表

今天你吃"光"了吗？						
		爸爸	妈妈	爷爷	奶奶	宝贝
星期一	早餐					
	中餐					
	晚餐					
星期二	早餐					
	中餐					
	晚餐					
……	……					

附件 2：

光盘行动倡议书

亲爱的家长、小朋友们：

勤俭节约历来是中华民族的传统美德。为进一步弘扬勤俭节约的传统美德，引领节约用餐良好风尚，倡导健康文明的生活方式，我们向大家发出以下倡议：

1. 勤俭节约爱惜粮食，争做"光盘"行动者。

2. 不剩饭不剩菜，从我做起，争当"光盘行动"的先锋者。

3. 主动向身边的人宣传"光盘行动"，及时对浪费行为进行制止，争做"光盘行动"的践行者和宣传者。

光盘是一种理念，也是一种行动，我们还要将它变成一种习惯。从我做起，从现在做起，让我们厉行节约、践行光盘行动吧，让"光盘行动"内化于心、外化于行，做光盘行动的实践者、先锋者，宣传者吧！亲爱的家长、小朋友们，让我们积极行动起来吧！

自制垃圾分类玩具(5—6 岁)

活动背景：

幼儿环保意识的培养是整个环保事业的基础。随着幼儿园"利废利旧"主题活动的

开展，幼儿对废旧物品的再利用有了一定的认识。为了帮助幼儿建立良好的节约习惯，我们充分开展变废为宝的家庭活动，让家长引导孩子在生活中注意废物利用，提高孩子的环保意识与动手能力，养成良好的节约习惯。

共育目标：

1. 乐意和家人一起制作垃圾分类小玩具。
2. 尝试利用家中的酸奶盒制作分类垃圾桶。
3. 能进行垃圾分类。

活动准备：

1. 物质材料准备：废旧纸盒、卡纸、马克笔、固体胶、垃圾分类标志、废旧利用倡议书(见本活动附件)。
2. 知识经验准备：参与过垃圾分类的活动、会使用剪刀。

活动建议：

1. 首先可以将家里喝完的酸奶盒洗干净备用，将盒子倒扣在卡纸上画出边框，然后按轮廓剪下来。
2. 用同样的方法剪出4个相同大小的垃圾盖，再用胶带粘住一边中心。
3. 将卡纸剪成长条状，家长可以先在卡纸上画出直线，再让孩子沿着轮廓剪下来做成手柄。
4. 将卡纸剪成长条形，宽度和酸奶盒高度一样，再将卡纸剪成酸奶盒子大小，家长可以指导幼儿将分类标志粘贴在垃圾桶盖上。

温馨提示：

1. 使用剪刀时要注意安全，需在家长的指导下进行。
2. 酸奶盒洗干净后注意晾干后再使用。
3. 还可以利用其他废旧材料进行制作。

活动照片：

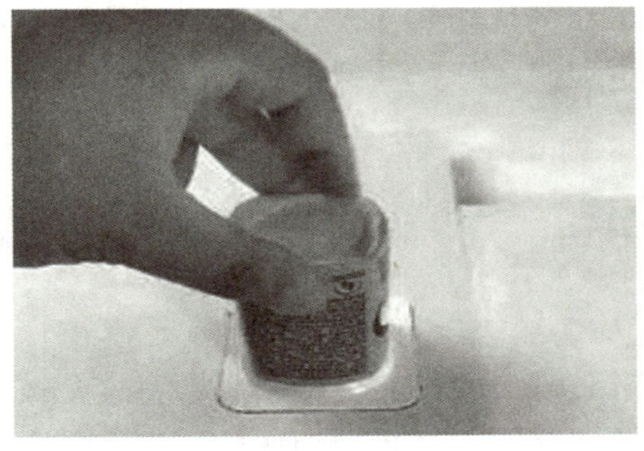

图 5-65　沿着画纸剪出来

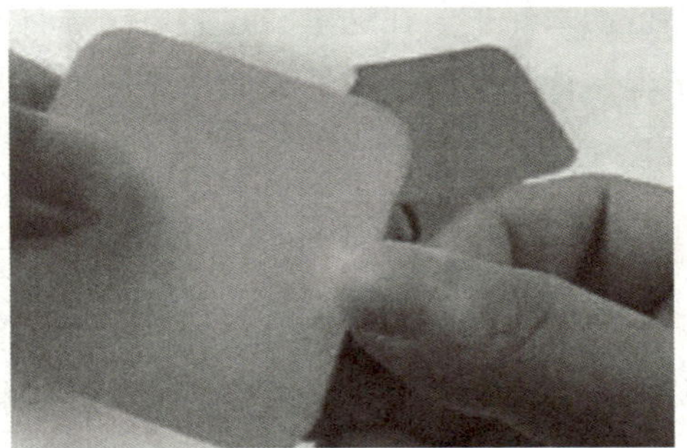

图 5-66　沿中心粘贴

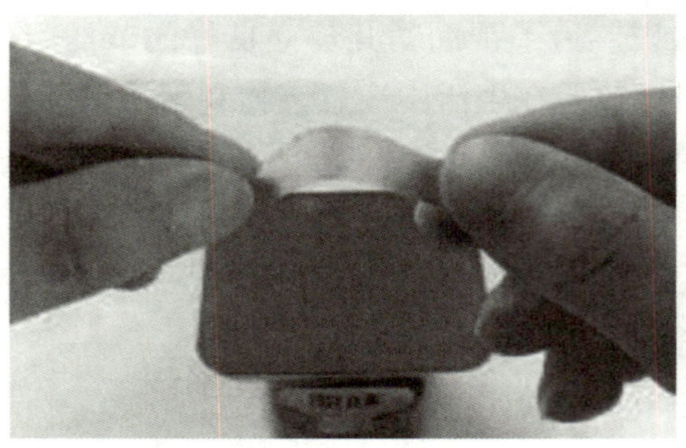
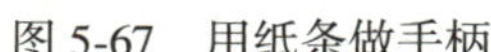
图 5-67　用纸条做手柄

图 5-68　粘上垃圾分类图片

附件：

废旧利用倡议书

亲爱的小朋友们、家长朋友们：

你们好！生活中我们可以发现废旧物品随处可见：饮料瓶、纸箱、旧衣物、旧书等。平日里这些废旧物品常常会被我们遗忘甚至丢弃，造成很多的资源浪费。亲爱的小朋友们，那些废弃物的心声你们听到了吗？它们其实也希望为人类作出更多的贡献呀！所以，现在我们向大家倡议：

1. 首先从自己做起，呼吁身边的人不要乱扔垃圾。

2. 在日常生活中，尽量将分类好的垃圾放入对应的垃圾箱中，方便回收利用。

3. 将废旧物品收集起来，发挥自己的想象与创造，将其制作成精美的艺术品，为我们所用，美化我们的环境。

4. 加大宣传力度，以身作则去影响家人、亲戚朋友和社区邻居，呼吁大家都参与到废物利用中来，节约资源，爱护环境。

亲爱的小朋友们和家长们，我们生活的地球资源是非常有限的，生活环境需要我们用实际行动来保护。在这里，我们再次号召大家立刻行动起来，积极投身到废物利用的活动中来，让我们的生活环境变得更加美好，更加健康吧！

家用环保购物袋(5—6 岁)

活动背景：

每次去超市购物，我们都会买一个塑料袋来装购买的商品，回家后塑料袋会被我们当作垃圾袋使用，最后也会被丢掉，这样既浪费钱又污染了我们的环境。每个家庭都会有穿旧的衣服，家长可与孩子一起将自己的旧衣服进行裁剪改造，即可当作布艺购物袋使用，又实现了对孩子的环保教育。从环保的角度出发，废物再利用具有一定的经济价值。从幼儿的购物经验出发，将熟悉的塑料袋作为生态文明教育的内容，既符合社会发

展趋势，又贴近幼儿的实际生活。

共育目标：

1. 感受亲子创意制作的成就感与满足感。
2. 尝试将改造的购物袋用于日常生活当中，发挥其最大功能。
3. 能运用各种材料改造和装饰购物袋，并与家长一起外出购物。

活动准备：

1. 物质材料准备：废旧衣物、笔、剪刀、针线、颜料、扣子等辅助材料。
2. 知识经验准备：幼儿在超市购物用过塑料袋。
3. 环境场地准备：附近超市。

活动建议：

1. 和家长一起整理家中的旧衣物，学会区分不同的布料，挑选适合做购物袋的服装。

2. 寻找合适的图片，可以是网上下载，也可以是自己设计的图案。

3. 查看购物袋的形状和特点，家长辅助进行裁剪，制作购物袋，鼓励幼儿尝试裁剪布料，穿针引线，缝钉扣子。

4. 选择喜欢的材料装饰购物袋，可以是珠子、扣子、羽毛、毛线、麻绳、贴纸、瓶盖等，鼓励幼儿大胆创意。

5. 家长和孩子一起使用自己制作的环保购物袋，到超市购买生活用品，检验购物袋的实用性，回到家中及时进行调整。

温馨提示：

1. 使用剪刀时，家长注意幼儿操作的安全。
2. 提高自制环保购物袋的使用频率，将环保购物袋随身携带。
3. 选择简易包装的商品，尽量拒绝过度包装的商品，选择绿色健康的食品。

活动照片：

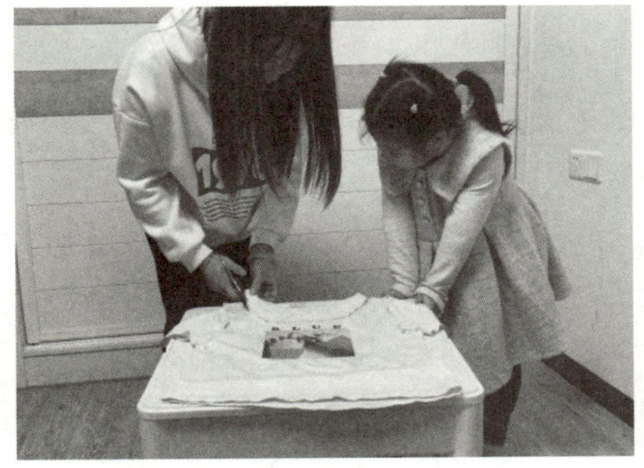

图 5-69　将没用的 T 恤裁成购物袋的形状

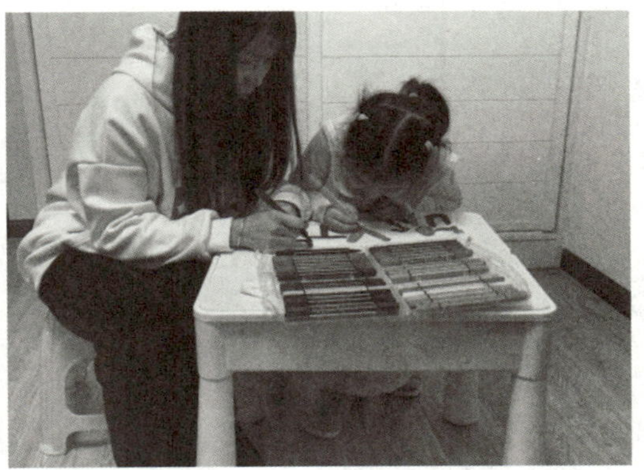

图 5-70　给剪好的购物袋画上漂亮的图案

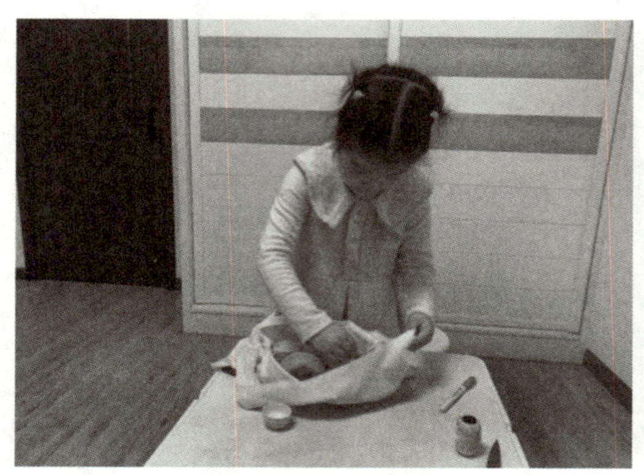

图 5-71　我的购物袋里可以装很多东西哦

图 5-72　背起我的购物袋去购物啦

第六章　幼儿生态文明教育社会实践活动

社会实践活动是正在蓬勃兴起的教育思潮之一，其是指一种新的课程体系及教育体系。从广义上说，社会实践教育是指一种“实践育人”的教育理念。实践活动的特征包括以幼儿为主体、以实践为导向、以实践活动为载体、以培养幼儿的实践能力与综合素质为目标。《中共中央国务院关于学前教育深化改革规范发展的若干意见》中也提到：“鼓励支持幼儿通过亲近自然、直接感知、实际操作、亲身体验等方式学习探索。”幼儿在实践中探索自然奥秘，感受人与人、人与自然、人与社会的和谐共生十分必要。

一次好的社会实践活动，有三个重要依据：幼儿身心发展特点、园所教育目标、社会发展需求。这些依据既要符合幼儿兴趣和需要，同时还可以发展幼儿社交能力，以及培养幼儿独立的意志与品质。当今社会家庭中部分孩子正处在一个单一的、封闭的环境中，缺乏与人沟通的机会、不爱交流、常常被电子产品吸引、不爱运动、肥胖等现状。这些“自然缺失”的行为反而给了我们诸多启示。幼儿的心智是通过感官和知觉，经过思维上的认知整合、判断、推理而形成的，如果幼儿缺乏在自然、社会中学习、探索、实践的经历，那他们的感觉和知觉就会受到影响，从而影响幼儿身心的全面发展。因此，我们要让幼儿在实践中充分发挥自身能动性，同时学会与他人沟通、合作、倾听与表达。充分利用自然环境和社区的教育资源，带领幼儿积极参与“植树节”“环保日”等社区宣传活动。组织外出参观、游览的途中可以不断渗透环保和安全教育的内容，使幼儿逐渐积累对公共生活规范的认识和经验。因此，社会实践活动对幼儿来说是不可缺少的一部分。

本章收录了 30 多个优秀的社会实践案例，选择的实践活动与园所课程相互渗透，以小组合作活动、家庭活动、混合式等形式开展有趣、多元化的社会实践。在老师、家长、社会人士的带领下参与各项活动，每次活动充分打开幼儿的五感，通过观察记录、体验操作、五感感受等方法观察自然、感受人文、亲近社会，与同伴一起分享其中的乐趣，从而让幼儿了解城市建设的日新月异、生活的快速发展，在给予孩子新时代理念的同时也不忘传承中国优秀的历史文化。我们在社会实践活动中开拓创新，带孩子们领略科技给人类带来的便捷，如带孩子体验共享单车、组织网络回收活动、进行 3D 探索等，也带孩子们在生活中实践，如带领孩子购物、观察自然四季变化、发现日常生活中的有趣现象等；我们还带孩子体验祖国历史文化，如参观黄鹤楼、自然博物馆、中医馆等。这些活动具有创新性，主题鲜明，孩子们都是在最真实的生活中去体验、去感受。每次实践活动结束后会以教师、幼儿、家长、社会为主体对此次实践活动进行过程性评价或者总结性评价，在一个放松的环境下让孩子和家长敢说、想说、愿意说，以便我们今后挖掘更多好的实践素材。

大自然和大社会给予了我们一本活的教科书，幼儿在周围的环境中学习，应以大自然和大社会为中心组织活动。大自然和大社会是幼儿园巨大的资源库，是教育者的百宝箱，社会实践是幼儿园教学活动的必要延伸和有益补充，也是学校教育和校外教育相衔接的创新形式。我们期待老师们能挖掘更多丰富有趣的实践活动。

第一节 环境认知

家乡的楼——黄鹤楼(3—4岁)

活动背景：

“昔人已乘黄鹤去，此地空余黄鹤楼。”是古代诗人崔颢的名句。位于湖北省武汉市长江大桥东侧的黄鹤楼，是中国三大名楼之一。《3—6岁儿童学习与发展指南》指出：“幼儿应该知道当地有代表性的物产和景观，通过与幼儿一起外出游玩，观看和欣赏家乡、祖国各地的风景名胜、著名的建筑、独特的物产等对激发幼儿的自豪感和对家乡的热爱之情。”基于对幼儿活动前期的观察，发现幼儿对家乡古建筑的来历很感兴趣。结合幼儿的兴趣特点带领幼儿对武汉著名景点来一次深度的参观，不仅能帮助幼儿了解黄鹤楼的历史，了解家乡的古建筑，同时还能在社会实践活动中培养幼儿文明出行的好习惯。

活动目标：

1. 体验参观古建筑的乐趣，感受祖国的大好风景。
2. 了解文明游客应遵守的规则。
3. 能大胆与同伴交流自己登黄鹤楼的感受。

活动准备：

1. 物质材料准备：相机、运动鞋、身份证。
2. 知识经验准备：初步了解家乡的名胜古迹及著名景点。

活动场地：黄鹤楼

活动设计：

1. 上午九点黄鹤楼景点售票处集合，进行安全培训与讲解。
2. 购票进入黄鹤楼景区，跟随工作人员的讲解参观黄鹤楼内部景观。
3. 交流分享：自由参观后11：00在一楼大厅内集合。教师分发实践反馈表，家长和幼儿填写，并分享此次游览的心得感受。
4. 合影留念，教师清点人数后安全离场。

活动指导：

1. 外出实践前需要书写安全预案，并向上级报备。
2. 外出需配备保健医生全程陪同。

3. 家长陪同前往黄鹤楼需持身份证入景区。
4. 幼儿登高处后切勿将头、手伸出护栏以外，禁止翻越围栏。
5. 景区内请勿随意疯逗打闹，随意奔跑。
6. 禁止擅自采石取土，燃放烟花爆竹，焚烧树叶。
7. 禁止随意践踏草坪，采摘景区内花果。

表 6-1 “家乡的楼——黄鹤楼”活动实践反馈表

活动时间	3 月 7 日	活动地点	黄鹤楼	反馈人	小豆子妈妈(家长)
参加人数	35 组家庭	活动负责人	邓老师		
实践感悟	黄鹤楼作为武汉知名的旅游景点之一，是武汉的地标性建筑。在参与实践活动的时候，发现小豆子在全程的互动中，眼睛里是放着光的。平时，我们更多的是带着孩子去武汉的商场、游乐园、公园等，但是像这样的古建筑，相对选择的就会少一些，因为总觉得孩子还比较小，理解不了这里面的深层意义。老师今天组织的活动非常有意义，通过参观黄鹤楼了解其历史及结构特点，促进了小豆子对荆楚文化的理解和向往。参观黄鹤楼这一类的古建筑能更加直观地带领孩子解我们的大武汉，以后幼儿园有类似的实践活动一定要多多地参与。				

活动花絮：

图 6-1 家长与幼儿在黄鹤楼合影

图 6-2 幼儿在黄鹤楼内参观

活动二 坐上地铁看武汉(4—5 岁)

活动背景：

轨道交通已经成为人们生活中不可或缺的一部分，其中地铁作为近几年最受人们欢迎的公用交通工具，已经深入幼儿之心。地铁与众不同的线路与搭乘方式，让幼儿对它充满了好奇。但是不正确不文明的乘坐方式也出现在了我们的身边，因此教师设计坐地铁看武汉的实践活动，以引导幼儿了解乘坐公共轨道交通的基本行为规范，体验文明出行带来的良好秩序。同时，通过地铁每次停靠的站点来帮助幼儿认识家乡武汉的著名景点，带领幼儿畅游美丽的大武汉，从身边细小的实践活动培养幼儿爱祖国、爱家乡的情感。

活动目标：

1. 体验乘坐地铁畅游武汉的快乐，使幼儿萌发爱家乡的情感。
2. 初步掌握乘坐地铁的方法。
3. 能在地铁线路图上通过简单的方式标出名胜古迹的位置。

活动准备：

1. 物质材料准备：武汉地图、图片、地铁卡、记号笔。
2. 知识经验准备：有过坐地铁的生活经验。

活动场地：武汉地铁站四号线(通往黄鹤楼)、二号线(东湖风景区)、八号线(省博物馆)

活动设计：

1. 指定地铁口集合，教师介绍今日著名景点线路及活动安排。
2. 介绍地铁站的标志和坐地铁的流程。

(1)认识地铁标志和地铁口，简单了解几个主要的指示标志。

(2)购票。了解武汉通的使用方式及人工购票的方法。

(3)安检。经过安检区，配合工作人员进行安全检查。

(4)进站。

(5)候车。在候车大厅内等地铁进站。上车时要先下后上。

(6)乘车。遵守地铁内的秩序，不随意奔跑，注意自己的下车地点。

(7)出站。

3. 认识不同的地铁线路，了解地铁可以到达的景区，学会换乘，并在地图上做记号。

(1)四号线可以通往黄鹤楼景区、楚河汉街。

(2)二号线可以通往东湖景区。

(3)八号线可以通往湖北省博物馆。

(4)六号线可以通往武汉市园博园。

4. 巩固乘坐地铁的知识，请幼儿与家长共同乘坐地铁，熟悉文明乘坐轨道交通的方式。

活动指导：

1. 外出实践前需要书写安全预案，并向上级报备。
2. 外出需配备保健医生全程陪同。
3. 遵守公共秩序，乘坐地铁要先下后上。
4. 公共场合文明乘车，佩戴口罩，不得在车内大声喧哗，不得在车厢内进食。
5. 按需购买地铁票，不逃票、漏票。
6. 外出活动注意保护好自己的人身安全。

表 6-2　“坐上地铁看武汉”活动实践反馈表

活动时间	4 月 19 日	活动地点	武汉地铁站	反馈人	邓老师(教师)
参加人数	20 组家庭	活动负责人	邓老师		
实践感悟	地铁是我们经常使用的公共交通工具，通过这次坐上地铁看武汉的实践活动，孩子们感受到了武汉地铁的便利，知道每条线路都可以转乘到达武汉著名景点。在乘坐地铁的过程中，孩子们能认识并了解了地铁上的一些禁止标志以及地铁站内的一些安全和文明的小常识。如：地铁站内不能携带易燃易爆等危险物品；乘坐地铁要文明排队，不在地铁内追逐打闹；等等。 通过此次坐上地铁畅游武汉的实践活动，孩子们还发现了不同线路有不同颜色，对武汉有了更深入地了解。对于孩子们来说，我们生活的环境处处充满新奇，为孩子们提供了多种多样的学习机会与场所，而作为教师，我们需要挖掘更多的教育契机，教育就要来源于生活并融入生活，最终回归生活。				

活动花絮：

图 6-3　幼儿使用乘车币进入地铁闸门

图 6-4　八号线通往省博物馆

参观省博物馆(4—5 岁)

活动背景：

湖北省博物馆是弘扬荆楚文化，征集、典藏、陈列和研究代表自然和人类文化遗产实物的场所。为了让幼儿更好地了解中国的历史文化及身边的环境，特组织幼儿参观湖北省博物馆。

活动目标：

1. 激发幼儿爱家乡的自豪感。
2. 通过参观博物馆了解湖北的荆楚文化。
3. 能清晰地说出湖北省博物馆的四大镇馆之宝。

活动准备：

1. 物质材料准备：导游旗、随身垃圾袋、双肩背包、相机。

2. 知识经验准备：有与父母外出旅游的经历。

活动场地： 湖北省博物馆

活动设计：

1. 省博物馆门口集合，教师清点人数，带队进入博物馆，进馆前教师交代要求：保持安静，不要打扰到其他参观者，做文明小游客。

2. 教师介绍参观内容，如湖北省博物馆的四大镇馆之宝：越王勾践剑、曾侯乙编钟、郧县人头骨化石、元青花四爱图梅瓶。

3. 讲解员引导参观 2 楼的曾侯乙编钟、郧县人头骨化石，以及青铜越王勾践剑、曾侯乙鉴缶、小型编钟、漆木虎座鸟架鼓、鸳鸯形盒、龙衔蛇莲瓣盘豆、蟠螭纹豆等。

4. 大厅集合清点人数，教师引导并交流以下问题：

(1)今日参观了省博物馆，你找到了四大镇馆之宝吗？

(2)请你来说一说参观后的感想。

活动指导：

1. 幼儿禁止在场馆内大声喧哗，疯逗打闹，随意奔跑，禁止翻越围栏。

2. 外出需配备保健医生全程陪同。

3. 家长陪同前往省博物馆需持身份证入场馆内。

活动花絮：

图 6-5　幼儿观察青铜冰鉴

图 6-6　参观曾侯乙墓了解历史故事

活动四　无敌风火轮(5—6 岁)

活动背景：

近几年大街小巷都出现了一种特殊的自行车——共享单车，人们只需使用小程序就

能租还一辆共享单车。通过租还这种循环使用的方式不仅为人们的生活提供了便利，而且还能有效地缓解交通压力，保护环境。但是在使用共享单车的过程中，经常会出现乱停乱放或故意破坏等行为，爱护公物是中华民族的传统美德，引导幼儿从小养成爱护公物的好习惯，对他们今后的成长非常重要。通过本次社会实践活动可培养幼儿低碳出行、爱护公物的好习惯，引导幼儿形成绿色出行的理念。

活动目标：

1. 体验亲子骑行的快乐。

2. 了解共享单车的使用方法。

3. 能正确选择低碳出行的各种方式。

活动准备：

1. 物质材料准备：每位幼儿自行车一辆、每位家长共享单车一辆、“低碳出行”图片拼图、手机、徽章。

2. 知识经验准备：知道过多的汽车尾气会污染环境。

活动场地：墨水湖边自行车绿道

活动设计：

1. 生活经验谈话，引发活动。

(1)你们每天都是使用什么交通工具上幼儿园呢？

(2)你们认为哪种出行方式属于“低碳出行”呢？

(3)教师出示低碳出行图片并帮助幼儿了解排碳量最小的出行方式。

2. 讨论共享单车对人们生活及人们生活环境的影响。

(1)引导幼儿思考共享单车对我们生活环境的影响。

讨论：它们给人们生活带来方便的同时，对环境有什么影响？

(2)教师小结：使用共享单车这种低碳出行的方式，能够有效缓解交通压力，减少汽车尾气的排放，保护我们的生活环境。

3. 游戏：一起使用共享单车。

(1)帮父母租车：幼儿骑车陪同父母共同去租借“共享单车”，初次尝试开启单车，感受共享单车的便利。每位幼儿一辆小三轮自行车，家长每人一辆共享单车。骑行到社区指定场地停放好。

(2)游戏：低碳出行我最棒。

游戏规则：每组幼儿和父母合作，幼儿听口令出发去桌子上完成“低碳出行”拼图，拼好拼图后将手机拿到父母骑行点，帮助父母开启“共享单车”，开启单车后父母骑到下一个队友所在地，幼儿重复游戏接力，最先到达终点的一组获胜，获得环保小徽章。

(3)游戏拓展：幼儿和家长共同设计新的游戏玩法及规则。

(4)探秘环节：你们刚才拼的拼图都是我们日常生活中“低碳出行”的图片，你们发现背面有什么秘密没？

(5)师幼总结交流。

活动指导：

1. 外出实践前需要书写安全预案，并向上级报备。

2. 外出需配备保健医生全程陪同，活动中如有不适，随时请保健医生指导安全事宜。

3. 活动开始前全体参与成员做好热身准备，全程穿运动鞋、运动裤参与活动。

表 6-3　“无敌风火轮”活动实践反馈表

活动时间	5 月 2 日	活动地点	墨水湖	反馈人	苗苗妈妈(家长)
参加人数	15 组家庭	活动负责人	邓老师		
实践感悟	活动中，老师先带着孩子们寻找各种颜色的共享单车，了解各类单车不同的小秘密。随着共享单车出现在我们的生活中，孩子们对绿色生活理念有了新的了解：发现了车身上二维码的妙用；知道如何正确使用单车并且不乱停乱放；倡导低碳生活；懂得注意骑车安全；等等。接着家长和孩子们的骑车大赛开始了，最后在阵阵欢呼加油声中活动圆满结束。活动不仅让孩子们了解到新鲜的事物，形成绿色生活的理念，同时通过“小手拉大手”的方式让孩子们成为绿色小天使，提醒家长们尽量选择使用共享单车出行，减少城市碳排放，让我们生活的城市更干净、更美丽。				

活动花絮：

图 6-7　墨水湖自行车道开展亲子骑行

图 6-8　墨水湖自行车道开展骑行比赛

活动五　重返侏罗纪，探秘恐龙之谜(5—6 岁)

活动背景：

化石是揭开生命演化的一把钥匙，它是古代生物的遗体、遗骸或遗迹。科学家通过对化石的研究及科学实验，认为生命起源于元素的化学进化，并产生具有遗传复制和新陈代谢能力的原始生命，实现了有机生命的无机诞生。在前期开展的关于恐龙化石的活动中，发现幼儿对恐龙化石的好奇心依然很浓厚。因此设计此次走进博物馆的实践活动，引导幼儿了解侏罗纪时代物种的起源、繁衍和灭绝，知道灭绝的主要原因是自然灾害，加深幼儿对保护环境、珍惜资源、抵御灾害的认识。

活动目标：

1. 使幼儿萌发对侏罗纪时代生物的兴趣。
2. 尝试在活动中发现问题和提出问题。
3. 初步形成保护周围自然环境的意识和能力。

活动准备：

1. 物质材料准备：石膏恐龙化石材料包。
2. 知识经验准备：侏罗纪电影，对侏罗纪时代有初步的了解。

活动场地： 中国地质大学逸夫博物馆

活动设计：

1. 走进地质大学逸夫博物馆，感受浩瀚的历史长河。静看恐龙的起源、繁盛、灭绝的演化过程。

2. 跟随讲解员了解博物馆展出的恐龙类型、生活习性、发展历程。感受在侏罗纪时代曾经出现过的壮观繁华的恐龙王国。

3. 学习与恐龙有关的科学知识，使幼儿萌发了解过去、启悟现在的兴趣。

4. 讲解员讲解恐龙灭绝的原因，引导幼儿意识到保护生态环境，维持生态平衡的重要性。

5. 体验与探索，动手挖掘属于自己的石膏恐龙化石。

活动指导：

1. 遵守场馆内的公共秩序，爱护公共设施。
2. 认真倾听工作人员的讲解，不疯逗、不打闹。
3. 活动时注意自身的安全，不跟陌生人讲话，不随意离开指定的活动区域。

活动花絮：

图 6-9 与恐龙化石合影

图 6-10 观察侏罗纪时期的其他化石

活动六 参观武汉市图书馆(5—6 岁)

活动背景：

读万卷书行万里路，书籍是我们获取知识的重要方式之一，是伴随我们一生的良师益友。阅读是开启幼儿智慧的窗，是打开幼儿心灵的门，是一个精神成长的重要渠道。为了激发幼儿的阅读兴趣，体验阅读的快乐，形成良好的阅读习惯，我们在引导幼儿参观图书馆的同时，帮助幼儿了解图书馆里不同种类的书籍以及图书馆规则，让幼儿学习借书与还书的基本流程，进而使其知道在公共场所遵循社会公德与社会秩序，从而促进幼儿文明行为的提升。

活动目标：

1. 体验阅读氛围，激发幼儿的阅读兴趣。
2. 学习遵守社会基本规则，丰富幼儿的生活经验。
3. 能独立完成借书、还书的基本流程。

活动准备：

1. 物质材料准备：办理阅读卡。
2. 知识经验准备：部分幼儿有去过图书馆的经验。

活动场地：武汉市图书馆

活动设计：

1. 到达图书馆后跟随工作人员有序参观。
2. 了解学习并遵守图书馆的基本阅读规则，安静阅读，不破坏书籍。
3. 体验图书馆浓浓的阅读氛围，自由阅读 1 小时。
4. 了解阅读卡的使用方法，学习借书和还书的基本流程。
5. 用学习到的借书流程自行完成一次借书活动。
6. 活动结束后，完成还书流程。

活动指导：

1. 参观过程中老师全面负责幼儿出游的安全工作，爱护公共财物，遵守图书馆的规章制度。
2. 指导幼儿在阅读过程中保护借阅的图书，阅读时做到轻拿轻放。
3. 指导幼儿在馆内注意言行文明，爱护公物，垃圾随手入桶。

活动花絮：

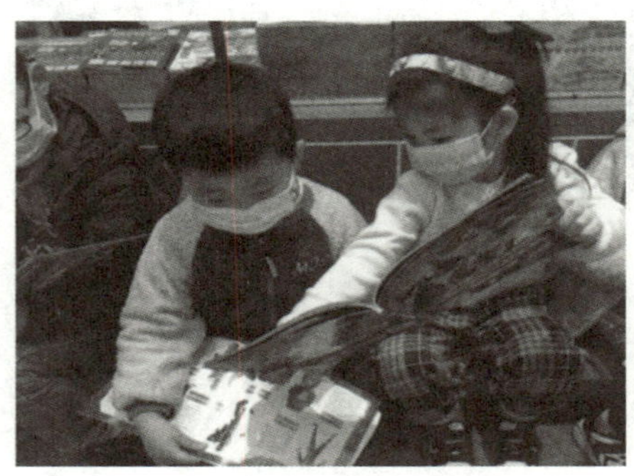

图 6-11　在图书馆内阅读图书(1)

图 6-12　在图书馆内阅读图书(2)

我们身边的水(5—6岁)

活动背景：

我国是严重缺少淡水的国家之一。随着社会的发展，人类生活、生产的用水量不断增加，以及未经处理的废水、废物和生活污水的任意排放等造成的水体污染，加剧了可利用水资源的减少，使原本已紧张的水资源更加短缺，保护水资源迫在眉睫。因此在日常生活中幼儿应该多了解身边的自然资源，了解保护水资源的重要性。《3—6岁儿童学习与发展指南》在科学领域中指出："幼儿需要在探究中认识周围的事物和现象，初步了解人们的生活与自然环境的密切关系。"在与幼儿每日的交谈中，教师了解到放学以后幼儿经常去墨水湖边玩耍，会发现湖面上有许多浮游生物，湖水中还有会小鱼的身影。带着这样的兴趣，教师带领家长与幼儿来到了墨水湖边，开展了一次水质监测的小实验，引导幼儿了解人类生活对水质的影响和优质的水资源对人类生活的重要性，并学会节约保护水资源以及爱湖护湖等。

活动目标：

1. 乐于参与社会实践活动，并积极参与水质检测。
2. 知道人类生活与水质之间相辅相成的关系，学习保护水资源的知识。
3. 能通过实验了解身边湖水的水质情况。

活动准备：

1. 物质材料准备：自制水质检测仪一套、水质记录表、记录笔、打捞工具。
2. 知识经验准备：幼儿了解水的重要性，知道清澈水与浑浊水的区别。

活动场地： 墨水湖边

活动设计：

1. 安全员提前到达墨水湖边排除安全隐患，保障后续检测时全体师幼及家长的安全。

(1)检测场地是否湿滑，以防活动时摔倒。

(2)检查场地是否有其他干扰项，以免师幼和家长在活动过程中受伤。

2. 教师为幼儿讲解实践材料——自制水质检测仪。

方法：将自制的水质检测仪投入湖中，缓慢放下绳子，观察绳子上物体的清晰度；当水中看不见物体时，在绳子上做标记；再将绳子拉起，记录墨水湖的水质能见度。

3. 教师带领家长与幼儿共同前往墨水湖边，分小组选择不同的水质检测地，开展水质检测实验。

4. 教师巡回指导幼儿操作自制水质检测仪，并提醒幼儿注意安全。

5. 小结互动，归纳经验：能见度低的位置，多数是因为水质不好；如果湖面有漂浮物或浮游生物，可以通过打捞的方式，提高湖水能见度，保证湖内小鱼有充足的养分。

6. 教师和家长代表共同合力打捞墨水湖中的废弃物。

活动指导：

1. 外出实践前需要书写安全预案，并向上级报备。

2. 外出需配备保健医生全程陪同。
3. 安全员提前到达墨水湖边排除安全隐患，保障后续检测时全体师生的安全。
4. 检测场地是否湿滑，以防活动时摔倒。
5. 检测场地是否有其他干扰项，以免师幼和家长在活动过程中受伤。

表 6-4　“我们身边的水”活动实践反馈表

活动时间	3 月 20 日	活动地点	墨水湖	反馈人	牛牛爸爸（家长）
参加人数	15 组家庭	活动负责人	邓老师		
实践感悟	每天晚饭结束以后，牛牛都会兴致勃勃地叫上我们一起去墨水湖边散步。当收到幼儿园要去墨水湖开展实践活动的通知以后，牛牛的积极性更高了，每次到墨水湖都要站在湖边看很久很久，也不知道这个小家伙在看什么。 通过这次实践活动，可以感受到老师对此次活动的用心。老师准备了很多材料，而且在活动的每一个环节老师都对家长和孩子们进行耐心地讲解，时时刻刻提醒着我们要注意安全。此次活动选择了我们身边最近的墨水湖作为实践地点，由此可以看出老师们抓住了孩子们生活中的兴趣点，引导孩子们通过直观的感受，初步了解了墨水湖的水质情况，不仅教育孩子爱护生活环境，更重要的是让我们家长受益匪浅，作为家长也应该在平时的生活中教育孩子注意保护好我们的环境，避免湖泊被污染。				

活动花絮：

图 6-13　使用水质监测仪器检测水质

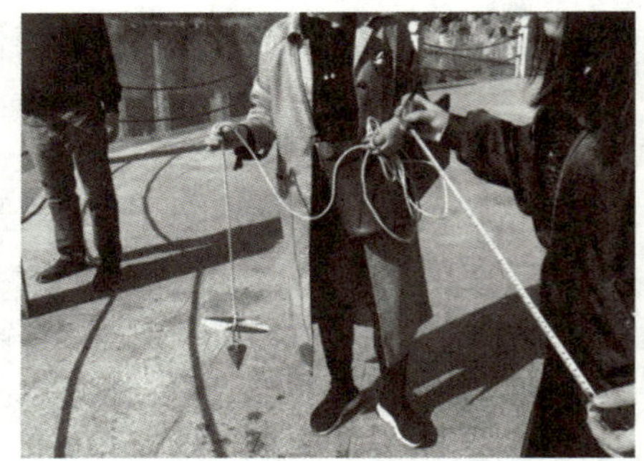

图 6-14　制作简易水质监测仪器

活动八　“爱丽丝”夜游植物园（5—6 岁）

活动背景：

《幼儿园教育指导纲要（试行）》指出：“教育内容的选择要贴近幼儿的生活，选择幼儿感兴趣的事物和问题，避免只重知识和技能，忽略情感、社会性和实际能力的倾向。”幼儿对《爱丽丝梦游仙境》的故事非常感兴趣，很羡慕爱丽丝变小后的神奇之旅，于是教师遵循幼儿的兴趣，带领幼儿去夜观植物园，让幼儿认识不同的植物，进而了解

灯光与植物生长间的关系。

活动目标：

1. 乐于参与夜游植物园活动。
2. 通过参观植物园认识勒杜鹃、花球、食虫植物。
3. 能大胆表达参观时的内心感受。

活动准备：

1. 物质材料准备：导游旗、随身垃圾袋、双肩背包、相机、图片。
2. 知识经验准备：对身边常见植物有一定认识。

活动场地：武汉植物园

活动设计：

1. 下午5点，植物园大门集合，联系活动负责人入园。
2. 活动负责人带领家长与幼儿参观“镜花缘”主题花展和植物园的夜游灯会。
3. 参观“大地之境——勒杜鹃”主题花展，欣赏并了解勒杜鹃的生长花期。
4. 带领幼儿参观武汉植物园的室内雨林，欣赏花球。
5. 认识食虫植物，引发幼儿兴趣。
6. 亲子制作植物标本，留作纪念。
7. 全体成员集合，展示作品，并谈谈对此次活动的感受与收获。

活动指导：

1. 家长陪同幼儿前往植物园需持身份证入景区。
2. 幼儿在场馆内禁止大声喧哗、疯逗打闹、随意奔跑，禁止翻越围栏。
3. 引导家长在夜游活动中看护好幼儿，以免幼儿走失。

活动花絮：

图6-15　美丽的夜间植物园

图6-16　亲子用电筒观察植物

活动九　植物多样性科普大收集(5—6岁)

活动背景：

为了推动植物多样性保护、恢复和可持续利用，《中国植物保护战略(2021—

2030)》近日发布并制订了中国植物保护 16 个目标的实施计划。为了让幼儿亲近自然，多认识和了解自然界植物的多样性，特组织开展了一次植物多样性科普大收集活动，让幼儿了解植物多样性知识，知道保护植物的重要性。

活动目标：

1. 使幼儿萌发对植物多样性的好奇心。
2. 了解保护植物多样性对我们人类生活的重要性。
3. 能合作收集植物，整理成自然笔记。

活动准备：

1. 物质材料准备：手机、双肩背包、相机、厚书一本、透明收纳小盒若干、笔、记录本。
2. 知识经验准备：有收集资料和使用手机查找资料的经验。

活动场地：东湖磨山风景区

活动设计：

1. 东湖磨山风景区集合，交待本次外出实践的目的。
2. 自然游戏——大风吹，感受大自然带来的安静、祥和的氛围。教师交待此次活动小任务，每个家庭为一组，合作收集 15 种植物。
3. 收集工作开始，家长带领幼儿观察自然界中植物的多样性，并通过查询资料的方式进行物种大调查，了解植物基本特性，简单整理成自然笔记，家长协助幼儿完成。
4. 指定时间集合，围坐一起交流自己收集的植物，分享亲子合作完成的自然笔记，自然导师讲解植物的多样性。
5. 延伸活动：和家长共同查阅资料，了解自然界中生物多样性的保护举措。

活动指导：

1. 家长陪同幼儿共同参与此活动。
2. 在活动中引导幼儿与家长观察自然界中的植物，完成自然笔记。
3. 每组家庭由一名专业老师带队。记录要点，幼儿为主，家长为辅，引导每组家庭调查植物种类及特点并收集记录观察要点。

活动花絮：

图 6-17　幼儿观察植物的叶子

图 6-18　亲子共同观察“神秘果”

第二节 生态理解

活动一 参观节水科技馆(3—4岁)

活动背景：

水是人类生命的源泉，生活中每时每刻都需要用到水。但随着社会的发展和生活水平的不断提高，人类一些不良的用水行为导致有限的淡水资源开始逐渐被污染。因此合理地使用水，保护我们的水资源成为全球共同关注的话题。通过参观武汉市节水科技馆，引导幼儿认识水的多种形态和多种用途，并学会从生活中的点滴小事做起，知道如何保护水资源。

活动目标：

1. 萌发热爱家乡湖泊的情感。
2. 通过参观节水科技馆了解保护水资源的重要性。
3. 能够在生活中做到节约用水。

活动准备：

1. 物质材料准备：节水标志、照相机。
2. 知识经验准备：幼儿认识生活中的节水标志，知道每一滴水都来之不易。

活动场地： 武汉市节水科技馆

活动设计：

1. 上午9：00，在武汉市节水科技馆门口集合，带队教师清点参与活动的家庭人数，分别统计有多少人。
2. 请场馆工作人员讲解馆内安全须知，提醒幼儿及家长注意参观时的安全，避免活动中受伤。
3. 跟随工作人员进入场馆，倾听讲解。了解大武汉的湖泊及雨水形成的相关知识。
4. 总结分享，教师和幼儿共同分享参观节水博物馆的收获。
5. 合影留念，教师清点人数后安全离场。

活动指导：

1. 外出实践前需要书写安全预案，并向上级报备。
2. 外出需配备保健医生全程陪同。
3. 遵守场馆内的公共秩序，不破坏、不损坏公共设施。
4. 认真倾听工作人员的讲解，不疯逗、不打闹。
5. 外出活动时注意自身的安全，不跟陌生人讲话，不随意离开指定的活动区域。

表 6-5　“参观节水科技馆”活动实践反馈表

活动时间	6 月 7 日	活动地点	武汉市节水科技馆	反馈人	李文伊妈妈(家长)
参加人数	35 组家庭	活动负责人	邓老师		
实践感悟	在活动过程中，节水科技馆的讲解员认真负责，对孩子们的提问能够耐心解答，参与活动的家庭也能积极配合此次的活动安排。走进节水科技馆，孩子们仿佛置身于知识的海洋，他们认真倾听讲解员的节水科学知识，并通过操作科技馆的仪器，感受到了科学技术的无穷魅力。同时幼儿通过互动、演示等方式，切身体验了光学、力学、电磁学、声学在现代科技中的无穷奥秘。区别于讲述式的活动，这种亲身体验式的实践活动，更能加深孩子的记忆。为幼儿园组织的实践活动点一个大大的赞！				

活动花絮：

图 6-19　幼儿听讲解员讲解

图 6-20　参观水科技馆

活动二　科技大篷车(3—6 岁)

活动背景：

学龄前幼儿需要充分发展动手能力和动脑能力，引导幼儿喜爱科学实验，走进快乐的科技世界，在玩中学、学中玩，并且从中体验成功的喜悦。社区是幼儿成长的重要场所之一，教师积极联动社区力量开展体验式实践活动，让每个家庭都积极参与其中。通过操作实验引导幼儿了解科技与人们生活的关系，培养幼儿对科学探索活动的兴趣及科学探究的能力，感受科学的奇妙与魔力。

活动目标：

1. 感受科学的有趣和神奇，乐意参与科学活动。
2. 引导幼儿通过体验、认识周围事物与现象。

3. 能操作简单的科学实验器材完成实验。

活动准备：

1. 物质材料准备：科技大篷车设备。
2. 知识经验准备：幼儿操作过简单的科学实验器材。

活动场地：社区广场

活动设计：

1. 教师提前与社区工作人员联系，沟通社区广场的使用时间和活动需求。
2. 科技大篷车到达社区指定区域后，教师与社区工作人员配合布置活动场地。
3. 幼儿及家长进入社区参与科技大篷车活动。

3D 体验馆：

只要走进 3D 错觉艺术馆，里面各种不同场景的绘画作品就会让人如同“身临其境”。本次零距离接触 3D 艺术，体验错觉之美的互动活动，让幼儿开阔了眼界，也增进了幼儿之间的友谊。

走进纸的王国：

造纸术是中国四大发明之一，纸是中国古代人民长期经验的积累和智慧的结晶，人类文明史上的一项杰出的发明创造。纸的制作过程，一般由经过纸浆处理的植物纤维的水悬浮液，在网上交错组合，初步脱水，再经压缩，烘干而成。

第一步撕纸：将不用的废纸收集，将它们撕成碎片并浸泡在水里。

第二步打浆：用捶捣的方法切断纤维，并使碎纸纤维化，而成为纸浆。

第三步造纸：纸浆渗水制成浆液，然后用捞纸器捞浆，使纸浆在捞纸器上交织成薄片状的湿纸。

第四步贴画：幼儿在捞纸器上放上花瓣和树叶制作成一幅漂亮的贴画。

第五步晾干：将制作好的贴画放在通风的地方晾干。

“蛋仔”体验馆：

“蛋仔”是一个神奇的机器人，它的外形小巧可爱，还有很多不同的本领。有意思的是，它可以通过刷卡操作来执行我们的命令，除了基础功玩法外，它还支持编程玩法，幼儿在愉快的玩耍中还能学习编程知识。

活动指导：

1. 外出实践前需要书写安全预案，并向上级报备。
2. 外出需配备保健医生全程陪同。
3. 此活动属于社会实践活动，教师需提前与合作负责人进行沟通，明确此次活动目的，并与工作人员沟通好流程。
4. 活动前教师提前到场地排除安全隐患，保障幼儿和家长的安全。
5. 活动中引导家长与幼儿安全使用接电设备，避免安全隐患。
6. 活动后清点幼儿人数，收整活动材料。

表 6-6　“科技大篷车”活动实践反馈表

活动时间	6 月 29 日	活动地点	社区广场	反馈人	社区工作者(社区)
参加人数	35 组家庭	活动负责人	邓老师		
实践感悟	幼儿园能和社区联手开展有意义的活动，我们非常支持并很乐意参与其中。钟家村幼儿园已经不是第一次将大型活动引进我们社区了，以往的植物置换、绿植认养、“绿精灵在行动”等活动都在社区内获得了一致好评。这次的“科技大篷车”进入社区以后设置了声光体验、造纸术、机械等主题展区。孩子们辗转于各个展台之间，有的孩子在仔细观察，有的孩子亲自动手操作，还有的孩子认真聆听解说，并动手实验亲身体会各种神奇的现象和变化。希望钟家村幼儿园今后还能多多开展这种类型的活动，作为社区的工作人员，我们将会无条件地支持与配合。				

活动花絮：

图 6-21　“科技大篷车”进社区

图 6-22　纸张回收再利用

活动三　植物大集合(4—5 岁)

活动背景：

陈鹤琴先生说过：“大自然、大社会是我们的活教材。”幼儿园的种植角是幼儿最喜欢的区域活动之一，同时种植活动具有较强的操作性与教育意义，通过种植活动引导幼儿亲自操作并通过观察记录感受植物生长的过程，既能提升幼儿的生态种植技能，又能让幼儿体验劳动收获的快乐。

活动目标：

1. 愿意参与种植活动，在照顾植物的过程中提升责任感。
2. 认识常用的种植工具，了解工具的使用方法。
3. 能够大胆尝试，探索自制除虫药的方法。

活动准备：

1. 物质材料准备：与家长一起搜集种植活动的相关资料、制作除虫药的物品、铲子、锄头、植物的种子。

2. 知识经验准备：了解并认识生活中常见的植物。

活动场地：武汉凡华农业园

活动设计：

1. 了解植物生长所需的条件。植物生长需要水、阳光和空气，三者缺一不可。

2. 认识种植工具的用途和使用方法，体验种植工具给生活带来的便利。

3. 选取自己感兴趣的种子，使用种植工具播下种子，体验种植的乐趣。

4. 了解蔬菜长虫的危害。长虫后的植物会严重失去水分和营养，导致叶面皱缩、发黄。

5. 工作人员讲解除虫药的使用方法，介绍自制除虫药的材料包以及制作流程，幼儿动手尝试制作除虫药。

6. 幼儿制订种植计划，定期照顾自己的植物。

活动指导：

1. 引导幼儿安全使用种植工具，注意自身的安全，不跟陌生人讲话，不随意离开指定的活动区域。

2. 认真倾听工作人员的讲解，不疯逗、不打闹。

3. 使用自制除虫药时避免弄到眼耳口鼻中。

活动花絮：

图 6-23 孩子正在挖红薯

图 6-24 在专家指导下采摘果实

参观自然博物馆（4—5 岁）

活动背景：

武汉自然博物馆位于武汉市园博园，由长江文明馆、贝林大河生命馆和武汉园博园自然景观三部分构成，是优质的学习资源。通过参观武汉自然博物馆让幼儿了解自然界的历史文明以及漫长的发展进程，为幼儿建构较为完整、系统和准确的知识体系，引导幼儿在自然中认识生命的可贵，进而体验生命的伟大。

活动目标：

1. 使幼儿萌发对大自然的热爱之情和科学探索的欲望。
2. 认识昆虫、植物、爬行动物和哺乳动物等。
3. 能用简单的图画方式将自己的观察发现记录下来。

活动准备：

1. 物质材料准备：自然笔记本、笔、相机、记录表。
2. 知识经验准备：了解和认识一些常见动植物。

活动场地： 武汉自然博物馆

活动设计：

1. 上午9：00在武汉市自然博物馆门口集合，带队教师清点参与活动的家庭人数，分别统计有多少人。

2. 请场馆工作人员讲解馆内安全须知，提醒幼儿及家长注意参观时的安全，避免在活动中受伤。

3. 教师分发统计表，家长和幼儿自由参观，并请幼儿将看到的植物、动物及自己最喜爱的动植物，通过图画以及简单数字的方式进行简单的录。

4. 总结分享，教师和幼儿共同分享参观自然博物馆的收获。

5. 合影留念，教师清点人数后安全离场。

活动指导：

1. 外出实践前需要书写安全预案，并向上级报备。
2. 外出需配备保健医生全程陪同。
3. 场馆内遵守公共秩序，不疯逗、不打闹，禁止随意追逐。

表6-7　自然博物馆统计表

<table>
<tr><td>姓名</td><td></td><td>时间</td><td></td><td>你认识的植物数量</td><td>你认识的动物数量</td><td>你还见到了什么？</td></tr>
<tr><td colspan="4" rowspan="3">你最喜欢的动物是什么？
请画一画或拍一拍。</td><td></td><td></td><td></td></tr>
<tr><td></td><td></td><td></td></tr>
<tr><td></td><td></td><td></td></tr>
</table>

表 6-8　参观自然博物馆活动实践反馈表

活动时间	5 月 14 日	活动地点	自然博物馆	反馈人	晞晞妈妈(家长)
参加人数	30 组家庭	活动负责人	邓老师		
实践感悟	作为参与此次活动的家长我感触颇深，在活动的过程中，我发现孩子们的眼神里都充满了好奇，通过观察各种各样的昆虫、漂亮的蝴蝶、可爱的甲壳虫、奇特的竹节虫等，一瞬间就好像进入了时光隧道，让家长和孩子们重新见证了自然界万物的生长。 面对博物馆的神秘探索之旅，孩子们欣喜若狂，有的欢呼雀跃，有的手舞足蹈，兴奋之情难以言表，整个博物馆都洋溢着孩子们纯真的笑脸。有的孩子开始伸手触摸，尝试认识各种神奇的标本，迫不及待地想与仿真恐龙来一个近距离的接触。与动植物的近距离接触能让幼儿更直接、更真切地感受到自然的魅力。 通过本次实践活动，孩子们学会了分享并和同伴友好相处。这是一次非常有意义的亲子实践活动。				

活动花絮：

图 6-25　探索食蚁兽

图 6-26　观察动物洞穴

活动五　节水宣传小卫士(5—6 岁)

活动背景：

水是一切生命的基础，也是人类日常生活的必备物质。因此引导幼儿关注水资源，同时呼吁幼儿身边的人在日常生活中做到合理用水、珍惜水资源，为保护人类共有的家园作出自己的贡献。通过“小手拉大手”的实践活动形式在社区张贴节水宣传海报和分发节水宣传册，引导幼儿鼓励身边的人合理利用水资源，并寻找身边可以二次利用的水资源，帮助幼儿和身边的人树立绿色生活的文明理念。

活动目标：

1. 感受保护水资源带来的益处，有珍惜水资源的意识。
2. 知道水资源的宝贵，了解节水的方法。
3. 能通过多种途径宣传节约用水。

活动准备：

1. 物质材料准备：亲子制作的节水标志、宣传纸、笔、胶棒。
2. 知识经验准备：部分幼儿已有节约用水的经验。

活动场地：社区广场

活动设计：

1. 商讨节约用水和二次利用水资源的方法，并设计制作海报或宣传册。
2. 与社区工作人员共同布置宣传场地，分发节水标志给社区行人。
3. 联合社区开展节约水资源相关工作讲座，邀请家长与幼儿共同参与，了解正确的节水方法。
4. 联合社区制定节水明星家庭评选制度。邀请家长与幼儿参与节水活动。
5. 向节水明星家庭颁发节水证书。

活动指导：

1. 参与社区活动时，注意自身安全，避免磕碰和受伤。
2. 遇到困难及时向老师以及同伴寻求帮助。

活动花絮：

图 6-27　社区发放宣传单

图 6-28　绘制节约用水宣传画

我的地球妈妈(5—6 岁)

活动背景：

地球，一颗美丽的蔚蓝星球，在浩瀚的宇宙中存在了 46 亿年。4 月 22 日是世界地

球日。活动宗旨在唤起人类爱护地球、保护家园的意识，促进资源开发与环境保护的协调发展，进而改善地球的整体环境。疫情之后，人们需要重新思考与自然的关系，人与自然和谐共存，应该从认识地球开始。本次活动以世界地球日为契机，带幼儿参观武汉科技馆的宇宙场馆，让幼儿真正地去认识人类居住的星球，了解人类地球的特点，从而保护人类赖以生存的地球。

活动目标：

1. 乐于参与社会实践活动。
2. 了解地球的大致情况及基本特征。
3. 能积极探索地球奥秘从而懂得保护地球。

活动准备：

1. 物质材料准备：相机。
2. 知识经验准备：初步了解破坏环境对地球的危害。

活动场地：武汉市科技馆

活动设计：

1. 上午9:00在武汉市科技馆门口集合，带队教师清点参与活动的家庭人数。
2. 联系讲解员。请场馆工作人员讲解馆内安全须知，提醒幼儿及家长注意参观时的安全，避免活动中受伤。
3. 跟随讲解员进入场馆，倾听讲解。

(1)了解地球基本构造，存在时间。

(2)地球与其他星球的紧密联系。

(3)地球与其他星球的不同之处。

(4)幼儿提问环节，讲解员解答。

(5)讲解员讲解怎样保护地球，以及地球与大自然之间的联系。

(6)教师跟随拍照记录。活动结束后教师组织幼儿总结分享，教师和幼儿共同分享参观科技馆的收获。

4. 合影留念，教师清点人数后安全离场。

活动指导：

1. 外出实践前需要书写安全预案，并向上级报备。
2. 外出需配备保健医生全程陪同。
3. 遵守场馆内的公共秩序，不破坏、不损坏公共物品。
4. 认真倾听工作人员的讲解，不疯逗、不打闹。
5. 外出活动时注意自身的安全，不随意离开指定的活动区域。
6. 此活动属于社会实践活动，教师需提前与合作场馆负责人进行沟通，明确此次活动目的，以便得到场馆最大支持，并与讲解员沟通好参观流程与目标。

表 6-9　“神奇的地球”活动实践反馈表

活动时间	4 月 22 日	活动地点	自然博物馆武汉科技馆宇宙场馆	反馈人	满满妈妈(家长)
参加人数	35 组家庭	活动负责人	张老师		
实践感悟	通过本次活动让孩子们在实践中不仅能够直观地了解历史，同时还让孩子们学会了分享，在参与活动的同时与同伴友好相处。本次参观博物馆活动圆满结束后，满满告诉我：“地球是大自然的一切来源，没有地球就不会有任何生物和植物的存在。”活动带领幼儿回到“起点”寻找万物最初的样子，这就是地球。在出发前满满就向我提出了关于地球的好多问题，有些甚至连我都答不出来，经历了这次实践活动，满满对地球的认识有了更不一样的理解：“地球就是这个世界万物的妈妈，妈妈没了，谁都活不了……”“我们要让地球变得更蓝、更绿，不能让她变灰……”家长们不禁感叹：“活了这么多年，第一次觉得地球如此神奇。”特别是经历了疫情之后，家长与孩子感受颇多，除了感受到了地球的神奇之外，更多的是对地球的认识。相信这次特殊的实践活动会让他们更加珍惜我们的地球，我们的家园。				

活动花絮：

图 6-29　观察土星的秘密

图 6-30　参观武汉市科技馆

文明旅游我知道(5—6 岁)

活动背景：

中国地大物博，假期家长们常会带幼儿外出旅游，在领略祖国大好河山的风景时，总会出现一些不文明的现象，例如：排队加塞、乱写乱画、随地丢垃圾等。由此，教师抓住教育契机设计了本次活动，引导幼儿发现旅行中的不文明行为，知道文明出游的重要性和必要性。

活动目标：

1. 萌发低碳绿色生活方式的意识，具有初步的环保意识。

2. 通过讨论了解、辨别旅游过程中存在的不文明行为。

3. 能善待景观、爱护文物，主动尊重民俗、恪守公德。

活动准备：

1. 物质材料准备：导游旗、随身垃圾袋、双肩背包。

2. 知识经验准备：有与父母外出旅游的经历。

活动场地：湖北省博物馆

活动设计：

1. 以谈话形式引入主题：

(1)外出旅游时我们需要先制订计划，做好旅游准备。

(2)我们去旅游要准备些什么呢？

小结：给幼儿完整的印象。短途旅游，旅游食品要带少量的水果、面包或方便面、水；药品要带晕车药、扭伤喷雾剂、创可贴；用品要带旅行包、餐巾纸、零用钱等。

(3)你会选择什么出行方式呢？为什么？(低碳出行)

小结：与生活实际相联系，引导幼儿知道什么是低碳生活，低碳生活就在我们的身边。现在很多公交车都是电动公交车，没有尾气，非常环保。乘坐地铁也是一种环保的绿色出行方式。

2. 教师与幼儿进入省博物馆，体验志愿者工作。

(1)在场馆内帮助旅客完成参观，指引方向。

(2)在场馆外提醒旅客文明参观，有序排队。

(3)在志愿者服务站，为需要帮助的旅客提供帮助。例如分发参观指引册、进行简单的指路。

(4)帮助工作人员清理被随意丢弃的垃圾，并向旅客分发爱护环境的宣传册。

3. 总结分享，教师和幼儿共同分享参与志愿者活动的收获。

活动指导：

1. 合理安排，安全出行。

密切关注最新疫情防控政策，合理规划旅游线路和时间。做好自我防护，戴口罩，勤洗手，勤消毒，不扎堆，少聚集，主动接受健康监测。及时了解旅游沿线及目的地天气状况、实时路况等信息，尽量避开热点景区或出行高峰时段，错时错峰出行。

2. 遵德守礼，文明出游。

尊重旅游的文化习俗，注意言谈举止，摒弃不良习惯。遵守公共秩序，公共场所不大声喧哗，不随意插队。爱护公物，保护景区的生态环境和文物古迹，不乱涂乱画，不攀爬文物古迹，不乱扔垃圾。自觉遵守交通规则，不乱穿马路、不闯红灯，不乱停乱放。

3. 杜绝浪费，文明用餐。

坚持适量点餐、按需取餐，厉行节约，反对浪费，践行“光盘行动”，杜绝“舌尖上的浪费”。坚持文明用餐、健康生活和低碳环保好习惯，从自身做起，积极倡导和使用公筷公勺，引领就餐新风尚。

4. 保护环境，绿色出行。

优先选择乘坐公共交通工具、骑乘自行车、步行等交通方式出行。旅行中尽量减少使用塑料袋、一次性纸杯、一次性筷子等物品。不携带火种和易燃易爆物品进入林草区旅游，不在林草区吸烟、烧烤、野炊。

5. 理性消费，合理维权。

选择合法正规的旅行社，核验营业证照、业务经营许可证，签订旅游合同或电子合同，阅读理解合同内容和行程安排，索取正规发票，不参加低价旅游活动，遇旅游服务质量纠纷，协商不成的，妥善保留旅游合同、发票等有效证据材料，向旅游投诉机构或其他消费者维权机构投诉，合理、合法维权。

活动花絮：

图 6-31　幼儿帮助工作人员清理被随意丢弃的垃圾

图 6-32　幼儿文明有序参观

活动八　不一样的生态箱(5—6 岁)

活动背景：

著名教育家陈鹤琴先生认为：“大自然，大社会是我们的活教材。”来自大自然的信息是天然的、生动的，比起机械的、人为制造的信息更容易被孩子吸收。活动设计的目的是为了让幼儿通过认识生态箱、观察生态箱，理解植物生长的环境，了解植物生长的必要因素，引导幼儿了解大自然、走进大自然，从而引起幼儿对自然的兴趣。在探索观察和记录中，让幼儿感知自然界中同一统一区域内的生物相互依存、相互影响的意义，从而萌发保护大自然，爱护自然环境的意识。

活动目标：

1. 体验探秘生态箱的乐趣，感受自制生态箱的成就感。

2. 通过自制生态箱掌握植物生长的必要条件。

3. 能与同伴合作制作生态箱。

活动准备：

1. 物质材料准备：透明生态箱、湿润的泥土、种子。

2. 知识经验准备：幼儿对生态平衡有一定的了解。

活动场地： 武汉市植物园

活动设计：

1. 家长与幼儿自愿报名参与植物园的参观活动。

2. 到达植物园后，请植物园的工作人员讲解自制生态箱的方法。幼儿与家长共同了解。

(1)准备一个透明不避光的生态箱，需要无水无油，能够盖盖子。

(2)在透明的生态箱中放入湿润的泥土，均匀地铺在生态箱的底部，约两个手指关节的厚度。

(3)在铺好湿润泥土的生态箱中垫上一层青苔或苔藓，保证生态箱中菌群有一定的存活性。

(4)在生态箱内撒上种子，种上植物。选择易生长、易存活的种子。

(5)生态箱初步形成，在泥土和植物表面喷洒一些水。同时为生态箱配上温度计和标尺，供后期观察和记录。

3. 以家庭为单位，动手自制生态箱。教师和工作人员巡回指导。

4. 活动结束后请家长和幼儿将自制生态箱带回家，持续观察。

活动指导：

1. 外出实践前需要书写安全预案，并向上级报备。

2. 外出需配备保健医生全程陪同。

3. 外出活动时请家长保障幼儿安全，不得随意离开指定活动区域。

4. 教师提前检查物质材料准备，避免出现部分物品的遗漏或缺失。

5. 活动结束后将自己的生活垃圾带离现场，保持环境整洁干净。

表 6-10 “不一样的生态箱”活动实践反馈表

活动时间	7月2日	活动地点	武汉植物园	反馈人	威廉妈妈(家长)
参加人数	30组家庭	活动负责人	邓老师		
实践感悟	植物园是我们经常去的地方，虽然路程有点远，但是抵挡不住孩子的热情。这次的实践活动与以往参与的感觉不一样，这一次更多的是让孩子们动手去操作，同时还增加了后期的观察任务。此次实践体验活动提高了威廉的动手能力，不仅让威廉了解了关于生态平衡和生态箱的相关知识，同时也增强了威廉保护环境、保护大自然的意识。				

活动花絮：

图 6-33　幼儿制作生态箱(1)

图 6-34　幼儿制作生态箱(2)

第三节　生态保护

活动一　种一棵我们的树(3—4 岁)

活动背景：

植树造林不仅能美化家园、防止水土流失，还能调节气候，造福子孙。每年植树节，教师会选择不一样的主题。今年教师想脱离书本，来一次不一样的亲身体验，以“种一棵我们的树”为主题，去林场开展一次植树造林的体验活动，让幼儿通过实践行动真正意义上地感受植树造林给人类生活带来的好处。

活动目标：

1. 体验种树、给树浇水的乐趣。
2. 知道每年的 3 月 12 日是植树节，了解树与人类的重要关系。
3. 能够积极地参与到植树活动中来。

活动准备：

1. 物质材料准备：沙尘暴图片、小水桶、小铲子、套鞋。
2. 知识经验准备：认识沙尘暴的危害，沙尘暴与绿色环境的不同。

活动场地：嵩阳林场

活动设计：

1. 教师提前一天预设第二天的外出内容，请幼儿猜猜明天是什么节日？(教师适当提醒是关于树的一个节日。)

2. 教师与幼儿一起探讨，植树节我们能干什么？怎样爱护小树？(浇水、施肥、松土等)。

3. 我们一起去植树。

(1)教师带领幼儿家庭去嵩阳林场，并带上工具(水桶、小铲子、舀水的容器)。

(2)教师组织每组家庭领取树苗、认养牌，并选择合适的土地开始挖坑，教师巡回指导家庭种树技能。幼儿邀请两三个小朋友为一组拿小铲子给树松土，并把水舀到树坑，踩实。要求全体幼儿都参与其中，体验植树节的乐趣。

(3)种好树的小朋友，拿出认养牌，扫码填写认养信息，填写完成后挂在树上便于后期查看养护情况。

(4)教师拿相机，记录幼儿植树活动。

4. 林场合影留念，教师清点人数后安全离场。

活动指导：

1. 外出实践前需要书写安全预案，并向上级报备。

2. 配备保健医生全程陪同。

3. 外出安全员提前到达林场踩点，排除安全隐患，保障后续种植时全体教师及家庭成员的安全。

表 6-11　“种一棵我们的树”活动实践反馈表(1)

活动时间	3 月 12 日	活动地点	嵩阳林场	反馈人	满满妈妈(家长)
参加人数	35 组家庭	活动负责人	余老师		
实践感悟	本次活动驾车 30 多公里来到嵩阳林场，向孩子们呈现了一个新奇的世界。活动中的场地非常的“原生态”，孩子们自己背上书包，带上自己的铁锹、水桶、锄头，爬上高高的山参与植树活动，孩子们体验了从未有过的经历。走进林场时孩子们闻到的是迎面扑来的泥土清香，穿起套鞋走在松软、泥泞的山路上，孩子们都坚持自己拿小铲子和桶。在山上孩子们还看见许多鸟儿在林间穿梭，这种感受在城市里是没有的。 这一次幼儿园植树节的活动让我们家长对孩子的学习方式、幼儿园的活动组织形式有了更深的认识与肯定。活动中，家长也积极参与，如准备道具、规划路线等。家长跟随孩子一起参加活动，真正起到了教育共同体的作用。				

表 6-12　“种一棵我们的树”活动实践反馈表(2)

活动时间	3 月 12 日	活动地点	嵩阳林场	反馈人	满满(幼儿)
参加人数	35 组家庭	活动负责人	余老师		
实践感悟	植树回来，满满经常会问妈妈：“妈妈，我们什么时候再去林场？” 妈妈：“怎么啦？为什么突然问这个问题？” 满满：“我们种的大树会被照顾得很好吗？什么时候我们能够再过去看看？” 妈妈：“放心吧，林场伯伯会帮我们把树照顾得很好的，我们也可以通过扫码了解我们种植的树木的具体情况，我们一起扫码看看吧。” 我想这次实践活动是因为孩子亲身参与并体验了才会有如此深刻的印象吧。				

表 6-13　“种一棵我们的树”活动实践反馈表(3)

活动时间	3月12日	活动地点	嵩阳林场	反馈人	余教师(教师)
参加人数	35组家庭	活动负责人	余老师		
实践感悟	在生活中实践是学习知识的最大动力，灵活多样的活动方式是增长知识的手段，亲身体验、动手动脑是探索发现的途径。这次实践，本班孩子兴趣盎然，积极性极高，不仅通过五感亲身感受大自然，还知道了各种树木的名称，而且对其种植的树木也有了大致的了解。这次实践满足了孩子在自然环境中的好奇心和求知欲。				

活动花絮：

图 6-35　幼儿与家长参与种树

图 6-36　和同伴一起挂树牌

活动二　夜观萤火虫(3—4岁)

活动背景：

人的生活规律是昼伏夜行，大自然中也有许多这样的动物。在黑漆漆的夜晚能够看到许多白天见不到的稀有动物，在白天一闪而过不容易被发现的昆虫，在夜间也能近距离地观察。城市的孩子，对这样的经验相对缺少，夜观活动能够帮助幼儿暂时摆脱城市舒适圈，体验前所未有的经验。在幼儿心中播下与大自然连接的种子！

活动目标：

1. 乐于参与夜观活动。
2. 了解萤火虫的生存环境。
3. 能记录萤火虫的外形特征。

活动准备：

1. 物质材料准备：露营用具、驱蚊药水、弱光手电筒、观察记录表。
2. 知识经验准备：知道萤火虫在黑暗的位置会发出微弱的光。

活动场地：露营基地

活动设计：

1. 导入部分：利用歌曲和故事，讲述萤火虫的故事。激发幼儿夜间探索萤火虫的

兴趣与激情，引出活动主题。

2. 强调夜间露营观察的原则，需保持安静并安全夜观，同时与幼儿约定好联络和集合的自然暗号。

3. 根据记录表的引导内容，观察萤火虫的外形特征，并做好记录。（可利用弱光手电筒观察）

4. 观察结束，清理露营垃圾，返回营地。

5. 总结讨论夜观的感受，分享自己观察的内容和收获。重点引申到环境保护的重要性和必要性。

活动指导：

1. 观察过程中注重安全问题、保持安静，禁止追逐打闹。
2. 外出需配备保健医生全程陪同。
3. 物品准备充分，防止蚊虫叮咬。
4. 夜观产生的垃圾，随身带走。
5. 不破坏花草树木，不伤害小动物。
6. 提前预设好没有观察到萤火虫的心理建设。

表 6-14 “夜观萤火虫”观察记录表

观察时间		观察地点	
观察路线			
昆虫名称		发现地点	
昆虫模样（描绘或描述）			
其他观察			
主要特征			
总结和感悟			

活动花絮：

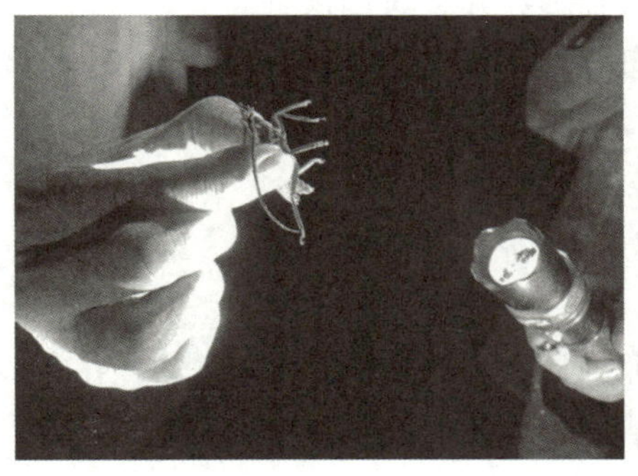

图 6-37 亲子共同寻找萤火虫

图 6-38 植物园里的萤火虫真美

活动三　“减星人”（世界无烟日）（4—5岁）

活动背景：

每年的5月31日是世界无烟日，第二天就是国际儿童节，“减星人”活动旨在传播吸烟对健康的影响，让下一代免受烟草危害。此处“减”有两层含义，一是宣传减少吸烟，二是“捡”拾马路小区乱扔的烟头。通过活动，以幼儿带动家庭，以家庭带动社会，共同呼吁大家不要或减少吸烟和二手烟，宣传吸烟对人类健康的危害，从而引起大家的重视。

活动目标：

1. 乐于参与社会实践活动，增进幼儿关心他人的情感。
2. 知道每年5月31日是世界无烟日，了解吸烟对人体的危害。
3. 能大胆向路人宣传禁烟知识，争做环保小卫士。

活动准备：

1. 物质材料准备：幼儿手绘的禁烟标志、禁烟宣传单、环保袋、垃圾钳、倡议书。
2. 知识经验准备：对世界无烟日有一定的了解，并设计禁烟标志。调查家庭人员是否有人抽烟。

活动场地：幼儿园周边社区、商超

活动设计：

1. 组织集合：组织参与活动的幼儿家庭在社区门口集合，并提醒每组家庭带好幼儿前期设计的禁烟标志。
2. 任务分组：每两个家庭为一组，规划宣传范围，每组家庭家长负责幼儿安全。幼儿进行世界无烟日知识宣讲，给路人派发宣传单，每组家庭须派发20张宣传单任务，并在派发过程中边派发边捡拾路边、社区等公共区域的烟头，将垃圾及烟头装进环保袋里，教师跟随拍照记录。
3. 签署倡议：与支持此次禁烟行动的路人合影，并签署倡议书。
4. 交流分享：最先完成派发任务与捡拾任务的家庭在社区门口集合。幼儿围坐成一个圈，分享交流今天的收获与感受。

活动指导：

1. 外出实践前需要书写安全预案，并向上级报备。
2. 外出须配备保健医生全程陪同。
3. 安全员提前了解周边环境，保障全体师生、家长的安全。
4. 教师携带免洗消毒洗手液，保证活动结束后幼儿的卫生安全。
5. 教师须跟随记录幼儿分享视频。

表 6-15 “减星人”活动实践反馈表(1)

活动时间	5 月 31 日	活动地点	社区、商超	反馈人	张老师(教师)
参加人数	15 组家庭	活动负责人	张老师		
实践感悟	在一次无意间给孩子们整理衣服时，发现我们班小朋友身上有很重的烟草味，于是我问孩子：“你家谁抽烟，怎么你身上这么重的烟味?”孩子腼腆地说道：“我爸爸、爷爷都抽烟。”我当时的第一反应就是，应该带孩子了解吸烟的危害。于是我们选在 5 月 31 日，也就是世界无烟日这一天向广大吸烟人士宣传吸烟的危害，希望大家关爱儿童健康，让下一代免受烟草的危害。活动中通过真实图片、幼儿宣传、“减星人”行动呼吁大家关注吸烟对身边人的危害。 通过此次活动，不仅锻炼了孩子们的语言表达能力，还让孩子们关注到了家人吸烟的健康问题，更重要的是通过实际行动让孩子们对身边环境作出自己力所能及的贡献。					

表 6-16 “减星人”活动实践反馈表(2)

活动时间	5 月 31 日	活动地点	社区、商超	反馈人	九九爷爷(家长)
参加人数	15 组家庭	活动负责人	张老师		
实践感悟	这次和孙子一起参与活动，了解了这次活动的目的和意义，确实需要我们自我反思，我自己的烟龄也有很多年，自从参加这次“减星人”活动，孙子一直在家监督我。同时我也希望自己能把烟慢慢戒下来，给孙子创造一个好的成长环境，为了下一代的健康，我现在已经在家开始控烟了。					

活动花絮：

图 6-39 幼儿禁烟宣传行动

图 6-40 幼儿清洁街道烟头

活动四　清清墨水湖(4—5岁)

活动背景：

幼儿园附近有一片湖——墨水湖，它与幼儿园一街之隔，它历史悠久，还有一段传说。为了让幼儿更好地了解我们身边的生态环境，通过古时候的这些有趣的传说，引发孩子对湖水的兴趣，进一步了解身边的湖水水质问题，教师特开展了一次爱护湖行动的实践活动。

活动目标：

1. 乐意参与爱水护湖行动。
2. 初步了解并发现身边的湖泊水质问题。
3. 能运用观察、宣传、行动等方式去维护身边的湖泊。

活动准备：

1. 物质材料准备：宣传单、调查表、网兜、水桶、队旗。
2. 知识经验准备：对武汉的江河、湖泊有初步的了解。

活动场地：墨水湖

活动设计：

1. “小湖长”问卷。

充分发挥地理优势，通过家长问卷调查家庭对身边湖泊的了解程度，调查家庭的意愿参与度。通过“小手拉大手”的形式，让幼儿带动家庭，以学校带动社会，维护身边的湖泊，建设美丽家园。

2. “小湖长”宣传启动。

成立“小湖长”志愿服务队，全面开展墨水湖保护宣传工作。通过教师向家长宣讲湖泊小知识、组织幼儿绘画宣传标语、家庭录制“小湖长”宣传视频、传播治水小知识、发朋友圈等宣传形式，树立幼儿生态环保意识。

3. “小湖长”行动。

以学校为单位，成立爱水护湖“小湖长”志愿小分队，在家长的陪同下，教师有序组织开展打捞工作，家长负责打捞工作，幼儿协助父母带好打捞桶。在打捞过程中劝导和阻止非法捕捞和污染湖泊等不文明行为和现象，保护墨水湖生态环境，共建美好家园。

活动指导：

1. 外出实践前需要书写安全预案，并向上级报备。
2. 外出需配备保健医生全程陪同。
3. 安全员提前到达墨水湖边排除安全隐患，检测场地是否湿滑，以防活动时摔倒，保障后续全体人员的安全。
4. 检测场地是否有其他干扰项，以免教师和家庭人员在活动中受伤。

表 6-17　“清清墨水湖”活动实践反馈表

活动时间	一周	活动地点	墨水湖	反馈人	一诺爸爸(家长)
参加人数	15 组家庭	活动负责人	张老师		
实践感悟	通过参加此次活动，让自己和孩子共同学习了不少爱水护湖小知识。每次带孩子在湖边散步都不曾留意这些问题，只看见湖边有很多人在钓鱼，还觉得挺好的。但是通过打捞湖面废弃物，了解废弃藻类的知识后，自己受益匪浅，对身边的环境多了一份认识及了解。今后我们也会一直参与爱水护湖小分队行动中来，把身边的家园维护得更加美好。				

活动花絮：

图 6-41　墨水湖环保公益大合照

图 6-42　幼儿发宣传扇，沿湖边捡拾垃圾

活动五　识爱鸟(5—6 岁)

活动背景：

鸟，是人们身边常见的动物，幼儿每次都是远远看一下，但对它们并不了解。为了增强幼儿对鸟类的认识，激发幼儿对大自然的热爱及保护鸟类的情感，乐于探索自然资源与人类的密切关系，增强幼儿的自然环境保护意识。我们通过“爱鸟周”观鸟、识鸟，引导幼儿进社区分发爱鸟宣传单，并与家长共同利用废旧材料制作鸟窝等形式开展了一系列的爱鸟实践活动，以让幼儿了解鸟类的生活习性及鸟类与人类的关系。

活动目标：

1. 激发幼儿热爱大自然、保护鸟类的情感。
2. 在参与活动的过程中学会观鸟、识鸟。
3. 能在活动中大胆表达自己的观察与发现。

活动准备：

1. 物质材料准备：收集废旧稻草、椰壳、木材、麻绳等，宣传单若干、观鸟镜、

三脚架、鸟类图鉴、横幅、笔、记录本、小板凳、相机。

2. 知识经验准备：认识常见鸟类(如：麻雀、八哥、啄木鸟、鹦鹉、画眉鸟)、幼儿园自制《森林小卫士》儿童剧。

活动场地： 后官湖湿地公园

活动设计：

1. 主题一：户外观鸟。

(1)组织集合：为了让幼儿感受春的气息，并体验自然万物的美好。本次特组织幼儿前往武汉市后官湖湿地公园进行观鸟活动。早上 9：00 集体在后官湖公园大门集合，提醒家长及幼儿带好随身物品及观鸟工具。

(2)观鸟场地：教师提前踩点，带领家长到观测点，安排家庭观测，并向家庭提出观鸟要求及活动指导。

(3)观察实录：如发现自己喜欢的鸟类可以进行拍照、观察并做好简单记录。与鸟类图鉴进行对比。

(4)交流分享：每年的 11 月后将会有大批的候鸟再次补充食物或越冬，湿地将热闹起来，也最适合观鸟、拍照。活动结束后，所有家庭围坐分享今天的收获，如你观察到了什么鸟？鸟类图鉴里有你今天看到的鸟类吗？形容一下你观察的鸟的颜色及样子……

2. 主题二：巧手筑巢箱(鸟窝)。

随着城市化的进程加快，鸟类的生存空间正面临巨大挑战。为了维护自然生态的平衡及可持续发展，人们需要为鸟类创造一个良好的居住空间。在制作巢箱前，幼儿与家长利用周末一起去大自然寻找小鸟、认识小鸟，同时收集树枝、细枝条、稻草、椰子壳等自然材料共同制作。

(1)场地集合：教师指定场地集合，检查外出所带装备是否完善、充足，并了解鸟类生存的重要条件。

(2)介绍筑巢箱须知：尽量选择废旧材料制作，做到资源再利用。在外观与材质上尽量接近真实的鸟巢。在制作时注意工具的使用，不要划伤手指。

(3)提示家长，什么样的位置适合悬挂鸟巢并进行活动指导。

3. 主题三：爱鸟宣传进社区。

(1)社区广场集合：为了保护小鸟和爱护小鸟的家，幼儿走出幼儿园，走进街道、社区，向叔叔阿姨、爷爷奶奶们发起保护地球、爱护小鸟、爱护动物的倡议书。

(2)分组行动：A 组幼儿亲手设计宣传单。带上宣传横幅、倡议书，鼓励幼儿大胆向社区爷爷奶奶、叔叔阿姨介绍“爱鸟周”，让社会上更多的人参与到倡导爱鸟的行动中来；B 组幼儿通过鸟的绘画展示、鸟巢制作展示、儿童剧《森林小卫士》展示吸引路人关注，呼吁路人参与爱鸟护鸟的活动中来。

(3)签署倡议：与支持此次爱鸟护鸟行动的路人合影，大家一起在倡议横幅上签名。

活动指导：

1. 外出实践前需要书写安全预案，并向上级报备。

2. 外出需配备保健医生全程陪同。

3. 外出遵守公共卫生，爱护自然，到达公园不要随意采摘花朵、折树枝。

4. 景区内与家长手牵手，注意安全，幼儿不能单独行动。

5. 垃圾随身带走，维护好自然之友的形象。

6. 教师根据当地气候变化查阅相关资料，选取适宜幼儿观鸟的场地，并对以上事项进行调查了解。

7. 尽量选择废旧材料制作巢箱，做到资源再利用。

8. 悬挂鸟巢需要请家长协助，注意安全。

表 6-18 "户外观鸟"活动实践反馈表(1)

活动时间	一天	活动地点	后官湖湿地公园	反馈人	果果(幼儿)
参加人数	15 组家庭	活动负责人	张老师		
实践感悟	观鸟太有意思了，我用望远镜看了好久，发现鸟儿都在湖面上飞，空气也特别好，夹杂着青青的小草味道。我在鸟类图鉴上找到了我观察的鸟，我还用爸爸的手机拍照了呢！下次我还要来看它们，鸟儿太可爱了。我还要带好朋友来观鸟。				

表 6-19 "户外观鸟"活动实践反馈表(2)

活动时间	一天	活动地点	后官湖湿地公园	反馈人	乐乐爸爸(家长)
参加人数	15 组家庭	活动负责人	张老师		
实践感悟	第一次参加这么专业的社会实践活动，还是陪孩子一起，感觉特别有意义，孩子感受着鸟的羽毛变化，观鸟时的兴奋与喜悦溢于言表，通过观鸟感受着生命的伟大，感受人与自然和谐共生。这些久违的生态环境，让我们这些长期生活在城市里的家庭倍感放松，看着孩子们对着鸟类图鉴查找自己观察的鸟类，突然觉得虽然时代在发展，电子产品给了我们很多便捷，但孩子远离电子产品，走近自然也可以学到很多，亲身经历必定难忘。以后我们也会尽量抽空再带孩子来这里，远离城市喧嚣，再来观鸟、识鸟。				

表 6-20 "户外观鸟"活动实践反馈表(3)

活动时间	一天	活动地点	后官湖湿地公园	反馈人	张老师
参加人数	35 组家庭	活动负责人	张老师		
实践感悟	在开展这次系列活动之前，作为老师，我确实花了大量的时间去做功课。每一次的实践活动，我们都认真对待，想用最专业的方式带孩子去体验每一次活动，从观鸟，到识鸟，再到爱鸟、护鸟，我们希望给予孩子们的是彻底了解鸟类的机会，与鸟类做朋友，让孩子们感受大自然与我们和谐共生的关系。系列活动不仅锻炼了孩子们的表达能力，同时增强了孩子们的自信心，让孩子们有了保护自然环境的责任意识。家长全程陪同，同时感叹这种社会实践活动让孩子们成长收获了许多。				

活动花絮：

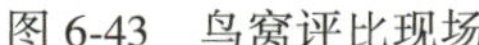
图 6-43　鸟窝评比现场

图 6-44　观察身边的鸟类

社区植物探秘(5—6 岁)

活动背景：

《3—6 岁儿童学习与发展指南》中明确指出：“5—6 岁幼儿能感知并了解季节变化的周期性，知道变化顺序。”随着一年四季的不断交替，身边的植物也在悄悄地发生变换，这些变化都藏在孩子们的眼睛里，他们对自然充满了好奇心和探索欲。为了让幼儿充分感受季节的变化与自然界植物生长之间的奥秘，举办社区植物探秘主题活动，带领幼儿走进美丽的社区，为植物挂领养牌，和大树交朋友，让幼儿在与社区植物的亲密接触中，萌发好奇心与探索的兴趣，积累有益的直接经验和感性认知，逐步懂得关爱身边的植物，保护社区里的植物。

活动目标：

1. 乐于参与环保公益活动。
2. 了解植物的外形特征、习性与生存环境的适应关系。
3. 能用自己喜欢的方式设计树木认养牌。

活动准备：

1. 物质材料准备：彩色笔、社区中树木的图片、剪刀、各种胶水、卡纸、挂绳。
2. 知识经验准备：幼儿有自主设计、绘画制作的经验。

活动场地：社区广场

活动设计：

1. 出示名片，了解树木认养牌的作用。大树和人一样，都有自己的专属名字，设计树木认养牌就是为了分辨不同品种的树。

2. 协商、设计植物认养牌，共同完成植物认养牌的活动策划。

3. 邀请社区工作人员参与活动指导，引导幼儿认识社区中的不同植物，为植物认养牌标记名称和图片，完善植物认养牌的细节。

4. 开展植物认养活动，将认养牌挂到合理的位置。

5. 总结交流：分享制作植物认养牌的心得及感受，萌发对植物的关爱之情。

活动指导：

1. 社区认养时注意安全，避免在认养挂牌过程中擦伤、刮伤。

2. 制作认养牌时，指导幼儿清晰、明确地标记出植物名称和图片。

3. 认养挂牌环节中，遇到陌生的昆虫避免用手触碰。

活动花絮：

图 6-45　专家为孩子们讲解植物养护要点

图 6-46　家庭悬挂认养树牌

活动七　保护江豚在行动(5—6 岁)

活动背景：

近日，美国西海岸发生大规模原油泄漏事件，57 万升石油流向海洋，仅一夜之间，美丽的海岸线荡然无存，整个海洋生态环境面临前所未有的灾难，并可能威胁到人类健康，大量鱼、鸟死亡，冲向了海岸，鱼虾也被染成了黑色。此次新闻引发了教师的思考。党的十八大以来，随着长江经济带生态环境保护发生转折性变化，长江江豚保护措施、机制不断完善。2018 年 9 月，国务院办公厅印发《关于加强长江水生生物保护工作的意见》，提出“实施以中华鲟、长江鲟、长江江豚为代表的珍稀濒危水生生物抢救性保护行动”。于是，教师特组织幼儿参与保护江豚在行动活动。

活动目标：

1. 乐于参与保护江豚的活动。

2. 知道长江江豚是国家一级保护动物，濒危物种。

3. 能有序地跟随队伍进入博物馆参观，遵守参观规则。

活动准备：

1. 物质材料准备：导游旗、宣传单、双肩背包、相机、图片。
2. 知识经验准备：亲子共同阅读过保护海洋的书籍。

活动场地：水生物博物馆

活动设计：

1. 水生物博物馆大门口集合，联系活动负责人入园。
2. 联系活动负责人讲解参观。
3. 介绍中科院水生生物博物馆：场馆共投资2400万元，历时两年多建设而成，建筑面积5000平方米，并专门开辟了“水生生物世界的奥妙”科普展览，其中有活化石矛尾鱼。国家一级保护动物中华鲟、白鲟、白鳍豚；二级保护动物江豚、山瑞鳖、大鲵、胭脂鱼和扬子鳄等。中国科学院水生生物博物馆的前身淡水鱼类博物馆自1930年建立以来，除作为东亚淡水鱼类的研究中心外，还担负着科普教育的任务。
4. 讲解江豚的生活习性、生活范围、保护现状。
5. 中科院的人员讲解如何进行人工繁殖以及保护江豚巡查措施。
6. 开展科普宣传。通过学习生态系统保护可知，我们可以采取以下措施保护江豚：

(1)迁地保护，并人工饲养繁殖。

(2)保护好江豚生存的水域生态环境。

(3)保护好鱼类资源，为江豚提供食物。

(4)减少人类活动对江豚的干扰。参观活动后，组织家庭成员在长江边给路人发放宣传册。

活动指导：

1. 家长陪同幼儿须持身份证入场馆。
2. 幼儿在场馆内禁止大声喧哗、疯逗打闹、随意奔跑，禁止翻越围栏。
3. 请家长陪同幼儿去长江边发放宣传手册时注意安全。

活动花絮：

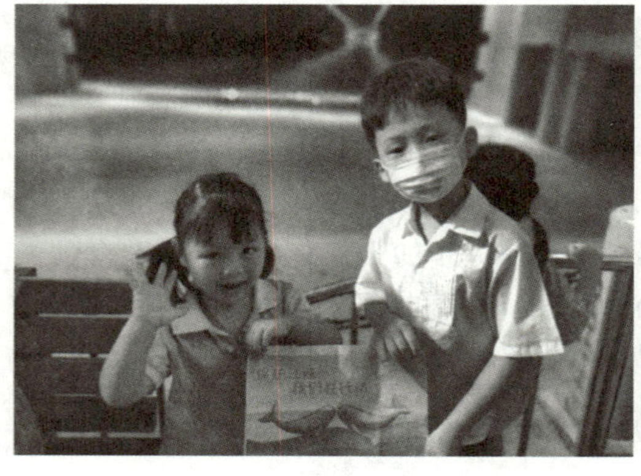

图6-47　幼儿呼吁市民保护江豚

图6-48　长江边开展宣传活动

第四节 绿色生活

活动一 去购物(3—4岁)

活动背景：

近几年来国家重抓生态文明建设，“限塑令”在2021年也正式生效。人们生活常见的，不可降解的塑料吸管、塑料袋等均被明确禁止使用，同时国家也在倡导绿色、健康、文明的消费方式，反对铺张浪费，倡导消费者自觉选择绿色低碳的消费。调查发现麦当劳、肯德基、超市等多处都不再提供塑料吸管和一次性购物袋，以此为教育契机教师策划本次去购物的实践活动，旨在引导幼儿发现生活中的改变，从小树立环保意识，减少一次性物品的使用，改变铺张浪费的生活习惯。

活动目标：

1. 体验绿色消费，萌发绿色消费意识。
2. 初步了解绿色消费的方式和意义。
3. 幼儿具有绿色消费的行为能力。

活动准备：

1. 物质材料准备：笔、纸、购物袋。
2. 知识经验准备：有逛超市的经验。

活动场地：超市

活动设计：

1. 活动前通知。本次活动提前几天发放通知，告知幼儿具体采购时间，幼儿与家长商讨家中需要或者正缺少什么，计划怎么买，买多少，并绘制购买清单。

2. 组织集合，明确目的。在指定超市门口集合，教师与参与活动的家庭交代活动目的。

购物时坚持“五不要”原则：

(1)不要一时冲动购买。

(2)不要为了使用一次而购买。

(3)不要过度看重包装而购买。

(4)不要因为打折而购买一些家中不用的商品。

(5)不要使用无法降解的材料。

3. 家庭采购。家长陪同幼儿根据绘制清单采购需要的物品。

4. 教师观察。教师观察幼儿结账情况，并拍照记录。

5. 总结交流：今天你们都买了什么？是生活必要品吗？采访家长以了解幼儿的表现情况，并观察幼儿的购物袋，是自家带的购物袋还是购买的可降解购物袋，请幼儿分享讨论，总结交流经验。

活动指导：

1. 外出实践前需要书写安全预案，并向上级报备。

2. 外出需配备保健医生全程陪同。
3. 公共场所佩戴好口罩。
4. 提前与超市主管沟通好本次活动目的，让超市给予最大支持与配合。
5. 提前与家长沟通好本次实践目的，以得到家长积极配合。

表 6-21　“去购物”活动实践反馈表(1)

活动时间	5 月 15 日	活动地点	超市	反馈人	多多妈妈(家长)
参加人数	15 组家庭	活动负责人	张老师		
实践感悟	和孩子参与购物活动前一天，我们在家商量着买什么，多多非常高兴，列举了一堆他想买的东西，有吃的、玩的。后来我和他沟通了此次购物的目的之后，他刚开始有些沮丧，但是后来告诉他“绿色消费”这种节约资源、保护环境的消费方式后，他认真地和全家人商量起家中急需购买的物品，并通过自己的绘画记录下来。购物时我们直奔需要购买的物品，可惜的是我们没带购物袋。超市收银员问我们是否需要购买购物袋时，多多听到需要花钱购买购物袋，便立刻回绝了，说要自己拿在手上，我听后顿感欣慰。我想此次活动的目的就在于此吧，让孩子在生活中树立正确的绿色消费观。				

表 6-22　“去购物”活动实践反馈表(2)

活动时间	5 月 15 日	活动地点	超市	反馈人	张老师(教师)
参加人数	15 组家庭	活动负责人	张老师		
实践感悟	本次活动以家庭为单位，参与购物体验。活动非常贴近幼儿生活，当我们跟家长普及绿色消费理念时，家长对于这个词语也感到陌生。在活动前期，我们发放倡议书来让家长知晓什么是绿色消费。家长了解后，知道了此次活动意义重大，都非常配合，有的爷爷奶奶都积极报名参加此次活动。在活动过程中孩子不仅体验到了什么是绿色消费，还初步了解了绿色消费给人类生活带来的可持续发展方向。幼儿树立起了环保意识，知道要减少一次性物品的使用，为其将来养成良好的绿色生活习惯打下基础。				

活动花絮：

图 6-49　亲子共同去超市购物

图 6-50　使用环保购物袋

小满时节麦穗香——碾转(3—4岁)

活动背景：

小满时节，正是杏黄成熟时，冬天种的小麦此时开始灌浆，籽粒渐饱满，尚未成熟。在此时节带幼儿在田间来一次农耕体验活动，让幼儿亲身体验一次收割麦子、去皮去壳、推磨的辛苦。教师希望借此活动在幼儿心中种下爱惜粮食的种子，让其持续生根发芽，长大后开花结果，让幼儿在守护自然的同时，影响更多人！

活动目标：

1. 体验制作碾转的过程，感受操作的快乐。
2. 了解植物与节气的关联。
3. 能在生活中做到珍惜粮食。

活动准备：

1. 物质材料准备：双肩背包、相机、自带餐具。
2. 知识经验准备：认识生活中常见的蔬菜。

活动场地： 农耕基地

活动设计：

1. 上午08:40集合签到。

2. 分组建队，“麦粒团”与“转转队”。教师讲述小满时节的气候特点，一年中能够制作碾转的时间屈指可数，也就是小满节气前几天，在小麦成熟前几日，采摘青熟饱满的麦穗，方能做成。

3. 带幼儿感受田间的自然风光。跟随农耕老师了解麦子的前生今世，了解与麦子相关的真实的老一辈的农村生活。

4. 大麦田里小行动。“视察”麦田，割麦穗。

5. 手工碾转“生产线”。体验“折麦穗——捆麦穗——烤麦仁——搓麦仁——簸麦仁——磨碾转”的全套流程。

6. 亲手制作碾转宴。(奉行环保理念，我们不提供一次性餐具，请自带餐具)

7. 农耕老师带着幼儿利用花园里的植物调制薄荷饮料，并让幼儿带着问题观察花园里小满时节的物候，听布谷鸟叫，认识多种野麦子。

8. 跟随农耕老师，了解植物与节气的关联。

9. 复盘总结，活动结束。

10. 下午16：00返程。

活动指导：

1. 家长陪同幼儿参与农耕活动。
2. 在活动中指导幼儿用心感受小满时节植物的变化。
3. 品尝碾转宴时引导幼儿说一说今日劳动成果的感受。

活动花絮：

图 6-51　幼儿观察麦穗

图 6-52　幼儿体验折麦穗

活动三　跳蚤市场大换购(4—5 岁)

活动背景：

随着社会的发展，现在幼儿的物质生活条件越来越优越，许多生活用品和玩具玩一段时间就没有了兴趣，扔了也觉得可惜，放在家里又觉得有些占用空间和位置。幼儿对闲置物品再利用的意识也相对薄弱，这也是一种隐性的资源浪费现象。跳蚤市场正好可以给幼儿提供一个资源回收再利用的平台，也可以提供一个与同伴交流和沟通的平台。借助跳蚤市场的换购方式宣传环保理念，可以让幼儿有意识地从身边的小事做起，不浪费自己的物品，了解合理利用资源的重要性，帮助幼儿树立可持续发展观，进而养成节约资源、爱护环境的意识以及良好的行为习惯。

活动目标：

1. 愿意将自己的闲置物品拿到跳蚤市场，体验买卖物品的快乐。
2. 知道实物交换，以一换一。
3. 能主动向他人推荐物品，吸引他人来购买。

活动准备：

1. 物质材料准备：自己设计的宣传海报、闲置物品若干。
2. 知识经验准备：幼儿有买卖物品的经验，知道实物交换，以一换一。

活动场地：跳蚤市场

活动设计：

1. 自主布置自己的跳蚤市场场地。(摆放地垫、闲置物品、宣传海报等)
2. 当有顾客来时，主动热情地照顾顾客，询问顾客的需求。

3. 当没有顾客来时，主动邀请顾客，根据顾客的需求和喜好推销物品。

4. 自由挑选自己认为满意的物品，并和原物主商量，在双方同意的前提下进行交换。

5. 换物结束后整理自己带来的物品，并收拾场地环境。

6. 总结交流：分享自己参与跳蚤市场以物换物的心得及感受，重点讲解废旧物品资源循环的重要性。

活动指导：

1. 所有的物品要求不定价、不买卖，实物交换，以一换一。

2. 每个摊位准备自己的宣传海报。

3. 交换过程中自行检查物品是否有损坏，一经交换不得反悔。

活动花絮：

图 6-53　亲子参与跳蚤市场换购(1)

图 6-54　亲子参与跳蚤市场换购(2)

活动四　神奇的中医药博物馆(4—5 岁)

活动背景：

中医文化博大精深，至今已有上千年的历史。近日，汉阳区开设了一家中医博物馆，里面收藏了许多中医文物，还有和医药相关的书籍、字画等。教师联系该中医馆，了解到此中医馆是集中药科普教育、中医药文化宣传、名医看诊、中医理疗、亲子活动、健康教育等于一体的综合性教育基地。因此教师策划此次实践活动，以帮助幼儿了解中医文化，感受中医文化的博大精深。

活动目标：

1. 感受中医文化的博大精深。

2. 能够认识薄荷、金银花、驱蚊草三种简单的草药植物。

3. 会用草药自制驱蚊花露水，减少化学制剂使用对自然环境的污染。

活动准备：

1. 物质材料准备：透明玻璃罐、采药筐、75%度酒精、矿泉水、保鲜膜。

2. 知识经验准备：知道中医是中国传统国粹之一，幼儿听过医生采用中草药给人治病和神龙尝百草的故事。

活动场地：叶开泰中医药文化博物馆

活动设计：

1. 在指定地点集合。汉阳区鹦鹉大道地铁 6 号线地铁站口集合，带上相机、笔。教师清点人数，带队进中医药文化博物馆，进馆前教师交代要求，做到保持安静，不打扰其他参观者，做文明小游客。

2. 楼层参观。介绍中医历史发展过程，了解中医文化，讲述楼层展品及各楼层的特点。

3. 把脉识体质。邀请老中医为幼儿把脉，老中医为幼儿及家长介绍“食药同源”“就地取材”。

4. 老中医现场指导幼儿制作驱蚊水。以家庭小组为单位，亲子制作驱蚊水。老中医介绍制作驱蚊水所需的药材：薄荷、金银花、酒精等。

5. 教师活动总结。

场馆内健康小食、食药同源、医药香囊等各类文创产品最受幼儿和家长喜爱。希望大家把这种绿色的理念以及健康生活方式充分融合。

活动指导：

1. 外出实践前需要书写安全预案，并向上级报备。

2. 外出需配备保健医生全程陪同。

3. 公共场所佩戴好口罩。

4. 提前与中医药文化园沟通好本次活动目的，让中医药文化园给予最大支持与配合。

表 6-23　“神奇的中医药博物馆”活动实践反馈表

活动时间	5 月 20 日	活动地点	中医药文化博物馆	反馈人	张老师(教师)
参加人数	15 组家庭	活动负责人	张老师		
实践感悟	本次实践活动之前带领孩子们了解了《神龙尝百草》的故事，通过让孩子们看、听、说和制作驱蚊水，让孩子们感受中医文化的博大精深。本次活动家长们参与性高，同时孩子们兴趣也非常浓厚，孩子们发现每种植物都有它独特的味道。此次活动得到了场馆方大力支持，老中医指导孩子们用三味中草药制作了驱蚊水，家长和孩子惊讶地发现蛇、蝎子居然都是一味药材，都惊呼中草药的神奇。同时，老中医希望下一代的孩子们能有人继承中医文化，将中医文化发扬光大。同时作为教师，我们也希望大家减少化学制剂的使用，将绿色生态理念以及健康生活方式充分融合起来。				

活动花絮：

图 6-55　了解制作中药的工具

图 6-56　参观中医药博物馆

我和大自然有个约会(4—5 岁)

活动背景：

我们小时候跳皮筋、玩弹珠、踩泥巴、用狗尾巴草编戒指、丢刺刺果，可随着时代的加速，城市化的生活越来越繁忙，这些好玩的游戏渐渐淡出了人们的生活。为了给现代城市家庭提供一个放松、亲近自然的机会，教师特设计了“我和大自然有个约会”的户外体验活动，以此开阔幼儿的视野，让幼儿亲近自然、感受自然，通过五感体验小游戏，让幼儿在大自然的怀抱中感受四季变化的特征，感受植物的生长过程。活动地点为幼儿园附近的墨水湖公园，孩子们在此与大自然来一次亲密接触。通过此活动，教师带领亲子寻找大自然的宝物，让幼儿去看观察自然、感受自然、亲近自然，与同行伙伴一起分享自然当中的乐趣。

活动目标：

1. 使幼儿萌发热爱大自然的情感，乐于参与自然体验活动。
2. 通过自然中的“五感”体验，让参与者放松身心。
3. 能在游戏中认识生活中的常见植物并初步了解植物的结构。

活动准备：

1. 物质材料准备：签到表、相应的植物果实及根茎叶部分、手绘植物单。
2. 知识经验准备：了解“墨水湖”名字的由来。

活动场地：墨水湖公园

活动设计：

1. 活动导入：介绍本次实践活动价值，激发活动兴趣。

(1)集合：围圈开场，气氛轻松。

(2)欢迎词：介绍自己，每人为自己起一个自然名(地球上任何生物、动物、植物)作为名字，例如：向日葵、艾洋、羚羊都可以，并用自然名问好。

(3)请每个参与者介绍自己的自然名并解释自己为什么起这个自然名，其他人拍手说："欢迎×××！"

2. 切入"约会"的主题。

(1)种子对对碰：讲明游戏规则，参与人员围圈手背后站好，每人派发一颗植物种子，闭眼用手触摸感受，再和朋友之间背对背互相触摸，通过触觉感受找到和自己有相同种子的朋友，并站在一起。

(2)果实连连看：认识手中的种子，找到与自己种子同科的其他部分，例如根、茎、叶、果、籽等，并认识植物的各个部分。

(3)教师总结：认识一个事物不是直观的、简单的、局部的，需要仔细观察并反复确认，特别是它的不同部位和特点。

3. 自然寻宝：沿着既定线路找任务单上的自然物。

(1)手持手绘单讲解任务：在自然界中寻找任务单上手绘的植物，并观察它的整体，可以捡拾属于它的果实、种子或叶子等实物，最少找到五种。

(2)强调不要采摘，指出寻宝的路线、范围。说明再次集合的时间和地点，确认参加者是否已经了解规则。

(3)分组，分发任务单。

(4)各组开始寻宝，每组均须有引导员跟随，沿途注意引导。

(5)按约定时间到达集合地点，围圈分享：是否都找到？找到几种？介绍自己找到了什么植物？哪种印象最深？

4. 放松环节：放松心态，用身体去感受大自然、闭眼倾听大自然等。

5. 结束环节：通过分享感悟彼此的学习，加深对本次活动的记忆，从而对自然产生更大的兴趣。在指定地点分享感悟并总结今天对活动印象最深或者感悟最深的环节。

活动指导：

1. 外出实践前需要书写安全预案，并向上级报备。

2. 外出需配备保健医生全程陪同。

3. 公共场所佩戴好口罩。

4. 不要随意采摘花草。

表 6-24 “我和大自然有个约会”活动实践反馈表

活动时间	5 月 30 日	活动地点	磨山公园	反馈人	张老师(教师)
参加人数	15 组家庭	活动负责人	张老师		
实践感悟	本次活动是一次身与心的放松，孩子全程参与，兴趣浓厚。在活动前，我们对家长提了一个小要求，到场参与活动的家庭需要将手机上交统一管理，其目的是为了给大家一个更好的体验，不希望在陪伴孩子玩耍时被手机打扰，家长们也都积极配合。活动结束后，大家感叹好久没这么放松了。孩子们在活动中认识了好多植物，并表示下次还要参与这种活动。活动结束后的几天，家长反馈孩子更加关注身边花草树木的变化，对身边的事物更感兴趣，也变得爱提问了，再也没被电子产品所支配了。孩子真正地爱上大自然。				

活动花絮：

图 6-57 幼儿和大自然有个约会

图 6-58 小朋友们做游戏

活动六 植物置换(5—6 岁)

活动背景：

为了更好地让幼儿了解我们身边的植物，增强幼儿及所在辖区家庭对环保绿化、社区微植物知识的了解。帮助幼儿更好地养护植物，通过与社区联合开展“007 进社区，植物置换”实践活动，引导幼儿及居民从自身做起，增强环境保护意识，正确养护绿植，节约共享资源，将意识和行动渗透到日常生活中，增强幼儿园与社区居民的归属感和凝聚力。

活动目标：

1. 体验植物置换的快乐，懂得爱护身边的植物。

2. 学习不同植物的养护知识。

3. 能与同伴大胆交流养护心得。

活动准备：

1. 物质材料准备：需要置换的植物、小板凳。

2. 知识经验准备：对自己的植物有一定了解。

活动场地： 社区广场

活动设计：

1. 教师组织幼儿将置换植物带到班级，分享自己养护植物的心得。

2. 教师组织幼儿带植物到社区广场集合，社区组织需要置换植物的居民在广场集合。

3. 社区聘请专业植物养护专家讲解身边常见植物及养护知识。

4. 植物置换，分享交流(居民与小朋友都可上台介绍植物，台下有愿意上台置换的可举手上台置换)，植物养护专家协助指导。

5. 置换成功并合影留念。

活动指导：

1. 外出实践前需要书写安全预案，并向上级报备。

2. 需配备保健医生全程陪同。

3. 提前与社区沟通好本次活动目的及流程，让社区给予最大支持与配合。

4. 遵守社区广场公共秩序，不破坏、不损坏公共用地。

5. 外出活动时注意安全，不随意离开指定的活动区域。

6. 由安全员提前到社区广场确定场地安全性，保障幼儿安全，并配合教师准备材料。

表 6-25　“植物置换”活动实践反馈表(1)

<table>
<tr><td>活动时间</td><td>6 月 3 日</td><td>活动地点</td><td>社区广场</td><td>反馈人</td><td>雅雅(幼儿)</td></tr>
<tr><td>参加人数</td><td>35 名幼儿及
社区居民</td><td>活动负责人</td><td colspan="3">张老师</td></tr>
<tr><td>实践感悟</td><td colspan="5">幼：“张老师，我换了一盆长寿花，哈哈哈，我太高兴了。”
师：“你是和谁换的呢？”
幼：“我和社区里的一个奶奶换的，我用我的多肉跟她换了一盆长寿花。”
师：“那你会养护它吗？”
幼：“会呀，那个专家爷爷教我了，每周浇两次水，说它的开花时间很长，所以叫长寿花。”
师：“希望你回去好好养护它，过一个月后请你为我们分享你的养花心得，好吗？”
幼：“嗯嗯，我一定会养护好它的。”</td></tr>
</table>

表 6-26 “植物置换”活动实践反馈表(2)

活动时间	6 月 3 日	活动地点	社区广场	反馈人	张老师(教师)
参加人数	35 名幼儿及社区居民	活动负责人	张老师		
实践感悟	党的十八大以来，党中央高度重视社会主义生态文明建设，坚持将节约资源和保护环境作为基本国策，坚持绿色发展。作为教师，我们如何让幼儿从小树立生态文明意识呢？为此，我们与社区联合开展了一次“植物置换”活动。孩子们将自己的植物与社区居民的植物互换，开心不已。活动中孩子们认识了更多植物品种。同时此次活动也引来了大批居民参与，得到了当地电视台的报道。此次活动很好地将幼儿园活动辐射到社区并传播到社会，从而让更多的人关注到生态文明建设及资源环境保护。				

活动花絮：

图 6-59 专家爷爷为幼儿讲解植物

图 6-60 幼儿进行植物置换

蔬菜的秘密(5—6 岁)

活动背景：

蔬菜是日常生活中常见的食物，每天都在吃。家长们常常说蔬菜有营养，鼓励幼儿多吃，做到不偏食、不挑食。但蔬菜到底怎样种植才不破坏它的营养，而且还能保护生态环境呢？于是教师设计了带领幼儿共同走访农科院的活动，旨在引导幼儿亲身体验、探索蔬菜的种植秘密。

活动目标：

1. 乐于探索蔬菜种植的秘密。
2. 通过参观农科院了解什么是有机蔬菜。
3. 知道有机蔬菜种植对人与环境的益处。

活动准备：

1. 物质材料准备：背包、相机。

2. 知识经验准备：认识生活中常见的蔬菜。

活动场地：农科院

活动设计：

1. 农科院大门集合，带队介绍今日活动目的地——农科院。

2. 农科院负责人带领幼儿参观种植基地。

(1)认识常见有机蔬菜及益处。

有机蔬菜可为人们提供更加健康安全的饮食。因为有机蔬菜具有绿色、安全的特性，不含有毒化学物质，并且相较于普通蔬菜营养价值较高，长期食用有机蔬菜不仅能更好地促进人体吸收维生素，而且能更好地保护人体胃肠道等消化器官。

(2)讲解生态有机种植目的。

随着我国现代化发展进程的加快，人们的观念开始不断革新，尤其是环保意识深入人心。通过种植有机蔬菜，不仅可以获得更高的经济效益，而且可以建立长期、绿色、可持续发展的农业生产体制，为我国经济发展和生态保护发挥重要的示范作用。

(3)农药残留及环境危害。

农药及其在自然环境中的降解产物，会污染大气、水体和土壤，破坏生态系统，引起人和动、植物的急性或慢性中毒。生产中使用农药后，有一部分农药会直接或间接残存于谷物、蔬菜、果品以及土壤和水体中。而蔬菜是人们每天都离不开的饮食食材，品质好坏直接影响人们的身体健康。当农药残留在人身体中达到一定的量时就会使人体发病。轻者造成呕吐腹泻，损伤人体的器官；重者则造成人体中毒，致使生理、血液、基因突变，破坏脏器甚至导致死亡。

3. 品尝有机蔬菜，带领幼儿放心大胆地品尝有机蔬菜水果。

活动指导：

1. 家长陪同幼儿参与农科院活动。

2. 在活动中指导幼儿细心观察有机蔬菜。

3. 品尝有机蔬菜，引导幼儿谈谈品尝感受。

活动花絮：

图 6-61　参观种植基地

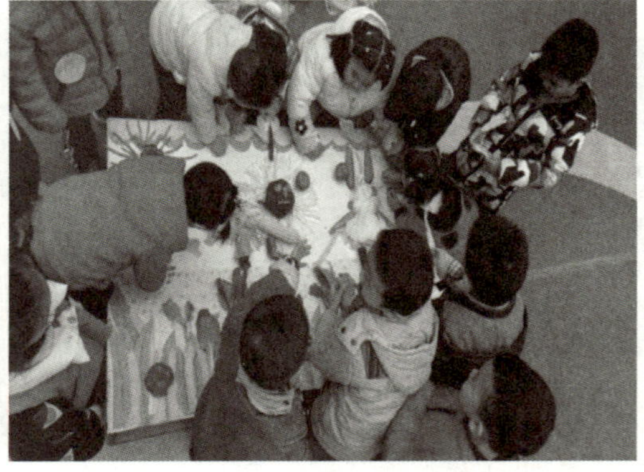

图 6-62　蔬菜营养大比拼

垃圾分类进校园(3—6岁)

活动背景：

2018年1月，教育部就明确指出：“全国各学校生活垃圾分类知识普及率达100%。”2019年6月，习近平总书记又对垃圾分类工作作出重要指示，并强调：“实行垃圾分类关系到广大人民群众生活环境，关系节约使用资源，也是社会文明水平的一个重要体现。”为了响应国家号召，教师通过“垃圾分类从娃娃抓起，以小手拉大手”的形式，引导幼儿带领家庭，家庭辐射到社会，共同关注垃圾分类的宣传教育。此次活动旨在让更多人参与进来，普及垃圾分类知识，从小培养幼儿垃圾分类意识，提高幼儿学习主动性，引导幼儿从小事做起，从自身做起，成为垃圾分类的宣传者、践行者。

活动目标：

1. 乐于参与垃圾分类的实践活动及游戏，感受垃圾回收的成就感。
2. 了解垃圾分类的意义，懂得资源可以回收再利用。
3. 能正确地分辨垃圾的不同属性并进行分类。

活动准备：

1. 物质材料准备：垃圾分类展板、分类垃圾桶四个、PPT背景屏幕、回收袋；每位幼儿收集、整理家中的废弃物品带到社区广场。
2. 知识经验准备：有垃圾分类的教育基础，班级面向全体幼儿征集家里的废旧物品(可回收物品)。

活动场地：社区广场

活动设计：

1. 广场集合，介绍活动。

师：“今天带来的这么多物品都可以回收再利用吗？请小朋友讲解自己带来了什么废弃物品，准备投放到哪个垃圾桶。”

2. 幼儿讨论垃圾分类的作用。

(1)提问：我们为什么要进行垃圾分类？(请小朋友分组讨论)

(2)提问：垃圾可分为哪几类呢？

(3)提问：分好类的垃圾去了哪里呢？

3. 专家讲解。

我们请××环保科技有限公司，来给我们讲讲你们带来的垃圾会变成什么，后期会运输到什么地方，怎样利用。(专家进行讲解)

4. 开展“智慧平台网上收”活动，推进垃圾分类宣教工作，通过数据化管理统计校园垃圾回收降碳数值，并将回收袋投放进班级。

(1)发放回收袋并讲解回收袋的意义。

(2)将“绿色行动”数据投至大屏幕，让幼儿看到我们减少了多少碳排放量。

(3)此活动评选出“低碳节能小能手”7名，“垃圾分类小能手”7名，“垃圾分类优秀班级”5个。

5. 活动结束，全园幼儿完成调查问卷，并将垃圾义卖的收益全部捐赠给联合国儿童基金会。

活动指导：

1. 外出实践前需要书写安全预案，并向上级报备。
2. 外出需配备保健医生全程陪同。
3. 提前与社区沟通好场地问题，让社区给予最大支持与配合。
4. 遵守社区广场公共秩序，不破坏、不损坏公共用地。
5. 外出活动时注意安全，不随意离开指定的活动区域。
6. 由安全员提前到社区广场确定场地安全性，保障幼儿安全，并配合教师准备材料。
7. 提前与当地网络资源回收公司做好前期沟通与联系。双方要出具活动流程方案并进行对接。
8. 提前与家长做好沟通工作，提前一个月发布活动通知。
9. 活动结束后将获得的收益进行公示并用作公益事业或环境保护。

表 6-27　“垃圾分类进校园”活动实践反馈表(1)

活动时间	6月20日	活动地点	社区广场	反馈人	天天妈妈(家长)
参加人数	全园幼儿	活动负责人	张老师		
实践感悟	在接到活动通知时，孩子就开始留意家中有哪些可回收再利用的垃圾，并用心地收集。到活动当天我们带去广场，孩子们觉得非常有意思。一个月的收集教会了孩子垃圾如何分类，我们大人也配合孩子完成任务，没想到获得的收益还捐给了联合国儿童基金会。我觉得这样的活动太有意义了，帮助了更多的人。				

表 6-28　“垃圾分类进校园”活动实践反馈表(2)

活动时间	6月20日	活动地点	社区广场	反馈人	张老师(教师)
参加人数	全园幼儿	活动负责人	张老师		
实践感悟	在开展此活动前我查阅了大量关于垃圾分类的文献，并发现日本是垃圾分类做得最好的国家，这点我们不可否认。他们之所以会有如此好的分类习惯，离不开国家的重视以及他们从小的一个习惯培养。我国人口众多，垃圾分类问题却往往被忽视。因此，我认为我们需要从小给予孩子准确、清晰的指导。 活动中，我与孩子一起发现问题、解决问题，一起讨论垃圾的来源，以及与我们生活的关系。孩子通过亲身体验，巩固了学到的知识，在实践中更加直观地体验了垃圾分类的重要性。				

续表

实践感悟	此活动一直在全园每月开展，并形成系列活动。目的是为了帮助幼儿养成良好的垃圾分类习惯。我们将此活动延伸到社区，让幼儿带动家长，家长带动社区，从而辐射到社会。这也是活动的最终目的所在。 这次活动也存在许多不足，比如垃圾分类操作时最好让幼儿带上一次性手套。后续我们还会计划让孩子参观再生资源回收站，加深孩子的感性认识，以获得更好的效果。 要说这次活动让我收获了什么，那就是： 1. 关注身边的环境问题，不要畏惧不了解的知识领域，只要通过查阅大量资料，不断丰富自己的知识储备，精心地设计准备，一样能呈现给孩子丰富多彩的科学世界。 2. 今后多与社会企事业单位合作，挖掘更多参与实践活动的机会。 垃圾分类不是一件简单的事，它需要我们有长远的目光、建立长效机制，不断努力，将一件件小事做好，才能实现。

活动花絮：

图 6-63　幼儿进行垃圾分类

图 6-64　幼儿与回收员一起进行垃圾称重

参考文献

一、著作类

[1]中共中央文献研究室. 习近平关于社会主义生态文明建设论述摘编[M]. 北京：中央文献出版社，2017.

[2]陈丽鸿，孙大勇. 中国生态文明教育理论与实践[M]. 北京：中央编译出版社，2019.

[3]国家环境保护局. 21世纪议程[M]. 北京：中国环境科学出版社，1993.

[4]国家环境保护局. 中国环境保护21世纪议程[M]. 北京：中国环境科学出版社，1995.

[5]杜昌建，杨彩菊. 中国生态文明教育研究[M]. 北京：中国社会科学出版社，2018.

[6]岳伟. 生态文明教育研究[M]. 北京：中国社会科学出版社，2020.

[7]卡逊. 寂静的春天[M]. 吕瑞兰，李长生，译. 长春：吉林人民出版社，1997.

[8]孙湘红. 幼儿园生态教育活动的开发与实践[M]. 北京：中国农业出版社，2020.

[9]中华人民共和国教育部. 3—6岁儿童学习与发展指南[M]. 北京：首都师范大学出版社，2012.

[10]教育部基础教育司.《幼儿园教育指导纲要(试行)》解读[M]. 南京：江苏教育出版社，2017.12.

[11]卢风. 生态文明：文明的超越[M]. 北京：中国科学技术出版社，2019.

[12]阎红，叶建忠. 生态文明教育研究[M]. 北京：知识产权出版社，2019.

[13]魏智勇，赵明. 环境与可持续发展[M]. 北京：中国环境出版社，2019.

[14]中国科学院可持续发展战略研究组. 2013中国可持续发展战略报告[M]. 北京：科学出版社，2013.

二、论文类

[1]杜昌建. 习近平生态文明思想研究述评[J]. 北京交通大学学报(社会科学版)，2018，17(1)：151-158.

[2]常晓薇，孙峰，孙莹. 国外环境教育及其对我国生态文明教育的启示[J]. 教育评论，2015(5)：165-167.

[3]王良平. 加强生态文明教育，把环境教育引向深入[J]. 广州师院学报(社会科学版)，1998(1)：81-85.

[4]彭秀兰. 浅论高校生态文明教育[J]. 教育探索，2011(4)：21-22.

[5]杨冬梅. 从“独自”到“对话”——高校生态文明教育的变革[J]. 环境保护，2011(16)：38-40.

[6]杨志华. 为了生态文明的教育——中美生态文明教育理论和实践最新动态[J]. 现代大学教育，2015(1)：21-26.

[7]冯建军. 推动构建人类命运共同体：教育何为[J]. 教育研究，2018，39(2)：37-42，57.

[8]黄宇，张丽萍，谢燕妮. 国际生态文明教育的趋势与动向[J]. 环境教育，2017(11)：50-53.

[9]段蕾，康沛竹. 走向社会主义生态文明新时代——论习近平生态文明思想的背景、内涵与意义[J]. 科学社会主义，2016(2)：127-132.

[10]刘贵华，岳伟. 论教育在生态文明建设中的基础作用[J]. 教育研究，2013，34(12)：10-17.

[11]刘惊铎. 生态体验：道德教育的新模式[J]. 教育研究，2006(11)：64-68.

[12]牛文元. 可持续发展理论的内涵认知——纪念联合国里约环发大会20周年[J]. 中国人口·资源与环境，2012，22(5)：9-14.

[13]余志健. 生态文明与生态文明教育[J]. 教育探索，2007(3)：67-69.

[14]杜昌建. 我国生态文明教育研究[D]. 天津：天津师范大学，2014.

[15]徐洁. 生态文明教育的理念及实践探索[D]. 武汉：华中师范大学，2016.

[16]李静. 高校生态文明素质教育路径研究[D]. 新乡：河南师范大学，2012.

[17]吴曼. 幼儿生态文明教育的问题及对策研究[D]. 南充：西华师范大学，2017.

[18]严紫菁. 幼儿生态文明教育现状与对策研究[D]. 延边：延边大学，2019.

[19]乔清举. 心系国运　绿色奠基[N]. 学习时报，2016-07-28(001). DOI:10.38216/n.cnki.nxxsb.2016.001631.

三、政策文件类

[1]国务院. 国务院关于印发国家教育事业发展“十三五”规划的通知[EB/OL]. (2017-01-10)[2021.10.18]. http://www.moe.gov.cn/jyb_xxgk/moe_1777/moe_1778/201701/t20170119_295319.html.

[2]国务院. 中共中央 国务院关于加快推进生态文明建设的意见[EB/OL]. (2015-05-05)[2021.11.20]. http://www.gov.cn/xinwen/2015-05/05/content_2857363.htm.

[3]国务院. 国务院印发《中国妇女发展纲要(2021—2030年)》和《中国儿童发展纲要(2021—2030年)》[EB/OL]. (2021-09-17)[2022.01.12]. http://www.gov.cn/xinwen/2021-09/27/content_5639545.htm.

[4]国务院. 国务院关于印发中国 21 世纪初可持续发展行动纲要的通知[EB/OL]. (2003-01-14)[2021. 08. 13]. http://www.gov.cn/zhengce/content/2008-03/28/content_2108.htm.

[5]新华社. 中华人民共和国环境保护法自 2015 年 1 月 1 日起施行[EB/OL]. (2014-04-25)[2021. 09. 22]. http://www.gov.cn/xinwen/2014-04/25/content_2666328.htm.

[6]教育部. 教育部关于印发《中小学环境教育实施指南(试行)》的通知[EB/OL]. (2003-10-13)[2021. 11. 24]. http://www. moe. gov. cn/srcsite/A06/s7053/200310/t20031013_181773.html.

[7]教育部. 教育部关于印发《中小学德育工作指南》的通知[EB/OL]. (2017-08-22)[2021. 12. 13]. http://www. moe. gov. cn/srcsite/A06/s3325/201709/t20170904_313128.html.

[8]生态环境部. 关于印发《"美丽中国，我是行动者"提升公民生态文明意识行动计划(2021—2025 年)》的通知[EB/OL]. (2021-01-29)[2021. 10. 13]. https://www.mee.gov.cn/xxgk2018/xxgk/xxgk03/202102/t20210223_822116.html.

后　　记

渔舟唱晚，平塘古渡。昭明太子，研墨洗笔。武汉市汉阳区钟家村幼儿园坐落在美丽的墨水湖畔，园内绿影婆娑，四季花香、果实丰厚，是一所绿色、祥和的生态校园。

怀揣一个梦想，穿越数载岁月。十年间，园所不断深耕生态文明教育、坚持打造绿色文化。从“十一五”至“十四五”，钟家村幼儿园始终以生态文明教育理念引领园所发展，从课程、游戏、环境文化、大型活动、社会实践等方面，采用幼儿园、家庭、社区三位一体的方式打造立体的绿色校园，策划了一系列的“绿精灵在行动”“约会大自然”等特色活动。

《幼儿生态文明教育活动设计与实施》一书，从课程资源研发到成书出版，历时十余年。全书收集了大量案例，集结了众多专家、领导和一线教育工作者的心血和智慧。

感谢华中师范大学蔡迎旗教授团队的一路相随与高屋建瓴的专业指导，从选题视角、研究架构、编写规范到成书定稿各个环节的悉心指导和严格把关，让课题组成员对研究有了更深层次的认识，为项目的实施找到了更为明晰的努力标准。蔡教授严谨、科学的态度，一丝不苟的治学精神，精益求精的工作作风，对我们课题组影响颇深，在此谨向蔡教授及其团队致以最诚挚的谢意和最崇高的敬意！

感谢汉阳区教育局领导对我园课题研究及本书编写的倾力支持，正是有了坚强的后盾我们才能勇往直前。尤其感谢汉阳区教科中心廖生凯主任对我园课题的肯定与鼓励；张新华老师多次下园指导，给予我们关心和帮助。

感谢湖北第二师范学院陈光春副教授和武昌区教培中心教科室伊满香主任亲临我园，聆听课题组汇报并提出建设性意见及实质性帮助。

本研究借鉴和参考了诸多人士的相关研究成果，借此机会一并表示感谢。同时，要特别感谢武汉大学出版社为本书出版提供如此良好的学术平台，感谢编辑对本书出版付出的艰辛努力。

业精于勤，行成于思。感谢课题组成员在研究中始终保持对教研的热情，满怀信心，同心共育；夯实基础，统一思想；明确分工，责任到位；注重过程，精益求精；扎实研究，积淀成果，力求高质量成书。

仰首是春，俯首成秋。七十年砥砺奋进的钟幼，像一首奋进的歌，朝气蓬勃，欣欣向荣；更似一面生态示范的旗，永远迎风招展在墨水湖畔。后期钟家村幼儿园的教师队伍将继续践行踏实肯干的作风，事不避难，在实践中不断思考和总结，幼儿园将大力支持相关研究的开展，打造幼儿园特色品牌，促进师生共同成长。

由于课题组成员多为一线教师，科研水平和精力确实有限，研究还不够深入细致，虽数易其稿，但书中仍有不少令人遗憾之处。但愿这项研究成果能“抛砖引玉”，或多或少地促进我国幼儿生态文明教育的发展。

编者

2023 年 2 月